Methode

Eine Umfrage gestalten

Was denken Erwachsene eigentlich über Computerspiele? Wie alt sind durchschnittlich die Nutzer/-innen von Sozialen Medien? Solche **Meinungen** und **Einstellungen** erforschen Sozialwissenschaftler mithilfe von **Umfragen**. Auf diese Weise können sie das **Verhalten** von Menschen besser verstehen oder sogar **Vorhersagen** darüber treffen, z. B. wie viele Stimmen eine Partei bei der nächsten Wahl erhalten könnte. Deswegen müssen Umfragen sorgfältig geplant und ausgewertet werden.

Die Umfrage planen

Eine gute Umfrage startet mit einer Frage: Was willst du durch die Befragung anderer Menschen herausfinden? Durch die Antwort – dein **Forschungsinteresse** – kann man erkennen, **welche Zielgruppe(n)** überhaupt befragt werden muss (müssen). Man sollte also vorab festlegen, wie viele und welche Menschen antworten müssen, bevor man die Ergebnisse auswertet.

Die Befragung durchführen

Es gibt zwei Arten von Fragen: **offene** und **geschlossene**. In Fragebögen werden oft beide Arten verwendet. **Geschlossene** Fragen lassen nur **wenige Antworten** zu und sind meist **einfacher auszuwerten**. Man kann zum Beispiel nur mit „Ja" oder „Nein" antworten oder muss das Geschlecht oder Alter angeben. In die Gruppe der **offenen** Fragen gehören alle Typen, bei denen **längere Antworten** verlangt werden. Statt aus einer Liste auszuwählen oder Kreuze zu setzen, verfasst der/die Befragte eine längere Antwort. Eine offene Frage kann lauten: In welcher Situation hast du dein Handy ganz besonders vermisst?

Abb. 1 *Ein Fragebogen wird ausgefüllt.*

Ein Fragebogen sollte **anonym** – also ohne Namensangaben – sein, damit sich die Befragten trauen, ehrlich zu antworten. Außerdem muss man darauf achten, dass der Bogen eher **kurzgehalten** wird. Wenn eine Umfrage an einem öffentlichen Ort, zum Beispiel vor einem Supermarkt, durchgeführt werden soll, muss man auch um **Erlaubnis** bitten. In jedem Fall sollte man sich **höflich** gegenüber den Befragten verhalten und auch stets das Ziel der Befragung nennen.

Die Umfrage auswerten

Wenn genügend Freiwillige den Umfragebogen ausgefüllt haben, können die Ergebnisse ausgewertet werden. Dazu kann man mit den **geschlossenen Fragen** beginnen und eine einfache **Strichliste** anlegen. Manchmal ist es interessant, die Antworten zu sortieren, zum Beispiel nach **Geschlecht** oder nach **Alter**. In einem einfachen Balkendiagramm können die Ergebnisse übersichtlich dargestellt werden.
Offene Fragen sind etwas komplizierter auszuwerten. Die Antworten müssen zuerst zusammengefasst und dann interpretiert werden. Man kann die Antworten auch von einem Computerprogramm in Form einer **Wortwolke** zusammenfassen lassen. Begriffe, die besonders oft genannt worden sind, werden besonders groß gedruckt. So erkennt man, welche Inhalte den Befragten besonders wichtig waren.
Sind die Ergebnisse ausgezählt, muss abschließend die Forschungsfrage beantwortet werden. Formuliert eure Antwort, indem ihr die Diagramme und Wortwolken beschreibt. Link: *Eine Wortwolke erstellen*

A **Nenne zwei Gründe, warum Sozialforscher/-innen mit Umfragen arbeiten.**
B **Erkläre den Unterschied zwischen offenen und geschlossenen Fragen.**
C **Begründe, warum du die Ergebnisse einer Umfrage auch auswerten musst.**

42

Methodenseite

Auf diesen Seiten werden Methoden für den AES-Unterricht vorgestellt und mit bestimmten Fragestellungen eingeübt. Die Methode kannst du dann auch auf andere Inhalte anwenden.

Kompakt und Lerncheck

Jedes Kapitel endet mit einer **Kompaktseite**, auf der die wichtigsten Inhalte und Begriffe zusammengefasst werden.

Mit dem **Lerncheck** kannst du überprüfen, ob du die Kompetenzen erreicht hast. Du wählst das Niveau aus, das zu dir passt und kannst deine Antworten mit den Lösungen im Webcode vergleichen.

Kompakt

Markt und Staat als Wirtschaftsgestalter

Die marktwirtschaftliche Ordnung

Wirtschaftsordnungen unterscheiden sich in ihren Auffassungen zu staatlicher Steuerung, Eigentum, Unternehmenszielen und Preisbildung. Die Soziale Marktwirtschaft in Deutschland gewährt größtmögliche Freiheiten für alle Wirtschaftssubjekte. Privateigentum wird uneingeschränkt gewährt. Die Steuerung der wirtschaftlichen Prozesse erfolgt über Einzelinteressen und Märkte. In der Verantwortung des Staates liegen die Sicherung des Wettbewerbs, ein Rechts- und Bildungssystem sowie innere und äußere Sicherheit. Die soziale Komponente ergänzt die marktmäßige Ordnung um Maßnahmen des sozialen Ausgleichs und der sozialen Sicherheit.

Preisbildung im Marktsystem

Preise bilden sich durch das Zusammenwirken von Angebot und Nachfrage in einem Markt. Anbieter möchten den höchstmoglichen Preis für ihr Gut erzielen. Nachfrager möchten es so günstig wie möglich erwerben. Der Ausgleich dieser Interessenverschiedenheit erfolgt über den Preis. Mangelnde Nachfrage und ein übergroßes Angebot zwingt die Anbieter, ihre Preise zu senken. Eine hohe Nachfrage und ein knappes Angebot gestattet höhere Preise. Das Zusammenspiel der drei Größen wird idealtypisch im Preis-Mengen-Diagramm abgebildet.

Staatliche Wirtschaftspolitik

Bund und Länder sind verpflichtet, bei ihrer Wirtschaftspolitik die Ziele stetiges und angemessenes Wirtschaftswachstum, hoher Beschäftigungsstand, Stabilität des Preisniveaus, außenwirtschaftliches Gleichgewicht, gerechte Einkommensverteilung und Schutz der natürlichen Lebensgrundlagen möglichst gleichrangig zu verfolgen. Teilweise stehen diese Ziele in Konkurrenz zueinander, deshalb hat sich der Begriff „magisch" eingebürgert.

MARKTWIRTSCHAFT

Abb. 1 *Wirtschaftsordnung in Deutschland*

Zur Beurteilung der Zielerreichung dienen Indikatoren, wie das BIP für das Wirtschaftswachstum oder die Arbeitslosenquote für den Beschäftigungsstand..

Ausgestaltung des Sozialstaats

Der Sozialstaat wird durch Transferleistungen aus Steuermitteln und Leistungen aus Pflichtversicherungen verwirklicht. Dabei wird teils subsidiär, teils solidarisch vorgegangen. Vorstellungen von sozialer Gerechtigkeit können sehr unterschiedlich sein, weshalb das Ausmaß von sozialer Absicherung immer wieder neu ausgehandelt wird.

Die Grenzen des Marktsystems

Der Marktmechanismus funktioniert wirkungsvoll, wenn Angebot und Nachfrage maximal flexibel sind und die Preise alle mit der Produktion eines Gutes zusammenhängenden Kosten abbilden. Das gelingt aus unterschiedlichen Gründen auf dem Arbeitsmarkt, bei Infrastrukturgütern und bei der Nutzung der Natur weniger gut, was zu Marktversagen führt. Deshalb greift der Staat hier ein, indem er beispielsweise einen Mindestlohn für Arbeit festlegt, öffentliche Güter kostenfrei bereitstellt oder externe Kosten der Produktion über eine Steuer oder Abgabe internalisiert.

Wichtige Begriffe:
Angebot und Nachfrage, Beschäftigungsstand, Eigentum an Produktionsmitteln, externe Effekte, Inflation, Marktmodell, Preismechanismus, Solidarität, Sozialversicherung, Subsidiarität, Wachstum, Wettbewerb

224

Kompakt/Lerncheck | Digital+
WES-117442-1607

Lerncheck

Wirtschaftsordnung Marktwirtschaft

M1 *Aussagen über die Soziale Marktwirtschaft*

„Soziale Marktwirtschaft ist besser, weil ...

... der Markt allein, so notwendig und unverzichtbar er ist, als solcher keine Solidarität produziert." *Jean Claude Juncker, EU-Kommissionspräsident*

... sie den Wettbewerb als Weg zum Gemeinwohl sieht." *Randolf Rodenstock, Unternehmer*

1 **Erläutere die Aussagen in M1.**
2 **Stellt euch einen Flohmarkt in der Schule vor.**
a) Beschreibt an Beispielen, wie sich die Preise für die angebotenen Waren bilden.
b) Entwickelt ein Szenario für das Marktgeschehen, wenn die Schulleitung die Preise vorschreibt.
c) Übertragt das Beispiel auf einen Staat. Erläutert die Folgen einer zentralen Preisfestsetzung für Brot, Gastronomie und Pkw.

Marktmechanismus

M2 *Beschreibung des Marktmodells*

Das idealtypische Marktmodell bildet das Zusammenspiel von Preis und Güter- (1) auf einem freien Markt ab. Dabei werden (2) und (3) Menge in Relation zu einem sich verändernden (4) erfasst. Mit steigendem Preis drängen Anbieter mit der Hoffnung auf gute Umsätze auf den Markt. In diesem Falle ist daher zu erwarten, dass sich die (5) Menge eines Gutes (6). Ein (7) Preis führt umgekehrt zu einer Verringerung der angebotenen Menge. Bei steigendem Preis eines Gutes können weniger Konsumenten in Betracht ziehen, das Gut zu konsumieren. Die (8) Menge ist folglich gering. Sinkt der Preis jedoch, (9) die nachgefragte Menge nach einem Gut. In diesem Zusammenspiel gibt es einen Preis, bei dem angebotene und nachgefragte Menge exakt (10). Grafisch ist das der Schnittpunkt der beiden Kurven. Dieser Punkt wird als (11) bezeichnet.

M3 *Nicht alle Preisreaktionen sind gleich*

A
A: „Die Schulcafeteria hat ihre Preise erhöht!"
B: „Was? Da werden jetzt viele ..."

B
C: „Diese Schokoriegel kosten an der Tankstelle mehr als 2 €."
D: „Wirklich? Da werden bestimmt viele ..."

3 **Vervollständige in M2 mit den richtigen Begriffen (1-11).**
4 **a) Vervollständige die Antworten in M3 entsprechend dem Marktmechanismus.**
b) Beurteile, ob diese realistisch sind, auch indem du die beiden Antworten vergleichst.

Magisches Viereck

5 **a) Erläutere die vier Ziele der deutschen Wirtschaftspolitik. Beziehe dabei die jeweiligen Indikatoren ein.**
b) Erläutere einen möglichen Zielkonflikt.
c) Nimm Stellung zu der Aussage: „Exportüberschüsse sichern Arbeitsplätze."

Sozialstaat

6 **a) Nehmt in Dreiergruppen zur geplanten Beitragssteigerung bei der gesetzlichen Rentenversicherung Stellung aus der Sicht a) eines jungen Arbeitnehmers, b) einer Arbeitgeberin und c) einer Rentnerin.**
b) Begründet, wie hoch der Beitrag steigen soll.

Lösungen: *Lerncheck*

225

westermann

Erarbeitet von:

Jörg Friese
Dr. Ingo Jonuschies
Dr. Claudia Kalisch
Paul Kollath
Cornelia Kühne-Hellmessen
Franziska Mittmann

praxis

Arbeit - Wirtschaft - Technik
Berufsorientierung

GESAMTBAND

mit Beiträgen von
Daniel Doll, Sabine Gans, Beate Flemming-Nikoloff, Stephan Friebel-Piechotta, Sandra Kaps, Laura Knoll, Michael Koch, Nehle Mintner, Maida Pech, Catharina Scnmitt, Lea Schneider, Julia von Walcke-Schuldt, Axel Wernke-Stefan, Wilko Wierhake

Druck A^2 / Jahr 2025
Alle Drucke der Serie A sind im Unterricht parallel verwendbar.

Redaktion: Wilko Wierhake, Michaela Ostendorf
Umschlaggestaltung: LIO Design GmbH, Braunschweig
Druck und Bindung: Westermann Druck GmbH, Georg-Westermann-Allee 66, 38104 Braunschweig

ISBN 978-3-14-**117442-7**

Inhalt

Mein Weg in die Arbeits- und Berufswelt I

Warum arbeiten und wirtschaften wir?

Güter entwickeln und realisieren

Güter werden vermarktet

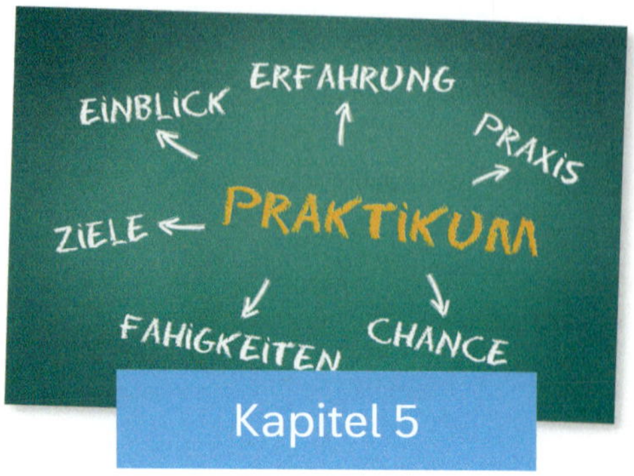
EINBLICK
ERFAHRUNG
PRAXIS
ZIELE
PRAKTIKUM
FAHIGKEITEN
CHANCE
Kapitel 5

Mietvertrag
Kapitel 6

Kapitel 7

Kapitel 8

Mein Weg in die Arbeits- und Berufswelt III

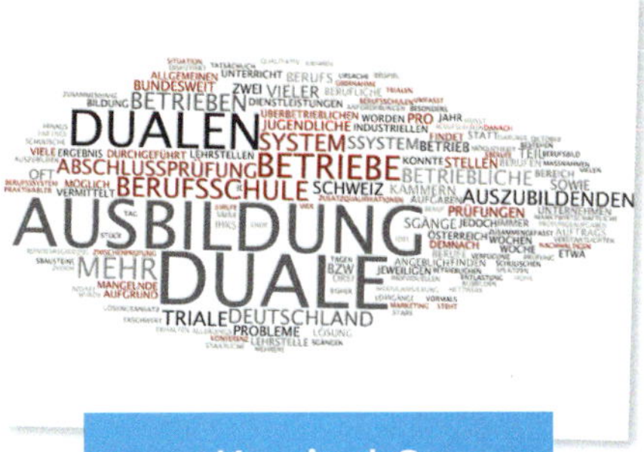

Kapitel 9

Haushalten mit Geld und Einkommen

Kapitel 10

Bewusster Verbrauch

Kapitel 11

Ressourcen effizient nutzen durch Haushaltstechnik

Kapitel 12

Wahlthema Kommunikationstechnologien

Wahlthema Mobilität

Mein Weg in die Arbeits- und Berufswelt IV

Markt und Staat als Wirtschaftsgestalter

Internationale Wirtschaftsbeziehungen

Kapitel 17

Technischer Wandel im internationalen Wettbewerb

Kapitel 18

Unternehmen und Märkte

Kapitel 19

Technische Lösungen zur Steigerung der Effizienz

Kapitel 20

Anhang

Die im Buch enthaltenen Methoden

Die im Buch enthaltenen Arbeitstechniken

Kapitel 1

- *Was ist Arbeit?*
- *Was kennzeichnet Berufe?*
- *Welche Berufe kenne ich?*
- *Welche beruflichen Tätigkeiten interessieren mich?*
- *Was sind meine Lebensträume?*
- *Wie finde ich meinen Weg?*

Mein Weg in die Arbeits- und Berufswelt I

Abb. 1 *Menschen bei der Arbeit*

Alles Arbeit?

Arbeiten gehört zum Menschsein

Als Arbeit wird jede **zielgerichtete, ausdauernde und bewusste Tätigkeit** bezeichnet, die dem Menschen dazu dient, bestimmte **Bedürfnisse zu befriedigen**. Häuser bauen, Felder bestellen, Lebensmittel produzieren, Möbel- oder Kleidungsstücke herstellen, Kunstwerke erschaffen, Theaterstücke aufführen – dies ist nur eine kleine Auswahl von Tätigkeiten, die Menschen tagtäglich verrichten, um ihr Leben zu sichern und möglichst angenehm zu gestalten. Neben **körperlicher Arbeit** gibt es auch die **geistige Arbeit**, die ebenso anstrengend sein kann. Hierzu zählt zum Beispiel die Entwicklung und Konstruktion von technischen Anlagen oder auch das Schreiben von Romanen und Software-Programmen. Die Umsetzung von all diesen Tätigkeiten gelingt oft nur bei einem **planvollen** (gut durchdachten) und **arbeitsteiligen** (gemeinsamen und abgestimmten) Vorgehen.

Bezahlte und unbezahlte Arbeit

Ob eine Arbeit vergütet (bezahlt) wird oder nicht, hängt nicht von der Tätigkeit, sondern vom Kontext ab: Arbeiten in der Familie, im Rahmen eines Hobbys oder Ehrenamtes erfolgen meist ohne Bezahlung, Erwerbs- und Berufstätigkeiten hingegen werden vergütet. Angehörige pflegen ältere Menschen unentgeltlich, während Pflegefachkräfte hierfür bezahlt werden.

Erwerbs- und Berufsarbeit

Als Erwerbsarbeit wird eine **längerfristige Tätigkeit** bezeichnet, für die die arbeitende Person eine Vergütung bzw. ein Einkommen erhält. Dieses dient wiederum der **Sicherung des eigenen Lebensunterhaltes.** Die Berufsarbeit ist auch eine Form der Erwerbsarbeit, allerdings kommen hier noch zwei weitere Aspekte hinzu: Für einen **Beruf** entscheidet man sich sehr bewusst, weil man diesen als sehr sinnvoll erachtet bzw. sich zu diesem ‚berufen fühlt'. Zudem ist für die Ausübung eines Berufes eine mehrjährige Ausbildung erforderlich, in der das erforderliche Fachwissen und umfassende Fähigkeiten erworben werden.

A Beschreibe, welche Arbeiten und Hilfsmittel in der Abb. 1 zu sehen sind.

B Erläutere, was Arbeit und was das Gegenteil von Arbeiten ist.

C Erörtere, inwiefern Leben und Arbeiten zusammengehören.

Erwerbsarbeit: Wieso arbeiten wir?

M1 *Julias Reportage und Umfrage*

Julia möchte Journalistin werden und absolviert derzeit ein Praktikum in einem Verlag. Sie arbeitet an einer Reportage mit dem Titel „Arbeiten, um zu Leben ODER Leben, um zu arbeiten?" Sie hat sich entschieden, Menschen auf der Straße zu fragen: „Wieso gehen Sie eigentlich einer Tätigkeit nach?"

„Ich brauche das Geld für Miete, Essen und Kleidung."

„Ich fühle mich gebraucht."

„Ich erhalte ich viel Anerkennung und Wertschätzung."

„Ich möchte unabhängig von meiner Familie sein und eigenes Geld verdienen."

„Ich mag meine Kolleginnen, wir sind ein tolles Team."

„Ich habe das Gefühl, der Gesellschaft etwas zurückgeben zu können."

„Ich wollte immer etwas Sinnvolles tun. Das mache ich jetzt."

„Ich brauche Geld, ich möchte meinen Kindern ein gutes Leben ermöglichen."

„Ich liebe etwas Luxus – ein schnelles Auto, Reisen in ferne Länder, Schmuck und gutes Essen."

„In dieser Tätigkeit lerne ich wahnsinnig viel dazu."

„Ich bin ein sehr kreativer Mensch – in meinem Beruf kann ich Kunst machen."

„Eigentlich bin ich schon Rentner, aber ich will geistig und körperlich fit bleiben."

Erwerbsarbeit, Familien-Arbeit, Ehrenamt oder Hobby?

M2 *Leben und Arbeiten auf einem Hof*

Carolin (13 Jahre) wächst mit ihren zwei Geschwistern Tom (15 Jahre) und Karl (8 Jahre) auf einem kleinen Bio-Bauernhof auf. Ihr Vater und ihr Großvater sind Landwirte, sie bauen Obst und Gemüse an und halten Kühe, Schafe und Hühner. Mutter und Großmutter betreiben eine kleine Käserei und verkaufen die erzeugten Produkte in einem kleinen Hof-Laden. Die Mutter pflegt zudem die 92-jährige Uroma, die nicht mehr für sich alleine sorgen kann. Die Kinder helfen bei den Aufgaben mit. Carolin versorgt morgens und abends die Tiere und übernimmt manchmal am Samstag den Verkauf im Hofladen. Tom und Karl unterstützen bei der Feld- und Hausarbeit. Trotz der Arbeit bleibt noch etwas Zeit für Hobbies: Alle Familienmitglieder spielen ein Instrument. Carolin liebt Volleyball und trainiert mindestens einmal in der Woche. Ihr Bruder Tom und ihr Vater engagieren sich bei der Freiwilligen Feuerwehr. Ihre Mutter gönnt sich hin und wieder eine kleine Auszeit – sie reist sehr gerne zusammen mit einer Freundin.

1 Beschreibe, aus welchen Gründen die Menschen, die Julia befragt hat, einer Erwerbsarbeit nachgehen (M1).

2 Erläutere den Unterschied zwischen „Leben, um zu arbeiten" und „arbeiten, um zu leben."

3 Begründe, welche Personen würdest du befragen, wenn du Julia bei ihrer Reportage unterstützen würdest (M1).

4 a) Ordne den Familienangehörigen in M2 die Tätigkeiten zu, denen sie nachgehen.
b) Ergänze und begründe, um welche Art der Tätigkeit es sich handelt: Erwerbsarbeit, Familienarbeit, Ehrenamt oder Hobby?
c) Erörtere, ob du dir eine Leben auf einem Hof vorstellen könntest.

Abb. 1 *Es gibt eine Vielzahl an Berufen.*

Faszinierende Berufewelt

Beruf: einem Ruf folgen?!

Seit Jahrtausenden teilen Menschen die Aufgaben, die in einer Gemeinschaft anfallen, untereinander auf. So erwerben Einzelne spezifisches Fachwissen sowie bestimmte fachliche Fähigkeiten. Wissen und Fertigkeiten wurden von Generation zu Generation weitergegeben. Das Wort „**Beruf**" hingegen taucht erst ab dem 16. Jahrhundert auf. Es steht für ‚berufen werden' bzw. einer ‚inneren Berufung' folgen. Zunächst wurde die eigene Position in der Gesellschaft mit einer Berufung durch Gott erklärt, d. h. die jeweilige gesellschaftliche Position wurde auf Gottes Wille zurückgeführt, dem man sich zu fügen hatte. Später folgte die junge Generation vor allem dem Ruf der älteren Gesellschaftsmitglieder und Familienangehörigen. Eine unabhängige, freie Berufswahl war für die allermeisten undenkbar. Das Recht auf freie Berufswahl ist inzwischen ein Grundrecht, das in unserem Grundgesetz verankert ist. Es stellt sicher, dass junge Erwachsene bei der Berufswahl ihren individuellen Interessen, Neigungen und Lebensplänen folgen können.

Berufe haben eine hohe Bedeutung

Für viele Menschen ist die Ausübung eines Berufes ein wichtiger Bestandteil ihres Lebens. Sie haben ihn gewählt, weil er zu ihnen passt und sie das Gefühl haben, etwas Sinnvolles für die Allgemeinheit zu tun. Zudem sichert die Berufstätigkeit den Lebensunterhalt. Die hohe Bedeutung des Berufs spiegelt sich beispielsweise auch darin wieder, dass sich viele Menschen, wenn sie eine Person neu kennenlernen, danach erkundigen, welchen Beruf diese ausübt und wo diese arbeitet.

Berufe in deinem Umfeld

Wenn du dich aufmerksam umschaust und zuhörst, kannst du wahrnehmen, wie vielfältig die Berufswelt in den letzten Jahrhunderten war und noch immer ist. Bis heute sind beispielsweise die Berufe des Mittelalters in Straßennamen erhalten geblieben: zum Beispiel Schmiedegasse, Buchbinderstraße, Müllerwiese, Töpfer- oder Weberstraße. Auch in Filmen, Romanen und Musiksongs werden häufig Berufe beschrieben. Und wenn du bei der nächsten Familienfeier anfängst, eine Liste von den Berufen zu erstellen, die alle Anwesenden erlernt bzw. ausgeübt haben, wirst du staunen, wie lang diese wird.

A Erkläre den Unterschied zwischen (a) zu einer Tätigkeit ‚berufen zu werden' und (b) einer ‚inneren Berufung' zu folgen.

B Erläutere anhand eines Beispiels, wieso der Beruf eine hohe Bedeutung für den Menschen hat.

C Erstelle eine Liste mit Berufen, die du kennst.

Berufsbekleidung – in vielen Berufen ein wichtiges Element des Berufsalltags

M1 *In vielen Berufen ist das Tragen von Berufskleidung üblich.*

1 **a)** Beschreibe, was die abgebildete Berufsbekleidung ausmacht: Material, Farbe und Beschaffenheit der einzelnen Kleidungsstücke.

b) Erkläre, wieso diese Kleidung für die gezeigten Berufstätigkeiten besonders geeignet ist.

c) Nenne weitere Berufe, für die eine spezifische Berufsbekleidung typisch ist.

2 **a)** Nenne Berufe, bei denen das Tragen von Berufskleidung unüblich ist.

b) Erkläre, warum in diesen Berufen keine spezifische Kleidung erforderlich ist.

3 Begründe, in welcher Berufsbekleidung du dich am wohlsten bzw. am unwohlsten fühlen würdest.

Berufe in deiner Familie

M2 *Beispiel für einen Familien-Berufe-Stammbaum*

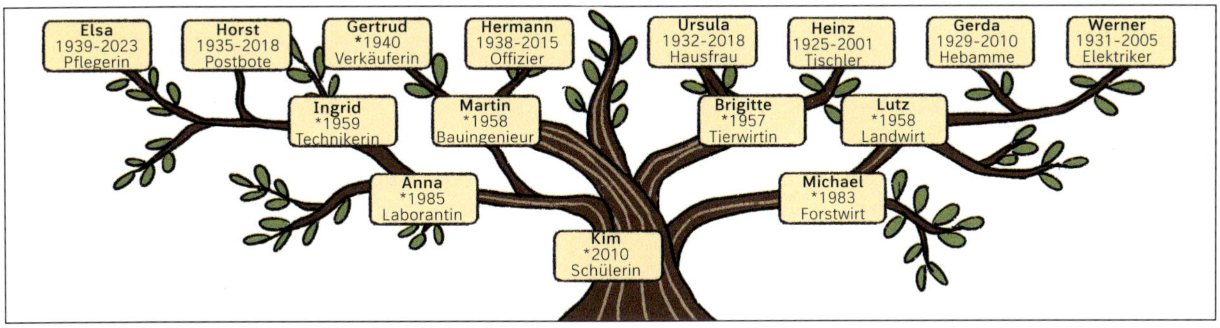

4 Beschreibe den Familienstammbaum von Kim (M2): Wie viele Generationen sind hier abgebildet? Waren alle Familienmitglieder berufstätig? Welche Personen waren im landwirtschaftlichen, technischen, naturwissenschaftlichen bzw. sozialen Bereich tätig?

5 Erstelle einen Familien-Berufe-Stammbaum für deine Familie. Frage in deiner Familie nach, wer welchen Beruf ausübt bzw. ausgeübt hat und wo sie jeweils gearbeitet haben (z. B. Firma, Arbeitsort). Halte auch fest, welche Person ggf. keine Ausbildung durchlaufen bzw. nicht berufstätig sein konnte oder wer den Beruf gewechselt hat. Zusatzmaterial: *Vorlage Familien-Berufe-Stammbaum*

a) Treten in deiner Familie einige Berufe häufiger auf?

b) Wähle eine der Berufstätigkeiten von deinen Verwandten aus, über die du mehr erfahren möchtest.

Berufe in deiner Umgebung

M3 *Skizze vom Marktplatz von Lieblingsstadt*

Bei einem Spaziergang durch deinen Heimatort oder auch auf deinem Weg zur Schule kommst du an verschiedenen Orten vorbei, an denen Menschen einer Berufstätigkeit nachgehen.

M4 *Berufe am Marktplatz von Lieblingsstadt*

- Automobilkaufmann/-frau
- Fotograf/-in
- Fachangestellte/r für Medien- u. Informationsdienste - Bibliothek
- Buchhändler/-in
- Kraftfahrzeugmechatroniker/-in
- Zahnmedizinische/r Fachangestellte/r
- Rechtsanwalt/Rechtsanwältin
- Fachverkäufer/-in – Fotobedarf
- Beamt(er/in) – Bibliothekswesen
- Zahntechniker/-in
- Fachverkäufer/-in - Lebensmittelhandwerk (Bäckerei)
- Gesundheits- und Krankenpflegehelfer/-in
- Maßschneider/-in
- Fachverkäufer/-in – Lebensmittelhandwerk (Fleischerei)
- Pflegefachmann/-frau
- Musiker/-in für Kirchenmusik
- Fachkraft – Gastronomie
- Kaufmann/-frau – Kurier-, Express- u. Postdienstleistungen
- Notarfachangestellte/r
- Sozialversicherungsfachangestellte/r der Krankenversicherung
- Richter/-in
- Pfarrer/-in / Pastor/-in
- Fachverkäufer/-in – Kraftfahrzeuge
- Verwaltungsfachangestellte/-r – Kommunalverwaltung
- Rechtsanwalts- und Notarfachangestellte/-r
- Goldschmied/-in
- Facharzt/-ärztin – Allgemeinmedizin (Hausarzt/-ärztin)
- Gerichtsvollzieher/-in
- Facharzt/-ärztin – Augenheilkunde
- Orthopädietechnik-Mechaniker/-in
- Notar/-in
- Anlagenmechaniker/-in – Sanitär-, Heizungs- und Klimatechnik
- Gebäudetechniker/-in

6 Ordne den Einrichtungen am Marktplatz von Lieblingsstadt (M3) die Berufe zu, die du in der Liste (M4) findest. Erstelle hierzu eine Tabelle.

Material

Welcher Beruf könnte zu mir passen?

M6 *Mindmap „Das macht mich aus" von Tom*

M7 *Meine Interessen und ersten beruflichen Ideen*

Die eigene berufliche Orientierung beginnt damit, sich selbst zu reflektieren und sich Antworten auf Fragen zu erarbeiten wie:
Was kann ich gut?
Was mache ich gern?
Wofür interessiere ich mich?

Daran anknüpfend gilt es, dieses Selbstwissen mit den Informationen über die Arbeits- und Berufswelt zu verknüpfen. Hierbei hilft dir Mission ICH. Hinter dem QR-Code findest du Hinweise zur Arbeit mit Mission ICH.

Zusatzmaterial: *Vorlage Mindmap, Arbeitsblatt Selbsteinschätzung/Fremdeinschätzung*

M8 *Wenn ich einmal erwachsen bin ...*

Luca sitzt am Schreibtisch und will eigentlich gerade seine Matheaufgaben machen. Da fängt er an zu träumen und überlegt, wozu er Mathe mal später im Beruf braucht und welcher Beruf das denn wäre? Was ist ihm wichtig bei der Berufswahl? Was würde ihn glücklich machen? Seine Eltern gehen gerne arbeiten und sagen, dass es ihnen Spaß macht. Sein Onkel sagt, dass sein Beruf gut zu ihm passt, aber er auch immer gerne sein Hobby Mountainbiking macht. Seine Tante ist da ganz anders. Sie geht voll in ihrem Beruf auf. Sie sagt, dass es auch ihr Hobby ist und sie sich dazu berufen fühlt, für kranke Menschen da zu sein. Sie ist Krankenschwester. Was macht es aus, den richtigen Beruf für sich zu finden?

11 a) Erstelle eine Mindmap von dem, was dich ausmacht: deine Interessen, Stärken und Lieblingstätigkeiten (M6). Nutze hierfür auch deinen „Mission ICH"-Hefter bzw. deinen Berufswahlpass, in denen du schon einige Erkenntnisse über dich gesammelt hast. Zusatzmaterial: *Mission ICH*
b) Tausche dich mit einem Mitschüler oder einer Mitschülerin über eure Mindmaps aus.
Lerntempoduett

12 Erörtere, was du auf Fragen wie die in M7 demnächst antworten wirst.

13 Fasse stichpunktartig zusammen, was die Verwandten von Luca über ihre Berufe sagen (M9).

14 Schreibe Luca einen Brief, in dem du von dir berichtest. Stelle heraus, wie dein Traumberuf ist.

Eine Betriebs- oder Arbeitsplatzerkundung organisieren

Den besten Einblick in ein konkretes Berufsfeld, in eine Organisation oder in einen Beruf erhaltet ihr, wenn ihr direkt vor Ort seid und mit den Menschen, die dort tätig sind, ins Gespräch kommt. Unter einer Betriebs- oder Arbeitsplatzerkundung versteht man den **Besuch einer Organisation** (Unternehmen, Verwaltung, Hochschule, Museum usw.) **für ein paar Stunden**.
Eine **Betriebserkundung** zielt darauf ab, das gesamte Unternehmen oder zumindest einen zentralen Geschäftsbereich kennenzulernen. Hierdurch werden Einblicke in verschiedene Berufsfelder und Berufe möglich.
Die **Arbeitsplatzerkundung** hingegen fokussiert auf Einblicke in die Arbeitsabläufe an einem konkreten Arbeitsplatz und gibt somit Einblicke in einen konkreten Beruf.

Da sich die Mitarbeitenden für den Besuch extra Zeit nehmen, sollte der Besuch eurerseits gut vorbereitet werden. Und, damit auch eure Mitschülerinnen und Mitschüler von euren Erfahrungen profitieren, gehört auch eine gute Dokumentation und Nachbereitung dazu.

Vorbereitung

Zur Vorbereitung gehört zu klären, welches Unternehmen, welche Organisation, welcher Arbeitsplatz soll erkundet werden? Was versprecht ihr euch von der Erkundung – welche Einblicke möchtet ihr erhalten und was genau wollt ihr erfahren? Benennt eure Erkundungsziele und plant eure Beobachtung und ggf. Befragung – siehe Infoboxen Arbeitsplatz- und Betriebserkundung sowie die Methodenbeschreibung „Ein Expertengespräch führen“. Überlegt auch, wie ihr die Ergebnisse dokumentieren werdet – Notizen, Fotos, Videos? Klärt ebenso, in welcher Form eure Ergebnisse in der Klasse präsentiert werden sollen und was ihr hierfür benötigt.

Durchführung

Vor Ort ist es wichtig, dass ihr eure Erkundungsziele der Betriebs- bzw. Arbeitsplatzerkundung im Blick behaltet und euch darauf konzentriert. Dokumentiert die erhaltenen Informationen, erkundigt euch, ob ihr Fotos machen und diese für eure Dokumentation verwenden dürft. Prüft, ob ihr eure Beobachtungsaufträge erfüllt habt und all eure Fragen beantwortet wurden.

Nachbereitung

Sichtet und sortiert die gesammelten Informationen, fasst Wesentliches noch einmal zusammen. Welche Materialien, welche Bilder, welche Aussagen der Beschäftigten sind so aussagekräftig, dass ihr sie verwenden wollt? Bereitet die Präsentation entsprechend der Vorgaben vor. Zudem überlegt, welche Erkenntnisse ihr aus dieser Betriebs- bzw. Arbeitsplatzerkundung zieht? Was hat euch beeindruckt? Was ggf. abgeschreckt? Könntet ihr euch diese Organisation als Arbeitgeber vorstellen? Begründet eure Antwort. Legt die Ergebnisse der Erkundung in eurem Berufswahlportfolio ab.

1 Erläutere den Unterschied zwischen einer Betriebs- und einer Arbeitsplatzerkundung.
2 Nenne, was jeweils zur Vorbereitung, Durchführung und Nachbereitung gehört.
3 Begründe, wo du eine Betriebs- oder Arbeitsplatzerkundung durchführen möchtest.
4 Formuliere Erkundungsziele für diese Betriebs- bzw. Arbeitsplatzerkundung.

Informationen zur Betriebs- und Arbeitsplatzerkundung

M1 *Arbeitsplatzerkundung*

Beschreibe den Arbeitsplatz anhand folgender Merkmale. Übertrage dir die Fragen und beantworte sie vor Ort, ggf. zusammen mit den Beschäftigten.

1. **Arbeitsaufgabe**
   Was wird an dem Arbeitsplatz gemacht?
2. **Eingabe/Input**
   Welche Materialien und Informationen werden für die Erfüllung der Aufgabe benötigt?
3. **Betriebsmittel**
   Mit welchen Werkzeugen, Maschinen und Geräten wird gearbeitet?
4. **Arbeitsort**
   Wo wird gearbeitet?
5. **Umgebungseinflüsse**
   Wie riecht es am Arbeitsplatz?
   Wie ist die Temperatur am Arbeitsplatz?
6. **Arbeitssituation**
   Arbeitet man alleine oder im Team?
   Besteht die Möglichkeit, von zu Hause aus zu arbeiten?
   Hat man Kundenkontakt?
7. **Arbeitszeit**
   Wie sind die Arbeitszeiten?
   Arbeitet man auch nachts oder am Wochenende?
8. **Fähigkeiten**
   Was muss man für den Beruf besonders gut können?
   Welche Eigenschaften muss man haben?
9. **Platz für eigene Fragen**

M2 *Betriebserkundung*

Eine Betriebserkundung kann unterschiedliche Schwerpunkte aufweisen, zum Beispiel:

1. **Wirtschaftliche Aspekte**
   - Grundfunktionen in einem Unternehmen, z. B. Beschaffung, Produktion, Vertrieb, Leitung, Verwaltung
   - effiziente Anordnung von Arbeitsplätzen, arbeitsteilige, notwendige Kooperationen
   - Verortung im regionalen Arbeitsmarkt & überregionale/internationale Verbindungen
2. **Technologische Aspekte**
   - Rohstoffe und Materialien
   - Fertigungsverfahren, Produktionsprozesse
   - Forschung und Entwicklung
   - Umweltschutz usw.
3. **Soziale Aspekte**
   - Personalwesen (u. a. Personalgewinnung und -bindung)
   - Arbeitsbedingungen und Arbeitszufriedenheit
   - Interessenvertretung (Betriebsrat, Auszubildendenvertretung) usw.
4. **Berufskundliche Aspekte**
   - Berufsbilder und typische Tätigkeiten
   - Ausbildungsformen (inner- und außerbetrieblich)
   - Zugangsvoraussetzungen und Bewerbungsverfahren
   - Weiterbildungsmöglichkeiten, Aufstiegschance

Für jeden Schwerpunkt lassen sich spezifische Erkundungsaufträge und Fragenkataloge erstellen. Verständigt euch, welche Schwerpunkte euch interessieren und konkretisiert dann die einzelnen Schwerpunkte.

Methode

Ein Expertengespräch führen

Durch Begegnungen und Gespräche mit Berufstätigen erhält man einen sehr authentischen und praxisnahen Einblick in das jeweilige Tätigkeitsfeld – z. B. in ein Labor, Büro, Theater, Krankenhaus oder in eine Werkstatt. Ein Gespräch oder ein Interview zu führen, erscheint vielleicht auf den ersten Blick recht einfach. Um jedoch möglichst präzise, anschauliche und hilfreiche Informationen zu erhalten, bedarf es einer guten Vorbereitung.

Vorbereitung

Überlegt, was euch zu eurem Thema interessiert und **sammelt** zunächst möglichst viele **Fragen**. In einem zweiten Schritt erstellt ihr einen **Gesprächsleitfaden**, in dem ihr prüft, welche Frage wirklich relevant sind und ihr sie nach übergeordneten und untergeordneten Fragen sortiert. Berücksichtigt die Hinweise in M1 und M2 zur Fragenformulierung und zum Aufbau des Gesprächsleitfadens.

Überlegt euch außerdem, **wer für das Gespräch als Experte oder Expertin infrage kommt**. Aus welchem Unternehmen, welcher Einrichtung oder welcher Hochschule sollte die Person kommen? Erstellt eine Liste potenzieller Gesprächskandidatinnen und -kandidaten und entscheidet euch dann, welche Person ihr zuerst und welche ihr ggf. danach anfragt.

Zu entscheiden gilt auch: **Wo soll das Expertengespräch stattfinden – am Arbeitsort der befragten Person oder bei euch in der Schule?** Überlegt, wer bei dem Gespräch dabei sein soll. Es geht allein, aber zu zweit ist es oft leichter. Auch im Klassenverband ist ein Expertengespräch möglich. Dann solltet ihr vorab klären, wer welche Fragen stellt und wer die Antworten notiert.

Sorgt ebenfalls bereits im Vorfeld für **eine angenehme Gesprächsatmosphäre:** Versucht Störungen zu vermeiden (Handy aus, ggf. ein Schild an Tür hängen), einen guten Rahmen zu schaffen (z. B. Stuhl und Getränk bereitsstellen) sowie dafür, dass ihr euch gut vorbereitet fühlt (Gesprächsleitfaden ausgedruckt mitbringen und Fragen vorab noch einmal durchgehen).

Durchführung

Es ist normal, wenn ihr aufgeregt seid. Lasst euch hierdurch nicht verunsichern. Das gehört dazu. **Der ausgedruckte Leitfaden hilft**, euch daran zu erinnern, wie ihr vorgehen wollt. Geht die einzelnen Punkte durch und stellt die Fragen, die ihr euch überlegt habt. Natürlich dürft ihr auch vom Leitfaden abweichen – und z. B. andere Fragen stellen, die euch im Gespräch noch zusätzlich einfallen. Die Fragen, die bereits beantwortet wurden, könnt ihr abhaken. Hinweis: Manchmal beantworten die Gesprächspartner/-innen schon Fragen, die ihr erst später stellen wolltet. Unterbrecht sie nicht. Die Reihenfolge, in der die Fragen beantwortet werden, ist egal. Notiert euch in knappen Stichworten die Antworten, die ihr erhaltet. Manchmal dürfen während eines Expertengespräches oder im Anschluss **Fotos** gemacht werden. Erfragt über eure Lehrkraft, ob die Person damit einverstanden ist.

Nachbereitung

Sichtet, sortiert und ergänzt ggf. die Antworten eurer Expertin bzw. eures Experten **direkt im Anschluss an das Gespräch**. Jetzt sind die Erinnerungen noch frisch, nach ein paar Tagen kann man sich nicht mehr so richtig erinnern.

Haltet für euch auch fest:

- Was hat euch besonders gut gefallen?
- Wie hat die Person auf euch gewirkt?
- Welcher Satz ist euch besonders in Erinnerung geblieben?
- Was habt ihr Neues erfahren? usw.

Als **Expertinnen** und **Experten** kann man diejenigen bezeichnen, die aufgrund ihrer mehrjährigen Beschäftigung in einer Institution bzw. einem Beruf, über spezifische Kenntnisse und fundierte Berufserfahrungen verfügen. Auch Auszubildende können als Experten oder Expertinnen eingeladen werden. Sie sind Experten oder Expertinnen für ihre Ausbildung und kommen als „Ausbildungsbotschafter/-in“ in die Schule.

Expertenbefragung

M1 *Die Kunst des Fragenstellens*

Es gibt zwei Arten von Fragen: „geschlossene" und „offene". Für Expertengespräche eignen sich **„offene Fragen"** besonders gut, denn sie geben der befragten Person die Möglichkeit, ausführlich von ihren Erfahrungen zu berichten.
Alle „W-Fragen" (Was, Wie, Weshalb, Woher, Wann, Woran, Wodurch etc.) sind offene Fragen. Beispiele sind:

- „Was macht Ihr Unternehmen aus?"
- „Welche Tätigkeiten sind für Ihren Beruf xy typisch?" oder
- „Wodurch sind Sie aufmerksam geworden auf ...?"

„Geschlossene Fragen" sind Fragen, bei denen die Antwortmöglichkeiten eingeschränkt bzw. vorgegeben sind. Hierzu zählen „Ja-/Nein-Fragen" (z. B. „Kann ich mich bei Ihnen über eine duale Ausbildung informieren?") sowie alle Fragen, die mit vorgegebenen Antwortmöglichkeiten versehen werden, z. B.: Wie viele Beschäftigte hat Ihr Unternehmen: ≤10, 10-20, 20-100, ≥100, ≥ 500?
Geschlossene Fragen sind sinnvoll, wenn man in kurzer Zeit viele Informationen erfragen möchte. Sie kommen vor allem bei schriftlichen Befragungen zum Einsatz.

Für das Fragen stellen gilt darüber hinaus:

Do's	Don'ts
- klar und deutlich Fragen stellen - verständliche und beantwortbare Fragen stellen	- Fragen, die die Kenntnisse der interviewten Person übersteigen - viele Fragen aneinanderreihen, bzw. zu komplexe Fragen stellen

M2 *Vorschlag für euren Gesprächsleitfaden*

1. Kurze Vorstellung:
   - Wer bin ich?/Wer sind wir?
   - Wieso führen wir dieses Gespräch?
2. Danke dafür, dass Sie sich die Zeit für uns nehmen.
3. Mein/unser erstes Thema ist: xxxxxx
   Frage 1: ...
   Frage 2: ....
   ggf. Frage 3:
4. Kommen wir zum zweiten Thema und der Frage: ...
   Zu diesem Thema gehört auch noch folgende Frage: xxx
5. ggf. drittes Thema & dazugehörige Fragen.
6. Vielen Dank! Sie haben mir/uns in diesem Gespräch viele Fragen beantwortet. Möchten Sie uns vielleicht noch etwas mit auf den Weg geben?

1 Beschreibe, was Expertengespräche ausmacht und wodurch sie sich von anderen Formen der Arbeits- und Berufswelterkundung (z. B. Internetrecherchen, Arbeitsplatz-/Betriebserkundung) unterscheiden.

2 Begründe, mit welcher Expertin/welchem Experten du dich gerne einmal unterhalten würdest – und worüber.

3 Erstelle einen Plan zur Vorbereitung und Durchführung eines Expertengespräches.

4 Entwickle einen Gesprächsleitfaden für ein Expertengespräch deiner Wahl. Lass ihn von einem Mitschüler oder einer Mitschülerin prüfen: Sind die Fragen verständlich und offen formuliert?

5 Führt die Befragung mithilfe des Leitfadens durch und notiert euch die Antworten.

Abb. 1 *Lebenspläne ändern sich.*

Meine Lebensträume entdecken

Sich die eigenen Lebenspläne bewusst machen

Mit Sicherheit hast du dir schon Gedanken darüber gemacht, wie du im Erwachsenenleben mal sein und leben möchtest – und ob du beispielsweise in die Fußstapfen deiner Familienangehörigen treten oder etwas ganz anderes machen möchtest. Wir leben in einer Zeit und in einem Land, in dem sich viele Lebenspläne verwirklichen lassen. Ein erster Schritt ins zukünftige Leben ist, sich dieser Lebensentwürfe bewusst zu werden und Informationen darüber zu sammeln, welche Möglichkeiten einem offenstehen.

Sich ein persönliches Portfolio anlegen

Kannst du dich noch erinnern, was du werden wolltest, als du im Kindergarten warst? Vorstellungen über das eigene Leben verändern sich, zum Beispiel, weil andere Dinge wichtig werden oder weil man besonderen Menschen begegnet. Es ist spannend, diese Veränderungen zu beobachten, denn sie sind Ausdruck deiner persönlichen Entwicklung. Durch ein **Portfolio** wird dies möglich. Dieser Begriff steht für eine (digitale) Sammelmappe bzw. einen Ordner, in dem verschiedene Dokumente abgelegt werden. Im Kindergarten wurden so beispielweise deine Kunstwerke, die über die Jahre entstanden sind, gesammelt.

Auch für deine Lebensplanung und Berufswahl kannst du ein Portfolio nutzen. Hier können alle Unterlagen einsortiert werden, die du über die nächsten Schuljahre erhältst – z. B. Arbeitsblätter aus dem AWT-Unterricht und aus der „Mission ICH"-Arbeit, Informationen zu Schulabschlüssen, Berufen, Ausbildungs- und Studienmöglichkeiten, Hinweise auf Berufsorientierungsveranstaltungen sowie deine persönlichen Erkenntnisse aus Interessen-, Stärken- und Berufswahltests. Auch deine Bewerbungsunterlagen für Betriebspraktika und Ausbildungsplätze können hier abgelegt werden. Mit einem Portfolio kannst du **alle Unterlagen an einer Stelle sammeln**. Es hilft dir, dich auf Gespräche mit Berufsberatern oder -beraterinnen vorzubereiten oder im Freundeskreis und mit deiner Familie über deine Pläne ins Gespräch zu kommen. Welche Unterlagen und Materialien du wem zeigst, entscheidest du.

A Fasse mit eigenen Worten zusammen, was ein Portfolio ist und wozu es dient. Recherchiere im Internet, wo überall Portfolios zum Einsatz kommen. Zusatzmaterial: *Mission ICH*

B Erläutere, worin Gemeinsamkeiten und Unterschiede bestehen zwischen einem Tagebuch, täglichen Blog-Beiträgen einer bekannten Persönlichkeit und einem individuellen Portolio?

Lebenswünsche und Lebenspläne

M1 *Die 14-jährige Gudrun aus Neubrandenburg schrieb am 13. Januar 1960 in ihr Tagebuch*

„Es ist ein fürchterlicher Tag gewesen. Du weißt, wie lange ich schon davon träume, später einmal Kinderärztin zu werden. Das sei nicht möglich, wurde mir heute von der Berufsberatung gesagt. Ich werde woanders gebraucht – im Überseehafen in Rostock als Bauzeichnerin. Ich könne dort ab September eine Ausbildung im VEB Seehafen Rostock machen und würde in einem Internat wohnen. Aber ich wollte doch hier in Neubrandenburg zusammen mit Susanne Abitur machen und anschließend studieren. Was soll ich nur tun?"

M2 *Am 23. März 2024 erzählt der 15-jährige Ahmad einem Freund:*

Heute waren wir mit der Klasse auf einer Ausbildungsmesse und ich habe mit dem Chef von einem Unternehmen gesprochen, die Elektroniker für Energie und Gebäudetechnik suchen. Das sind Experten für den Einbau von Klima-, Heizungs- und Elektroanlagen in Häusern. Das klingt spannend! Der Chef sagte, sein Betrieb würde mich ausbilden, wenn ich den Schulabschluss schaffe. Stell dir vor, mit einer abgeschlossenen Berufsausbildung verdiene ich so viel Geld, dass ich auch meine Familie unterstützen kann. Meine Eltern werden stolz auf mich sein. Wenn doch nur endlich unser Aufenthaltsstatus in Deutschland geklärt wird, damit ich in Ruhe für die Prüfungen lernen kann.

M3 *Ideen für einen Gesprächsleitfaden*

„Liebe Oma, in der Schule sprechen wir gerade über unsere Lebenspläne und wir haben den Auftrag erhalten, uns auch bei unseren Großeltern zu erkundigen, was deren Lebenspläne waren, als sie jung waren.

- Wie war das bei dir, wovon hast du geträumt, als du zwischen 14 und 20 Jahren alt warst?
- Wolltest du schon immer hier leben?
- Was waren deine Berufswünsche damals?
- Wolltest du Kinder bekommen? Wie hast du dir dein Leben vorgestellt?
- Musstest du dich beruflich neu orientieren? Wie kam es dazu?
- Was hat dir in schwierigen Situationen geholfen?"

1 **a)** Erstelle eine Zeichnung, in der du deine ersten Berufswünsche, die du im Kindergarten- und Grundschulalter hattest, sowie deine aktuellen beruflichen Pläne skizzierst.
b) Tausche dich mit Mitschülerinnen und Mitschülern darüber aus, ob sich deine Vorstellungen verändert haben und was ggf. hierzu geführt hat. Lerntempoduett

2 Lies' von den Lebensträumen von Gudrun und Ahmad (M1 und M2).
a) Beschreibe ihre Wünsche.
b) Erläutere, vor welchen Herausforderungen sie stehen.
c) Vergleiche die Lebensträume von Gudrun und Ahmad mit deinen eigenen.

3 Was weißt du über die Lebenspläne deiner Eltern und Großeltern als sie jung waren? Erstelle dir einen Gesprächsleitfaden, um mit einer älteren Person, die dir nahesteht, über ihre damaligen Lebenspläne ins Gespräch zu kommen (M3). Notiere Fragen, die dich interessieren.

Warum arbeiten und wirtschaften wir?

Kapitel 2

- *Welche Bedürfnisse haben Menschen?*
- *Wie gehen wir mit Knappheit um?*
- *In welche Sektoren kann die Wirtschaft gegliedert werden?*
- *Was kennzeichnet die Wirtschaft Mecklenburg-Vorpommerns?*
- *Was versteht man unter Wirtschaftsakteuren?*

Abb. 1 *Menschen haben Wünsche*

Warum wir wirtschaften

Bedürfnisse

Während eines Tages haben die Menschen unterschiedliche Wünsche, z. B. ein leckeres Frühstück, modische Kleidung zum Anziehen, eine sichere Fahrt zur Schule, abends Musik hören und nachts schlafen. Solche Wünsche heißen Bedürfnisse.

Für viele Wünsche, wie zum Beispiel neue Kleidung, brauchen Menschen Geld. Oder sie wünschen sich einen neuen Haarschnitt. Dafür müssen sie die Friseurin oder den Friseur bezahlen. Wünsche, die Menschen sich mit Geld erfüllen, werden **materielle Bedürfnisse** genannt.

In Deutschland leben über 80 Millionen Menschen mit verschiedenen materiellen Bedürfnissen. Daher benötigen wir vielfältige Produkte und Dienstleistungen. Millionen von Beschäftigten stellen diese in Unternehmen her und verkaufen sie. Jeder dieser Menschen erfüllt eine spezielle Aufgabe im Arbeitsprozess. Dies nennt man Arbeitsteilung.

Es gibt auch Wünsche, die man nicht mit Geld erfüllen kann wie z. B. Glück oder Gesundheit. Selbst sehr reiche Menschen können sich kein Glück im Geschäft kaufen oder liefern lassen. Diese Wünsche nennt man **immaterielle Bedürfnisse**.

Die Bedürfnispyramide

Nicht alle Bedürfnisse sind zum Überleben gleich wichtig. Die Menschen müssen jeden Tag etwas essen und trinken. Andere Dinge hingegen benötigen sie nicht täglich. Wenn ein Mensch sich ein neues, schnelleres Smartphone wünscht, kann er warten, bis er genug Geld gespart hat. Das Warten mag schwer fallen, aber ein neues Smartphone ist nicht überlebensnotwendig.

Die Bedürfnisse der Menschen könnt ihr in die maslowsche Bedürfnispyramide (Abraham Maslow, 1908-1970, US-amerikanischer Psychologe) einordnen. Unten stehen die sogenannten **Existenzbedürfnisse**. Das sind z. B. Essen und Trinken. Sie sind lebensnotwendig. Daneben brauchen Menschen Sicherheit, was zu den **Sicherheitsbedürfnissen** zählt. Außerdem möchten Menschen geliebt werden und ein Umfeld haben, auf welches sie sich verlassen können, die **sozialen Bedürfnisse**. Jeder möchte Anerkennung und Wertschätzung erreichen, die sogenannten **Ich-Bedürfnisse**. Darüber rangiert die **Selbstverwirklichung** durch die Erreichung von selbstgesetzten Zielen und die Ausübung von Hobbys.

Abb. 2 *Bedürfnispyramide nach Abraham Maslow*

Soziale Einflussfaktoren auf Bedürfnisse

Die Bedürfnisse der Menschen werden von unterschiedlichen Seiten beeinflusst, z. B. von ihren Freundinnen und Freunden, ihren Familien, ihrem Wohnort oder den Medien.

So wünschen sich Fußballfans in Rostock meist andere Fan-Schals als die Fans in Neubrandenburg. Wer oft Freunde im Harz besucht, wünscht sich vielleicht eine Kletterausrüstung, während sich eine Familie in Sassnitz ein Boot wünscht. Menschen in einer indischen Großstadt haben ebenfalls andere Wünsche als ein/-e Einwohner/-in eines kleinen Dorfes in Deutschland.

Die meisten Menschen haben viele Bedürfnisse gleichzeitig und immer wieder kommen neue Bedürfnisse hinzu, die sie sich am liebsten sofort erfüllen würden. Wenn ein materielles Bedürfnis durch den Tausch gegen Geld erfüllt werden kann, wird das Bedürfnis zum **Bedarf**.

Filme: *Einfach erklärt: Bedürfnisse, Bedürfnisse und Knappheit*

Güter und Knappheit

Um unsere Bedürfnisse zu erfüllen, brauchen wir Güter. Diese können in zwei Gruppen eingeteilt werden: Die **freien Güter** sind unbegrenzt verfügbar. Dazu zählt z. B. die Luft. Im Gegensatz dazu sind die **wirtschaftlichen Güter** knapp. Das bedeutet, dass diese Güter nicht unbegrenzt verfügbar sind und man sie gegen Geld kaufen muss, z. B. das Fahrrad oder das Smartphone, das du dir wünschst. Es liegt also eine **Knappheit** vor. Die Menschen müssen sich entscheiden, was sie für ihr Geld kaufen. Dabei können zwei Prinzipien helfen: Beim **Maximalprinzip** versuchen sie den größtmöglichen Ertrag aus den eingesetzten Mitteln zu erzielen. Das **Minimalprinzip** besagt, dass der Ertrag mit möglichst wenig Mitteln erzielt werden soll.

A Bedürfnisse sind unterschiedlich wichtig. Nenne die fünf Kategorien, in die sie eingeteilt werden.

B Beschreibe den Unterschied zwischen Bedürfnissen und Bedarf.

C Arbeite heraus, was der Unterschied ist zwischen freien und wirtschaftlichen Gütern.

Die Bedürfnisse, die Bedürfnispyramide und der Bedarf

M1 *Menschen haben unterschiedliche Bedürfnisse*

Luca: Ich wünsche mir eine Freundin.

Ulla: Ich wünsche mir Urlaub am Meer.

Lana und Tom: Wir wünschen uns Gesundheit für unsere Kinder.

Mia: Ich wünsche mir ein neues Handy.

1 Wähle eine der Aufgaben aus:

I a) Nenne die Wünsche, die die Menschen in M1 haben. Überlege, ob die Wünsche der Menschen in M1 mit Geld erfüllbar sind. Begründe.

II b) Die Menschen in M1 haben unterschiedliche Wünsche. Ordne die Wünsche in einer Tabelle materiellen und immateriellen Bedürfnissen zu.

III c) Ordne die Wünsche der Menschen in M1 nach materiellen und immateriellen Bedürfnissen. Erläutere, weshalb nicht alle Wünsche der Menschen in M1 mit Geld erfüllbar sind.

2 Tauscht euch in der Klasse über eure Bedürfnisse aus und ordnet sie auf einem Plakat den (im-)materiellen Bedürfnissen zu. Marktplatz

M2 *Tagebucheintrag von Lin-Chi*

Heute morgen bin ich ganz früh aufgewacht. Nach dem Zähneputzen und dem Frühstück habe ich meine neuen Turnschuhe angezogen. Boah, war ich gespannt, was Elisa und Sam zu denen sagen. Ich bin extra schnell mit meinem Fahrrad in die Schule gefahren. Ich habe mich total gefreut, die beiden direkt vor der Tür zu treffen. Sie finden die Schuhe auch toll! Am Wochenende wollen wir zusammen ins Kino gehen. Auf dem Heimweg hat mein Magen total geknurrt und ich habe mir ein leckeres Brötchen beim Bäcker gekauft. Direkt daneben war ein Elektronikgeschäft. Ein riesiger, internetfähiger Fernseher stand im Schaufenster. Es wäre der Wahnsinn, wenn ich den zum Geburtstag bekomme!

3 a) Lies dir den Tagebucheintrag von Lin-Chi (M2) durch und arbeite ihre Bedürfnisse während des Tages heraus.

b) Ordne Lin-Chis Bedürfnisse in die Bedürfnispyramide ein. Zeichne die Bedürfnispyramide auf Seite 23 dafür in deine Mappe oder dein Heft ab. +

M3 *Vom Bedürfnis zum Bedarf*

Leni geht gerne Eis essen (Bedürfnis).

Eine Kugel kostet 2,00 €. Im Portemonnaie hat sie noch 10,00 €.

Sie kauft sich davon eine Kugel Erdbeereis in der Waffel (Bedarf).

4 Notiere eigene Beispiele, in denen aus einem Bedürfnis ein Bedarf wird (M3).

Material

Das Minimal- und das Maximalprinzip I

M4 *Leonie und Walid kaufen ein*

Leonie

Am Wochenende soll es Kürbissuppe geben. Dafür brauche ich noch zwei Bio-Hokkaidokürbisse und einen halben Liter Bio-Sahne. Ich kaufe immer eine bestimmte Bio-Sahnemarke, weil mir wichtig ist, dass die Tiere artgerecht gehalten werden. Mal sehen, wo ich die Kürbisse und die Sahne am günstigsten bekomme.

Walid

Am Wochenende will ich groß meinen Geburtstag feiern. Dafür brauche ich noch Knabberzeug, möglichst viel. Weil ich diesen Monat schon so viel Geld ausgegeben habe, möchte ich aber nur 15 € dafür ausgeben. Mal sehen, wo ich dafür am meisten Knabberzeug bekomme.

5 a) Ordne das Verhalten von Leonie und Walid in M4 dem Minimal- und dem Maximalprinzip zu.

b) Erkläre die Begriffe Minimal- und Maximalprinzip in eigenen Worten. +

6 Wähle eine der Aufgaben aus:

I a) Du möchtest mit deinen Freundinnen und Freunden in den Urlaub fahren. Dafür bekommst du 200 € von deinen Eltern geschenkt. Nenne je ein Beispiel, wie du das Geld nach dem Minimal- und dem Maximalprinzip für den Urlaub verwenden könntest.

II b) Du bekommst zum Geburtstag 100 € geschenkt. Überlege, was du dir davon kaufen würdest. Notiere zu dem Wunsch jeweils ein eigenes Beispiel für das Minimal- und das Maximalprinzip.

III c) Marlene hat zu Weihnachten 200 € geschenkt bekommen. Sie wünscht sich ein paar neue Turnschuhe und eine gemeinsame Unternehmung mit ihren Freundinnen und Freunden – entweder ins Kino gehen oder eine Übernachtung in der Jugendherberge Frankfurt mit Escape-Room-Besuch. Wie würdest du vorgehen und für welches ökonomische Prinzip würdest du dich entscheiden? Begründe.

Das Minimal- und das Maximalprinzip II

M5 *Geht auch alles auf einmal?*

Finn

Das Minimal- und das Maximalprinzip sind für mich Quatsch. Ich will beides auf einmal: Den maximalen Nutzen zum minimalen Preis.

7 In dem Denkmodell „Minimal- und Maximalprinzip" hat man entweder begrenzte Mittel (meist eine bestimmte Summe Geld, die man ausgeben möchte) oder ein Ziel, das man erreichen möchte (z. B. ein neues Handy). Beschreibe jeweils für das Minimalprinzip und das Maximalprinzip, was gegeben ist und was minimiert oder maximiert werden soll.

8 Beurteile die Aussage von Finn (M5) kritisch.

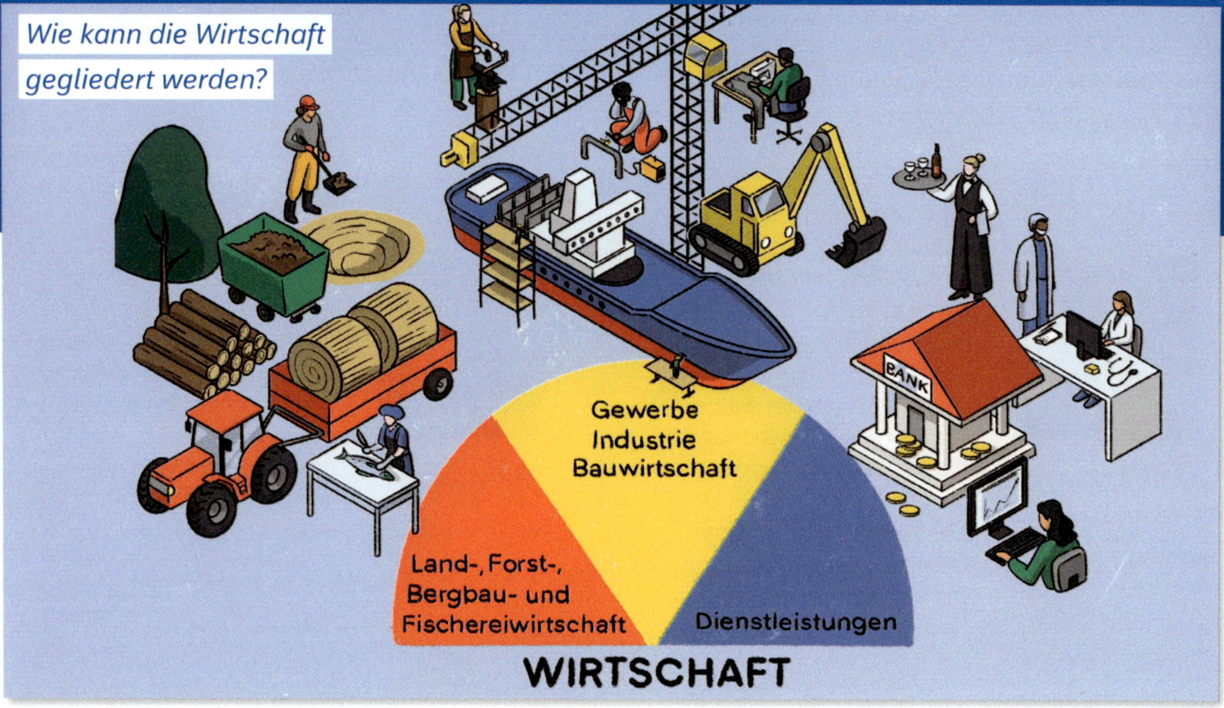

Abb. 1 *Die Wirtschaftssektoren*

Wirtschaftssektoren und -struktur

Die Wirtschaftssektoren

In unserer Wirtschaft werden täglich vielfältige Güter bereitgestellt. Die Unternehmen und Berufe lassen sich in Kategorien einteilen, die als Wirtschaftssektoren bezeichnet werden. Man unterscheidet insgesamt drei Sektoren, manche sprechen von vier.

Der **primäre Sektor** umfasst die Branchen Bergbau, Landwirtschaft, Forstwirtschaft und Fischereiwirtschaft. Hier werden Rohstoffe abgebaut und Nahrungsmittel angebaut, geerntet oder gefischt. Daneben gibt es den **sekundären Sektor**, der das produzierende Gewerbe, Industrie und Bauwirtschaft umfasst. Hier werden die Rohstoffe weiterverarbeitet, Gegenstände hergestellt und Gebäude errichtet oder saniert. Zudem gibt es den **tertiären Dienstleistungssektor**, in dem Menschen Tätigkeiten für andere erbringen, wie z. B. Pakete ausliefern oder medizinisch behandeln. Im **quartären Sektor** werden die Unternehmen zusammengefasst, die sich mit Informationen (Daten) befassen, wie z. B. IT-Unternehmen.

Die Wirtschaftsstruktur in M-V

Mecklenburg-Vorpommern ist ein Flächenland, das dünn besiedelt ist. Entsprechend gibt es viele landwirtschaftliche und forstwirtschaftliche Flächen, auf denen **Agrarrohstoffe** (zum Beispiel Getreide) produziert werden.

Produzierendes Gewerbe hat sich unter anderem in den Bereichen des Schiffbaus und der Windenergie angesiedelt, aufgrund der Lage an der Ostsee. Zudem werden Agrarrohstoffe in der Ernährungswirtschaft weiterverarbeitet.

Im Dienstleistungsbereich ist der Tourismus mit Beherbergung und Gastronomie von großer Bedeutung für das Bundesland, das eines der beliebtesten Reiseziele in Deutschland ist.

A Nenne für jeden Wirtschaftssektor drei Beispiele, die dir einfallen.

B Beschreibe, was die Wirtschaftsstruktur Mecklenburg-Vorpommerns kennzeichnet.

Wirtschaftssektoren

M1 *Wie entsteht ein Brötchen?*

Wenn man sich morgens auf dem Weg zur Schule noch schnell ein frisches Brötchen holt, macht man sich gar keine Gedanken, welchen Weg dieses Brötchen schon hinter sich hat. Auf dem Weg in das Bäckereifachgeschäft hat es viele Schritte durchlaufen, bis es dort gekauft werden kann.

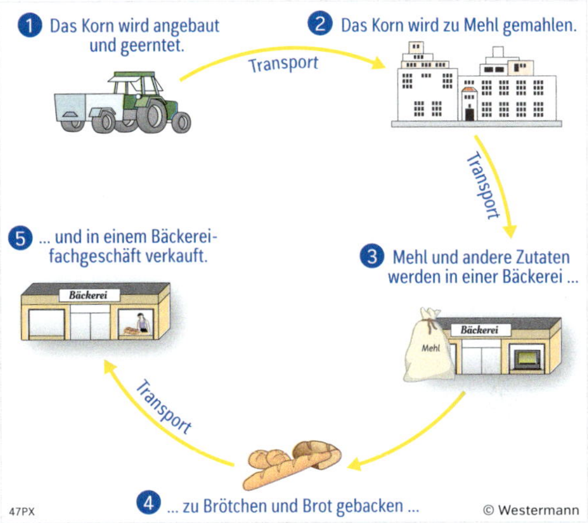

1 Benenne für jeden der Schritte der Herstellung eines Brötchens, welcher Wirtschaftsbereich und welches Unternehmen daran beteiligt ist. +

2 Sammle Beispiele für Unternehmen in deiner Region und ordne sie den drei Wirtschaftsbereichen zu.

M2 *Wirtschaftsbereiche*

Urproduktion (Landwirtschaft, Forstwirtschaft, Fischerei)	Industrieller Bereich (Weiterverarbeitung)	Dienstleistung (Handel und Dienstleistungen)
Hier werden Rohstoffe gewonnen.	Hier werden Rohstoffe weiterverarbeitet und neue Produkte hergestellt.	Hier werden Dienstleistungen angeboten.

M3 *Lebenslauf eines Produktes*

Apfelernte

Herstellung von Apfelmus

Verkauf von Apfelmus

3 Wähle eine der Aufgaben aus:
- I a) Ordne die drei Bilder des Apfelmuses den drei Wirtschaftsbereichen aus der Tabelle zu (M2 und M3). +
- II b) Erläutere am Beispiel des Produktes Apfelmus die drei Wirtschaftsbereiche (M2 und M3).
- III c) Erläutere anhand der Bilder und der Tabelle die drei Wirtschaftsbereiche (M2 und M3).

4 Findet weitere Produkte, die die drei Wirtschaftsbereiche durchlaufen (M2).

Methode

Das Modell des Wirtschaftskreislaufs

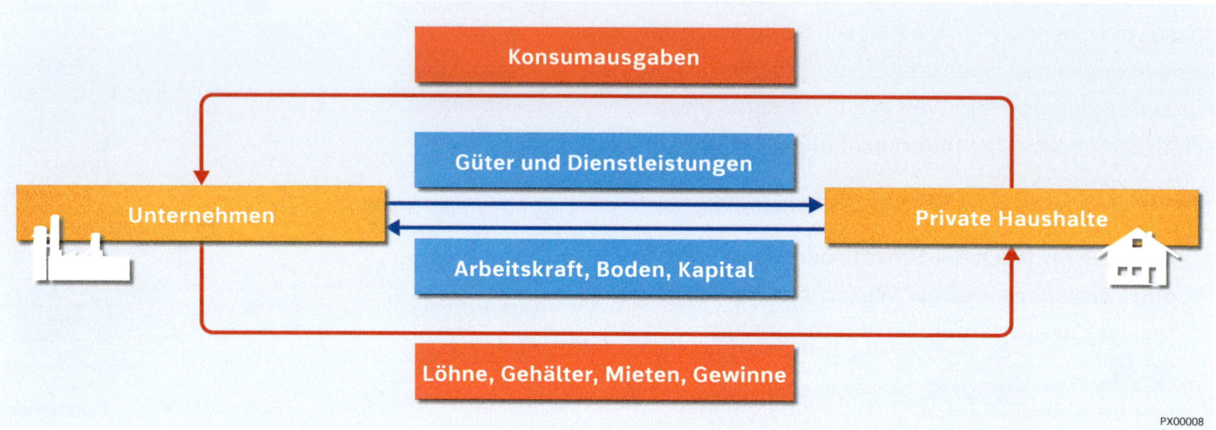

Abb. 1 *Wirtschaftskreislauf: Grundmodell*

Die Akteure des Grundmodells

Das Grundmodell des Wirtschaftskreislaufs besteht aus zwei Akteuren: Den **privaten Haushalten** und den **Unternehmen**. Was machen diese? In Unternehmen werden Güter hergestellt. Auch bieten Unternehmen Dienstleistungen an, z. B. Haarschnitte. Die privaten Haushalte sind die Abnehmer der Waren und Dienstleistungen. Alle Unternehmen ordnet man im Modell des Wirtschaftskreislaufs dem Bereich „Unternehmen" zu. Alle privaten Haushalte ordnet man dem Bereich „Private Haushalte" zu.

Die privaten Haushalte stellen in dem Modell den Unternehmen ihre Arbeitskraft sowie Boden (Grundstücke) und Kapital (also Geld) zur Verfügung. Es fließt ein Güter- und Leistungsstrom. Dafür erhalten sie von den Unternehmen Löhne und Gehälter. Für Boden bekommen die privaten Haushalte zum Beispiel Mieteinnahmen und für Kapital erhalten sie einen Teil der Gewinne der Unternehmen.

Mit diesem Geld kaufen die privaten Haushalte Waren und Dienstleistungen bei den Unternehmen. Damit fließt auch wieder ein Geldstrom von den Haushalten zurück an die Unternehmen. Das Geld fließt also in einem Kreislauf.

Die Ströme im Grundmodell

Es gibt zwei Arten von Strömen, die entgegengesetzt zueinander laufen:

- **Geldströme** (in Abb. 1 als rote Pfeile dargestellt): Die Geldströme umfassen das Einkommen und die Konsumausgaben der privaten Haushalte. Mit Einkommen sind Löhne, Gehälter, Mieten und Gewinne gemeint, die die privaten Haushalte von den Unternehmen bekommen. Der Strom „Konsumausgaben" umfasst zum Beispiel alle Konsumausgaben der privaten Haushalte. Mit Geldströmen werden also alle Geldflüsse zwischen allen Unternehmen und allen privaten Haushalten abgebildet.

- **Güter- und Leistungsströme** (in Abb. 1 als blaue Pfeile dargestellt): Die Güter- und Leistungsströme umfassen alles, was für das Geld zur Verfügung gestellt wird: Zum Beispiel die Arbeitskraft der privaten Haushalte und die Waren und Dienstleistungen der Unternehmen.

Es reicht aus, nur die Geldströme (rote Pfeile) einzuzeichnen und die Güter- und Leistungsströme (blau) wegzulassen, weil diese die gleichen Abläufe zeigen, nur in umgekehrter Richtung.

Film: *Einfach erklärt: Wirtschaftskreislauf*

Das Grundmodell

M1 *Der Wirtschaftskreislauf: Unternehmen und private Haushalte*

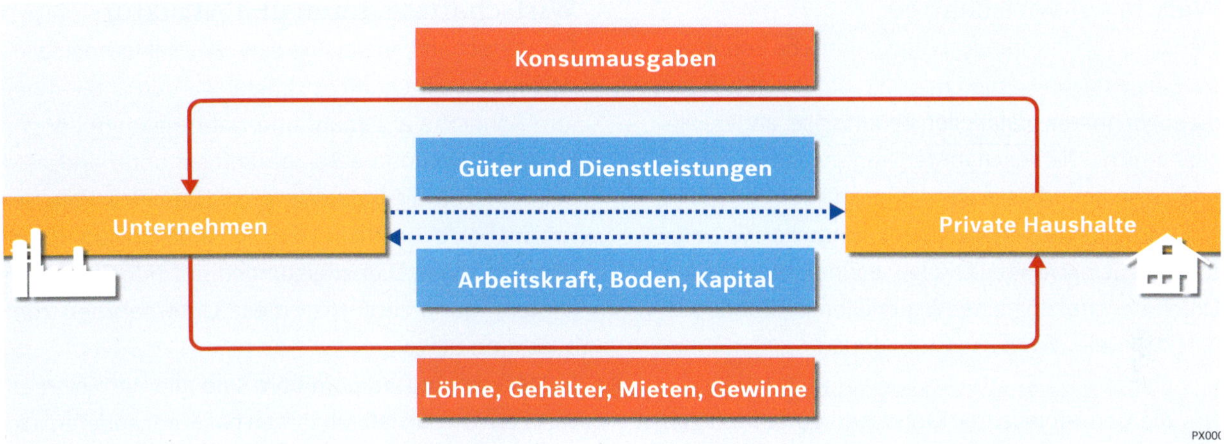

1 Beschreibe den Wirtschaftskreislauf (M1).
2 Erkläre den Unterschied zwischen „Geldströmen" und „Güter- und Leistungsströmen".
3 Erläutere, warum es ausreicht, im Wirtschaftskreislaufmodell nur die Geldströme darzustellen und die Güter- und Leistungsströme (hier gestrichelt dargestellt) wegzulassen.
4 Begründe, warum es sich beim Wirtschaftskreislauf um einen Kreislauf handelt.
5 Beschreibe, in welcher Form Gewinne von den Unternehmen zurück an private Haushalte fließen können und entwickle ein Beispiel.

Film: *Wirtschaftskreislauf: Private Haushalte und Unternehmen*

Was passiert, wenn ...?

M2 *Der Wirtschaftskreislauf als Analyseinstrument*

Mithilfe des Wirtschaftskreislaufmodells kann man überlegen, was passiert, wenn sich einer der Ströme verändert. So könnte man z. B. fragen: Welche Folgen hat eine Erhöhung der Gehälter?

Um dies mithilfe des Modells zu beantworten, denkt man darüber nach, welche Ströme sich durch höhere Gehälter noch ändern würden: Was machen die privaten Haushalte mit den höheren Gehältern? Was passiert dadurch mit den Einnahmen der Unternehmen? Also: Wie beeinflussen sich die Ströme gegenseitig?

Aber Vorsicht : Das Modell ist einfacher als die Wirklichkeit. Die Ergebnisse einer solchen Untersuchung müssen so nicht eintreten. Sie sind also nicht sicher, sondern nur mehr oder weniger wahrscheinlich.

6 Wähle eine der Aufgaben aus (M2):
I **a)** Die Gehälter in Deutschland wurden erhöht. Untersuche, welche Folgen das (a) für die Konsumausgaben der privaten Haushalte und (b) die Einnahmen der Unternehmen haben könnte.
II **b)** Untersuche die Folgen einer Erhöhung der Gehälter.
7 Diskutiert, ob die von euch ermittelten Folgen einer Gehaltserhöhung auch so eintreffen müssen (vgl. Aufgabe 6).
8 III Modelle sind einfacher als die Wirklichkeit. Arbeite heraus, in welchen Punkten das auch auf den Wirtschaftskreislauf zutrifft.

Warum arbeiten und wirtschaften wir?

Warum wir wirtschaften

Menschen haben ständig unterschiedliche Bedürfnisse. Einige davon können mit Geld befriedigt werden, die sogenannten materiellen Bedürfnisse, andere hingegen nicht, die sogenannten immateriellen Bedürfnisse. Die Bedürfnisse werden nach ihrer Bedeutung für das Überleben in Existenz-, Sicherheits-, Soziale-, Ich- und Selbstverwirklichungsbedürfnisse gegliedert. Durch die Erfüllung eines materiellen Bedürfnis mithilfe von Geld wird dieses zum Bedarf.

Um die Bedürfnisse der Menschen zu befriedigen, bedarf es vielfältiger Produkte und Dienstleistungen. Diese werden in Unternehmen in Arbeitsteilung hergestellt bzw. von ihnen angeboten.

Im Wirtschaftsalltag gibt es zwei limitierende Faktoren, die als Knappheit bezeichnet werden. Zum einen sind Wirtschaftsgüter nicht in unbegrenzter Menge verfügbar, zum anderen sind die finanziellen Mittel zum Erwerb dieser nicht unbegrenzt vorhanden. Die Akteure können dieser Herausforderung mit dem Minimal- und dem Maximalprinzip begegnen. Güter, die unbegrenzt vorhanden sind, werden als freie Güter bezeichnet.

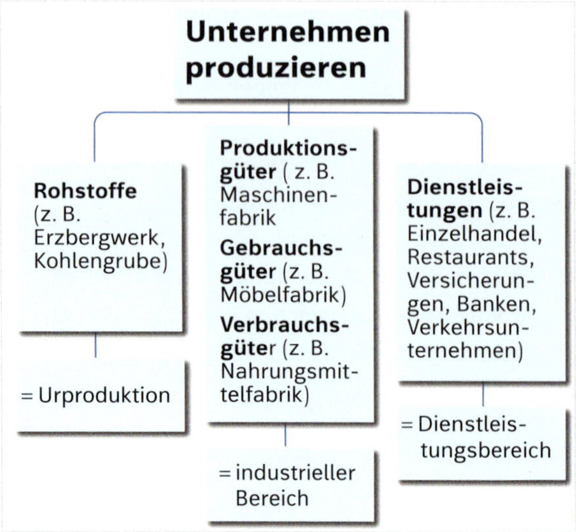

Wirtschaftssektoren und -struktur

Die Wirtschaft kann in drei bzw. vier Sektoren gegliedert werden. Im primären Sektor werden unter anderem Rohstoffe abgebaut und Nahrungsmittel angebaut. Der sekundäre Sektor umfasst unter anderem das Gewerbe, die Industrie und die Bauwirtschaft. Der tertiäre Sektor beinhaltet die Dienstleistungen. Beziehen sich diese Dienstleistungen auf Informationen (Daten), dann zählt man diese Unternehmen zum quartären Sektor.
In Mecklenburg-Vorpommern sind alle vier Sektoren vertreten. In den letzten Jahren hat unter anderem die Energiewirtschaft große Zuwächse erzielt, da an der Küste viel Wind zur Ernergieproduktion zur Verfügung steht.

Das Modell des Wirtschaftskreislaufs

Im Grundmodell stehen die zwei Akteure Unternehmen und private Haushalte miteinander im Austausch. Dabei gibt es zwei gegensätzliche Ströme: die Geldströme und die Güter- und Leistungsströme.

Abb. 1 *Das Bedürfnis wird im Supermarkt zum Bedarf.*

Wichtige Begriffe aus dem Kapitel
Akteure, Bedarf, Bedürfnis, Bedürfnispyramide, Existenzbedürfnis, freie Güter, Geldströme, Güter- und Leistungsströme, Knappheit, Sicherheitsbedürfnis, soziale Bedüfnisse, primärer, sekundärer, tertiärer und quartiärer Wirtschaftssektor, Wirtschaftsgüter

Warum wir wirtschaften

M1 *Die Bedürfnispyramide*

M2 *Das ökonomische Prinzip*

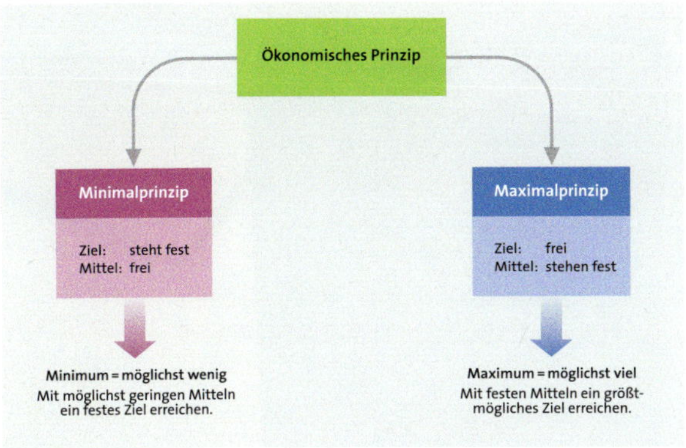

1 Zeichne die Bedürfnispyramide (M1) ab, ergänze die Bedürfnisgruppen und nenne je drei Beispiele zu den Bedürfnisgruppen.

2 Erkläre, warum eine Darstellung als Pyramide gewählt wurde (M1).

3 Erkläre, von welchen Faktoren Bedürfnis und Bedarf abhängen.

4 Erkläre das ökonomische Prinzip mit einem Beispiel deiner Wahl (M2).

Wirtschaftssektoren und -struktur

M3 *Veränderungen der Wirtschaftssektoren*

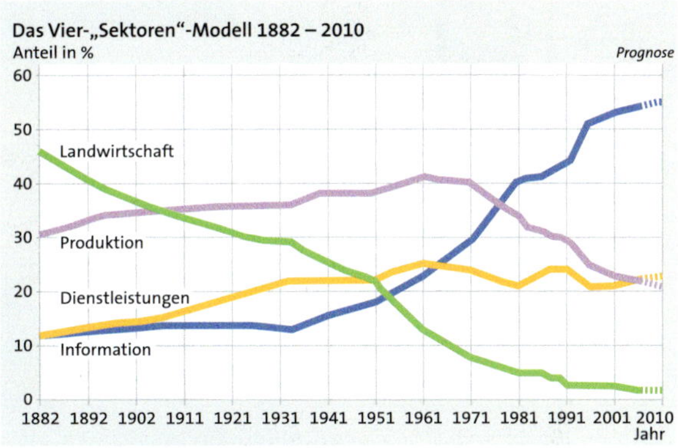

5 Beschreibe die vier Wirtschaftssektoren.

6 Nenne für jeden Sektor ein Unternehmen als Beispiel.

7 Erkläre den Zuwachs des tertiären und des quartiären Sektors.

Wirtschaftskreislauf

M4 *Teilnehmende am Wirtschaftskreislauf*

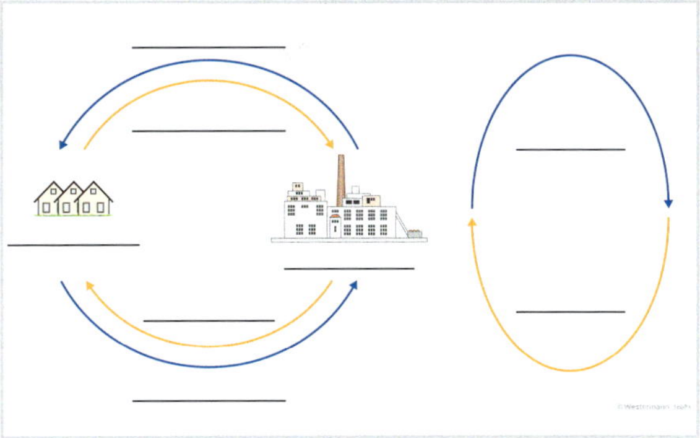

8 Beschrifte die Pfeile im Wirtschaftskreislauf M4.

9 Beschreibe den Kreislaufsprozess mit eigenen Worten.

10 Erläutere, um welche Form des Wirtschaftskreislaufs es sich handelt. Was sind in Bezug darauf Geldströme und Güter- bzw. Leistungsströme?

Lösungen: *Lerncheck*

Kapitel 3

- *Welche Arten von Unternehmen gibt es?*
- *Was ist eine Marktanalyse?*
- *Wie fertigt man eine technische Darstellung an?*
- *Welche Prozesse laufen bei der Produktherstellung ab?*
- *Wie erstellt man einen Arbeitsablaufplan?*

Güter entwickeln und realisieren

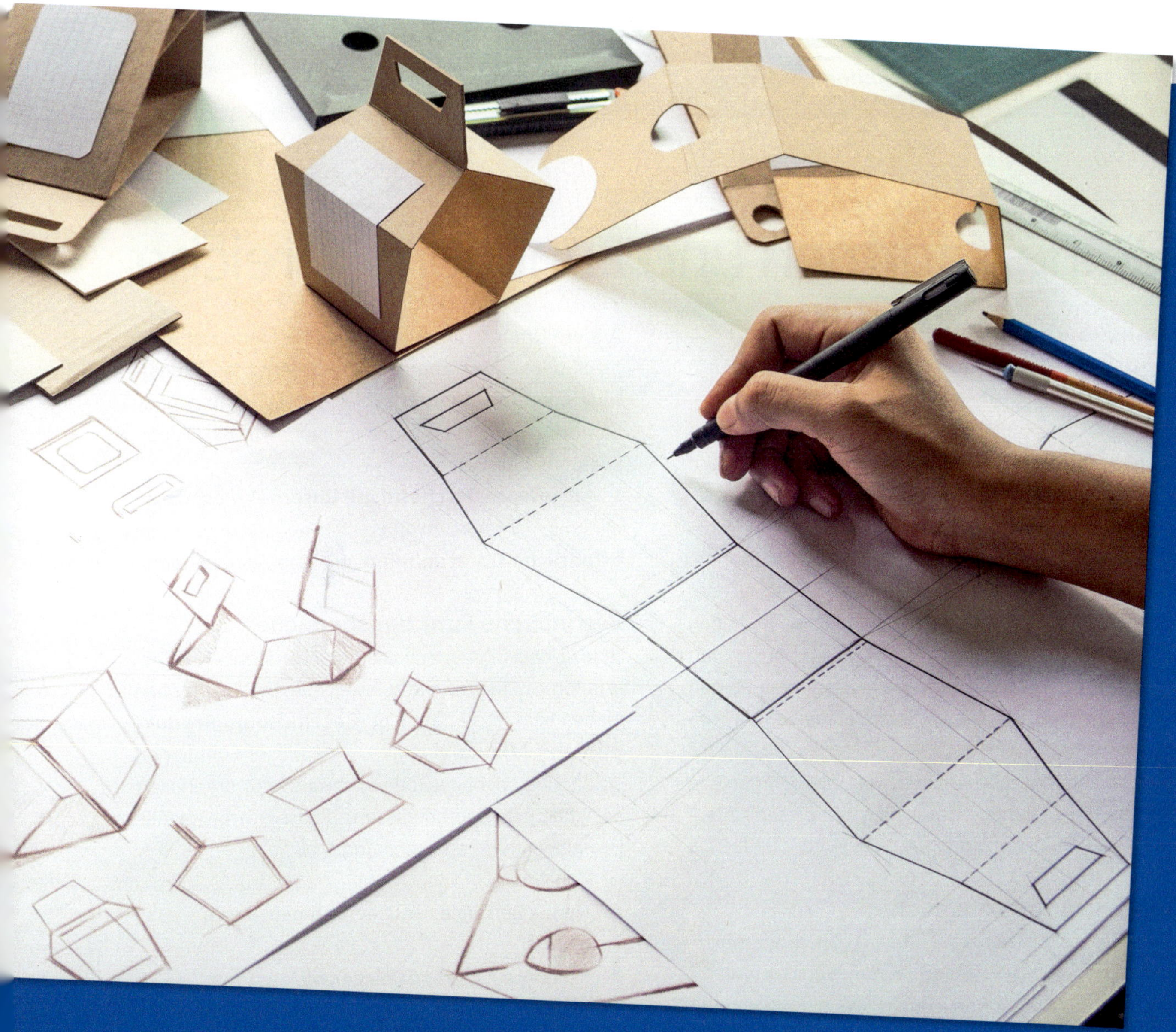

Abb. 1 *Ein Bäcker bei der Arbeit*

Betriebsformen und Funktionsbereiche

Tätigkeiten von Unternehmen

Du kommst im Alltag mit sehr vielen Unternehmen in Kontakt: Geschäfte, Reisegesellschaften, Kiosk, Banken oder Handwerksbetriebe. In vielen Unternehmen werden Produkte hergestellt. In einer Bäckerei wird Brot gebacken und in einer Fabrik werden Waschmaschinen gebaut. Andere Unternehmen stellen Produkte nicht selbst her, sondern handeln mit ihnen. Sie verkaufen Waren wie beispielsweise Kleidung oder Bücher. Andere verkaufen Versicherungen oder helfen Menschen, wenn sie krank sind. Krankenhäuser sind nämlich auch Unternehmen. Handwerksunternehmen bieten Reparaturen an wie zum Beispiel eine Fahrradwerkstatt. Es gibt auch Unternehmen, die nur für andere Unternehmen arbeiten, wie Unternehmen, die Maschinen für Fabriken herstellen. Mit diesen Unternehmen kommst du im Alltag nicht in Kontakt.

Arten von Unternehmen

Unternehmen, die etwas herstellen, also produzieren, nennt man **Produktionsunternehmen**. Es gibt sie in verschiedensten Bereichen, beispielsweise einen Waschmaschinenhersteller oder eine Bonbonfabrik.

Andere Unternehmen tun etwas für Menschen oder für andere Unternehmen. Diese nennt man **Dienstleistungsunternehmen**. Ein Friseursalon, in dem du dir die Haare schneiden lassen kannst, ist ein Dienstleistungsunternehmen.

Es gibt **privatwirtschaftliche Unternehmen**, die einer oder mehreren Privatpersonen gehören und es gibt **öffentliche Unternehmen**, die dem Staat gehören.

Betriebliche Funktionsbereiche

Jedes Unternehmen muss unterschiedliche Aufgaben erfüllen, um seine Ziele zu erreichen. Diese Aufgaben lassen sich in die Bereiche **Beschaffung**, **Produktion** und **Absatz** einteilen. Jede dieser Funktionen spielt eine wichtige Rolle und muss gut organisiert sein, damit das Unternehmen erfolgreich arbeitet. Alle Funktionen hängen voneinander ab.

A Nenne Beispiele für Unternehmen, die du kennst.

B Erkläre, welche verschiedenen Arten von Unternehmen es gibt und beschreibe deren Tätigkeiten.

Material

Die betrieblichen Funktionsbereiche

M1 *Die drei betrieblichen Funktionsbereiche*

1. Beschaffung

Für die Herstellung eines Produkts benötigt ein Unternehmen unter anderem Materialien, Maschinen und Arbeitskräfte. Eine Pizzeria braucht zum Backen der Pizzen beispielsweise Mehl. Außerdem benötigt sie Maschinen, mit denen Schinken geschnitten wird und einen Backofen zum Backen der Pizzen. Darüber hinaus werden Fachkräfte wie Pizzabäcker/-innen gebraucht. Dieses Personal muss eingestellt werden. Maschinen und Rohstoffe müssen beschafft werden.

Film: *Beschaffung*

2. Produktion

In einer Pizzeria fallen verschiedene Aufgaben an. Um Pizzen zu backen, sind mehrere Schritte notwendig. Die Küchencrew muss den Pizzateig kneten, die Pizzen formen, belegen und backen. Deswegen müssen die Aufgaben verteilt werden, sodass alle Mitarbeiterinnen und Mitarbeiter wissen, was sie wann zu tun haben. Die Bäckerin oder der Bäcker muss auch entscheiden, welche Produkte hergestellt werden sollen: Pizza Calzone? Quattro Stagione?

Film: *Organisation – wozu?*

3. Absatz

Die Pizzen müssen frisch gebacken serviert werden oder an die Kundschaft ausgeliefert werden. Sie müssen dazu auf Tellern serviert oder in Kartons verpackt werden. Um Kundinnen und Kunden zu gewinnen, kann die Pizzeria Werbung machen. Allgemein umfasst der Absatz alle Maßnahmen, die für den Verkauf der Produkte notwendig sind.

Film: *Die Bedeutung von Qualität und Innovation*

M2 *Welche Entscheidungen muss ein Unternehmen vor der Beschaffung treffen?*

A *Was soll produziert werden?*

B *Wie viel soll produziert werden?*

C *Welche und wie viele Arbeitskräfte werden benötigt?*

1. Beschreibe, was unter Beschaffung, Produktion und Absatz verstanden wird (M1).
2. Beschreibe die Aufgaben in den drei Funktionsbereichen in einem Unternehmen deiner Wahl.
3. Nenne die Entscheidungen, die eine Pizzeriabetreiberin oder ein Pizzeriabetreiber vor der Beschaffung treffen muss (M2).
4. Erläutere anhand einer Bäckerei, die Entscheidungen, die eine Unternehmerin oder ein Unternehmer vor der Beschaffung treffen muss.

Abb. 1 *Blick auf Schwerin*

Die Analyse des regionalen Markts

Die Marktanalyse

Wenn man eine Geschäftsidee umsetzen möchte, ist eine Untersuchung des regionalen Wirtschaftsraumes hilfreich. So erhält man Daten über den Markt, in dem man das Angebot platzieren möchte. Diese Daten nutzt man für eine **Marktsondierung**. Darunter versteht man eine erste, meist grobe Untersuchung eines Marktes, um Informationen über die Marktbedingungen zu sammeln. Verspricht das Ergebnis einer Sondierung Erfolg, starten die Unternehmen in der Regel eine detailliertere **Marktanalyse**.

Sammlung von Daten und Informationen

Für eine Marktsondierung ermittelst du, wer die Verbraucher/-innen sind, wie sie einkaufen, wie häufig sie ein Produkt oder eine Dienstleistung kaufen und welche Gründe sie haben, ein bestimmtes Produkt zu kaufen. Typische Methoden einer Marktsondierung sind unter anderem die Befragungen von Kundschaft, Gespräche mit Fachleuten aus der jeweiligen Branche und die Auswertung von öffentlich zugänglichen Statistiken. Eine Marktanalyse ist in der Regel umfassender und beinhaltet zusätzlich die systematische Untersuchung von Marktbedingungen, Wettbewerbern, Zielgruppen und Trends.

Abb. 2 *Markt und Nachfrage*

Abb. 3 *Markt und Angebot*

A Beschreibe, welche Bereiche man sich bei einer Marktanalyse genauer ansehen sollte.

B Entwickle Fragen, die die Analyse beantworten soll.

Nachfragepotenzial bei den Kundinnen und Kunden

M1 *Was du über die Kundschaft wissen musst?*

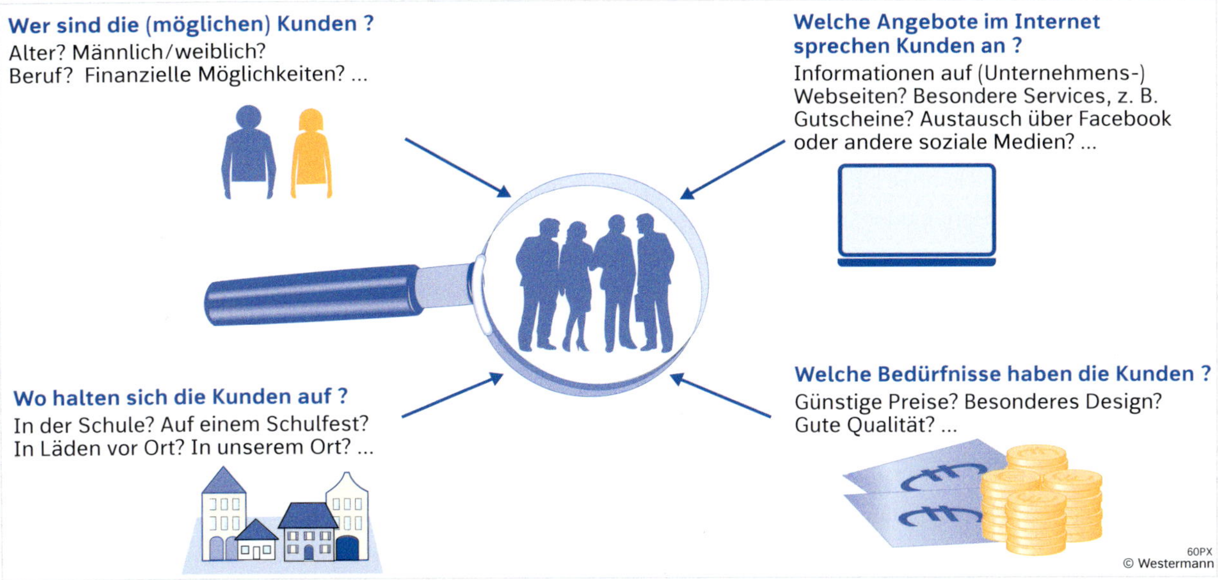

M2 *Nachhaltige Outdoor-Bekleidung made in Mecklenburg-Vorpommern, Zeitungstext*

Seit 2013 produzieren wir bei Nordwolle Rügen hochwertige Outdoor-Bekleidung aus der Schurwolle von bedrohten Landschafrassen.

Das Grauwollige Pommernsche Landschaf ist Nutztierrasse, deren Wolle in der Vergangenheit u. a. deshalb vernichtet wurde, weil diese nur bedingt gefärbt werden kann. Wir bei Nordwolle finden, dass die natürliche Farbenvielfalt durch die verschiedenen Landschafrassen gegeben sein sollte und färben daher überhaupt nicht. Außerdem finden wir, dass es nur bedingt Sinn ergibt, Wolle teuer aus Neuseeland zu importieren und deutsche Rohstoffe, die sich ebenso gut zur Textilherstellung eignen, zu vernichten. Nordwolle Rügen möchte damit einen Beitrag leisten, die uralten Landschafrassen, die teilweise ganzjährig auf der Weide gehalten werden, zu erhalten. Die pommerschen Landschafe kommen ganz ohne südamerikanisches Kraftfutter aus und leisten bei der Landschaftspflege einen unerlässlichen Beitrag zur Artenvielfalt.

In unserer neuen Werkshalle bei Wismar entwickeln wir immer neue und innovative Lösungen, um die Hightechfaser aus der Natur perfekt zur Geltung zu bringen. Wir setzen auf Qualität „made in Germany".

1 Denke dir eine Geschäftsidee aus und nenne die Informationen, die für das Nachfragepotenzial in Erfahrung gebracht werden müssen (M1).

2 **a)** Benenne die Vorteile der Bekleidung aus Schurwolle des Pommernschafs.

b) Recherchiere weitere Informationen über Nordwolle Rügen, die du für eine Marktanalyse dieses Produkts brauchst.

c) Befrage deine Familie, ob sie potenzielle Kundinnen und Kunden für die Bekleidung von Nordwolle Rügen wären.

Eine Umfrage gestalten

Was denken Erwachsene eigentlich über Computerspiele? Wie alt sind durchschnittlich die Nutzer/-innen von Sozialen Medien? Solche **Meinungen** und **Einstellungen** erforschen Sozialwissenschaftler mithilfe von **Umfragen**. Auf diese Weise können sie das **Verhalten** von Menschen besser verstehen oder sogar **Vorhersagen** darüber treffen, z. B. wie viele Stimmen eine Partei bei der nächsten Wahl erhalten könnte. Deswegen müssen Umfragen sorgfältig geplant und ausgewertet werden.

Die Umfrage planen

Eine gute Umfrage startet mit einer Frage: Was willst du durch die Befragung anderer Menschen herausfinden? Durch die Antwort – dein **Forschungsinteresse** – kann man erkennen, **welche Zielgruppe(n)** überhaupt befragt werden muss (müssen). Man sollte also vorab festlegen, wie viele und welche Menschen antworten müssen, bevor man die Ergebnisse auswertet.

Die Befragung durchführen

Es gibt zwei Arten von Fragen: **offene** und **geschlossene**. In Fragebögen werden oft beide Arten verwendet. **Geschlossene** Fragen lassen nur **wenige Antworten** zu und sind meist **einfacher auszuwerten**. Man kann zum Beispiel nur mit „Ja" oder „Nein" antworten oder muss das Geschlecht oder Alter angeben. In die Gruppe der **offenen** Fragen gehören alle Typen, bei denen **längere Antworten** verlangt werden. Statt aus einer Liste auszuwählen oder Kreuze zu setzen, verfasst der/die Befragte eine längere Antwort. Eine offene Frage kann lauten: In welcher Situation hast du dein Handy ganz besonders vermisst?

Abb. 1 *Ein Fragebogen wird ausgefüllt.*

Ein Fragebogen sollte **anonym** – also ohne Namensangaben – sein, damit sich die Befragten trauen, ehrlich zu antworten. Außerdem muss man darauf achten, dass der Bogen eher **kurzgehalten** wird. Wenn eine Umfrage an einem öffentlichen Ort, zum Beispiel vor einem Supermarkt, durchgeführt werden soll, muss man auch um **Erlaubnis** bitten. In jedem Fall sollte man sich **höflich** gegenüber den Befragten verhalten und auch stets das Ziel der Befragung nennen.

Die Umfrage auswerten

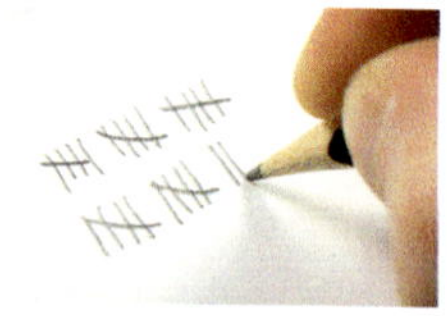

Wenn genügend Freiwillige den Umfragebogen ausgefüllt haben, können die Ergebnisse ausgewertet werden. Dazu kann man mit den **geschlossenen Fragen** beginnen und eine einfache **Strichliste** anlegen. Manchmal ist es interessant, die Antworten zu sortieren, zum Beispiel nach **Geschlecht** oder nach **Alter**. In einem einfachen Balkendiagramm können die Ergebnisse übersichtlich dargestellt werden.
Offene Fragen sind etwas komplizierter auszuwerten. Die Antworten müssen zuerst zusammengefasst und dann interpretiert werden. Man kann die Antworten auch von einem Computerprogramm in Form einer **Wortwolke** zusammenfassen lassen. Begriffe, die besonders oft genannt worden sind, werden besonders groß gedruckt. So erkennt man, welche Inhalte den Befragten besonders wichtig waren.
Sind die Ergebnisse ausgezählt, muss abschließend die Forschungsfrage beantwortet werden. Formuliert eure Antwort, indem ihr die Diagramme und Wortwolken beschreibt. Link: *Eine Wortwolke erstellen*

A Nenne zwei Gründe, warum Sozialforscher/-innen mit Umfragen arbeiten.

B Erkläre den Unterschied zwischen offenen und geschlossenen Fragen.

C Begründe, warum du die Ergebnisse einer Umfrage auch auswerten musst.

Die Mediennutzung an deiner Schule untersuchen

M1 *Vorschläge für eine Umfrage zum Thema Mediennutzung an deiner Schule*

- Nenne drei Dinge, für die du dein Smartphone am häufigsten benutzt: ________
- Du bist ❑ weiblich ❑ männlich ❑ divers.
- Schätze, wie viele Stunden du pro Tag in Sozialen Netzwerken (TikTok, Instagram, ...) verbringst: ____
- Kreuze alle Geräte an, die du frei zugänglich benutzen kannst:
  ❑ Smartphone ❑ Laptop oder Computer ❑ Konsole wie Playstation oder WII ❑ Fernseher ❑ Tablet ❑ eBook-Reader ❑ Zeitung ❑ Bücher
- Erzähle von einer Situation, in der du von deinem Handy oder Tablet genervt warst:
- Wenn du im Internet surfst, welche Dinge machst du dann besonders oft? Kreuze an:
  ❑ mich informieren ❑ Social Media Seiten besuchen ❑ eigenen Content posten ❑ Onlinegames spielen ❑ Musik hören ❑ Videos ansehen ❑ Online-Shopping ❑ etwas anderes.
- Beschreibe, wie es dir geht, wenn du dein Smartphone an einem Schultag zu Hause lässt:

1 a) Diskutiert in der Klasse, warum man die Mediennutzung an eurer Schule untersuchen sollte.
b) Einigt euch auf ein gemeinsames Forschungsinteresse.

2 Plane eine Befragung zur Mediennutzung an deiner Schule. Wähle dazu eine Aufgabe aus: Partnerarbeit
I a) Wähle aus den Vorschlägen in M1 drei Fragen aus, die du in deiner Umfrage nutzen möchtest. Begründe deine Wahl.
II b) Wähle drei geschlossene Fragen aus M1 aus und ergänze deinen Fragebogen dann um mindestens zwei weitere offene Fragen.
III c) Erarbeite fünf Fragen, die geeignet sind, um die Mediennutzung an deiner Schule zu untersuchen.

3 Befragt eure Mitschüler/-innen mithilfe des Fragebogens. Gruppenarbeit

4 Wertet eure Ergebnisse aus. Wählt dazu eine Aufgabe: Gruppenarbeit
I a) Werte alle geschlossenen Fragen aus, indem du pro Frage eine Strichliste zu den einzelnen Antworten anlegst. Fasse anschließend zusammen, was du über die Mediennutzung an deiner Schule erfahren hast.
II b) Werte alle offenen Fragen aus, indem du eine Wortwolke erstellst. Tipp: Streiche alle Artikel (der, ein) und alle Füllwörter (und, oder) aus den Antworten, um das Ergebnis nicht zu verfälschen. Fasse anschließend zusammen, was du über die Mediennutzung an deiner Schule erfahren konntest.
III c) Wähle zwei Fragen aus, bei denen du vermutest, dass das Geschlecht oder das Alter der Person eine Rolle spielen könnte. Werte diese Fragen dann getrennt nach Geschlecht oder Alter aus. Beschreibe, inwiefern sich die Ergebnisse unterscheiden.

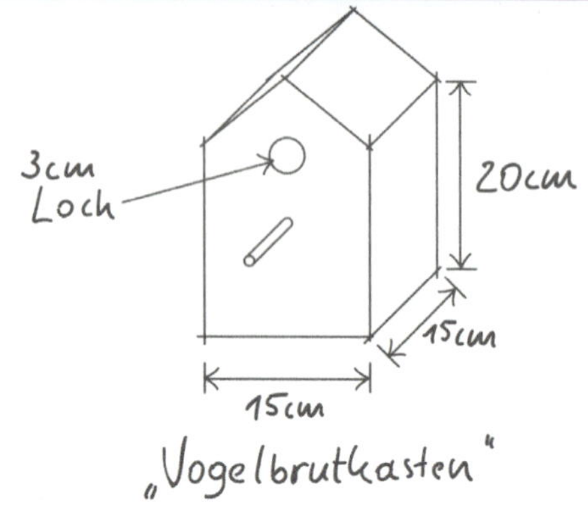

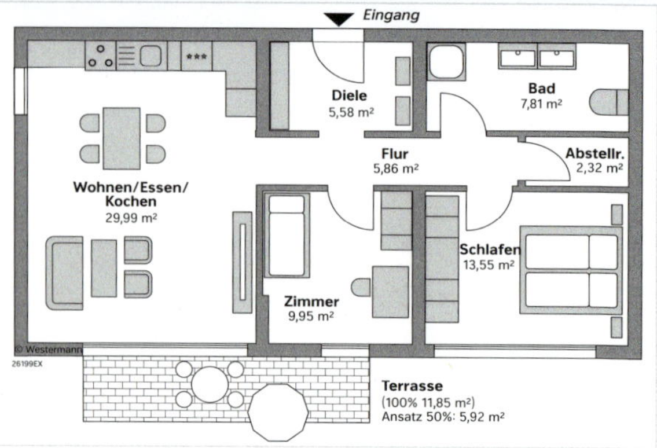

Was unterscheidet eine technische Skizze von einer technischen Zeichnung?

Abb. 1 *Skizze eines Werkstücks und der Grundriss einer Wohnung*

Technische Skizze und Zeichnung

Technische Skizze

Eine **Skizze** ist eine einfache, schnelle und größtenteils grobe Darstellung. Sie dient dazu, grundlegende Ideen, Formen oder Konzepte festzuhalten, um sich so an die Idee erinnern zu können. Allgemeine Skizzen sind in der Regel wenig detailliert und genau. Sie dienen oftmals als Vorstufe für detaillierte Arbeiten.

Eine **technische Skizze** ist eine handgezeichnete Darstellung eines Objekts, einer Figur oder einer ersten Idee. Sie wird oft spontan entworfen und kann Linien, Schraffuren und erste Maße beinhalten. Im Grunde genommen ist eine technische Skizze eine Sammlung von Ideen, einer Erfindung oder eines beliebigen Objekts. Die technische Skizze wird größtenteils von Designer/-innen, Ingenieur/-innen, Architekt/-innen und Produktentwickler/-innen verwendet.

Eine technische Skizze beinhaltet nicht zwingend detaillierte Informationen über Konstruktionen, Abmessungen und Detailmerkmale. Grundsätzlich können technische Skizzen erste grobe Maßangaben, Formungen, Winkel, Toleranzen und weitere wichtige Informationen beinhalten. Technische Skizzen finden in vielen Branchen Anwendung, z. B. Maschinenbau, Elektrotechnik und Architektur.

Technische Zeichnung

Eine technische Zeichnung ist eine detaillierte und genaue Darstellung eines Objekts, eines Produkts oder eines Systems. Sie wird größtenteils verwendet, um klare Informationen über Form, Größe, Struktur und weiteren elementaren Details zu kommunizieren. Sie beinhaltet u. a. Maße, Toleranzen, Materialangaben und weitere technische Informationen, die für die Produktion entscheidend sind. In einer technischen Zeichnung werden üblicherweise verschiedene Ansichten eines Objekts gezeigt. Dazu gehören beispielsweise Vorderansichten, Seitenansichten oder sogenannte Draufsichten. Zur Veranschaulichung können technische Zeichnungen zweidimensional oder dreidimensional dargestellt werden. Technische Zeichnungen werden von Ingenieur/-innen, Architekt/-innen oder Designer/-innen erstellt. Sie sind Grundlage für die Herstellung von Produkten.

A **Erkläre, warum es aus deiner Sicht sinnvoll ist, eine Skizze zu erstellen.**

B **Erkläre anhand eines passenden Beispiels den Unterschied zwischen einer Skizze und einer technischen Zeichnung.**

C **Erläutere, wieso bei der Übermittlung von Informationen eine technische Zeichnung wichtig ist.**

Technisch skizzieren

M1 Skizzen einer Werkzeugkiste

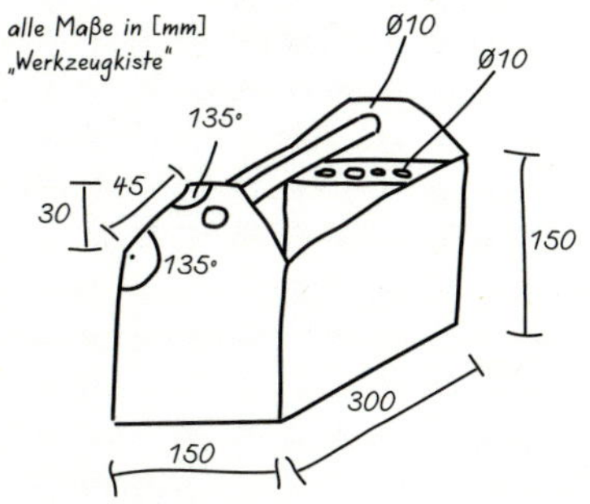

A

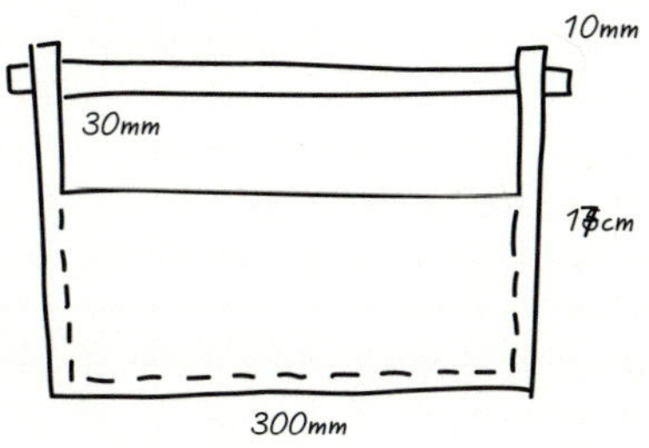

B

M2 Moderne Skizzen

A Eine Küche wird geplant.

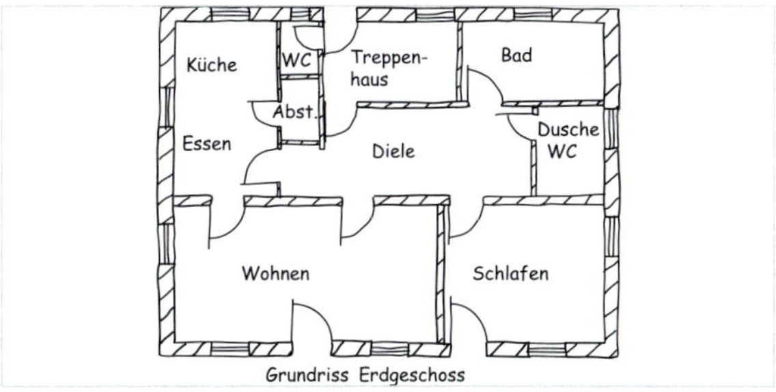

B Grundriss einer Wohnung

M3 Technische Zeichnung

Das Anfertigen einer technischen Zeichnung kann klassisch per Hand erfolgen. Um die Grundlagen einer technischen Zeichnung zu erlernen, bietet es sich an, einfache technische Zeichnungen per Hand auf einem Zeichenbrett anzufertigen. Sie können in der digitalisierten Welt auch mit einer sogenannten CAD-Software am Computer oder am Tablet entworfen werden.

Einheitliche technische Zeichnungen sind weltweit von hoher Bedeutung. Sie spielen eine wichtige Rolle in den Bereichen Maschinenbau, Elektrotechnik, Architektur und vielen weiteren Einsatzgebieten. Durch technische Zeichnungen kann eine präzise Kommunikation zwischen Entwicklern, Herstellern und weiteren Beteiligten gewährleistet werden.

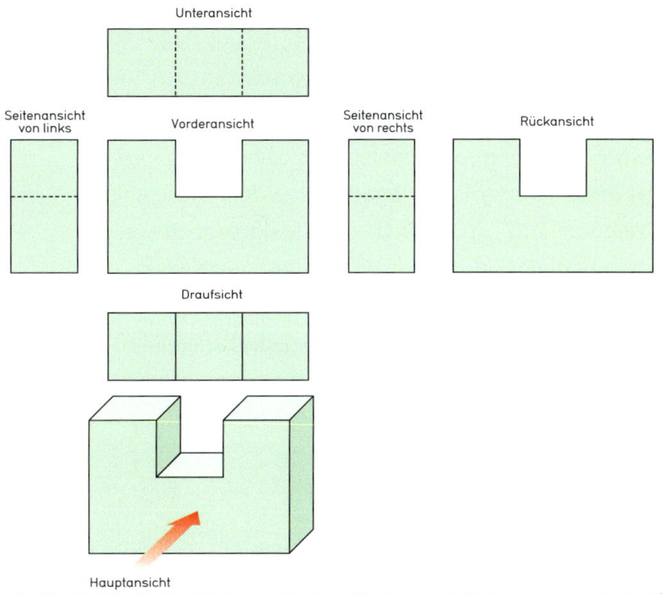

1 Beide Skizzen in M1 stellen eine Werkzeugkiste dar. Begründe, welche der beiden Skizzen gut und welche schlecht gelungen ist.
2 Benenne Vorteile einer Skizze eines Grundrisses für ein Haus oder eine Wohnung (M2).
3 Erstelle mithilfe von M3 eine Skizze eines Möbelstücks.

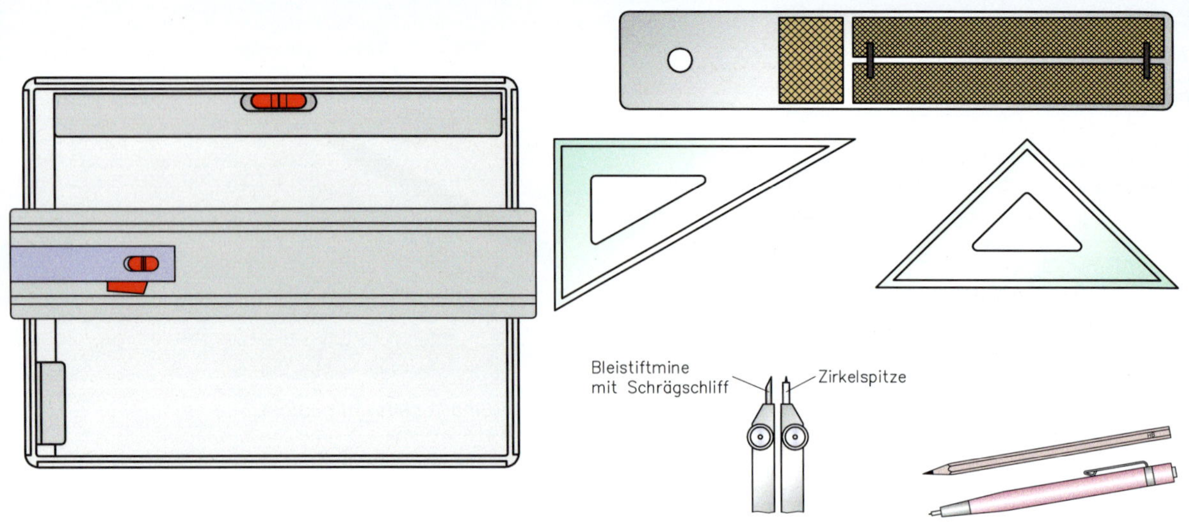

Abb. 1 *Zeichengeräte*

Grundlagen der technischen Zeichnung

Regeln nach DIN und ISO

Bei der Erstellung von technischen Zeichnungen müssen verschiedene Regeln beachtet werden. Diese sind in den sog. DIN- und ISO-Normen festgelegt. Sie gelten nicht nur deutschlandweit, sondern auch international.

In den Normen ist festgelegt, welche Linienarten, Maßstäbe, Normschriften und Maßeintragungen benutzt werden. So können technische Zeichnungen auch international verstanden werden.

DIN: Das Deutsche Institut für Normung e. V. entscheidet über die Einführung und Neufassung von Normen.

ISO: Der Internationale Normenausschuss (International Organization for Standardization) bemüht sich um die Angleichung der Normen in den verschiedenen Staaten.

Zeichenmittel

Zur Anfertigung von präzisen technischen Zeichnungen werden geeignete Zeichengeräte benötigt:

- Zeichenplatte in der Größe DIN A4, mit Zeichenschiene
- Zeichenpapier
- Zeichendreiecke
- Bleistifte oder Feinminenstifte in verschiedenen Härten: 2H und HB
- Zirkel mit Mine B und Einstellschraube
- Schmirgelbrett zum Spitzen der Minen
- Schablonen
- Radiergummi
- Bleistiftspitzer oder Schleifbrettchen
- Winkelmesser

A Begründe, warum es Normen für technische Zeichnungen gibt.

Linien in technischen Zeichnungen

M1 *Linienarten*

In einer technischen Zeichnung werden verschiedene Linienarten und -breiten genutzt, die unterschiedliche Bedeutungen haben. Mit einer breiten Volllinie werden sichtbare Kanten gezeichnet. Ist eine Kante verdeckt, wird sie als breite Strichlinie gezeichnet. Schmale Strichpunktlinien zeigen an, dass es sich um eine Mittellinie handelt.

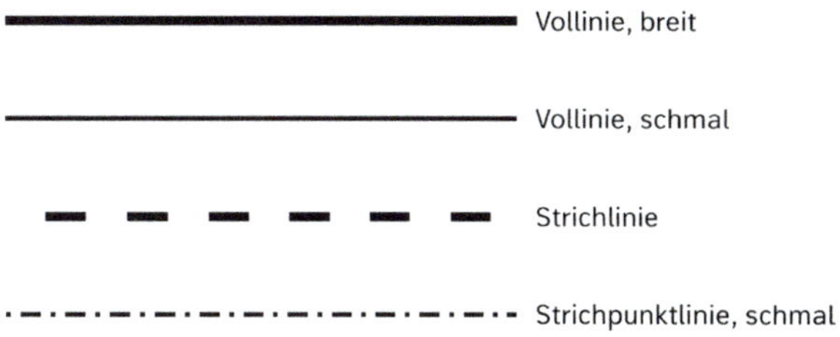

M2 *Linienarten im Beispiel*

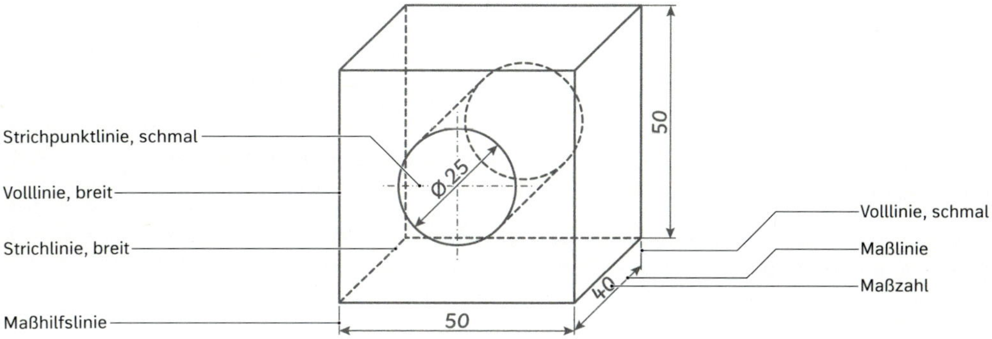

M3 *Volllinien, Strichlinien, Strichpunktlinien*

Volllinien werden für sichtbare Körperkanten und Umrisse genutzt. Sie laufen an Kanten und Stoßstellen zusammen. Überschneidungen und Lücken sind nicht erlaubt.

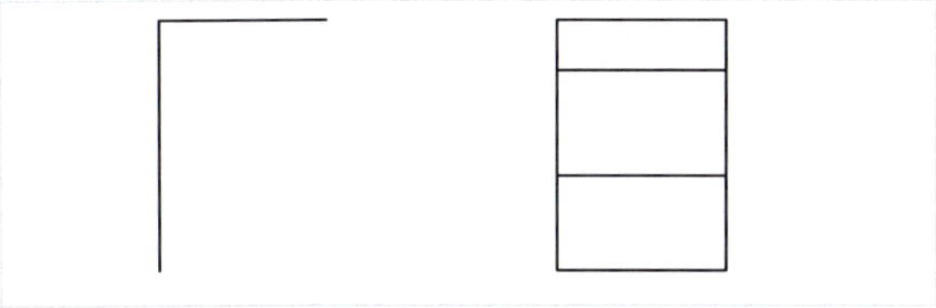

Strichpunktlinien zeigen Schnittebenen, Mittellinien usw. an. Die einzelnen Striche sind gleich lang und die Punkte liegen in kleinen Lücken. Die Mittellinien dürfen sich nur in den Strichen kreuzen.

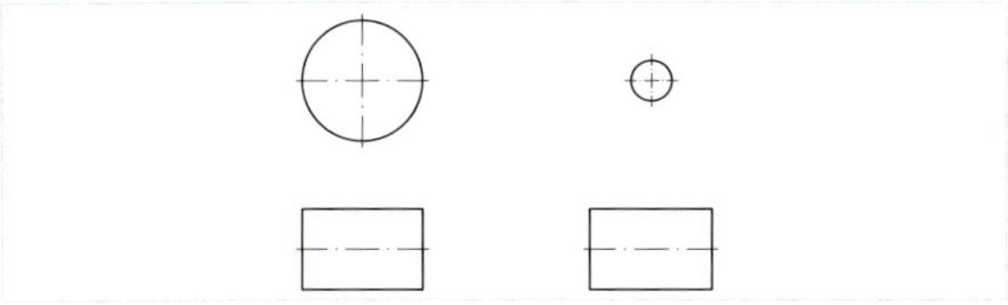

Für verdeckte (nicht sichtbare) Körperkanten werden **Strichlinien** verwendet. Die einzelnen Striche sind gleich lang. Die Strichlinien beginnen und enden immer mit Strichen, nicht mit Lücken. Dies gilt auch für Ecken.

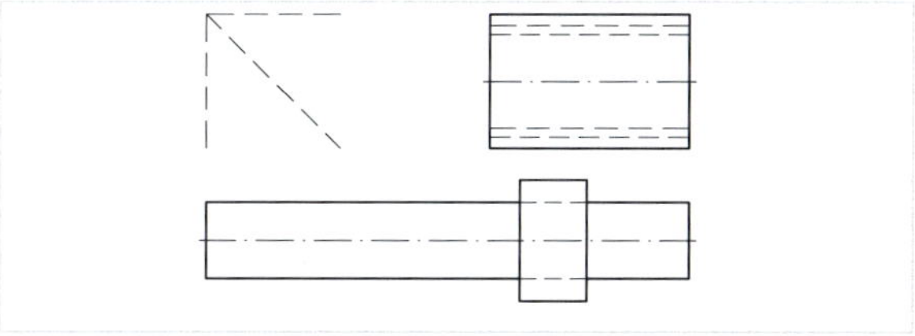

1 Beschreibe den Unterschied zwischen Volllinie, Strichlinie und Strichpunktlinie (M1 bis M3).

2 Erkläre, warum sich weiche Bleistifte nicht zum Zeichnen von technischen Zeichnungen eignen.

3 Übe die Darstellung der Linienarten (M3) auf einem weißen Blatt Papier. Verwende dazu die benötigten Zeichengeräte.

Bemaßung

M4 *Regeln für Bemaßungen*

Die Abmessungen eines Werkstücks in technischen Zeichnungen werden mit **Bemaßungen** angegeben. Beim Bemaßen einer Zeichnung gibt es weltweit einheitliche Regeln:

- Zu Beginn wird die Maßbezugskante festgelegt. Das ist meist die untere linke Kante des Werkstücks.
- Die Bemaßung muss immer von unten oder rechts lesbar sein. Sie wird über der Maßlinie eingetragen.
- Die Bemaßungen werden als schmale Volllinien gezeichnet.
- Die Bemaßung wird in Millimeter angeben.
- Die Bemaßung gibt die tatsächlichen Maße des Werkstücks an.
- Jedes Maß wird nur einmal in der Zeichnung eingetragen.
- Maßlinien müssen immer parallel zum Werkstück gezeichnet werden und sollen sich nicht kreuzen.
- Der Abstand der Maßlinie zur Werkstückkante und zu nächsten Maßlinie ist 10 mm.
- Maßpfeile werden als dünne, lange Pfeile dargestellt.
- Ist zu wenig Platz auf der Maßlinie, werden die Maßpfeile außerhalb gezeichnet.
- Die Dicke eines Werkstücks wird mit dem Buchstaben **t** angegeben.

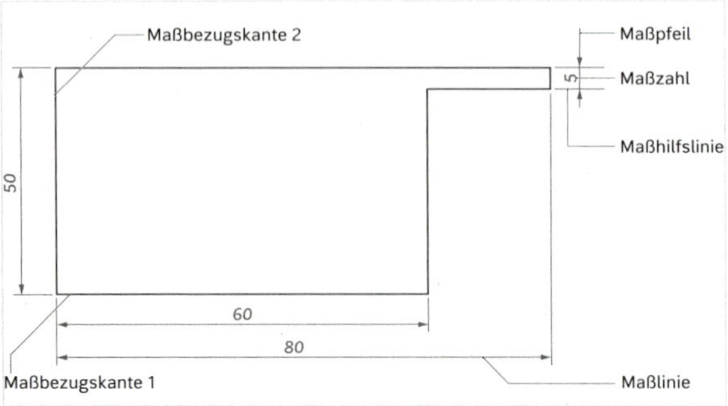

4 Nenne Bemaßungsregeln, die zur besseren Lesbarkeit der technischen Zeichnung beitragen.

5 Erläutere, warum technische Zeichnungen weltweit einheitlich sind. +

Maßstäbe (DIN EN ISO 5455)

M5 *Verkleinerung und Vergrößerung*

Manche Werkstücke sind so klein, dass eine Zeichnung in Originalgröße nur schwer zu zeichnen und zu lesen wäre. Darum werden sie vergrößert dargestellt. Andere Werkstücke sind so groß, dass nur eine verkleinerte Zeichnung noch übersichtlich ist. In der Zeichnung selbst werden die wirklichen Abmessungen eingetragen. Die Maßzahl gibt die Abmessung in Millimetern an. Der Maßstab muss auf jeder Zeichnung vermerkt sein.

M 1:1	Originalgröße des Werkstücks
M 2:1	Abmessungen des Werkstücks in doppelter Vergrößerung
M 10:1	Abmessungen des Werkstückes in zehnfacher Vergrößerung
M 1:2	Abmessungen des Werkstückes in halber Größe
M 1:5	Fünffache Verkleinerung: 1 cm in der Zeichnung entspricht 5 cm des Werkstücks

Beispiel: Darstellung eines Blechs in verschiedenen Maßstäben

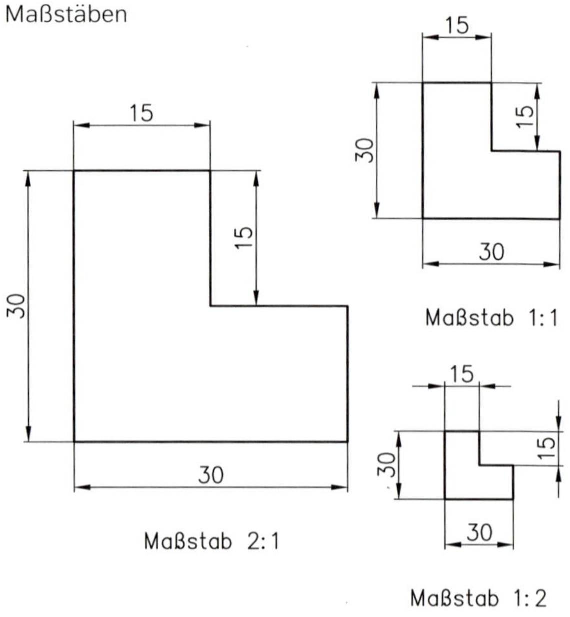

6 Nutze M5 und erstelle eine technische Zeichnung im Maßstab 1:2. Ergänze die fehlenden Bemaßungen.

Technische Zeichnung anfertigen

M6 *Technische Zeichnung und Schrittfolge*

Schrittfolge:

1. Vorzeichnen der Mittellinien
2. Vorzeichnen der Grundform
3. Vorzeichnen der Teilformen (Radien, Bohrungen, Fasen usw.) und evtl. Korrektur mit dem Radiergummi
4. Nachziehen der Körperkanten (Radien, Durchmesser, waagerechte und senkrechte Linien)
5. Bemaßung (Linienarten und Bemaßungsregeln beachten)

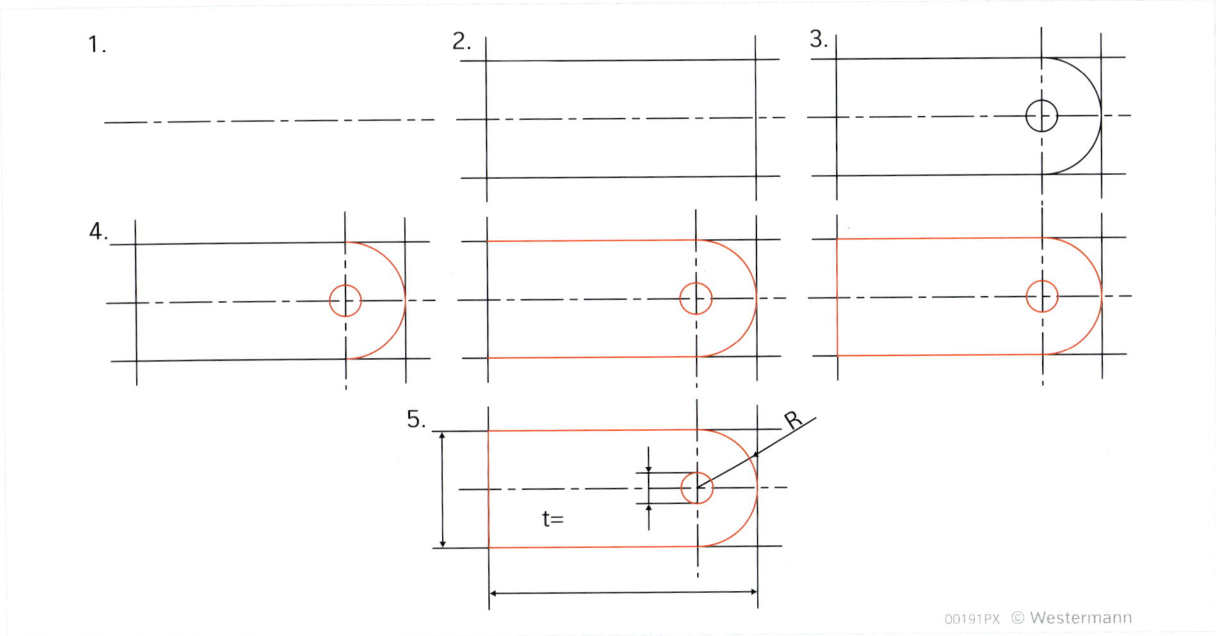

M7 *Eine Skizze als Grundlage*

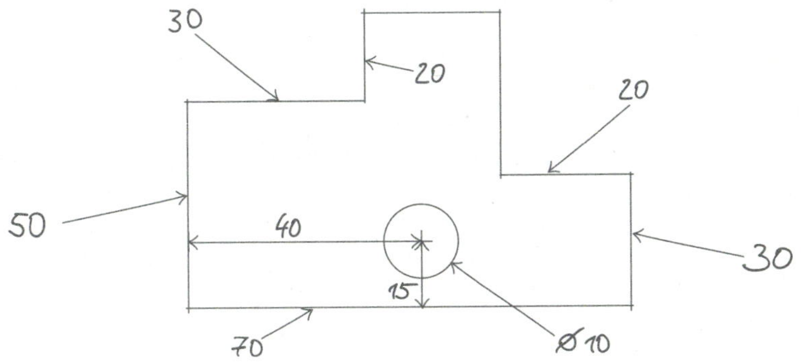

7 Fertige die technische Zeichnung M4 nach Einhaltung der Schrittfolge.

Material

Von der Skizze zur technischen Zeichnung

M8 *Darstellung von Bohrungen*

Bohrungen werden mit dem Durchmesser beschriftet. Das Symbol für den Durchmesser ist Ø. Der Mittelpunkt des Bohrlochs wird mit Strichpunktlinien gekennzeichnet.

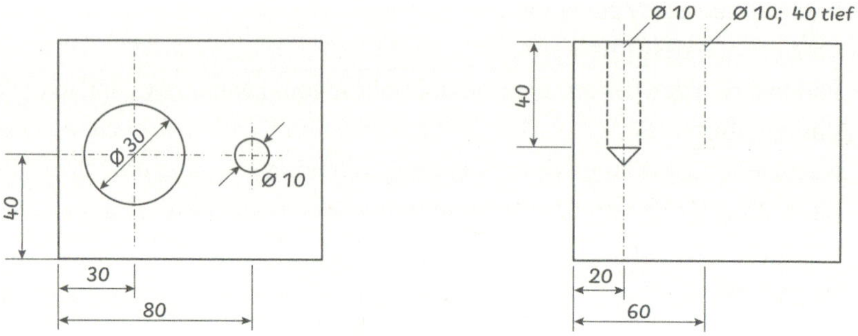

M9 *Schrägbild*

Ein Schrägbild ist eine Zeichnung, die einen Körper auf einer ebenen Fläche dreidimensional wirken lässt. Dafür bleibt die Vorderseite gleich und die Seitenflächen werden verkürzt dargestellt. So entsteht ein räumlicher Effekt.
Du zeichnest ein Schrägbild, indem du für die Vorderseite die originalen Maße auf das Papier überträgst. Die seitlichen Kanten werden in einem 45-Grad-Winkel nach hinten gezeichnet und die Länge wird dabei halbiert. Danach verbindest du noch die Kanten und zeichnest versteckte Kanten gestrichelt.

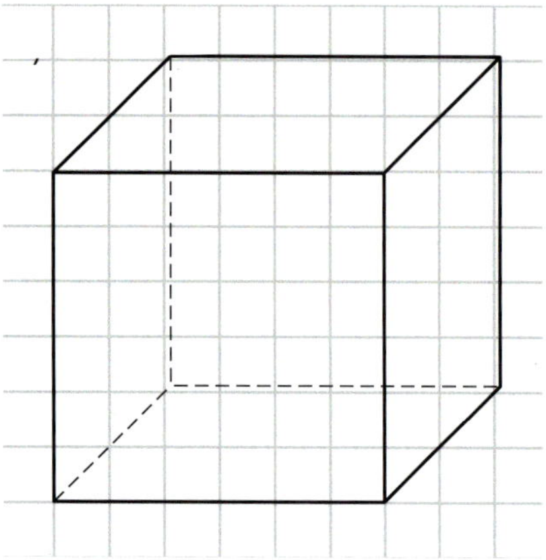

M10 *Von der Skizze zur technischen Zeichnung*

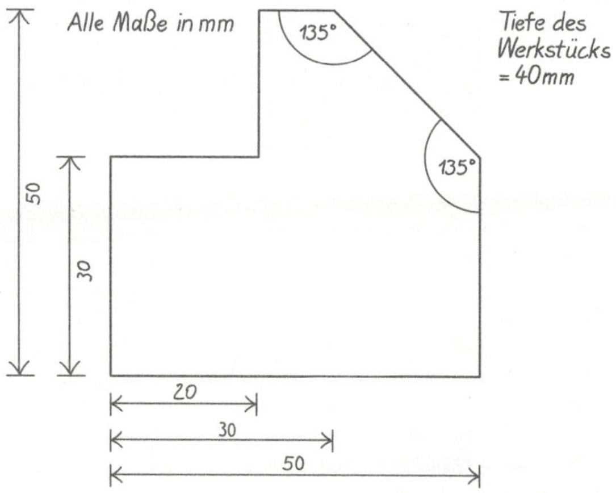

8 Wähle eine der Aufgaben aus:

II a) Nutze M8–M10 und erstelle eine technische Zeichnung im Maßstab 1:1. Ergänze die fehlenden Bemaßungen.

III b) Erstelle mithilfe von M8–M10 eine technische Zeichnung im Maßstab 1:2. Trage die Bemaßung richtig ein.

9 Nutze die Skizzen in M9 und M10 und erstelle eine technische Zeichnung als Schrägbild.

Räumliche Darstellung

M11 *Dreitafelprojektion*

Du kannst ein Werkstück von vorne, von der Seite und von oben betrachten. Du betrachtest es dann von drei Ebenen oder Tafeln. Diese drei Tafeln sind die Vorderansicht, die Seitenansicht und die Draufsicht. Beim technischen Zeichnen nennt man dies die Dreitafelprojektion (rechtwinklige Parallelprojektion). Damit können dreidimensionale Gegenstände auf einem zweidimensionalen Blatt Papier genau und präzise dargestellt werden.

Betrachte den zu zeichnenden Gegenstand von allen Seiten und zeichne die Vorderseite mit einem 10 mm Abstand zu den Konstruktionslinien auf. Zeichne horizontale Hilfslinien nach rechts und zeichne die Seitenansicht ein. An der Spiegelachse, der 45 ° Winkelhalbierenden, zeichnest du weitere Hilfslinien und vertikale Hilfslinien von der Vorderansicht nach unten. Entferne alle Hilfslinien und füge die Bemaßung ein.

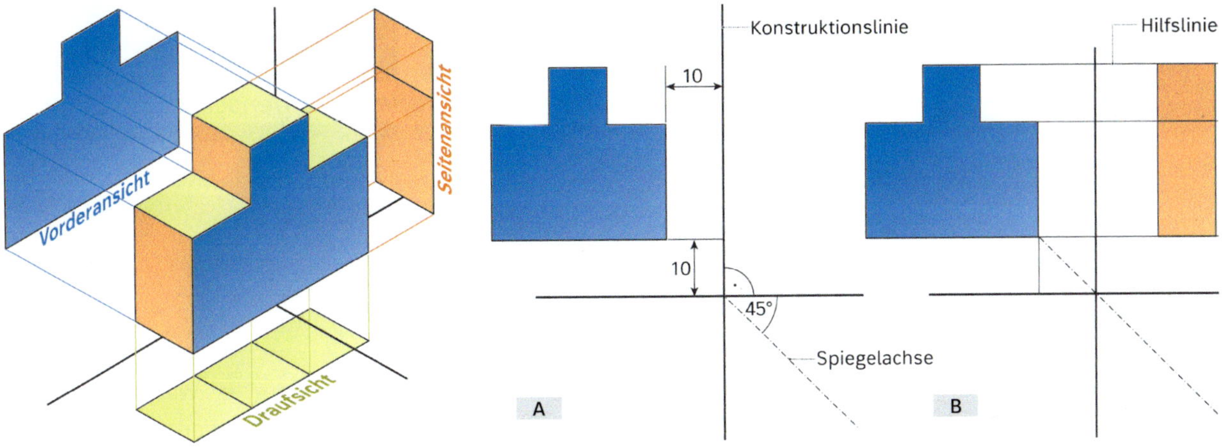

Abb. 7 *Schritte beim Zeichnen einer Dreitafelprojektion: A Vorderansicht und Konstruktionslinien zeichnen, B Hilfslinien zur Seitenansicht zeichnen*

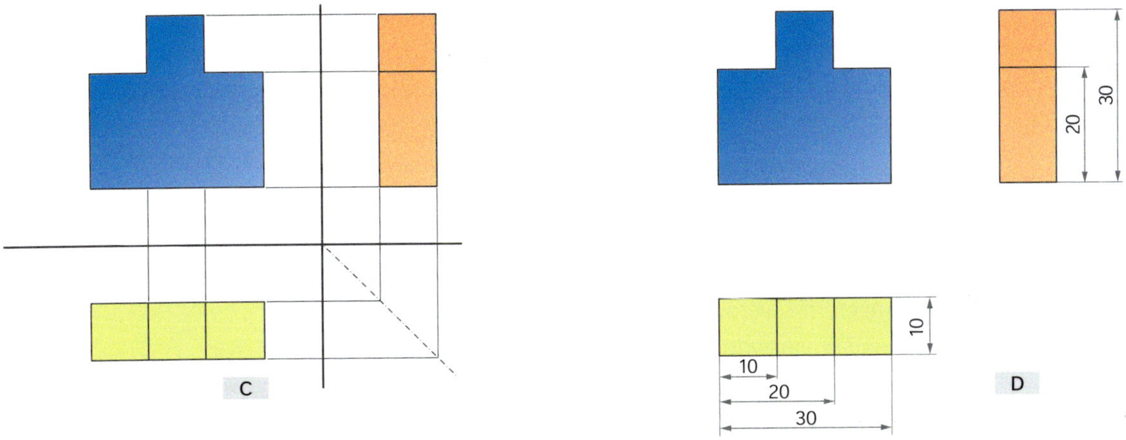

Abb. 8 *C Hilfslinien über die Spiegelachse und von der Vorderansicht nach unten zeichnen, D Hilfslinien entfernen und Bemaßung einzeichnen*

10 Nutze die Skizze in M11 und erstelle eine technische Zeichnung als Dreitafelprojektion.

Abb. 1 *Unterschiedliche Fertigungsarten*

Die Fertigungsverfahren

Alle Prozesse, bei denen Produkte hergestellt werden, nennt man Fertigungsverfahren. Dabei werden die Werkstoffe und Werkstücke in ihrer Form, Größe oder Eigenschaft verändert. Man unterscheidet sechs Hauptgruppen. Grundlage der Einteilung bildet der Stoffzusammenhalt des Werkstoffes.

Beim **Urformen** wird aus formlosen Werkstoffen ein Werkstück gegossen, der Stoffzusammenhalt wird also geschaffen. So werden aus flüssigem Stahl Bauteile für ein Auto gegossen.
Die Form des Werkstoffs wird beim **Umformen** unter anderem durch Biegen oder Ziehen verändert. So kann Kunststoff zu einer Flasche umgeformt werden. Die Masse und der Stoffzusammenhalt verändern sich dabei nicht.
Beim **Trennen** wird der Werkstoff durch Sägen, Bohren oder Feilen verändert. Die Form des Werkstücks verändert sich, da der Werkstoff geteilt oder abgetragen wird. Verschiedene Materialien oder Werkstücke können durch Schrauben und Nägel miteinander verbunden werden. Das nennt man **Fügen**.
Wenn ein formloser Stoff auf ein Werkstück aufgebracht oder das Werkstück oder der Werkstoff in den flüssigen Stoff eingetaucht wird, spricht man vom **Beschichten**. So werden Kekse zum Beispiel in ein Schokoladenbad getaucht.
In der letzten Hauptgruppe werden die **Stoffeigenschaften geändert**. Ziegelsteine oder Keramik werden bei der Herstellung gebrannt, wodurch das Material aushärtet.

Werkstoff: Material, das weiter verarbeitet wird.
Werkstück: Bauteil aus einem Werkstoff, das durch Fertigungsverfahren verarbeitet wird.

A Erkläre den Begriff Fertigungsverfahren.
B Finde weitere Beispiele und Arbeitsbereiche für die sechs Fertigungsverfahren.
C Welche Werkzeuge und Maschinen werden in den einzelnen Gruppen verwendet? Nenne jeweils drei Beispiele.

Material

Industrielle Fertigungsverfahren

M1 *Vom Rohzustand zum fertigen Werkstück*

A *schweißen*

B *Stahlguss*

C *verzinken*

D *walzen*

E *hartlöten*

F *laserschneiden*

1 Wähle eine der Aufgaben aus (M1):

I **a)** Ordne die einzelnen Verfahren (A - D) den sechs Hauptgruppen der Fertigungsverfahren zu.

II **b)** Wähle ein Verfahren aus und beschreibe den Fertigungsprozess eines Bauteils mit diesem Verfahren.

III **c)** Wähle ein Verfahren aus und ordne es der passenden Hauptgruppe zu. Finde weitere Beispiele dieser Hauptgruppe und vergleiche diese Fertigungsverfahren miteinander. Benenne Gemeinsamkeiten und Unterschiede der Verfahren.

2 Wähle eine der folgenden Aufgaben aus und recherchiere im Internet:

I **a)** Wähle ein Verfahren aus und beschäftige dich mit den Arbeitsbedingungen in diesem Tätigkeitsbereich (Lautstärke, Schmutz, Beleuchtung, Sicherheitsvorkehrungen usw.).

II **b)** Schau dir eine der verwendeten Maschinen genauer an und erläutere ihre Funktionsweise. Welche Energien, zusätzlichen Stoffe oder mechanischen Kräfte werden zum Bearbeiten der Werkstoffe verwendet?

III **c)** Zur Herstellung fertiger Produkte werden häufig mehrere Fertigungsverfahren verwendet. Sucht euch ein Produkt aus Metall aus (Leitplanke, Stahlfelge, Silobehälter, ...). Erstellt ein Plakat oder eine digitale Präsentation zum Fertigungsprozess und benennt die dabei genutzten Fertigungsverfahren.

Methode

Produkte planen und realisieren

Projektplanung
Ein Projekt ist eine zeitlich begrenzte Aufgabe, die darauf abzielt, ein bestimmtes Ziel zu erreichen oder ein Problem zu lösen. Im Technikunterricht wird während eines Projekts meist ein Produkt hergestellt. Bevor es ans Fertigen des Produkts geht, muss das Projekt geplant werden. Die Planung eines Projekts lässt sich in verschiedene Schritte einteilen. Eine gründliche Planung des Projekts erleichtert später die Fertigung.

Vorbereitung
Wenn du ein Produkt, wie einen Tablethalter, herstellen möchtest, musst du viele Dinge bedenken. Du setzt dich mit dem Aussehen und den Abmessungen des fertigen Produkts auseinander. Dabei hilft es dir, eine Skizze oder eine technische Zeichnung des geplanten Produkts anzufertigen (siehe S. 44-50). Zudem planst du, welche Materialien und Werkzeuge du für die Herstellung brauchst. Um den Überblick zu behalten, musst du eine Materialliste anlegen. Finde heraus, wo du diese bekommen kannst. Des Weiteren verschaffst du dir einen Überblick, welche Arbeitsschritte du in welcher Reihenfolge ausführst, um den Tablethalter zu produzieren.

Abb. 1 *Ein Tablethalter mit einem Smartphone*

Dafür erstellst du einen Arbeitsablaufplan, in dem die Arbeitsschritte, das dafür benötigte Material, die dafür benötigten Werkzeuge und die auszuführende Tätigkeit aufgelistet sind.

Durchführung
Mithilfe der Skizze wird eine technische Zeichnung mit genauen Maßen angefertigt. Dadurch ist es möglich, die benötigte Menge an Holz und anderen Materialien festzulegen. Daraus erstellt man eine Stückliste, also eine Liste, die alle benötigten Materialien auflistet. Ebenso wird ein Arbeitsablaufplan erstellt. Darin beschreibt man, welche Schritte nacheinander ausgeführt werden und wie viel Zeit diese ungefähr benötigen. Während der Fertigung des Produkts behält man den Arbeitsablaufplan im Auge und hat nur die benötigten Werkzeuge und Materialien am Platz.

Auswertung
Wenn das Produkt fertig ist, testet und beurteilt man, ob und wie gut die Ziele und Anforderungen umgesetzt wurden. Mithilfe der Ziele und Anforderungen erstellt man einen Beurteilungsbogen:
- Wie ist die Fertigung abgelaufen?
- Gab es Probleme?
- Entspricht das fertige Produkt den Anforderungen?

Durch das Beantworten der Fragen sieht man, wo die Fertigung angepasst werden kann oder ob das Produkt verbessert werden muss.

Einen Tablethalter anfertigen

M1 *Materialien zur Herstellung eines Tablethalters*

M2 *Werkzeuge zur Herstellung eines Tablethalters*

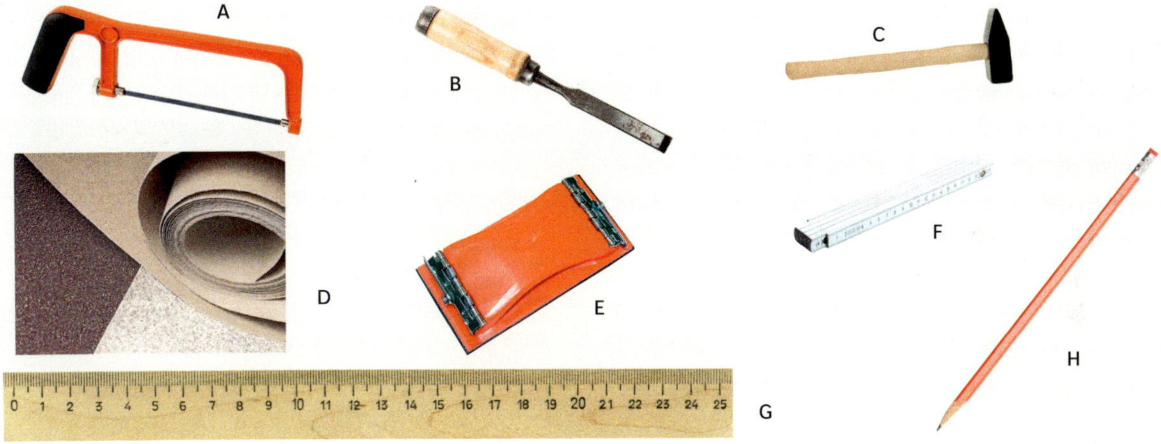

M3 *Muster eines Arbeitsablaufplans*

Arbeitsschritt	Werkzeug/Material	Tätigkeit
1	Langes Lineal, Zollstock, Bleistift, Holzbrett	Anzeichnen
2	…	…

1 **a)** Welches Material brauchst du zur Herstellung eines Tablethalters?
b) Welche Werkzeuge brauchst du zur Herstellung eines Tablethalters?
c) Wo könntest du das Material und die Werkzeuge besorgen?

2 **a)** Fertige eine Skizze des Tablethalters an.
b) Fertige eine technische Zeichnung des Tablethalters an.

3 Erstelle einen Arbeitsablaufplan: Teile deine Arbeit in einzelne Schritte ein und lege die dazu benötigten Werkzeuge und Materialien fest (M1 – M3).

4 Fertige auf Basis der Vorarbeiten einen Tablethalter an. Nutze dabei den Arbeitsablaufplan aus Aufgabe 3.

5 Analysiert und beurteilt im Anschluss das fertige Produkt und den Fertigungsablauf.

Dienstleistungen planen und realisieren

Projektplanung

Im Rahmen eines Projektes möchtet ihr eine Dienstleistung anbieten. Ihr habt euch für die Eröffnung einer Kletterhalle entschieden. Aber egal was man anbieten möchte: Die einzelnen Schritte zur Planung und Durchführung des Projekts sind immer dieselben.

Vorbereitung

Ein Projektplan wird erstellt (Zeitplan, Einkaufsliste, Ziele usw.). Eure Ziele müssen schriftlich festgehalten und die Aufgaben verteilt werden. Diese ganzen Fragen und die damit verbundene Arbeit muss zeitlich aufeinander abgestimmt werden, deshalb ist es wichtig, dass du dir Zeithorizonte für die Erledigung der Aufgaben setzt, damit die Eröffnung der Kletterhalle termingerecht stattfinden kann.

Durchführung

Am Anfang steht zunächst die Geschäftsidee. Diese steht im Zentrum jeder Existenzgründung. Alle Schritte, die ihr von der Planung bis zur Durchführung gehen müsst, sind miteinander vernetzt und greifen alle ineinander. Damit ihr in kurzer Zeit alle wichtigen Aufgabenstellungen erledigen könnte, teilt die Aufgaben untereinander auf.

Auswertung

Wenn das Produkt fertig ist, testet und beurteilt man, ob und wie gut die Ziele und Anforderungen umgesetzt wurden:

- Was war gut, was hat gut geklappt?
- Wo gab es Probleme oder Schwierigkeiten?
- Was können wir beim nächsten Mal besser machen?
- Welche Tipps haben wir für die einzelnen Gruppen?

Eröffnung einer Kletterhalle planen: Mögliche Themen

M1 *Impulsfragen rund um das Gebäude*

1. Wo wird deine Dienstleistung angeboten?
2. Wie erhalte ich Informationen zu freistehenden Gebäuden?
3. Wie viel kostet die Miete?
4. Welche Umbauten müssen bis dahin vorgenommen werden?
5. Welche Voraussetzung sollte das Gebäude haben?

Abb. 1 *Eine Kletterwand in einer Kletterhalle*

M2 *Impulsfragen zum Angebot*

1. Welche Bedürfnisse haben die Kundinnen und Kunden der Kletterhalle?
2. Welchen Service (Speisen, Getränke) möchtest du deinen Gästen anbieten?
3. Welches Rahmenprogramm möchtest du anbieten, z. B. Kletterkurse, Kindergeburtstage oder Kletternächte?
4. Was soll deine Kletterhalle von der Konkurrenz unterscheiden?
5. Welche Mitarbeiterinnen und Mitarbeiter brauchst du in der Kletterhalle?

M3 *Impulsfragen zum Thema Finanzierung und Rechtliches*

1. Welche Kosten hast du als Betreiberin oder Betreiber der Kletterhalle?
2. Welche Preise verlangst du von deinen Kundinnen und Kunden? Welche Tarife wird es geben?
3. Wie werden die Kundinnen und Kunden auf die Kletterhalle aufmerksam?
4. Welche Qualifizierung brauchen meine Mitarbeitenden?
5. Was sind die rechtlichen Rahmenbedingungen?

Abb. 2 *Eine Klettertrainerin legt das Sicherungsseil an.*

1 **a)** Teilt eure Klasse in drei Gruppen ein.
b) Jede Gruppe übernimmt einen Themenschwerpunkt (M1, M2, M3).

2 Diskutiert in eurer Gruppe die verschiedenen Impulsfragen und einigt euch auf inhaltliche Schwerpunkte.

3 Erstellt einen Projektplan.
a) Was soll bis wann geschehen? (Zeitplan)
b) Welche Informationen und Materialien werden benötigt?
c) Wer kümmert sich um was?

4 Fertige Skizzen der Kletterhalle an, die die Aufteilung und die Einrichtung zeigen.

5 Erstelle eine Präsentation zur Kletterhalle, in der du die Schritte zur Eröffnung vorstellst und die Mitschülerinnen und Mitschüler von der Idee überzeugst.

Güter entwickeln und realisieren

Betriebsformen und Funktionsbereiche

Es gibt viele verschiedene Arten von Unternehmen, einige produzieren Waren, andere vertreiben diese und einige bieten Dienstleistungen an. Man unterscheidet deswegen Produktions- und Dienstleistungsunternehmen. Alle müssen die Aufgaben von Beschaffung, Produktion und Absatz erfüllen, um erfolgreich zu sein.

Die Analyse des regionalen Marktes

Bevor ein Produkt oder eine Dienstleistung angeboten wird, sollte geprüft werden, ob es den Bedürfnissen der Kundinnen und Kunden entspricht, welche Konkurrenz es gibt und ob der Standort geeignet ist. Dadurch kann der wirtschaftliche Erfolg des Produkts abgeschätzt werden.

Technische Skizze und Zeichnung

Eine Skizze ist eine einfache, schnelle und größtenteils grobe Darstellung. Sie dient dazu, grundlegende Ideen, Formen oder Konzepte festzuhalten, um sich so an die Idee erinnern zu können. Allgemeine Skizzen sind in der Regel wenig detailliert und genau. Sie dienen oftmals als Vorstufe für detaillierte Arbeiten. Eine technische Zeichnung ist eine detaillierte und genaue Darstellung eines Objekts, eines Produkts oder eines Systems. Sie kann zweidimensional oder dreidimensional sein und dient als Grundlage für die Herstellung von Produkten.

Abb. 1 *Arbeit mit einer technischen Zeichnung*

Grundlagen der technischen Zeichnung

Bei der Erstellung von technischen Zeichnungen müssen verschiedene Regeln beachtet werden. Diese sind in den sog. DIN- und ISO-Normen festgelegt. Sie gelten nicht nur deutschlandweit, sondern auch international. Festgelegt sind Linienarten, Maßstäbe, Normschriften und Maßeintragungen.

Fertigungsverfahren

Fertigungsverfahren bilden die Grundlage von Produktionsverfahren. Man unterscheidet dabei Urformen, Umformen, Trennen, Fügen, Beschichten oder das Ändern der Stoffeigenschaften.

Produkte planen und realisieren

Zunächst muss eine technische Darstellung angefertigt werden, die die genauen Abmessungen des Produkts zeigt. Anschließend braucht man für die Herstellung eines Produkts Materialien, die verarbeitet werden und Werkzeuge zur Bearbeitung des Materials. Zuletzt wird ein Ablaufplan angefertigt, der zeigt, was in welcher Reihenfolge gemacht werden muss.

Dienstleistungen planen und realisieren

Wer eine Dienstleistung anbietet, muss vor allem die Bedürfnisse und die Zufriedenheit der Kundinnen und Kunden im Blick haben, da diese die für sie persönlich am besten passende Dienstleistung auswählen werden. Im Ablaufplan müssen alle vorzunehmenden Schritte in korrekter Reihenfolge aufgeführt sein. Hierzu zählen die Suche nach Räumlichkeiten und Personal, die Klärung von rechtlichen Fragen, die Organisation einer Finanzierung usw.

Wichtige Begriffe
Absatz, (Arbeits-)ablaufplan, Beschaffung, Dienstleistungsunternehmen, Fertigungsverfahren, Geschäftsidee, Investoren/-innen, Mitbewerber/-innen, Produktion, Produktionsunternehmen, Skizze, Standort, technische Darstellung, Werkstoffe, Werkstücke, Zielgruppe

Betriebsformen und Funktionsbereiche

1 Beschreibe den Unterschied zwischen einem Produktions- und einem Dienstleistungsunternehmen.

2 Erläutere die drei Funktionsbereiche mit einem Beispiel.

3 Liste Fragen auf, die ein Unternehmen in den drei Funktionsbereichen beantworten muss.

Die Analyse des regionalen Markts

4 Nenne die Aspekte, die man bei der Marktanalyse untersuchen muss.

5 Begründe, warum Kenntnisse über die Mitbewerberinnen und Mitbewerber von großem Interesse sind.

Technische Skizze und Zeichnung

6 Erkläre den Unterschied zwischen einer Skizze und einer technischen Zeichnung. Nenne jeweils ein Beispiel.

7 Erläutere, wieso bei der Übermittlung von Informationen eine technische Zeichnung wichtig ist.

Grundlagen der technischen Zeichnung

8 Erläutere, warum technische Zeichnungen weltweit einheitlich sind.

9 Begründe, warum es Normen für technische Zeichnungen gibt.

10 Beschreibe den Unterschied zwischen Volllinie, Strichlinie und Strichpunktlinie. Zeichne jeweils beispielhaft deine Antworten in dein Heft

11 Erkläre, warum sich weiche Bleistifte nicht zum Zeichnen von technischen Zeichnungen eignen.

12 Übe die Darstellung der Linienarten auf einem weißen Blatt Papier. Verwende dazu die benötigten Zeichengeräte.

Fertigungsverfahren

13 Erkläre den Unterschied zwischen einem Werkstoff und einem Werkstück.

14 Benenne die sechs Hauptgruppen der Fertigungstechnik und gib zu jeder Hauptgruppe zwei Beispiele an.

Produkte planen und realisieren

15 Nenne Aspekte, die in einem Arbeitsablaufplan vorkommen müssen.

16 Begründe, warum ein Arbeitsablaufplan bei der Herstellung eines Produkts hilfreich ist.

Dienstleistungen planen und realisieren

M1 *Arbeitsschritte Dienstleistung Friseurbesuch*

- Haare waschen
- Umhang umlegen
- Haare auskämmen
- Haare föhnen
- Haare schneiden
- Ergebnis zeigen
- Kundschaft nach Wünschen fragen
- Haare stylen
- Beratung zur Pflege

17 Beschreibe, welche Fragen Anbieter/-innen von Dienstleistungen im Vorfeld klären müssen.

18 Erstelle einen Ablaufplan für die Dienstleistung Haare schneiden mithilfe des Materials M1 im Friseursalon.

Lösungen: *Lerncheck*

Kapitel 4

MARKETING MIX

- *Wie entsteht der Preis eines Produkts?*
- *Wie mache ich ein Produkt auf dem Markt bekannt?*
- *Wie funktioniert Werbung?*
- *Wie steigern Investitionen den Gewinn?*
- *Wie sichere ich den wirtschaftlichen Erfolg meines Unternehmens?*

Güter werden vermarktet

Abb. 1 *Preiskalkulation für den Markteintritt eines neuen Produkts*

Preiskalkulation im Unternehmen

Herstellungskosten

Stell dir vor, du möchtest eine Pizzeria betreiben. Für die Herstellung eines Produkts brauchst du verschiedene Materialien und Rohstoffe. Diese verursachen Kosten und beeinflussen den Preis, zu dem du das Produkt verkaufst. Dabei unterscheidet man zwei verschiedene Arten von Kosten: **Fixe Kosten** entstehen immer, egal wie viel produziert wird. Dazu gehören z. B. Miete für die Pizzeria, Anschaffung und Unterhalt eines Pizzaofens oder der Lohn für einen angestellten Pizzabäcker. Dagegen sind **variable Kosten** abhängig von der Menge, die produziert wird – zum Beispiel Materialien wie Mehl, Tomatensauce und Käse oder Energiekosten für den Strom zum Betrieb der Pizzaöfen. Je mehr produziert wird, desto höher werden die variablen Kosten.

Gewinn und Umsatz

Nehmen wir an, die Herstellungskosten einer Pizza in deiner Pizzeria liegen bei 4,70 €. Um Gewinn zu erzielen, muss der **Verkaufspreis** höher sein als der **Einkaufspreis**. Du musst die Pizza für mindestens 4,70 € verkaufen, um keinen Verlust zu machen. Dieser Punkt wird als Break-even-Point bezeichnet: Oberhalb dieses Punkts entsteht ein Gewinn, da der Umsatz (alle Einnahmen) höher ist, als die eingesetzten Kosten. Die Differenz zwischen den Herstellungskosten (47,00 €) für deine Pizzen und dem Umsatz (80,00 €) für zehn Pizzen zu je 8 € wird als **Gewinn** bezeichnet.

Gewinnsteigerung

Um den Gewinn zu steigern, gibt es zwei Möglichkeiten: Umsatz steigern oder Kosten senken.

Ein wichtiges Instrument zur Kostensenkung ist die **Materialökonomie**. Hier beschäftigen die Unternehmensleitung zwei Fragen: Wie kann ich die benötigten Materialien möglichst günstig beschaffen (Einkauf) und wie sorge ich dafür, dass alles zum richtigen Zeitpunkt mit möglichst wenig Transport- und Lagerungskosten zur Verfügung steht (Logistik)? Du kannst das Mehl für deine Pizza statt im Supermarkt beim Großhändler einkaufen und sparst so pro Packung 0,20 €.

Eine immer größere Rolle spielt für Unternehmen auch die **Materialökologie**, die die Umweltverträglichkeit und Nachhaltigkeit des eingesetzten Materials betrachtet. Eine Photovoltaikanlage auf dem Dach deiner Pizzeria schützt die Umwelt und senkt die Stromkosten. Die Auslieferung der Pizza mit dem Elektrofahrrad ist umweltschonend und spart die Fixkosten für ein Auto.

A Erkläre, wie ein Unternehmen den Preis seines Produkts kalkuliert.

B Erläutere, wieso Maßnahmen der Materialökologie oft auch kostensenkend wirken.

C Prüfe, inwieweit bei Dienstleistungen materialökonomische Maßnahmen möglich sind.

Material

Preiskalkulation

M1 *Der Break-even-Point*

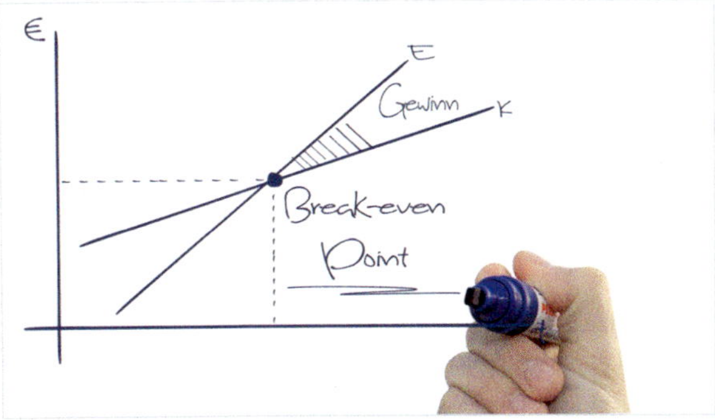

M2 *Preiskalkulation der Tischlerei Woodstock*

Sideboard „Emma“

Couchtisch „Billie“

	Sideboard „Emma“	Couchtisch „Billie“
fixe Kosten (pro Jahr)	300.000 €	220.000 €
variable Kosten (pro Stück)	75 €	60 €
Verkaufspreis (pro Stück)	125 €	110 €

1 Berechne mithilfe einer grafischen Darstellung, wie viele Sideboards „Emma“ in einem Jahr verkauft werden müssen, um Gewinn zu erzielen (M1, M2).

2 Mit dem Couchtisch „Billie“ möchte die Tischlerei Woodstock im nächsten Jahr 11.000 € Gewinn erzielen. Berechne, wie viele Couchtische dafür verkauft werden müssen (M2).

3 Entwickle materialökonomische Maßnahmen für die Möbelherstellung in einer Tischlerei.

4 Erstelle eine Präsentation zu materialökologischen Maßnahmen in der Möbelproduktion.

Materialökologie

M3 *Das Futurium in Berlin, Zeitungstext*

Das Futurium als interdisziplinäres Veranstaltungs- und Ausstellungszentrum ist eingebettet zwischen Berliner Spreebogen, Hauptbahnhof und Charité. In der „neuen Mitte“ steht es mit seiner zukunftweisenden Gebäudekonzeption für ästhetisch erlebbare, nachhaltige Baukultur in Deutschland. […] Dem Gebäude gelingt es, das Energiekonzept für den Besucher herauszustellen. So wird die Photovoltaikanlage auf dem Dach zum „solaren Meer mit Skywalk“, das wie alle anderen Bereiche barrierefrei zugänglich ist. Auf dem Dach anfallendes Regenwasser wird in einer Zisterne gesammelt und für die […] Kühlung sowie für die Bewässerung der Außenanlagen verwendet. […] [D]as Futurium [ist] ein architektonisches und städtebauliches Leuchtturmprojekt der deutschen Nachhaltigkeitslandschaft und das derzeit nachhaltigste Bundesgebäude. Relevante Zukunftsthemen wie Energiegewinnung und -speicherung sind für den Besucher direkt erfahrbar und verständlich.

5 Beschreibe, warum das Futurium als „Leuchtturmprojekt der deutschen Nachhaltigkeitslandschaft“ bezeichnet wird.

6 Begründe, warum Materialökologie im Bauwesen eine große Rolle spielt.

7 Recherchiere, ob es auch in deiner Umgebung Gebäude gibt, die besondere materialökologische Ansprüche erfüllen.

Werbung analysieren

Werbung ist überall. Das ist dir bestimmt auch schon aufgefallen. Es ist wichtig zu verstehen, wie Werbung funktioniert. Denn so weißt du auch besser, ob du ein Produkt wirklich kaufen willst, weil du es brauchst. Es kann nämlich auch sein, dass die Werbung dich dazu gebracht hat, es unbedingt haben zu wollen.

Werbung versucht, deine Bedürfnisse anzusprechen. Das kann beispielsweise unser Hunger oder Durst sein. Auch das Gefühl, zu einer Clique dazu zugehören, weil man die gleichen tollen Kleidungsstücke trägt, ist ein Bedürfnis. Indem Werbung solche Bedürfnisse anspricht, versucht sie dich zu beeinflussen.

Mit den folgenden Schritten kannst du lernen, wie Werbung funktioniert und wie du mit Werbung umgehst.

1. Schritt: Erste Eindrücke

Schaue dir das Beispiel M1 auf der nächsten Seite genau an. Nimm dir dafür eine oder zwei Minuten Zeit. Notiere anschließend auf einem Zettel deine ersten Eindrücke zu der Werbung und was du empfindest. Die folgenden Fragen können dir dabei helfen:

- Was siehst du in der Werbung?
- Welche Farben werden verwendet?
- Wie ist die Werbung gestaltet?
- Findest du die Werbung spannend/langweilig/...? Warum?
- Würdest du das Produkt aus der Werbung kaufen wollen? Warum/warum nicht?

Formulierungshilfen:
- Auf der Werbung sehe ich ...
- Es wird vor allem die Farbe rot/blau/grün/... verwendet. Zum Beispiel ...
- Die Werbung ist sehr bunt/eher hell/eher dunkel/... gestaltet.
- Ich finde die Werbung ..., weil sie mich ...
- Ich würde das Produkt kaufen/nicht kaufen, ...
- Mein erster Eindruck ist, dass ...

2. Schritt: Werbung beschreiben

Nun musst du die Werbung beschreiben, indem du folgende Punkte analysierst:

- Um welches Produkt geht es?
- Ist auf den ersten Blick erkennbar, welches Produkt gemeint ist?
- Wo wurde die Werbung veröffentlicht? (Internet, Zeitung, auf einem Plakat in der Innenstadt?)
- Wie ist die Werbung gestaltet?
- Wie viel Text wurde genutzt? Wie groß ist die Schrift?
- Welche Sprache wird genutzt? Soll es eher Jugendliche ansprechen?
- Welche Farben wurden genutzt? Wie groß ist das Bild? Welches Motiv wird gezeigt? Was erkannt man auf dem Bild?

Formulierungshilfen:
- Auf der Werbung wird das Produkt ...
- Die Werbung wurde ... veröffentlicht.
- Es wird wenig/viel Text verwendet. Die Schrift ist klein/groß, weil ...
- Die Sprache ist kompliziert/einfach/knapp gehalten, um ...
- Auf dem Bild ist zu sehen ...
- Im Vordergrund/im Hintergrund sieht man ...

3. Schritt: Werbung analysieren

Hier blickst du hinter die Werbung. Dabei helfen dir diese Fragen:

- An wen ist die Werbung gerichtet?
- Welche Gefühle werden angesprochen?
- Was möchte die Werbung erreichen?
- Welchen Nutzen hätte das Produkt für dich?
- Was erfährst du über das Produkt nicht?

Formulierungshilfen:
- Die Werbung soll vor allem ... ansprechen.
- Die Werbung möchte Gefühle wie Freude/Zugehörigkeit/Spaß/... ansprechen.
- Die Werbung möchte erreichen, dass ...

Methode

4. Schritt: Deine Meinung

Im letzten Schritt geht es darum, dass du dir deine eigene Meinung zu der Werbung bildest. Dabei solltest du deine Ergebnisse aus den bisherigen Schritten nutzen:

- Weckt die Werbung in dir positive oder negative Empfindungen?
- Überzeugt dich die Werbung?
- Welche Einstellungen möchte die Werbung zeigen?
- Was könnte für den Kauf wichtig sein und ist deswegen auf der Werbung mit aufgenommen?
- Ist die Werbung für eine Kaufentscheidung wichtig?

Formulierungshilfen:
- Die Werbung weckt in mir gute/schlechte Gefühle, weil ...
- Die Werbung überzeugt mich/überzeugt mich nicht, weil ...
- Die Einstellung, die angesprochen wird, ist, dass ...
- Wichtig an der Werbung für die Kundschaft ist, dass ...
- Die Werbung beeinflusst meine Kaufentscheidung/beeinflusst die Kaufentscheidung nicht, weil ...

Eine Werbung analysieren

M1 *Beispiel für eine Fahrradwerbung*

Zusatzmaterial: *Vergrößerte Abbildung*

1 Wende die Schritte zur Analyse einer Werbung auf das Beispiel M1 an.

Zusatzmaterial: *Musterlösung zur Werbung M1*

Abb. 1 *Meeting einer Marketingabteilung*

Marketing im Unternehmen

Der Marketing-Mix

Marketing ist das entscheidende Mittel, um den Absatz und damit den Gewinn eines Unternehmens zu steigern. Es gibt verschiedenen Instrumente des Marketings. Dies sind die **Preispolitik**, die **Produktpolitik**, die **Kommunikationspolitik** und die **Distributionspolitik**.

Im sogenannten Marketing-Mix wird die Zusammenstellung der einzelnen Marketing-Instrumente aufeinander abgestimmt.

Werbeträger und Werbemittel

Täglich und überall begegnet uns Werbung: auf **klassischen Werbeträgern** wie Plakatwänden, in der Zeitung und im TV oder in **digitaler Form** im Internet und auf Social Media. *Werbemittel* wie Slogans sind das Herz einer Marke, in die Unternehmen viel Geld investieren. Jede Werbebotschaft soll das Produkt bestmöglich darstellen, die richtigen Informationen vermitteln und sich von der Konkurrenz abgrenzen, um dem Verbraucher im Gedächtnis zu bleiben. Deshalb ist Werbung nach dem **AIDA-Prinzip** aufgebaut:

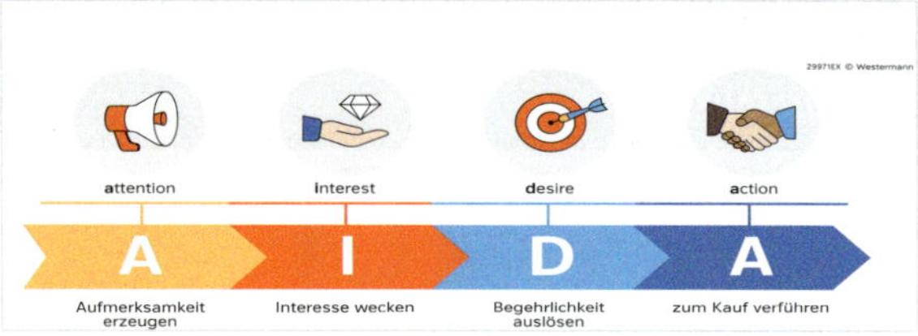

Abb. 2 *Das AIDA-Prinzip* Vergrößerte Abbildung

Internetwerbung und Product-Placement

Der größte und investitionsintensivste Werbeträger unserer Zeit ist das Internet. Algorithmen passen die uns angezeigte Werbung unserem Nutzungsverhalten anhand von besuchten Webseiten und eingegebenen Suchbegriffen an. Recherchieren wir über eine Suchmaschine nach Urlaubsreisen, wird uns danach Werbung von Reiseanbietern angezeigt. Diese **personalisierte Werbung** hat einerseits Vorteile für Verbraucher/-innen, da sie vorrangig mit Dingen beworben wird, die sie tatsächlich interessieren. Andererseits werden uns dadurch größere Konsumanreize gegeben. Eine andere Form versteckter Werbung ist das Influencing: Influencer/-innen präsentieren in geposteten Videoclips Produkte, ohne sie direkt zu bewerben. Die Werbebotschaft wird im Unterbewusstsein verarbeitet. Auch in Spielfilmen wird dieses sogenannte Product-Placement eingesetzt, indem wiederholt eingeblendet wird, wie Spielfilmhelden Autos bestimmter Marken fahren.

A Beschreibe die Wirkweise von Werbung (AIDA-Prinzip).

B Erkläre den Unterschied zwischen Werbeträger und Werbemittel.

C Erkläre, warum Unternehmen hohe Geldsummen in Marketing investieren.

D Stelle die Vor- und Nachteile der verschiedenen Werbeträger gegenüber.

Material

Marketing-Mix

M1 *Marketingmaßnahmen*

- Eine Eisdiele verkauft auch Frozen Yoghurt.
- Ein Restaurant verändert seine Rezeptur für Bolognesesauce.
- Ein Smartphone wird mit verbesserter Akkukapazität neu herausgebracht.
- Ein Modegeschäft erstellt ein Instagram-Profil.
- Ein Supermarkt spendet dem Fußballverein Trikots.
- Ein Haushaltsgerätehersteller bietet eine 30-Tage-Geld-zurück-Garantie an.
- Zu jeder Müslipackung gibt es eine Probe einer neuen Sorte gratis dazu.
- Ein Autohersteller wirbt mit einer 0%-Finanzierung für den Kauf von Neuwagen.
- Eine bekannter Online-Händler kündigt Rabatte zum „Black Friday“ an.
- Ein türkischer Imbiss bietet einen Lieferservice an.

1 Ordne die in M1 genannten Maßnahmen den Instrumenten des Marketing-Mix zu.

2 Entwickle nach diesem Vorbild Maßnahmen, um dem Absatzrückgang deiner Pizzeria vorzubeugen.

AIDA-Prinzip

M2 *Limonadenwerbung*

3 Analysiere die Werbung der Bio-Limonade nach dem AIDA-Prinzip (M2). *Vergrößerte Abbildung*

Werbeträger

M3 *Anteil digitaler und traditioneller Werbung*

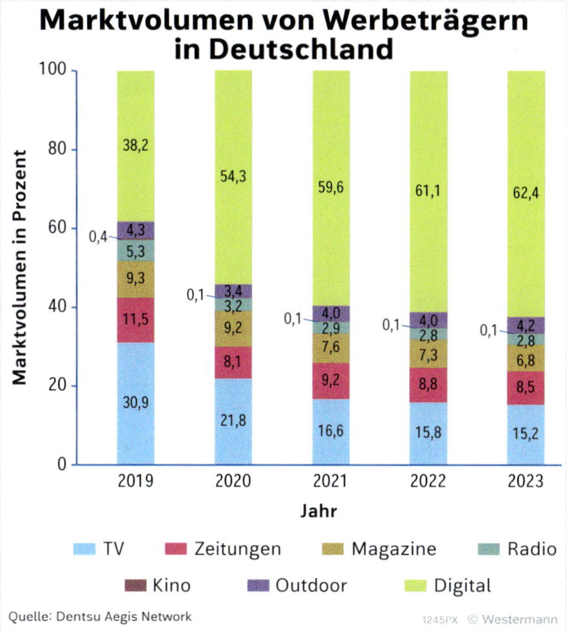

M4 *Einfluss von Influencerinnen und Influencern*

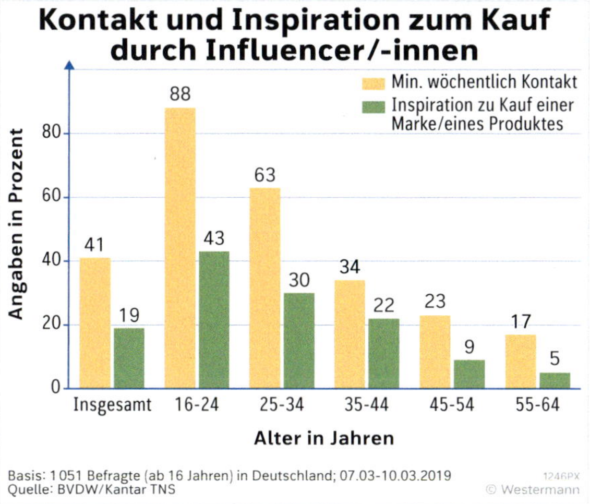

4 Fasse die zentralen Aussagen der Statistiken M3 und M4 zusammen. Vergrößerte Abbildungen

5 Führe eine Umfrage zu Werbeträgern in deiner Schule durch. Vergleiche die Ergebnisse mit M3.

6 Gestalte einen Werbeträger für deine Pizzeria. Begründe die Gestaltung anhand des AIDA-Prinzips.

Abb. 1 *Gewinne eines Unternehmens*

Gewinne und Investitionen

Möglichkeiten der Gewinnverwendung

Mit einer guten Preiskalkulation und wirksamen Marketing-Maßnahmen lässt sich der Gewinn für ein Produkt erhöhen. Doch für das Unternehmen bedeutet ein erwirtschafteter Gewinn nicht, dass es sich nun darauf ausruhen kann. Stattdessen muss es entscheiden, wie der Gewinn für das Unternehmen weiter eingesetzt wird. Eine naheliegende Möglichkeit ist eine **Gewinnausschüttung**, z. B. an Angestellte oder das Unternehmen. Eine weitere Option ist die **Rücklagenbildung**. Ein Betrieb kann vorsorglich Geldsummen zurücklegen, um in Notfällen wie ausbleibenden Einnahmen, bei ungeplanten Ausgaben oder in anderen Krisensituationen darauf zurückgreifen zu können. Die dritte Möglichkeit der Gewinnverwendung stellen **Investitionen** als langfristige Kapitalanlage dar.

Investitionsarten

Man unterscheidet dabei drei unterschiedliche Investitionsarten voneinander. Unternehmen tätigen **Sachinvestitionen,** indem sie in die verbesserte materielle Ausstattung ihres Betriebs investieren. Eine neue Produktionsmaschine oder eine vergrößerte Verkaufsfläche können den Gewinn langfristig weiter steigern. Dasselbe Ziel haben auch **immaterielle Investitionen**: Hier wird beispielsweise in die Fortbildung des Personals, in neue Produktionstechnik oder ein verbessertes Marketing investiert. Eine dritte Investitionsart ist die **Finanzinvestition**, bei der das erwirtschaftete Kapital mit Aussicht auf eine möglichst hohe Rendite in Wertanlagen wie Aktien oder Immobilien investiert wird.

Marktbeobachtung

Die Konkurrenz auf dem **Absatzmarkt** zwingt jedes Unternehmen dazu, die Produktion stetig anzupassen und zu verbessern, um am Markt erfolgreich zu bleiben und langfristig Gewinne zu erwirtschaften. Ein wichtiges Instrument zu diesem Zweck ist die Marktbeobachtung. Mit ihren Erkenntnissen können Produkte den Wünschen der Kundschaft entsprechend weiterentwickelt werden. Auch ein Bedarf an neuen Produkten kann frühzeitig erkannt werden.

Die Optimierung der Produktion ist ebenfalls ein effizientes Mittel zur Sicherung des wirtschaftlichen Erfolgs: Durch die Verbesserung von Fertigungstechniken oder den Einsatz neuer Maschinen werden Kosten eingespart. Im Einkauf kann ein Lieferantenwechsel den wirtschaftlichen Erfolg verbessern ebenso wie veränderte Transport- und Lagermöglichkeiten in der Logistik. Im Bereich des Marketings können Werbemaßnahmen optimiert oder neue Zielgruppen und Absatzmärkte erschlossen werden.

A Erkläre die Möglichkeiten der Gewinnverwendung durch ein Unternehmen. +

B Nenne Beispiele für die drei Investitionsarten. +

C Erläutere Maßnahmen zur Sicherung des wirtschaftlichen Erfolgs an einem eigenen Produkt- oder Dienstleistungsbeispiel.

Investitionen

M1 *Beispiele für Investitionen*

Ein landwirtschaftlicher Betrieb kauft neues Düngemittel für den Getreideanbau.

Ein Hotel nimmt einen Kredit auf, um einige Hotelzimmer zu renovieren.

Ein Buchhandel schafft E-Reader zur Ausleihe und ein Angebot an E-Books an.

Ein Reisebüro stellt einen Versicherungskaufmann ein, um auch Reiseversicherungen anbieten zu können.

Das Personal eines Unternehmens erhält eine Fortbildung zum Thema digitale Buchführung.

Eine Fast-Food-Kette nimmt ein veganes Menü in die Speisekarte auf.

Ein Café eröffnet eine Außenterrasse.

Eine Firma kauft Aktien eines Windparks.

M2 *Investitionen in den Klimaschutz*

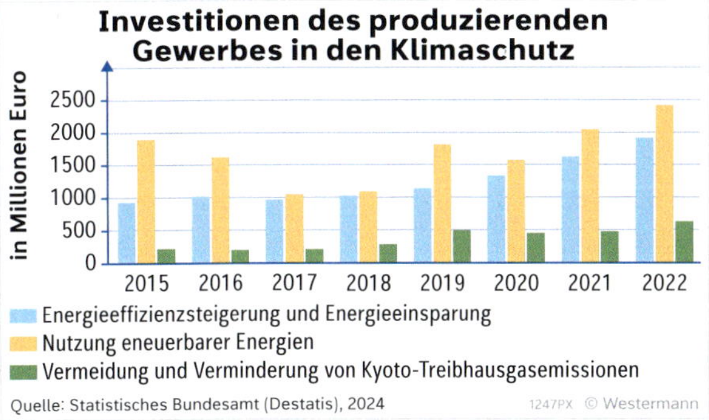

M3 *Volkswerft Stralsund, Beitrag NDR, Zeitungstext*

Maritimer Gewerbepark Volkswerft Stralsund

Neue Arbeitsplätze auf Gelände der Volkswerft

An der Werft 13, dem Gelände des Industrie- und Gewerbeparks Volkswerft in Stralsund (Landkreis Vorpommern-Rügen), wird die EKATO Nord GmbH eine neue Betriebsstätte errichten. Das Stralsunder Unternehmen plant, auf einer Fläche von rund 7.800 Quadratmetern Großrührwerke für den weltweiten Export herzustellen. Wegen der Kombination der Anschlussmöglichkeiten zu Land und zu Wasser sowie der Lieferantenstandorte konnte sich Stralsund gegen konkurrierende Standorte durchsetzen. [...] Die EKATO Nord GmbH will eine 1.500 Quadratmeter große Produktionshalle mit zwei Kranbahnen errichten. Geplant ist zudem ein 140 Quadratmeter großes Bürogebäude.
Die Gesamtinvestition beträgt rund 9,5 Millionen Euro. Mit dieser Ansiedlung werden insgesamt 34 neue Arbeitsplätze geschaffen.

1 Ordne die in M1 beschriebenen Maßnahmen den drei Investitionsarten zu.
2 Entwickle nach diesem Beispiel Investitionsideen für deine Pizzeria. Bienenkorb
3 **a)** Fasse die Kernaussagen der Statistik M2 zusammen. Zusatzmaterial: *Vergrößerte Abbildung*
b) Erläutere, wie Klimaschutzinvestitionen zum wirtschaftlichen Unternehmenserfolg beitragen. (M2)
4 Fasse die im Artikel M3 beschriebenen Investitionsmaßnahmen zusammen.
5 Erläutere, wie diese Investitionen zum wirtschaftlichen Erfolg von EKATO beitragen. (M3)

Kompakt

Güter werden vermarktet

Preiskalkulation im Unternehmen

Da zur Herstellung eines Produkts Produktionsfaktoren wie Arbeitskraft, Materialien und Rohstoffe benötigt werden, entstehen Kosten. Die Differenz zwischen diesem Einkaufspreis und dem Verkaufserlös nennt man Gewinnmarge. Der Punkt, an dem Einkaufspreis und Verkaufspreis sich ausgleichen, sodass weder Gewinn noch Verlust entstehen, wird Break-even-Point genannt. Oberhalb dieser Grenze entsteht ein Gewinn. Dieser vergrößert sich mit sinkendem Einkaufspreis und/oder steigendem Verkaufspreis.

Maßnahmen der Materialökonomie umfassen alle Instrumente, die den Einkaufspreis senken. Im Einkauf und in der Logistik können Kosten gespart werden, indem Lieferanten gewechselt oder effizientere Produktionstechniken eingesetzt werden. Die Materialökologie zielt darauf ab, schädliche Umwelteinflüsse der Produktion zu verringern, indem der CO_2-Ausstoß gesenkt oder regenerative Energie eingesetzt wird.

Marketing im Unternehmen

Marketing ist das zentrale Mittel, um den Absatz und damit den Gewinn zu steigern. Der Marketing-Mix zeigt die verschiedenen Instrumente des Marketings auf. Dies sind die Preispolitik, die Produktpolitik, die Kommunikationspolitik und die Distributionspolitik.

Das bekannteste Instrument innerhalb der Kommunikationspolitik ist die Werbung, die nach dem AIDA-Prinzip funktioniert. Man unterscheidet klassische Werbeträger von modernen, digitalen Werbemedien. Diese zeichnet sich durch ein hohes Maß an Personalisierung aus, indem Algorithmen die angezeigte Werbung an das Nutzungsverhalten anpassen. Werbeslogans erhöhen den Wiedererkennungswert von Marken oder Produkten. Influencer haben eine hohe Reichweite und können dadurch als Produktbotschafter bestimmte Zielgruppen ansprechen.

Abb. 1 *Marketing will geplant sein!*

Gewinne und Investitionen

Neben der Gewinnausschüttung ist die Rücklagenbildung für unerwartete Ereignisse eine Form der Gewinnverwendung. Um den langfristigen wirtschaftlichen Erfolg zu sichern und konkurrenzfähig zu bleiben, kann der erwirtschaftete Gewinn investiert werden: Sachinvestitionen wie neue Maschinen tragen zu einer verbesserten Produktivität bei. Immaterielle Investitionen können zur Qualifizierung von Personal oder zur Erweiterung des Marketings eingesetzt werden. Finanzinvestitionen wie Aktienkäufe stellen langfristige Investitionsmaßnahmen dar, die auf eine Verzinsung des eingesetzten Kapitals abzielen.

Um ein Produkt fortlaufend an den Markt anpassen und auf Konkurrenz oder Wünsche der Kundschaft reagieren zu können, muss ein Unternehmen den Markt kontinuierlich beobachten. So ist es möglich, frühzeitig Nachfrage nach einem neuen Produkt oder Änderungsbedarfe bei einem bestehenden Produkt zu erkennen. Auch Innovationen und Anpassungen im Produktionsverfahren oder im Marketing sind Voraussetzung dafür, den wirtschaftlichen Erfolg langfristig zu sichern.

Wichtige Begriffe

Absatzmarktvergrößerung, AIDA-Prinzip, Break-even-Point, Einkaufspreis, Finanzinvestitionen, Gewinn(-marge), immaterielle Investitionen, Influencing, fixe und variable Kosten, Materialökonomie und -ökologie, Marketingerweiterung, Marketing-Mix, Marktbeobachtung, Preiskalkulation, Produktanpassung, Produktionsoptimierung, Product Placement, Produktionsfaktoren, Sachinvestitionen, Umsatz, Verkaufspreis, Werbeträger, Werbemittel

Preiskalkulation

M1 *Unternehmen*

Rosa und Aylin betreiben ein Nagelstudio in der Innenstadt. Neben Maniküre und Pediküre bieten sie Modellage von Gelnägeln an, für die Aylin eine Fortbildung besucht hat.

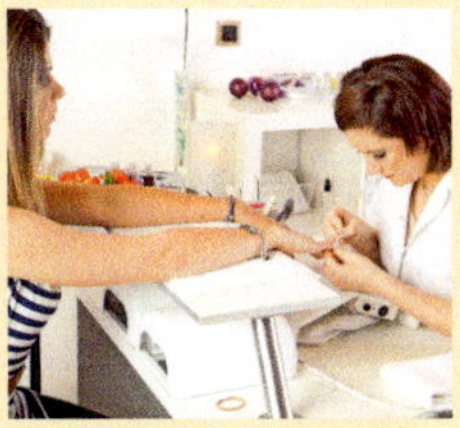

Thai und Bennet haben eine App zum Anfertigen von Einkaufszetteln entwickelt, die im App-Store erworben werden kann. Sie haben sich zwei Arbeitsplätze in einem Co-Working-Space gemietet.

Paula und Hannes haben nach ihrer Bäckerausbildung eine Konditorei eröffnet. In ihrer Backstube stellen sie leckere Kuchen und Torten her, die sie direkt an einem Tresen verkaufen. Außerdem liefern sie Torten für Veranstaltungen.

1 Erläutere anhand der drei Unternehmensbeispiele im M1 fixe und variable Kosten.

2 Erläutere die Begriffe „Materialökonomie" und „Materialökologie", indem du entsprechende Maßnahmen für die drei Betriebe entwickelst.

3 Benenne die vier Bausteine des Marketing-Mix und entwickle für eins der drei Unternehmen je eine Maßnahme zu den vier Bereichen.

Werbung

M2 *Transparenz bei Social-Media-Werbung*

Antonia Hemmer […] hat kürzlich auf Instagram über eine erhebliche Geldstrafe berichtet. Aufgrund mangelnder Werbekennzeichnung ihrer Beiträge musste sie eine Strafe im fünfstelligen Bereich zahlen. Die 24-jährige Make-up-Artistin, die auf Instagram über 467.000 Follower hat, […] wusste nicht, was man als Werbung kennzeichnen muss und was nicht, erklärte sie […]. Eine Analyse […] zeigt, dass etwa ein Viertel der Influencer-Posts auf Instagram in Deutschland nicht gesetzeskonform gekennzeichnet sind. Besonders Influencer mit größeren Communities vernachlässigen oft die Kennzeichnungspflichten […]. Antonia Hemmer erlebte die Konsequenzen, die eine mangelnde Kennzeichnung mit sich bringen kann. Sie hatte ein Verfahren mit der Aufsichtsbehörde […].

4 Erläutere anhand des AIDA-Prinzips die Wirkweise von „Influencing".

5 Beurteile, ob du strenge Auflagen und hohe Strafen wie in M2 gerechtfertigt findest.

Maßnahmen zur Erfolgssicherung

M3 *Der heimliche Boom der deutschen Wirtschaft*

Berlin. Deutschlands Wirtschaft hat im vergangenen Jahr deutlich mehr Geld für die Suche nach Innovationen ausgegeben. Die Ausgaben der Unternehmen für Forschung und Entwicklung kletterten um acht Prozent auf knapp 82 Milliarden Euro […]. Trotz des Fachkräftemangels könnten die Unternehmen zudem das dafür nötige Personal um fast sechs Prozent aufstocken: Erstmals gibt es nun mehr als eine halbe Million Vollzeitstellen in den Forschungs- und Entwicklungsabteilungen. […] *Handelsblatt, 19.12.2023*

6 Beschreibe die Investitionen deutscher Unternehmen mit den passenden Fachbegriffen.

7 Erläutere die Bedeutung von Investitionen für Unternehmen zur Sicherung des langfristigen wirtschaftlichen Erfolgs.

8 Erläutere, warum die in M3 genannte „Suche nach Innovationen" eng mit der Marktbeobachtung verknüpft ist.

Lösungen: *Lerncheck*

Kapitel 5

- *Was sind Berufsfelder, Studienfelder und Tätigkeitsfelder?*
- *Was kann ich tun, um die Arbeits- und Berufswelt in meiner Region zu entdecken und zu erleben?*
- *Welcher Abschluss wird benötigt?*
- *Wie kann ich meinen persönlichen Schul- und Lebensweg planen?*

Mein Weg in die Arbeits- und Berufswelt II

Was sind Tätigkeits-, Berufs- und Studienfelder?

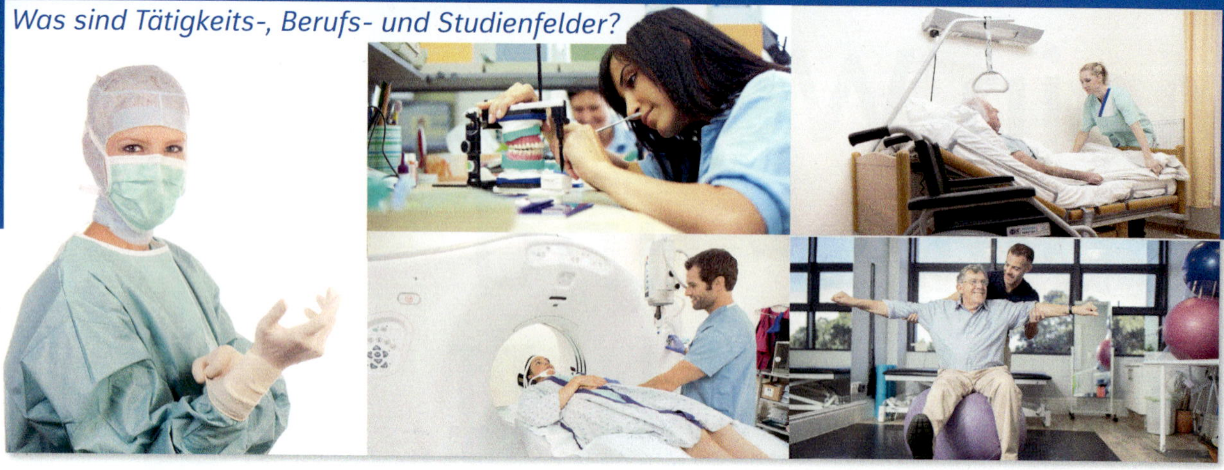

Abb. 1 *Berufe im Tätigkeitsfeld „Gesundheit“*

Arbeits- und Berufswelt erkunden

Tätigkeits-, Berufs- und Studienfelder

Es gibt in Deutschland über 400 Ausbildungsberufe, mehrere Tausend Studiengänge sowie eine Vielzahl an Berufen, die man nach Fortbildungen und Umschulungen ausüben kann. Um hier einen Überblick zu behalten, werden Berufe, die ähnliche Tätigkeiten und Aufgaben aufweisen, zu einem **Berufs- oder Tätigkeitsfeld** zusammengefasst. Logopäden, Physiotherapeutinnen sowie Ärzte und Ärztinnen arbeiten beispielsweise im Berufsfeld Gesundheit. Heilerzieher, Sozialarbeiterinnen sowie Lehrkräfte sind im Sozial- und Bildungsbereich tätig, Straßenbauer, Architektinnen und Stadtplaner im Berufsfeld Bau.

Die Berufe lassen sich jedoch auch danach sortieren, ob sie im Rahmen einer Berufsausbildung oder eines Studiums erlernt werden können. Das Portal der Bundesagentur für Arbeit „planet-beruf“ weist beispielsweise **15 Ausbildungsberufsfelder** aus. Zu denen zählen zum Beispiel Gesundheit, Landwirtschaft, Produktion, Verkehr sowie Wirtschaft und Verwaltung. Hinter jedem einzelnen Bereich verbergen sich viele verschiedene Ausbildungsberufe.
Wenn du dir wiederum einen Überblick über die verschiedenen Studiengänge verschaffen möchtest, dann helfen dir die **Studienfelder** weiter. Auch diese weist die Bundesagentur für Arbeit auf ihrer Webseite BERUFENET aus. Genannt werden hier beispielsweise: Agrar-, Forst- und Ernährungswissenschaften, Natur- und Ingenieurwissenschaften sowie Sozial- und Kulturwissenschaften. In den Begriffen wird auf die wissenschaftlichen Disziplinen verwiesen, denen wiederum eine Vielzahl von Studiengängen zugeordnet werden können.

Arbeits- und Berufswelt entdecken

Jedes Berufsfeld, jeder Beruf, jede Institution und jedes Unternehmen ist einzigartig und es gibt viel zu entdecken. Betriebs- oder Arbeitplatzerkundungen, Expertengespräche oder Praktika ermöglichen tiefere Einblicke in die Arbeits- und Berufswelt. Sie können eine interessante Abwechslung zum Schulalltag darstellen.

A Erkunde die Webseiten der Bundesagentur für Arbeit „planet-beruf“ sowie „BERUFENET“. Beschreibe, was du auf diesen Webseiten findest.

B Erläutere die Unterschiede zwischen Berufs-, Studien- und Tätigkeitsfeldern. Nenne jeweils mindestens drei Beispiele für zugehörige Berufe.

C Erkläre zu den Berufen deiner Eltern den jeweiligen Ausbildungsweg.

Berufsfelder und dazugehörige Berufe

M1 *Berufsfeld „Bau, Architektur, Vermessung“ und ausgewählte Berufe*

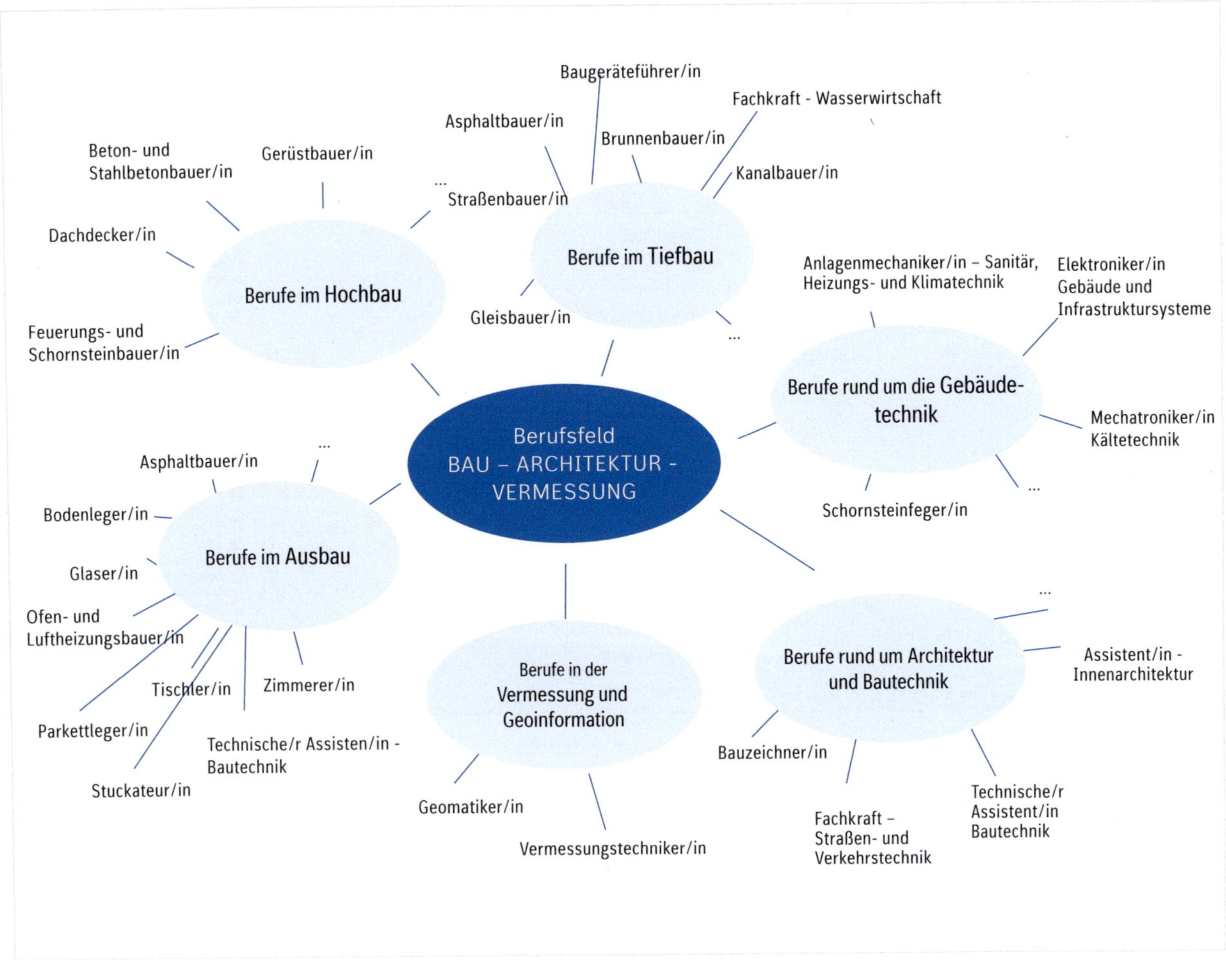

1 Hinter den Berufsfeldern verbergen sich jeweils viele Berufen (M1) Link: *Bundesagentur für Arbeit*

a) Vergleiche das Beispiel mit den Informationen auf der Webseite www.planet-beruf.de.

b) Wähle zwei Berufsfelder aus, die dich interessieren und erstelle zu diesen jeweils eine Mindmap mit dazugehörigen Ausbildungsberufen. Zusatzmaterial: *Arbeitsblatt Berufsfelder*

c) Hebe durch 👍👎 hervor, welche Berufe dich besonders ansprechen und welche nicht. Begründe kurz, wieso du welches Daumen-Symbol vergeben hast.

d) Ergänze deine Mindmap um Studienberufe. Nutze hierfür die Webseite BERUFENET der Bundesagentur für Arbeit, die eine gezielte Suche nach Studiengängen in den einzelnen Berufsfeldern ermöglicht. Kennzeichne diese Berufe farblich oder mit einem Symbol.

2 Ordne die Berufe deiner Familienangehörigen den Tätigkeitsfeldern der Bundesagentur für Arbeit BERUFENET zu. Notiere auch deine Interessenfelder.

a) Deckt ihr zusammen viele Felder ab oder seid ihr alle an sehr ähnlichen Tätigkeitsfeldern interessiert?

b) Wie erklärst du dir dies?

Material

Die Arbeits- und Berufswelt in meiner Region entdecken

M3 *Bedeutsame Institutionen aus Wissenschaft, Wirtschaft, Kunst und Kultur in M-V*

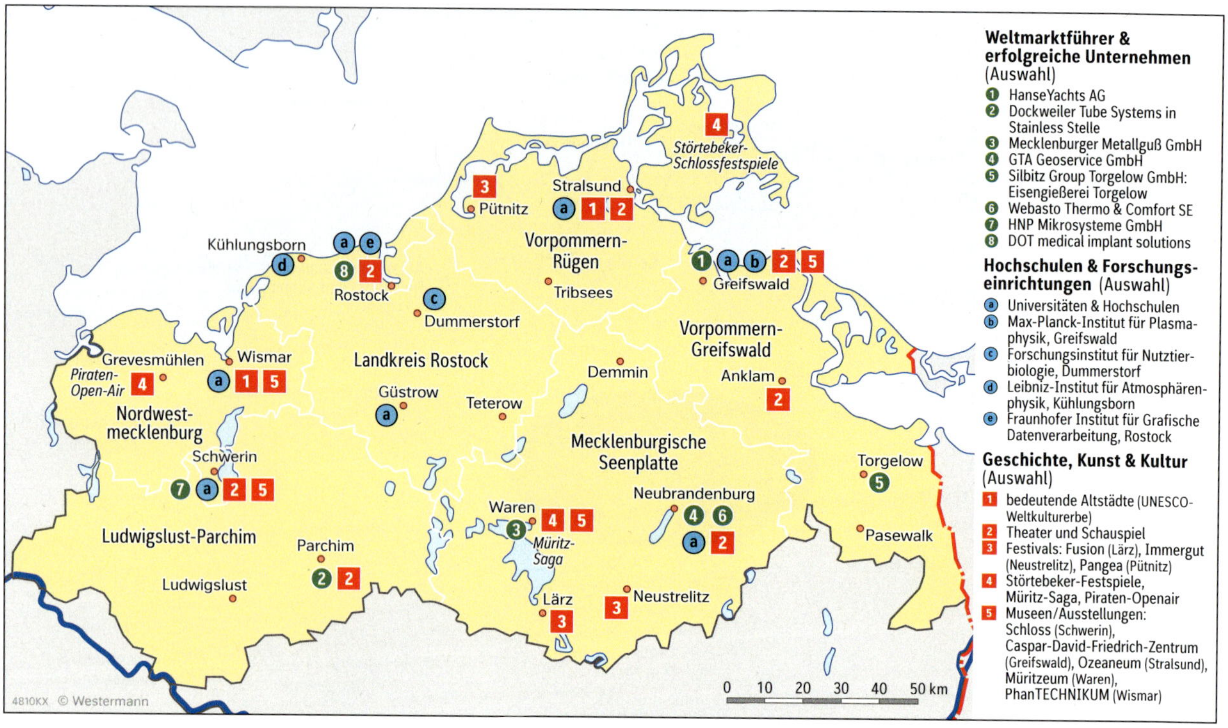

M4 *Zahlen, Daten, Fakten zu M-V (2022)*

Menschen:
- rd.1,6 Millionen Einwohner
- 760.00 Erwerbstätige

Wirtschaft:
- 52.277 Unternehmen
- Branchen: Tourismus, Ernährungs- und Lebensmittelindustrie, Gesundheitswirtschaft, Automobilzulieferindustrie, Maschinenbau, Luft- und Raumfahrtindustrie, die Maritime Wirtschaft und die Windenergie
- unbesetzte Ausbildungsplätze:1.542
- unvermittelte Bewerber/-innen: 953

Natur:
- Naturschutz und Landschaftspflege spielen große Rolle
- Gewässerreichtum: Küsten-, Bodden-, Haff-, Seen- und Moorlandschaften
- 3 Nationalparks, 3 Biosphärenreservate

3 Begründe, welche Information über M-V dich überrascht hat (M3, M4).

4 Institutionen und Arbeitgeber in M-V (M3):

Zusatzmaterial: *Vergrößerte Abbildung*

a) Erläutere, welche Institutionen dich interessieren (M3).

b) Recherchiere zu zwei gewählten Institutionen weitere Informationen: Welche Ziele verfolgen sie? Welche Produkte/Dienstleistungen bieten sie an? Was erfährst du über Aufgaben der Personen, die dort arbeiten? usw.

c) Tausche dich mit einer Mitschülerin/einem Mitschüler über deine Ergebnisse aus.

Partnervortrag

5 Erstelle eine Übersicht über bedeutsame Institutionen und Unternehmen in deiner Stadt bzw. in deinem Landkreis, die in der obigen Abbildung noch nicht enthalten sind.

Lebens- und Berufswege laufen nicht immer geradlinig und das ist normal

M5 *Wenn es anders kommt …*

Sandra (31) hat ihre Begeisterung für Sport zum Beruf gemacht und eine Ausbildung zur Sportfachfrau absolviert. Nach ihrer Ausbildung arbeitete sie mehrere Jahre in Fitnesscentern und Sportvereinen. Ein schwerer Unfall vor zwei Jahren zwang sie, ihr Leben neu anzugehen. Aufgrund bleibender körperlicher Beeinträchtigungen absolviert sie nun eine Umschulung zur Bürokauffrau.

Olaf (62) kann auf ein bewegtes Berufsleben zurückblicken. Zunächst hat er das Backhandwerk gelernt, musste diesen Beruf jedoch nach einiger Zeit aufgrund einer unerwartet aufgetretenen Mehlstauballergie aufgeben. Er schulte zum Garten- und Landschaftsbauer um und arbeitete viele Jahre in einer Firma, die Park- und Außenanlagen von Schulen, Krankenhäusern und Unternehmen anlegten. In einer wirtschaftlichen schwierigen Situation und fehlenden Aufträgen wurde ihm betriebsbedingt gekündigt. Lange Zeit war er arbeitssuchend und orientierte sich in dieser Zeit wiederum neu. Inzwischen arbeitet er als Ranger in einem Nationalpark.

Tom (29) ist gelernter Veranstaltungstechniker und arbeitet seit vielen Jahren freiberuflich. Er ist sehr viel unterwegs – auf verschiedenen Festivals und Konzerten und begleitet auch einige Bands auf ihren Tourneen. Vor drei Jahren hat er seine große Liebe getroffen und wird demnächst Vater. Er möchte nun in die Heimatstadt seiner Freundin ziehen und sich eine Arbeit suchen, die familienfreundlicher ist.

M6 *Hilfreiche und weniger hilfreiche Strategien*

„Ich verkrieche mich."

„Ich warte erst einmal ab."

„Ich mache das mit mir alleine aus."

„Ich versuche so viele Informationen wie möglich zu beschaffen."

„Ich spreche mit mir vertrauten Personen über die Situation und hole mir durch sie Unterstützung bzw. Rat."

„Ich erstelle eine Liste mit allen Handlungsmöglichkeiten und deren Vor- und Nachteilen."

„Ich suche mir einen Weg, meinen Ärger/meine Wut rauszulassen – und zwar …"

„Ich versuche mich abzulenken, so dass ich darüber nicht nachdenken muss. Dann höre ich laut Musik, mache Sport …"

„Ich überlege, wer mir noch helfen kann und wo es ggf. professionelle Unterstützung gibt."

„Ich …"

1 Erstelle eine Liste mit den Ereignissen, die dazu führten, dass Sandra, Olaf und Tom (M5) neue berufliche Wege eingeschlagen haben bzw. einschlagen werden.

2 Erkläre, wieso Schicksalsschläge und andere Veränderungen für die betroffenen Personen sehr herausfordernd sind.

3 Überlege und erläutere, wer in deiner Familie bzw. in deinem Bekanntenkreis ähnliche Herausforderungen gemeistert hat.

4 Überlege, welche Situationen für dich herausfordernd waren oder sind und wie du in diesen Situationen reagierst. Notiere, über welche Fähigkeiten du verfügst bzw. welche Strategien du nutzt (M6).

5 Kennzeichne durch ein Symbol, wie hilfreich du diese Fähigkeiten und Strategien findest.

Methode

Ein Betriebspraktikum absolvieren

Authentische Einblicke in Branchen und Berufe

In einem Betriebspraktikum gewinnst du tiefere Einblicke in die Arbeitsabläufe und Strukturen einer Institution und erlebst hautnah, wie die jeweilige berufliche Realität aussieht. Hierdurch erhältst du **wertvolle Hinweise für deinen Berufswahlprozess:**

- Was habe ich mir so vorgestellt, was nicht?
- Welche Tätigkeiten liegen mir (nicht)?
- Was ist mir wichtig und was weniger – zum Beispiel bzgl. Arbeitsort, Arbeitsklima, Arbeitsweisen?

Betriebspraktika können in vielen Unternehmen, Institutionen und Organisationen stattfinden, auch wenn die Bezeichnung suggeriert, es ginge vor allem um betriebliche Praxiseinblicke. Praktika sind jedoch ebenso in (Stadt-)Verwaltungen und Behörden, Museen, Theatern, Vereinen, Verbänden und politischen Institutionen möglich.

Während es in vielen Bereichen möglich ist, dass Berufstätige von Praktikanntinnen und Praktikanten begleitet werden, gibt es in einigen Fällen Einschränkungen. So ist es oft aus medizinischen oder datenschutzrechtlichen Gründen nicht möglich, dass Ärztinnen und Ärzten bei der Behandlung von Patienten über die Schulter geschaut werden darf. Auch bei Berufen, die hohe Sicherheitsanforderungen mit sich bringen (z. B. Zugführer/-in, Mikrotechnologin/Mikrotechnologe) könnte es schwerer werden. Beachte eventuelle Einschränkungen bei deiner Praktikumsplatzwahl und weiche ggf. auf andere Berufe aus, die demselben Berufsfeld angehören und somit vergleichbare Einblicke ermöglichen.

Abb. 1 *Praktikum in einem technischen Beruf*

Es gibt viele spannende Fragen, die durch die Einblicke und Eindrücke im Praktikum beantwortet werden können, z. B.:

- Welche Unternehmen/Institutionen und Berufe gibt es in meiner Region?
- Welche Aufgaben hat das Unternehmen/die Institution?
- Wie sollte man bei der Ausbildungsplatzsuche vorgehen (Voraussetzungen, Interessen, Bewerbungen)?
- Was interessiert mich? Welche Wege möchte ich gehen?

Vorbereitung deines Praktikums

Bewusste Auswahl: Wichtig bei der Suche eines Praktikumsplatzes ist es, dass du dir vorher Gedanken darüber machst, welche Institutionen/Unternehmen und Berufe dich wirklich interessieren. Das ist nicht immer leicht. Jedoch profierst du am meisten von einem Praktikum, das du dir interessengeleitet auswählt hast. Hilfreich ist es, eine Liste, z. B. mit Wunsch A, B und C, zu erstellen.

Kontaktaufnahme: Du kannst persönlich, schriftlich oder telefonisch mit der jeweiligen Institution Kontakt aufnehmen. Einige Unternehmen fordern Bewerbungsunterlagen an; meistens sind ein Lebenslauf und ein Anschreiben einzureichen. Du kannst dich als Person vorstellen und beschreiben, aus welchen Gründen dich der Beruf oder das Unternehmen besonders interessieren. Betrachte dies als gute Übung für deine spätere Bewerbung um einen Ferienjob oder einen Ausbildungsplatz.

Praktikumsschwerpunkte finden: Trage zusammen, welche Aufträge du im Praktikum erledigen sollst und welche Aspekte dich persönlich besonders interessieren. Da du die Erfahrungen, die du während des Praktikums sammelst, auch nachbereiten und reflektieren musst, gilt folgender **erster Leitsatz: Vorstellungen, Fragen und Erwartungen aufschreiben!**

Folgende Checkliste kann dir bei der Praktikumsvorbereitung helfen.

1. Sammele bereits vor dem Praktikum möglichst viele Informationen über das Unternehmen.
2. Schreibe ggf. eine Bewerbung mit Anschreiben und Lebenslauf. Auch wenn diese nicht unbedingt benötigt wird, kannst du diese Gelegenheit nutzen, um deine Unterlagen von den Personen lesen zu lassen, die in dem Unternehmen üblicherweise Bewerbungsunterlagen erhalten. So kannst du dir Hinweise und Tipps geben lassen und du bist für das nächste Mal gut vorbereitet.
3. Erkundige dich, wer deine Ansprechperson ist, wann du genau wo am ersten Tag hinkommen sollst und ob spezielle Arbeitskleidung benötigt wird (Stichwort: Hygienevorschriften, Arbeitsschutz).
4. Notiere deine Erwartungen an das Praktikum sowie deine Fragen zur Institution, ggf. zu Produktionsprozessen, Arbeitsabläufen und vertretenen Berufen.
5. Bereite dich darauf vor, dich mit wenigen Sätzen kurz selbst vorzustellen (Name, Alter, Schule, Interesse an der institution und Berufen).
6. Schaue dir vorab den Weg zu deiner Praktikumsstelle an, fahre ihn ggf. schon einmal ab, so dass du am ersten Tag auf jeden Fall pünktlich bist.

Durchführung deines Praktikums

Ein wesentliches Ziel bei der Durchführung eines Praktikums liegt darin, so viele Erfahrungen und Eindrücke wie möglich zu gewinnen.

Wichtig hier ist der **zweite Leitsatz: Augen auf und nachfragen!** Dies gilt insbesondere dann, wenn du dir vorstellen kannst, in dem Beruf eine Ausbildung zu machen. Überlege, ob du, wenn du mehrere Fragen gebündelt beantworten lassen möchtest, die Methode des Expertengespräches (siehe Seite 20) nutzen kannst. Bereite dann dieses Gespräch gut vor.

Auch wenn du schnell merkst, dass dieser Ort, diese Tätigkeit nichts für dich ist: Bleibe aufmerksam! Was genau gefällt dir nicht? Was kannst du dennoch lernen und mitnehmen aus dieser Praktikumszeit?

Empfehlenswert ist, ein Praktikumstagebuch zu führen und beispielsweise jeden Tag zu notieren:

Praktikumstagebuch

Datum:
Wochentag:

- Arbeitszeit:
- Arbeitsort:
- Tätigkeiten:
- Was hat mir Freude gemacht? Was weniger oder überhaupt nicht?
- Was habe ich beobachtet / erfahren / gelernt?
- Was nehme ich mir für morgen vor?

Ein **gefülltes Praktikumstagebuch** wird dir bei der Nachbereitung und Reflexion des Praktikums sehr helfen. Am Ende des Praktikums ist es üblich, dass ein **Abschlussgespräch** mit der Person stattfindet, die dich während des Praktikums betreut hat. Nutze diese Möglichkeit, dir ein **Feedback** geben zu lassen und letzte Fragen stellen zu können.

Methode

Nachbereitung deines Praktikums

Du hast viele Erfahrungen und Eindrücke gesammelt, die du nun sortieren und reflektieren solltest. Wieso? Du erhältst hierdurch wichtige Impulse für deine nächsten Schritte im Berufswahlprozess. Welche Schlüsse ziehst du für dich aus dem Praktikum? Würdest du das Unternehmen/die Institution anderen Schülerinnen und Schülern als Praktikumsort empfehlen? Interessiert dich nachwievor das Berufsfeld und der Beruf? Oder, auf welche Berufe bist du nun neugierig geworden? Beherzige den dritten **Leitsatz: Reflektiere und ziehe Schlussfolgerungen für die nächsten Schritte!**

Die nachfolgenden Fragen und Aufgaben können bei der Nachbereitung deines Praktikums hilfreich sein:

1. Vor dem Praktikum hast du dier Gedanken bzgl. deiner Vorstellungen, Fragen und Erwartungen gemacht. Nimm diese hervor und gleiche sie mit deinen Erkenntnissen und Erlebnissen ab. Erstelle eine Tabelle/Übersicht und notiere, was du in Erfahrung gebracht hast.
2. Wenn sich einige deiner Erwartungen nicht erfüllt haben, überlege welche Gründe es hierfür gibt.
3. Beschreibe, ob du realistische Einblicke in Berufe erhalten konntest. Du kannst hierfür deine Erfahrungen mit den Tätigkeitsprofilen auf der Internetseite BERUFENET der Agentur für Arbeit abgleichen.
4. Notiere, welche Schlussfolgerungen du für dich aus dem Praktikum ziehst, was du bei deinem nächsten Praktikum anders machen würdest oder auch, inwiefern du die Erfahrungen bei der Suche nach einem Ausbildungsplatz nutzen kannst.

In deinem Praktikum hast du darüber hinaus viel über ein konkretes Unternehmen bzw. eine konkrete Organisation erfahren. **Von deinen Einblicken und Erfahrungen können deine Mitschülerinnen und Mitschüler, aber auch Schülerinnen und Schüler jüngerer Jahrgangsstufen viel lernen.** Überlegt gemeinsam mit eurer Lehrkraft, in welcher Form ihr euch gegenseitig eurer Wissen anschaulich und lebendig vorstellen könnt: analoge oder digitale Institutionen-Steckbriefe bzw. Unternehmen-Portraits, Fotostrecken, Podcasts oder Filme, Berufe- und Berufskleidungsmessen – lasst eurer Kreativität freien Lauf und inspiriert euch gegenseitig.

Abb. 2 *Austausch über eure Erlebnisse im Praktikum*

A Fasse zusammen, wozu ein Betriebspraktikum dienen soll und in welchen Institutionen es erfolgen kann.

B Beschreibe die unterschiedlichen Praktikumsformen und -arten, wie sie im Zusatzmaterial beschrieben sind.

Zusatzmaterial: *Praktikumsformen und -arten*

C Notiere, wo du gerade in deinem Berufswahlprozess stehst, welche Institutionen und Berufe dich zurzeit besonders interessieren und begründe, welche Praktika-Form für dich am besten passen würde.

D Beschreibe, was mit den drei Leitsätzen der Praktikumsvorbereitung, -durchführung und -nachbereitung zum Ausdruck gebracht wird.

E Erstelle einen konkreten „Fahrplan" für dein Praktikum. Nimm dir hierzu einen Kalender sowie dein Hausaufgabenheft und notiere, was genau du wann bzgl. der Vorbereitung, Durchführung und Nachbereitung deines Praktikums machst.

Methode

Praktikum: Ein Reflexionsbericht

M1 *Theresa berichtet von ihrem Praktikum als Mediengestalterin*

Ich habe mir vor meinem Praktikum ganz genau überlegt, was ich mir ansehen möchte. In meiner Freizeit bearbeite ich sehr gerne Fotos von Freunden oder drehe Kurzvideos für Social Media. Da mir das sehr viel Spaß macht, möchte ich dies auch später beruflich machen. Ich konnte einen Praktikumsplatz bei unserer Regionalzeitung bekommen und konnte dort viele Eindrücke aus dem Berufsalltag einer Mediengestalterin für den Bereich Digital und Print sammeln.

Ich musste während des Praktikums feststellen, dass sich der Berufsalltag anders gestaltet, als ich es mir vorgestellt habe. Es war alles etwas anders. Mir war nicht bewusst, dass hinter diesem Beruf so viel mehr steht als nur reine Bildbearbeitung oder Texte formulieren. Ich musste beispielsweise Werbeprospekte für die Wochenendausgabe unserer Zeitung mitgestalten.

Ich konnte eng mit einem Arbeitskollegen arbeiten, der mir viele Arbeitsschritte erklärt hat. Ich wusste auch nicht, dass man sich als Mediengestalterin immer fort- und weiterbilden muss, damit man auf dem neuesten Stand bleibt und mit neuen Programmen arbeiten kann. Zum Berufsbild gehört auch, dass man einen engen Kundenkontakt hat, und auch mal etwas umsetzen muss, was einem persönlich nicht besonders gefällt. Auch Kalkulationen und Angebote müssen manchmal erstellt werden. Hierfür muss man gerade auch in Mathematik ganz gut sein.

Ich konnte durch das Praktikum lernen, dass der Beruf als Mediengestalterin im Bereich Digital und Print viele Facetten hat. Das hat mich aber nicht abgeschreckt. Ich möchte diesen Beruf nach der Schule erlernen. Ich weiß jetzt auch, dass ich einen Realschulabschluss benötige. Dafür muss ich mich in der Schule noch ordentlich anstrengen.

1 Beschreibe in eigenen Worten, wie Theresa ihr Praktikum wahrgenommen hat (M5).

2 Wähle eine der Aufgaben aus (M5):

a) Arbeite heraus, welche Erfahrungen und Eindrücke Theresa während ihres Praktikums als Mediengestalterin für den Bereich Digital und Print sammeln konnte.

b) Erkläre, aus welchen Beweggründen sich Theresa für den Praktikumsplatz entschieden hat, und wie sich das Praktikum auf ihre Pläne nach der Schule ausgewirkt hat.

c) Analysiere, wie sich die Erfahrungen aus dem Praktikum auf den künftigen beruflichen Orientierungsprozess von Theresa ausgewirkt haben.

3 Diskutiert, inwiefern sich auch negative Erfahrungen auf künftige berufliche Entscheidungen auswirken können. Think-Pair-Share

Abb. 1 *Auf den Weg machen und Entscheidungen treffen!*

Mein Schulabschluss

Schulabschlüsse in Mecklenburg-Vorpommern

Schülerinnen und Schüler, die erfolgreich die neunte Jahrgangsstufe absolviert haben, erlangen die **Berufsreife**. Die **Mittlere Reife** erwerben Lernende, die erfolgreich die Abschlussprüfungen am Ende der 10. Jahrgangsstufe bestanden haben. Die **Hochschulreife** wird erreicht, sofern die gymnasialen Oberstufe erfolgreich beendet wurde. Weitere Informationen und Hinweise hierzu findest du auf den Seiten des Bildungsservers M-V.

Link: *Schulabschlüsse Mecklenburg-Vorpommern*

Welcher Abschluss wird benötigt?

Für die Aufnahme einer dualen Berufsausbildung gibt es keine formale Regelung, welcher Schulabschluss benötigt wird. Die Unternehmen legen ihre Einstellungsvoraussetzungen selbst fest. Üblicherweise setzen sie mindestens den Hauptschulabschluss (Berufsreife) voraus, für etliche Berufe auch die Mittlere Reife. Auch für die schulischen Berufsausbildungen wird ein erfolgreicher Schulabschluss erwartet – welcher, das hängt vom jeweiligen Ausbildungsgang ab. Informationen hierzu findet man in einschlägigen Berufsorientierungsportalen (BERUFENET, planet-beruf oder auf den Webseiten der Unternehmen und Beruflichen Schulen). Für diejenigen, die die Schule zunächst ohne Abschluss oder mit einem niedrigeren Schulabschluss verlassen, besteht immer die Möglichkeit, Schulabschlüsse nachzuholen – z. B. im Rahmen berufsvorbereitender Maßnahmen an einer Beruflichen Schule oder an einer Volkshochschule. Die Berufsberaterinnen und Berufsberater der Bundesagentur für Arbeit können dich bei der Auswahl einer geeigneten Maßnahme unterstützen.

Den eigenen Schul- und Lebensweg planen

Bereits in der Sekundarstufe I stehen Entscheidungen bezüglich des eigenen Schul- und Lebensweges an: Zu wählen sind beispielsweise Schwerpunktfächer oder -kurse, Nachmittags- und Ferienangebote, Praktika und Aushilfsjobs. Hierfür ist es wichtig, dass du dir überlegst: Was ist mir wichtig? Was möchte ich?

A Erstelle eine Übersicht, wann und wo welcher Schulabschluss erworben werden kann.

B Recherchiere für Berufe, die dich interessieren, welche Schulabschlüsse vorausgesetzt werden.

C Überlege, welche Entscheidungen bei dir bezüglich deines Schul- und Lebensweges an stehen.

Den eigenen Schul- und Lebensweg planen

M1 *Timon und Jenna berichten von ihrem Weg in den Beruf.*

Hallo, ich bin Timon. Ich habe schon in der Grundschule gewusst, dass ich irgendwann einmal Friseur werden möchte. Ich habe schon früh gemerkt, dass mir handwerkliche Tätigkeiten Spaß machen. Meine Tante ist Friseurin. Sie konnte mir viel über den Beruf erzählen. Ich habe damals schon den Puppen meiner Schwester die Haare geschnitten. Als ich hörte, dass das Praktikum in der Schule ansteht, wusste ich sofort, dass ich das Praktikum bei einem Friseur absolvieren will. Nach dem Praktikum war mir klar: Das ist der Beruf, den ich lernen möchte. Heute ist es meine Leidenschaft.

Hallo, ich bin Jenna. Ich wusste lange nicht, was mir Spaß macht und wo eigentlich meine Fähigkeiten liegen. Ich konnte irgendwie alles ein bisschen, aber nichts sehr gut. Schon der Zukunftstag in der Kfz-Werkstatt meines Onkels hat gezeigt: Das möchte ich nicht. Auch das Praktikum in der Bank hat mir eher gezeigt, was ich nicht machen will. Jetzt habe ich mein Abitur und habe das Studium für Tiermedizin begonnen. Ich habe während der Schulzeit immer in den Sommerferien bei einem Tierarzt in der Nachbarschaft ausgeholfen. Das hat mir immer viel Spaß gemacht.

1 Beschreibe, welche Faktoren die Entscheidungen von Timon und Jenna bei ihrer Berufswahl beeinflusst haben (M1).

2 Wähle eine der Aufgaben aus:

a) Fasse in eigenen Worten zusammen, welche Erfahrungen Timon und Jenna (M1) in der Arbeitswelt bereits während der Schulzeit gesammelt haben.

b) Erkläre, warum es wichtig ist, dass man sich in einem Beruf ausprobieren kann, z. B. in einem Praktikum oder beim Zukunftstag (Girls'Day bzw. Boys'Day).

3 Schildere einem guten Freund bzw. einer guten Freundin, wie du dir deine nächsten Schritte deiner Schullaufbahn und deines Lebensweges vorstellst.

a) Überlege dir, welches Format du für deinen Bericht wählen möchtest: Brief, Sprachnachricht, Video.

b) Mache dir Notizen zu deinen nächsten Schritten, z. B. zu den von dir gewählten Schwerpunktfächern, Kursen oder Freizeitangeboten sowie den nächsten Berufsorientierungsmaßnahmen (Betriebs-/Arbeitsplatzerkundungen, Praktikum usw.). Notiere ebenfalls, worauf du dich freust, was du dir erhoffst und auch, was du gegebenenfalls befürchtest, was dich nervt.

c) Erstelle den Bericht.

Material

Sich die Einflussfaktoren bewusst machen

M2 *Völlig selbstbestimmte Berufswahl?*

Auch wenn wir das Gefühl haben, völlig frei zu entscheiden, so fällt bei genauerer Betrachtung auf, dass es viele Faktoren gibt, die die eigene Lebensplanung und Berufswahl beeinflussen. Manche Faktoren liegen in der Person selbst bzw. werden von ihr mitgebracht. Zu diesen „inneren" Faktoren zählen zum Beispiel individuelles Interesse, Kenntnisse und Fähigkeiten, Schulabschlüsse und Noten oder auch Wünsche bzgl. des Wohnortes, der Arbeitsplatzsicherheit, des Einkommens sowie der Work-Life-Balance. Darüber hinaus gibt es noch eine Reihe „äußerer" Faktoren, die „von außen" auf die Personen einwirken: z. B. Erwartungen und Vorstellungen von Eltern oder dem sozialen Umfeld, die Situation am regionalen Arbeitsmarkt, das gesellschaftliche Image von Berufen.

M3 *Was beeinflusst die Berufswahl?*

Anna, 16 Jahre:
„Ich wollte immer Bankkauffrau werden, wie meine Mutter. Nun gehe ich aber mit einem Hauptschulabschluss von der Schule ab und somit ist es nun zu spät. Mit einem Hauptschulabschluss nehmen sie mich bei der Bank nicht. Da brauche ich mindestens einen guten Realschulabschluss. Aber die Schule ist ja nun auch vorbei. Schade. Ich habe keine Ahnung, was ich nun machen soll."

Jenna, 18 Jahre:
„Meine Eltern wollen, dass ich studiere. Darauf habe ich jetzt aber gar keine Lust. Ich will arbeiten und Geld verdienen. Deswegen will ich mit dem Realschulabschluss die Schule verlassen und in der IT-Branche arbeiten. Meine Eltern sagen mir, dass ich dann niemals studieren kann, weil das ohne das Abitur nicht geht. Das ist schade, aber ich will trotzdem jetzt arbeiten und nicht erst in drei Jahren."

Amir, 17 Jahre:
„Ich mache derzeit eine Ausbildung zum Erzieher und stelle fest, dass ich viel lieber mit älteren Menschen arbeiten möchte. Ich überlege, eine weitere Ausbildung in der Pflege zu machen. Meine Eltern und Freunde sagen mir, dass die Chancen, einen festen Arbeitsplatz zu haben, in dieser Branche sehr gut sind."

Marian, 17 Jahre:
„Ich mache im nächsten Jahr Abitur. Mein Vater möchte, dass ich eine Ausbildung im Handwerk mache. Er sagt immer: Gute Fachkräfte im Handwerk sind auf dem Arbeitsmarkt sehr nachgefragt. Nach der Ausbildung kann ich mich immer noch weiterqualifizieren. Ich weiß bislang noch gar nicht, was möglich ist."

4 Beschreibe mit eigenen Worten, vor welchen Herausforderungen die vier Jugendlichen in M3 stehen.

5 Wähle eine der Aufgaben aus:

a) Erläutere, wie sich das soziale Umfeld, der Arbeitsmarkt und die eigenen Interessen (M2) auf die Berufswahl der vier Jugendlichen auswirken (M3).

b) Analysiere, welche Faktoren (M2) die Berufswahl der Jugendlichen beeinflussen (M3).

Informations- und Beratungsmöglichkeiten

M4 *Wer kann mich wie unterstützen?*

Vor Entscheidungen bezüglich der eigenen Schullaufbahn und Berufswahl ist es ratsam, sich mit verschiedenen Personen über mögliche Wege und Alternativen zu unterhalten. Menschen, die einem nahe stehen und einen gut kennen, können unterstützen, indem sie einem emotionalen Halt oder eine Rückmeldung zu Stärken und Interessen geben. Lehrkräfte kennen sich mit dem Schul- und Bildungssystem gut aus und helfen, Kurs- und Schullaufbahnentscheidungen zu treffen. Berufsberater/-innen der Bundesagentur für Arbeit bieten auch Sprechstunden in der Schule an und helfen bei der konkreten Ausbildungs- bzw. Studienwahl. Darüber hinaus gibt es noch eine Reihe weiterer Informations- und Beratungsmöglichkeiten.

M5 *Informations- und Beratungsmöglichkeiten*

6 Überlege, welche Faktoren deine Entscheidungen bezüglich deiner Schullaufbahn und deines Lebensweges beeinflussen. Erstelle eine Übersicht, über die Faktoren, die in dir begründet liegen, und Faktoren, die von außen auf dich einwirken und erläutere diese (M4).

7 Erkläre, welche Personen dich bei deiner Schullaufbahnplanung und Berufswahl unterstützen können und wodurch genau sie dies tun können (M4).

8 Prüfe, welche Informations- und Beratungsangebote es an deiner Schule und deiner Umgebung gibt.
a) Übertrage M5 in dein Heft und ergänze die Abbildung um die Angebote, die es bei euch gibt.
b) Hebe hervor, welche Personen und Institutionen du kontaktieren möchtest.

9 Formuliere Fragen und Beratungswünsche für eine Beratungssituation (M4).

Kapitel 6

- *Was ist mir an einer Wohnung wichtig?*
- *Wie suche ich nach einer Wohnung?*
- *Wie setzt sich der Mietpreis zusammen?*
- *Was steht in einem Mietvertrag?*
- *Welche Regeln gelten auf dem Wohnungsmarkt?*

Ich brauche eine Wohnung

Abb. 1 *Sanierter und unsanierter Wohnraum*

Wohnraum suchen und mieten

Standortfaktoren

Bei Privathaushalten werden Ein- und Mehrpersonenhaushalte unterschieden. Der Wohnraum weist Standortfaktoren auf. Es gibt harte Standortfaktoren wie die Infrastruktur, das Alter und die Größe des Wohngebäudes. Zu den weichen Standortfaktoren gehören die Nachbarschaft oder das Image der Gegend. Mietende haben individuelle Kriterien, wie den Zustand, die Größe oder die Installationen der Wohnung. Die genannten Faktoren bestimmen die Höhe der Miete. Der Mietpreis ist ebenfalls bestimmt durch die Menge der angebotenen Wohnungen und Anzahl der nachfragenden Menschen. In der Regel sind somit die Mietpreise in der Stadt höher als auf dem Land.

Mietpreis

Der Mietpreis setzt sich aus zwei Größen zusammen: der **Kaltmiete** und den **Nebenkosten**. Es gibt unveränderliche (fixe) Nebenkosten für die Versicherungen, Grundsteuer, Reinigung und Müllabfuhr. Daneben gibt es veränderliche (variable) Nebenkosten, die vom Verbrauch des Mietenden abhängen, wie Strom, Wasser und Wärme. Beide Größen zusammen bilden die Warmmiete. Eine **Kaution** ist die Sicherheit für Mietausfälle oder Schäden durch die Mietenden, die Vermietende gesondert anlegen. In der Regel müssen zwei bis drei Kaltmieten als Kaution hinterlegt werden.

Mietverträge

Der Mietvertrag ist eine schriftliche Vereinbarung zwischen der mietenden und der vermietenden Partei. Folgende Inhalte muss er enthalten: Angaben zum Vermietenden, zum Mietenden, Angaben zur Mietsache, die Höhe der Kalt- und Warmmiete, die Kaution, Kündigungsfristen, Kleinreparaturregelungen und die Hausordnung. Wie genau ein Mietvertrag aussehen muss, ist nicht festgelegt, aber der Staat schreibt Regeln vor, die sich zum Beispiel im BGB finden.

Beratungsmöglichkeiten

Bei Fragen rund um Mietangelegenheiten gibt es verschiedene Anlaufstellen, die Hilfe anbieten: **Mietervereine** bieten rechtliche Beratung und Unterstützung für Mietende. Sie helfen bei Fragen zu Mietverträgen, Kündigungen und anderen mietrechtlichen Themen. Außerdem gibt es spezialisierte **Rechtsanwälte**, die rechtliche Beratung und Vertretung in Streitfällen anbieten. Die **Verbraucherzentralen** helfen mit Informationen und Beratungen vor allem bei Fragen zu Nebenkostenabrechnungen oder Mietpreisen.

A Beschreibe die Standortfaktoren von Wohnraum.
B Benenne deine Bedürfnisse an Wohnraum.
C Stelle in einer Mindmap dar, welche Fragen in einem Mietvertrag geregelt werden.

Nebenkosten von Wohnraum

M1 *Eine Betriebskostenabrechnung*

Betriebskostenabrechnung 2024
Wohnung: Seeblickstraße 12, 10101 Seestadt
Mieter/-in: Frau Maxi Möwe
Abrechnungszeitraum: 01.01.2024 - 31.12.2024

Kostenpositionen	Kosten Haus	Verteiler-schlüssel	Wert Haus	Wert Mieter	Einheit	Anteil	Kosten Mieter/-in
Bewässerung	2500,00€	Wohnfläche	1460	90	m^2	6,16%	154,00€
Entwässerung	2900,00€	Wohnfläche	1460	90	m^2	6,16%	178,64€
Straßenreinigung	500,00€	Wohnfläche	1460	90	m^2	6,16%	30,80€
Schneebeseitigung	330,40€	Wohnfläche	1460	90	m^2	6,16%	20,35€
Müllbeseitigung	2468,48€	Wohnfläche	1460	90	m^2	6,16%	152,06€
Hauswart	2452,78€	Wohnfläche	1460	90	m^2	6,16%	151,09€
Hausreinigung	2580,45€	Wohnfläche	1460	90	m^2	6,16%	158,96€
Hausbeleuchtung	365,28€	Wohnfläche	1460	90	m^2	6,16%	22,50€
Gebäudeversicherungen	2945,30€	Wohnfläche	1460	90	m^2	6,16%	181,43€
Wartung Kamin	201,73€	Wohnfläche	1460	90	m^2	6,16%	12,43€
Heizkosten (verbrauchsabhängig)			Werte siehe Heizkostenabrechnung				465,78€
			Ihr Nebenkostenanteil				1528,04€
			Ihre Vorauszahlungen				1470,00€
			Zu zahlender Betrag				58,04€

1 **a)** Benenne, welche Kosten der Betriebskostenabrechnung M1 fix und welche variabel sind.
b) Erläutere, anhand der Betriebskostenabrechnung M1, wie sich die individuellen Kosten berechnen.

2 Recherchiere die Rechte und Pflichten von Mietenden und Vermietenden im Zusammenhang mit der Betriebskostenabrechnung.

Transparenz bei der Miete

M2 *Der Mietspiegel definiert vom Bundesministerium für Wohnen, Stadtentwicklung und Bauwesen*

Ein Mietspiegel ist eine Übersicht über die ortsübliche Vergleichsmiete, die von der Gemeinde oder von Interessenvertretern der Vermieter und der Mieter gemeinsam erstellt oder anerkannt worden ist. Die ortsübliche Vergleichsmiete wird nach der gesetzlichen Definition aus den üblichen Entgelten gebildet, die in der Gemeinde oder einer vergleichbaren Gemeinde für Wohnraum vergleichbarer Art, Größe, Ausstattung, Beschaffenheit und Lage in den letzten sechs Jahren vereinbart oder geändert worden sind. Mietspiegel schaffen damit Markttransparenz.

3 Beschreibe, wie der Mietspiegel in die Vertragsfreiheit des Wohnungsmarkts eingreift (M2).

Film: *Miete*

Wohnungssuche

M3 *Wohnungsanzeigen in der Zeitung*

2,5 Zimmer-Wohnung
Frisch sanierte 60 m² Wohnung in Schwerin, 2. OG, Balk., EBK, Tageslichtbad mit Du., 500 € kalt, 700 € warm, Tel. 0177 010101010

3 Zimmer-Wohnung zu vermieten
68 m² Wohnung Auf dem Großen Dreesch, Bj. 1985, 3. OG, Fahrstuhl, Balkon, EBK, Bad mit Dusche und Wanne, 490 € kalt, 650 € warm, Mail: vermieter@blick-Dreesch.de

Ruhige Lage, 3 Zimmer, 2. OG mit Balk., Aufzug u. TG in Stralsund, barrierefrei, ca. 89 m² Wohnfläche, 1.190,00 € kalt, NK: 249,20 €, Stellpl. TG 100,00 €, Tel. 0178 123123

M4 *Wohnungsanzeigen im Internet*

Frisch renovierte 3-Zimmer-Wohnung mit Balkon. Einbauküche möglich.

Adresse:
Pillwitzer Allee 45
19063 Schwerin

Kaltmiete:	580€
Zimmer:	3
Fläche:	58m²
Warmmiete:	750€

App. = Appartement
Balk. = Balkon
Bj. = Baujahr
DG = Dachgeschoss
Du. = Dusche
EBK = Einbauküche
EG = Erdgeschoss
KT = Kaution
MM = Montagsmiete
NB = Neubau
NK = Nebenkosten
OG = Obergeschoss
TG = Tiefgarage

Objektbeschreibung:
Die helle und freundliche 3-Zimmer-Wohnung befindet sich in einem vollständig renovierten Mehrfamilienhaus mit gestalteter Außenanlage. Neben einem schönen Balkon besticht diese attraktive Wohnung insbesondere durch eine moderne Raumaufteilung. Die Wohnräume sind frisch renoviert und mit hellen hochwertigen Fußbodenbelägen ausgestattet.

Ausstattung:
moderner PVC, LED Spotlights im Flur & Bad, Fußbodenheizung im Bad, Balkon und ebenerdige Dusche

Lage:
Begehrte Wohnlage, fußläufig erreichbar: Einkaufsmöglichkeiten, Schulen, KiTas und Ärzten.

Kontakt:
Bei Interesse erreichen Sie uns unter der Rufnummer 0385 567890 oder per Mail unter der Adresse service@immobilien-schwerin-mv.de

4 Beschreibe die Unterschiede zwischen den Wohnungsanzeigen in der Zeitung und im Internet.

5 Begründe, ob eine der Wohnungen (M3 und M4) zu den von dir genannten Bedürfnissen aus Aufgabe B von Seite 88 passt.

6 **a)** Recherchiere eine Wohnung, die deine Bedürfnisse aus Aufgabe 5 erfüllt.
b) Tausche dich über Schwierigkeiten bei der Recherche aus.

7 Nenne Fragen, die du bei der Besichtigung klären musst, da sie nicht aus den Anzeigen hervorgehen.

Regulierung des Wohnungsmarkts in Mecklenburg-Vorpommern

M5 *Angespannter Wohnungsmarkt in Mecklenburg-Vorpommern, Zeitung katapult, 17.06.2021*

Wenig freie Wohnungen und überteuerte Mieten – das ist nicht nur in Berlin, Hamburg oder München der Fall. Auch in Mecklenburg-Vorpommern wird es an einigen Orten immer enger auf dem Wohnungsmarkt.
Besonders in den Universitätsstädten Rostock und Greifswald ist die Lage auf dem Wohnungsmarkt angespannt. Deswegen gilt in beiden Städten seit Oktober 2018 eine Mietpreisbremse. Das heißt, dass bei einem neuen Vertrag die Miethöhe nicht mehr als zehn Prozent über der ortsüblichen Vergleichsmiete liegen darf.
„Mietsteigerungen werden für immer mehr Menschen zum Problem. Selbst wenn es freie Wohnungen auf dem Markt gibt, werden diese vielfach deutlich über der ortsüblichen Miete angeboten."
Ein weiteres Problem in vielen Regionen des Landes ist die Zweckentfremdung von Wohnraum. Eigentliche Mietwohnungen werden als Ferienwohnungen vermietet. Um dem Einhalt zu gebieten, hat der Landtag dem Gesetz über das Verbot der Zweckentfremdung von Wohnraum in Mecklenburg-Vorpommern mehrheitlich zugestimmt. „Durch das Gesetz können Gemeinden künftig mit einer Satzung der Umnutzung von Wohnraum in Ferienwohnungen einen Riegel vorschieben", fasst Christian Pegel die Bedeutung des Gesetzes zusammen. Während der Dialogtour der Landesregierung wurde Pegel wiederholt die Sorge angetragen, dass in den touristischen Hochburgen immer schwerer Wohnraum für die Einheimischen – insbesondere auch diejenigen, die für die touristischen Einrichtungen arbeiten – und ihre Familien zu bekommen sei.
Dabei ging es gar nicht um den Preis, sondern darum, überhaupt eine Wohnung zu finden. Wohnungen, die an Feriengäste vermietet werden, erhalten dann eine Wohnraumnummer. Diese Nummer muss angegeben werden, wenn die Wohnung in Zeitungsinseraten oder im Internet angeboten wird. Zudem wird für diese Wohnungen das Führen eines Belegungskalenders Pflicht. „Dieses System aus Genehmigungs- und Anzeigepflichten soll sicherstellen, dass bestehender Wohnraum erhalten bleibt und Wohnungen nur in einem moderaten Rahmen für andere Zwecke als das dauerhafte Wohnen genutzt werden", so Pegel. Welche Gemeinden am Ende von dieser Möglichkeit Gebrauch machen, ist unklar.

8 **a)** Fasse die Besonderheiten Mecklenburg-Vorpommerns zusammen, die die Lage auf dem Mietmarkt verschärfen.
b) Beschreibe die Maßnahme, mit der die Regierung Mecklenburg-Vorpommerns der Schwierigkeit begegnet.
c) Erläutere, welche Probleme zur Einführung einer Mietpreisbremse in den Unistädten Rostock und Greifswald geführt haben.
d) Beurteile den Nutzen der „Zweckentfremdungsregulierung" in Mecklenburg-Vorpommern.
e) Diskutiere, welche Schwierigkeiten sich für die Anbieter von Ferienimmobilien aus der „Zweckentfremdungsregulierung" ergeben.

9 Entwickle Ideen, welche weiteren Möglichkeiten es gibt, der Wohnungsknappheit und den hohen Wohnkosten zu begegnen.

Link: *Wohnungsnot*

Ich brauche eine Wohnung

Standortfaktoren von Wohnungen

Man unterscheidet zwischen Ein- und Mehrpersonenhaushalten bei Privathaushalten. Wohnungen weisen harte und weiche Standortfaktoren auf. So zählen Infrastruktur der Wohngegend, Wohnungsgröße und -lage und das Alter des Wohngebäudes zu den harten Standortfaktoren. Die Nachbarschaft und das Image der Wohngegend sind Beispiele für weiche Standortfaktoren.

Das Zusammenspiel dieser genannten Faktoren, die Menge der angebotenen Wohnungen und die Anzahl der wohnungssuchenden Menschen bestimmen die Höhe der Miete.

Mietpreis

Die Miete setzt sich aus der Kaltmiete und den Nebenkosten zusammen. Es gibt unveränderliche (fixe) Nebenkosten, wie Versicherungen, Grundsteuer und anfallende Gebühren, und veränderliche (variable) Nebenkosten für Strom, Wärme und Wasser. Beide Größen zusammen bilden die Warmmiete.

Eine Kaution ist die Sicherheit für Mietausfälle oder Schäden durch die Mietenden, die Vermietende gesondert anlegen. In der Regel müssen zwei bis drei Kaltmieten als Kaution hinterlegt werden.

Abb. 1 *Ein Mietvertrag und Wohnungsschlüssel*

Mietvertrag

Der Mietvertrag ist eine schriftliche Vereinbarung zwischen der mietenden und der vermietenden Partei. Diese Inhalte muss er enthalten: Angaben zum Vermietenden, zum Mietenden, Angaben zur Mietsache, die Höhe der Kalt- und Warmmiete, die Kaution, Kündigungsfristen, Regelungen für Kleinreparaturen und die Hausordnung.

Der Staat schreibt zwar Regeln vor, was ein Mietvertrag enthalten muss. Diese Regeln stehen unter anderem im BGB. Wie genau der Mietvertrag jedoch aussehen muss, ist nicht festgelegt.

Beratungsmöglichkeiten

Bei Fragen rund um Mietangelegenheiten gibt es verschiedene Anlaufstellen: Neben Mietervereinen, die rechtliche Beratung und Unterstützung für Mietende anbieten, bieten auch auf Mietrecht spezialisierte Rechtsanwältinnen und Rechtsanwälte rechtliche Beratung und Vertretung in Streitfällen an. Die Verbraucherzentralen bieten ebenfalls Informationen und Beratungen zu Mietangelegenheiten an, insbesondere zu Themen wie Nebenkostenabrechnungen oder Mietpreisen.

Wohnungsanzeigen

In Wohnungsanzeigen werden Abkürzungen verwendet, um in Kürze die nötigen Informationen darzustellen. Eine gängige Abürzung ist „OG“ für Obergeschoss. Auch die Ausstattung der Wohnung wird oft mit Abkürzungen beschrieben, „EBK“ bedeutet Einbauküche.

Wichtige Begriffe
Beratungsmöglichkeiten, Betriebskostenabrechnung, Kaltmiete, Mietvertrag, Mietspiegel, Nebenkosten, Standortfaktoren, Vertragsfreiheit, Warmmiete, Wohngeld, Wohnungsanzeige

Betriebskostenabrechnung

M1 *Posten in einer Betriebskostenabrechnung*

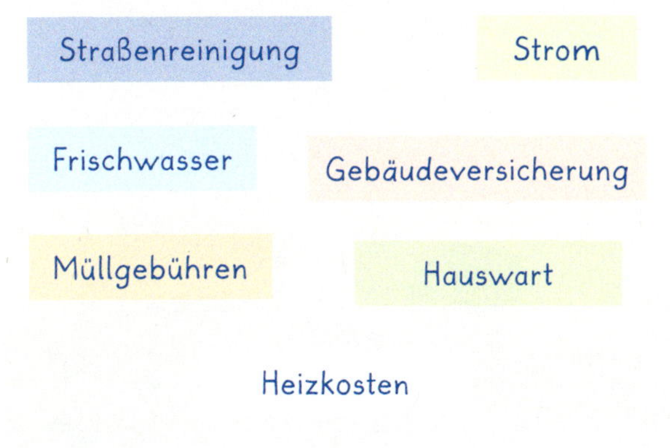

1 Ordne in einer Tabelle zu, ob es sich bei den Posten auf der Betriebskostenabrechnung um fixe oder variable Nebenkosten handelt.

2 Markiere in blauer Farbe die Kosten, die in Abhängigkeit von der Wohnfläche bezahlt werden, und in grüner Farbe die Kosten, bei denen der Verbrauch über die Höhe der Zahlung entscheidet.

Mietspiegel

3 **a)** Nenne die Merkmale, die den Mietspiegel beeinflussen.

b) Beschreibe, wie der Mietspiegel für Transparenz auf dem Mietwohnungsmarkt sorgen kann.

Wohnungssuche

4 Nenne Angaben, die in einer Wohnungsanzeige zu finden sein sollten.

5 Erkläre, was die Unterschiede zwischen einer Wohnungsanzeige in der Zeitung und der Anzeige in einem Immobilienportal sind.

6 Beschreibe, auf welchen Wegen man nach einer Wohnung suchen kann.

7 Stelle Vor- und Nachteile der verschiedenen Methoden gegenüber.

Mietverträge

8 **a)** Nenne die beiden Vertragsparteien in einem Mietvertrag.

b) Beschreibe, welche Aspekte in einem Mietvertrag geregelt werden.

9 Erläutere, wie sich der Mietspiegel auf die Miete in einem Mietvertrag auswirken kann.

10 Beschreibe den Unterschied zwischen Kalt- und Warmmiete.

Regulierung des Wohnungsmarkts

11 Nenne, welche Ziele mit der Zweckentfremdungsbeschränkung in M-V verfolgt werden.

12 Beschreibe weitere Maßnahmen, mit denen der Staat regulierend in den Wohnungsmarkt eingreift.

Wohnungen in Deutschland

M2 *Wohnfläche pro Kopf in Deutschland*

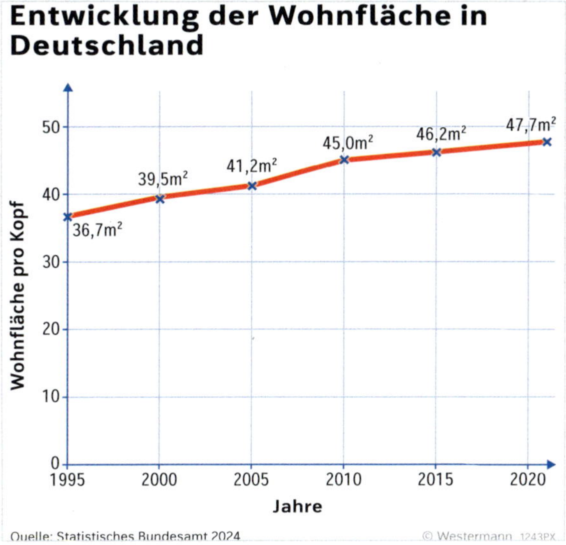

13 Beschreibe die Grafik M2. Link: *Vergößerte Abbildung*

14 Erläutere, welche Auswirkungen die Zunahme der Pro-Kopf-Wohnfläche hat.

Lösungen: *Lerncheck*

Kapitel 7

- *Wie plant man einen Hausbau?*
- *Wie fertigt man Bauzeichnungen an?*
- *Was passiert in den einzelnen Bauphasen?*
- *Welche Anforderungen müssen Bauwerke erfüllen?*
- *Welche unterschiedlichen Baustoffe gibt es?*
- *Wie wird ein Haus an die Versorgungsnetze angeschlossen?*

Wohnräume bauen

Abb. 1 *Besprechung eines Bauplans*

Die Bauplanung

Ablauf eines Hausbaus

Viele Menschen träumen davon, ein eigenes Haus nach ihren Vorstellungen zu gestalten. Der Bau eines Hauses ist ein Projekt, bei dem viele Aspekte beachtet werden müssen, damit das Haus alle Wünsche und Anforderungen erfüllt. Der **Bauprozess** gliedert sich in vier Abschnitte mit unterschiedlichen Maßnahmen.

Projektierung

Die Projektierung umfasst alle **Bauvorbereitungen**. Dazu gehört die Auswahl und der Kauf eines Grundstücks, das Anfertigen von **Bauzeichnungen** durch einen Architekten und die darauf aufbauende Erstellung eines **Bauablaufplans**, in dem die Abfolge der Bauschritte durch die verschiedenen **Gewerke** festgelegt wird. Auch die Planung der benötigten Baumaterialien gehört dazu.

Genehmigungsphase

Die Genehmigung eines Bauvorhabens erteilt in Deutschland die zuständige **Baubehörde**. Ein zentraler Bestandteil des eingereichten **Bauantrags** ist der Lageplan. Dieser ist eine vom Vermesser angefertigte Darstellung des Grundstücks von oben mit Maßangaben und Erläuterungen zur Lage des geplanten Gebäudes. Außerdem gehören zum Bauantrag Bauzeichnungen, **Baubeschreibung** und Unterlagen zur Energie- und Wasserversorgung oder zur Entwässerung des Grundstücks. Die Baubehörde prüft, ob der Bauantrag alle baurechtlichen Vorgaben einhält. Für manche Baugebiete gelten spezifische Bebauungspläne. Die Erteilung einer **Baugenehmigung** kann bis zu sechs Monate dauern.

Rohbauphase

Mit dem Spatenstich beginnt die Rohbauphase. Zunächst werden **Bodenarbeiten** durchgeführt und z. B. ein Keller ausgehoben, bevor die Bodenplatte gesetzt wird. Anschließend beginnen die Maurerarbeiten. Danach wird die Fassade fertiggestellt. Zum Abschluss der Rohbauphase wird ein **Richtfest** gefeiert.

Ausbauphase

Das Haus wird durch das Dach und die Fenster vor Wettereinflüssen geschützt. Der **Innenausbau** stellt anschließend die Funktionalität des Hauses her. Zunächst werden Elektroanschlüsse, Heizung und Sanitäranlagen installiert. Mit dem Einsetzen der Türen und Malerarbeiten endet der Ausbau. Bei der Endabnahme wird das Haus an den **Bauherren** übergeben.

A **Stelle den Ablauf eines Hausbaus in einem Flussdiagramm grafisch dar.** +

B **Recherchiere zu Baugebieten in deiner Region und nenne Beispiele für spezifische Vorgaben.**

Das Baugrundstück

M1 *Kriterien der Grundstückswahl*

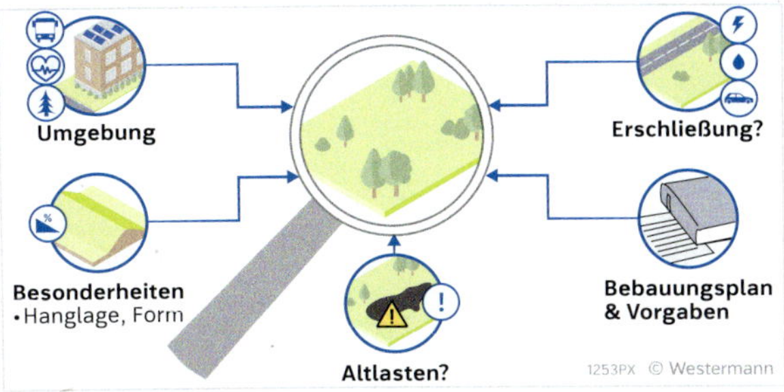

1 Erkläre den Einfluss der Grundstückswahl auf die Bauplanung.

Bebauungspläne

M2 *Auszug aus Bebauungsplan B65 „Wohngebiet östlich der Hochschulallee" der Hansestadt Stralsund*

Ziegel und Holz sollen als regionaltypische Baustoffe die vorherrschenden Fassadenmaterialien der Wohnsiedlung sein. Bei der Verwendung von Holz als Außenwandmaterial ist nur Vollholz zulässig. [...] Imitate dürfen nicht verwendet werden. [...] Um eine unruhige Fassadengestaltung zu vermeiden, dürfen nicht mehr als zwei Fassadenmaterialien je Gebäude auftreten. [...] Ziel ist es, aufgrund der Lage der Siedlung am Strelasund weithin sichtbare und aus dem Orts- und Landschaftsbild hervorstechende Farbgebungen zu vermeiden. Deshalb soll im Hinblick auf die Farbgebung der Fassaden einer unübersichtlichen Vielfalt entgegengesteuert werden [...]. So sind bei der Verwendung von Holz als Außenwandmaterial nur folgende Farben zulässig: naturbelassen, grau, anthrazit, schwarz, braun. [...] Bei der Verwendung von Ziegeln als Außenwandmaterial sind nur folgende Farbtöne zulässig: rot-bunt, grau-bunt und braun-bunt.

2 Erkläre, welche Ziele das Bauamt mit den Bauvorgaben des Bebauungsplans verfolgt.

3 Beschreibe, welche Folgen die Bauvorgaben für den Bauherren haben.

Ablauf eines Hausbaus

M3 *Rohbauphasen im Überblick*

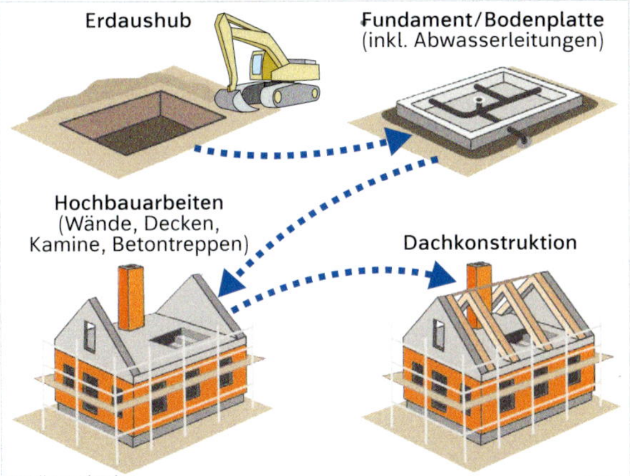

Quelle: sanier.de

M4 *Ausbauphasen im Überblick*

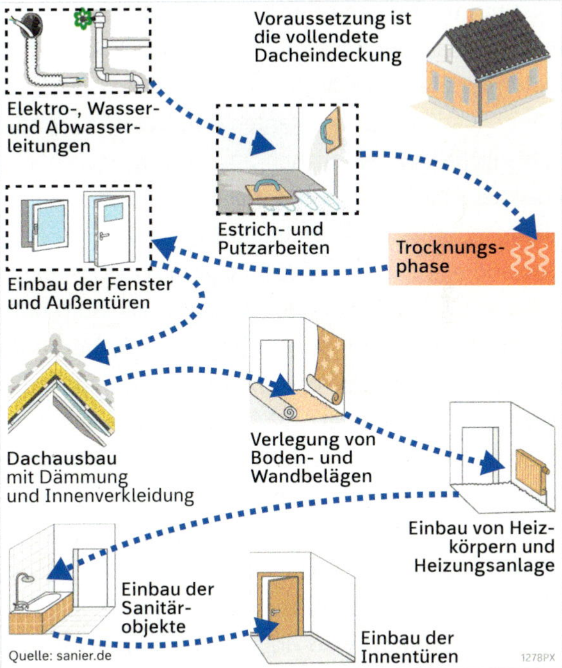

Quelle: sanier.de

4 Beschreibe die einzelnen Schritte des Rohbau- und Ausbauprozesses in M3 und M4 ausführlich.

5 Ordne zu, welche Gewerke die in M3 und M4 genannten Arbeitsschritte ausführen.

6 Der Heizungsbauer kann krankheitsbedingt den Heizungseinbau nicht planmäßig ausführen. Beschreibe die Folgen für den Bauablaufplan. +

Was muss bei der Bauplanung bedacht werden?

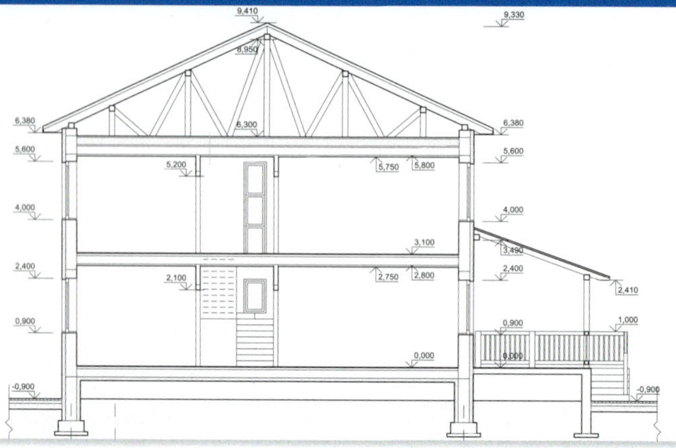

Abb. 1 *Vertikalschnitt eines Einfamilienhauses*

Bauzeichnung und Lageplan

Bauzeichnung

Die **technische Zeichnung** einer Bauplanung ist ein wesentlicher Bestandteil der Projektierung. Sie enthält Daten zur Statik und zeigt maßstabsgetreu die räumlichen Ausmaße des geplanten Gebäudes an. Unterschiedliche Linienarten, Schraffuren oder Farben machen verschiedene Baumaterialien kenntlich, wie z. B. Dämm- und Isolierschichten im Mauerwerk. Für die Bestandteile einer Bauzeichnung, die üblicherweise durch ein Architektur- oder Bauingenieur-Büro oder Bauzeichner/-innen angefertigt wird, existieren im Bauwesen festgelegte Vorgaben. Häufig werden diese in einer Legende erklärt. Bauzeichnungen werden digital mittels CAD-Programmen (siehe S. 278) angefertigt. Weiterhin gehört die Darstellung unterschiedlicher Ansichten und Schnitte zur Bauplanung.
Beim **Gebäudeschnitt** werden die Perspektiven Horizontal- und Vertikalschnitt unterschieden. Die **Gebäudeansicht** wird üblicherweise aus den vier Himmelsrichtungen dargestellt.

Abb. 2 *Süd-West-Ansicht eines Einfamilienhauses*

Lageplan

Der Lageplan ist ein weiteres elementares Planungsdokument für den Hausbau. Durch einen Vermessungsingenieur wird das geplante Gebäude in die bestehende **Flurkarte** (Liegenschafts- oder Katasterkarte) maßstabsgetreu eingezeichnet. Diese bildet wesentliche Informationen zu Lage, Nutzung, Größe, Gebäuden und wesentlichen topographischen Merkmalen aller Flurstücke eines Gebiets ab. Die Verwaltung der Flurkarten erfolgt in den kommunalen **Katasterämtern**. Die Vermessung eines Grundstücks wird zunehmend mithilfe von Drohnen oder Satellitentechnik durchgeführt, die GPS-Daten in eine Vermessungssoftware überträgt und so die Anfertigung von Lageplänen deutlich vereinfacht. Anhand des Lageplans kann das Bauamt überprüfen, ob bestimmte baurechtliche Vorgaben wie die **Grundflächenzahl** (Fläche eines Grundstücks, die bebaut werden darf) oder der **Grenzabstand** (Abstand von Gebäuden zur Grundstücksgrenze) eingehalten werden.

A Erkläre anhand der Abbildungen 1 und 2 den Unterschied zwischen Ansicht und Schnitt.

B Zeichne das Gebäude deiner Schule aus verschiedenen Perspektiven.

C Informiere dich, wo das Katasteramt in deiner Stadt ist und welche Auskünfte du dort erhältst.

Grundriss und Lageplan

M1 *Grundriss eines Erdgeschosses*

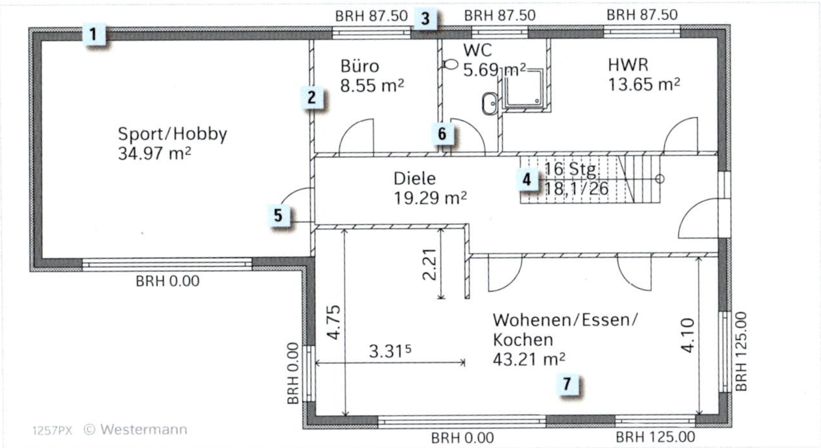

1. Isoliertes Mauerwerk: Die schwarz gepunktete Außenhülle stellt die Ummantelung der Außenhülle mit Styroporplatten dar.
2. Mauerwerk: Die schraffierte Fläche stellt das Mauerwerk ohne Isolierung dar.
3. Fenster: Die Brüstungshöhe (BRH) zeigt, auf welcher Höhe sich die Unterkante des Fensterausschnitts befindet.
4. Treppe: Die innenliegende Treppe hat 16 Stufen, was an der Abkürzung „16 Stg (16 Steigungen)“ abgelesen werden kann. Außerdem kann hier eine Stufenhöhe von 0,18 m und eine Tiefe von 0,26 m abgelesen werden.
5. Türen: Hier erkennen Hausbauende auch, zu welcher Seite sich die Tür öffnen lässt.
6. WC: Im Badezimmer sind schon einmal die Sanitäranlagen dargestellt. Die Toilette, das Waschbecken und die Dusche sind hier zu sehen.
7. Quadratmeterangaben verdeutlichen die Größe der einzelnen Räume und der Flächen.

M2 *Liegenschaftskataster*

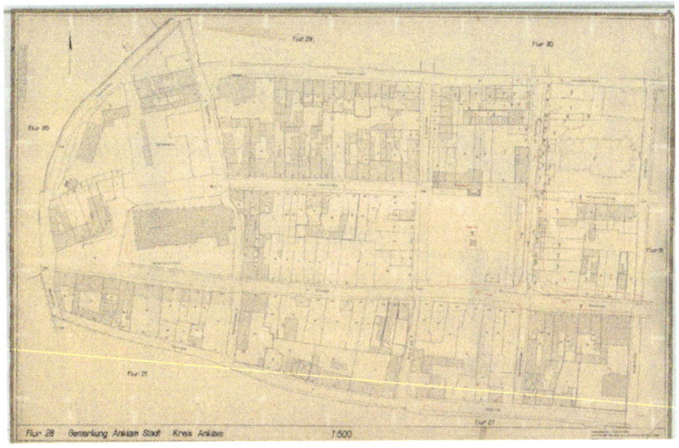

A *Historische Flurkarte (Anklam 1956)*

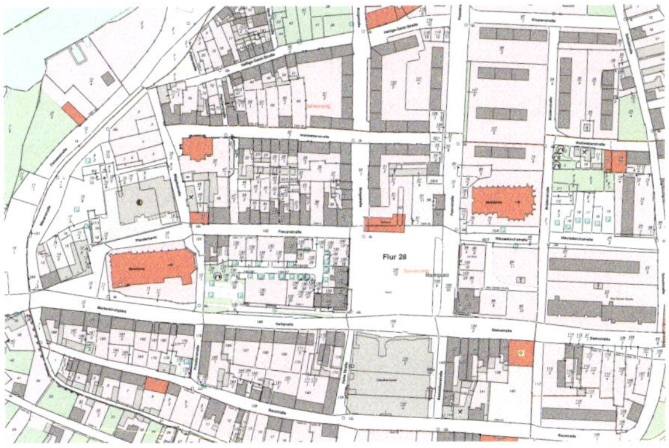

B *Auszug Liegenschaftskataster (Anklam 2017)*

1 Zeichne einen maßstabsgetreuen Grundriss deines Wohngebäudes (Maßstab: 1cm = 1m) (M1).

2 Beschreibe, welche Informationen die Liegenschaftskarten (A und B) in M2 beinhalten.

3 Vergleiche die Abbildungen A und B und erläutere Gemeinsamkeiten und Unterschiede der Flurkarten Anklam von 1956 und 2017 (M2). Link: *Vergrößerte Abbildungen*

4 Erläutere, warum die Flurkarte als Ergänzung zum Grundbuch zur Eigentumssicherung notwendig ist.

Abb. 1 *Energieeffizienz von Wohngebäuden*

Anforderungen an Bauwerke

Kriterien der Bauplanung

Bauwerke müssen vielen Einflüssen standhalten. Von zentraler Bedeutung ist die **Statik** eines Gebäudes. Neben der Eigenlast des Gebäudes muss Stabilität gegenüber unterschiedlichen Verkehrslasten erreicht werden. Berghütten in den Alpen, deren Dächer Schneelasten tragen müssen, werden anders gebaut als Strandhäuser auf Hawaii, deren Fassaden widerstandsfähig gegenüber Hitze und Feuchtigkeit sein müssen. In Überschwemmungs- oder Erdbebengebieten müssen Gebäude spezielle Anforderungen erfüllen. Schallschutz oder Barrierefreiheit sind weitere Anforderungen an Gebäude. Zunehmende Bedeutung haben die energetischen Anforderungen durch das 2024 erlassene Gebäudeenergiegesetz, das den Einbau klimafreundlicher Heizungssysteme vorschreibt.

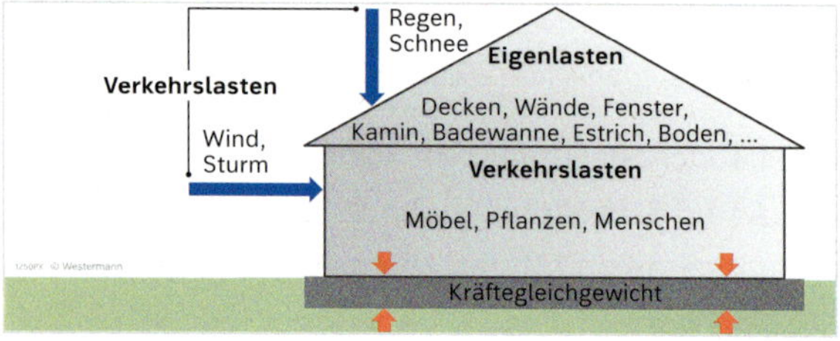

Abb. 2 *Kräfteeinwirkung am Gebäude*

Baustoffe

Baustoffe bestimmen wesentlich die Ästhetik und Funktionalität eines Gebäudes. Es gibt natürliche Baustoffe wie Holz, Lehm oder Ton. Daneben gibt es künstliche Baustoffe wie Beton, Glas oder Stahl. Nachhaltigkeit spielt heutzutage eine große Rolle bei der Baustoffwahl. Hauswände wurden bisher meist in Massivbauweise aus Steinen gemauert. Daneben gibt es heute zahlreiche Möglichkeiten der Fertigbauweise. Dabei werden Hauswandkonstruktionen aus Holz oder Stahl in einem Werk hergestellt und vormontiert.

Bauen im Wandel der Zeit

An der Architektur verschiedener Epochen lässt sich der Wandel der Zeit ablesen. In vorherigen Epochen war die Verwendung von Schmuckelementen an Bauwerken wie Säulen, Stuck oder Fresken ein ästhetisches Merkmal und traf den Zeitgeist. Die Architektur der Moderne dagegen ist oft geradlinig und weist ein hohes Maß an Funktionalität auf. Die große Baustoffauswahl ermöglicht eine Vielzahl von Gebäudetypen.

A **Stelle unterschiedliche Anforderungen an Bauwerke in einer Mindmap dar.**

Anforderungen an Bauwerke

M1 *Bauliche Maßnahmen*

A *Schneefang auf einem Hausdach*

B *Begrünte Fassaden von Wohngebäuden*

M2 *Barrierefreiheit im OZEANEUM Stralsund*

www.deutsches-meeresmuseum.de/ozeaneum ×

Das OZEANEUM ist als offenes Haus konzipiert worden, welches [...] eine problemlose Zugänglichkeit für alle Gäste gewährleistet. [...].

Aufzüge: Durch Aufzüge sind alle Ausstellungsräume und Aquarien erreichbar. [...]

Garderobe: Ebenerdige Gepäckschließfächer befinden sich im Foyer des OZEANEUMS. [...]

Parkplätze: Behindertengerechte Parkplätze sind in direkter Nähe zum Eingang vorhanden. [...]

Sitzmöglichkeiten: Im Museumsrundgang verteilt sind Sitzmöglichkeiten vorhanden.

Toiletten: Alle Toilettenbereiche verfügen auch über behindertengerechte Sanitäranlagen. [...]

1 Erläutere die Funktion der in M1 abgebildeten baulichen Maßnahmen.

2 Untersuche Gebäude in deiner Umgebung auf besondere Baumaßnahmen und deren Funktion.

3 Erläutere die Bedeutung von Barrierefreiheit für öffentliche Gebäude wie das OZEANEUM (M2).

4 Überprüfe, welche Maßnahmen zur Barrierefreiheit in deiner Schule umgesetzt sind.

Massivbaustoffe

M3 *Herstellung und Ökobilanz*

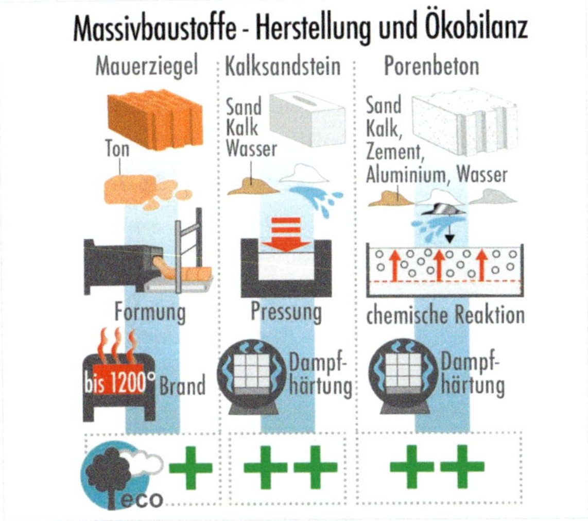

5 Beschreibe die Herstellung der Massivbaustoffe.

Bauen im Wandel der Zeit

M4 *Traditionelle und moderne Bäderarchitektur*

A *Seebrücke in Ahlbeck auf Usedom*

B *Rettungsturm am Strand von Binz auf Rügen*

6 Begründe, ob es sich bei den Gebäuden in M4 um traditionelle oder moderne Bauweise handelt.

Abb. 1 *Richtfest beim Bau eines Hauses*

Die Baudurchführung

Die Erdarbeiten

Vor dem Beginn des Hausbaus muss die Baustelle vorbereitet werden. Auf dem Grundstück wird mit einem Bagger zunächst eine **Baugrube** ausgehoben. Die **Versorgungsleitungen** für Wasser, Abwasser, Strom, Gas oder auch Internet müssen angeschlossen werden. Meist liegen die Leitungen bereits am Grundstücksrand oder unter dem Gehweg. Wenn ein Keller geplant ist, wird die **Bodenplatte** nach dem Erdaushub gegossen, ansonsten erfolgt dieser Schritt sofort. Die Bodenplatte wird meist aus Beton gegossen. Der zunächst flüssige Beton wird in eine **Schalung** eingefüllt und erhärtet dann in dieser. Es entsteht ein **Fundament**, das für den Halt des Gebäudes sorgt.

Der Rohbau

Nach den Erdarbeiten startet der Rohbau. Es werden die **Außenwände** gemauert, die **Innenwände** hochgezogen und die **Zwischendecken** für die einzelnen Stockwerke gesetzt. Nun wird das **Dach** errichtet. Das Dachtragwerk bezeichnet man auch als **Dachstuhl**. Nach der Fertigstellung des Dachstuhls wird das Richtfest gefeiert. Anschließend wird das Dach gedeckt. Es wird mit den Arbeiten an der Außenfassade begonnen. Auch ein möglicher Garagenbau wird in diesem Schritt umgesetzt.

Der Innenausbau

Nach der Errichtung des Rohbaus wird mit **Fenstern** und **Türen** zunächst eine Verbindung zwischen Außen- und Innenbereich geschaffen. Sie dienen als Witterungsschutz für das Innere des Hauses. Alle wichtigen Versorgungsleitungen werden nun verlegt. Dazu gehören die Elektroleitungen, Wasserleitungen und Heizungsrohre, damit Steckdosen, Lichtschalter, Wasseranschlüsse und Heizungen später genutzt werden können. Der **Fußboden** wird mit Estrich eingeebnet für die Auflage des späteren **Bodenbelags**. Anschließend werden die Innenräume verputzt sowie Innentüren und Treppen eingebaut. Wenn der Estrich getrocknet ist, wird ein Bodenbelag wie Fliesen, Laminat oder auch Teppich verlegt. Auch die Innenwände werden nun gestrichen oder tapeziert.

A Beschreibe die drei Hauptschritte bei der Baudurchführung.

B Recherchiere die Berufe, die beim Hausbau beteiligt sind und beschreibe ihre Tätigkeit.

Das Fundament als Basis des Rohbaus

M1 *Aufgaben des Fundaments*

Ein Fundament ist der Teil eines Bauwerks, der die Lasten des Gebäudes sicher in den Boden leitet. Es stellt den Übergang zwischen dem Gebäude und dem Baugrund dar und sorgt dafür, dass der Boden nicht nachgibt. Je nach Bodenbeschaffenheit unterscheidet man zwischen Flachgründungen und Tiefgründungen. Flachgründungen werden auf Baugründen verwendet, die schon auf den oberen Bodenschichten tragfähig sind. Die abzutragenden Lasten werden direkt unterhalb des Bauwerks in den Untergrund eingeleitet. Liegt ein weicher und schlecht tragfähiger Baugrund vor, so muss eine Tiefengründung vorgenommen werden, um die abzutragenden Lasten des Bauwerks in tragfähige Schichten einzuleiten. Die genaue Art des Fundaments wird durch Berechnungen und Prüfungen festgelegt. Wichtig ist, dass der Boden die Kräfte des Gebäudes aufnehmen kann, um Schäden zu vermeiden.

M2 *Die Fundamentarten*

Es gibt verschiedene Arten von Fundamenten. Die Fundamentplatte verteilt das Gewicht des Gebäudes über eine große Fläche. Streifenfundamente tragen lange Bauteile wie Wände oder Mauern und folgen dem Grundriss eines Bauwerks. Einzelfundamente tragen punktuelle Lasten, wie von Stützen oder Pfeilern. Beim Verdrängungspfahl verdrängt ein in den Boden gerammtes Rohr und beim Bohrpfahl ein in den Boden gebohrtes Rohr Erde und wird mit Beton gefüllt. Der Mikropfahl ist ein in den Boden gesteckter Metallpfahl, der tragende Bauteile verankert. Fundamente bestehen meist aus Beton oder Stahlbeton. Stahlbeton ist Beton, der mit Bewehrungsstahl verstärkt wird, um die Zugfestigkeit zu erhöhen und dadurch die Rissbildung und Bruchgefahr zu minimieren. Um den Beton in die gewünschte Form zu bringen, wird auf der Baustelle oft eine Schalung genutzt, die den Beton stützt, bis er fest ist, ähnlich wie eine Kuchenform.

M3 *Fundamentarten im Überblick*

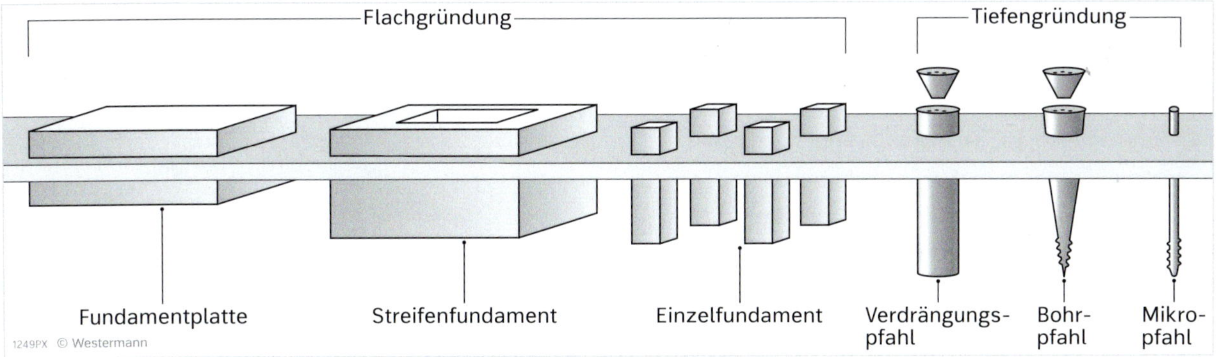

1 Beschreibe die Funktion, die ein Fundament bei einem Bauwerk erfüllt (M1).

2 Erkläre, warum es wichtig ist, die Beschaffenheit des Bodens bei der Wahl des Fundaments zu berücksichtigen (M2).

3 Wähle einer der Aufgaben aus (M3):
- **a)** Nenne die Unterschiede zwischen Flachgründung und Tiefengründung.
- **b)** Erkläre die Unterschiede zwischen einer Flach- und einer Tiefengründung.

4 Begründe, warum heute die Fundamente meist aus Stahlbeton bestehen.

5 Nenne die Fundamentarten, die du, bei einem tragfähigen Baugrund, beim Bau eines Hauses und beim Bau eines Carports wählen würdest. Begründe deine Entscheidung.

Rohbau: Wände

M4 *Tragende Wände*

Ein Bauwerk setzt sich aus einzelnen Elementen, den Bauteilen, zusammen. Wird ein Haus aus Steinen gemauert, zählt es zu den Massivhäusern. Einige Wände müssen durch das Eigengewicht des Gebäudes hohe Lasten aushalten. Tragende Wände nehmen sowohl senkrechte als auch waagerechte Lasten auf. Die tragenden Wände leiten die Kräfte nach unten zum Fundament ab. Sie sind entscheidend für die Stabilität und Standfestigkeit eines Gebäudes und werden deshalb aus Materialien mit hoher Druckfestigkeit errichtet. Sind sie zu schwach, droht der Einsturz eines Gebäudes. Die tragenden Wände werden durch aussteifende Wände stabilisiert, die meist im rechten Winkel zu den tragenden Wänden stehen. Über Tür- und Fensteröffnungen werden Stürze aus gemauerten Bögen oder Stahlträgern eingezogen. Die Lasten über den Öffnungen werden seitlich in die Wand abgeleitet. So wird verhindert, dass Öffnungen einstürzen.

A *Einbau eines Sturzes in der Rohbauphase*

B *Ein ungenügender Sturz ist eingebrochen*

M5 *Nichttragende Wände*

Zur Trennung von Räumen werden Wände beim Bauen eingezogen, die nicht die Funktion haben, Lasten aufzunehmen. Man spricht bei diesen Wänden von nichttragenden Wänden. Sie sind dünner als die tragenden Wände. Nichttragende Innenwände können entfernt werden, ohne dass die Standsicherheit des Gebäudes beeinträchtigt wird. Die Standsicherheit der nichttragenden Innenwände ist durch die Verbindung mit den an sie angrenzenden Bauteilen wie Querwänden und Decken gegeben.

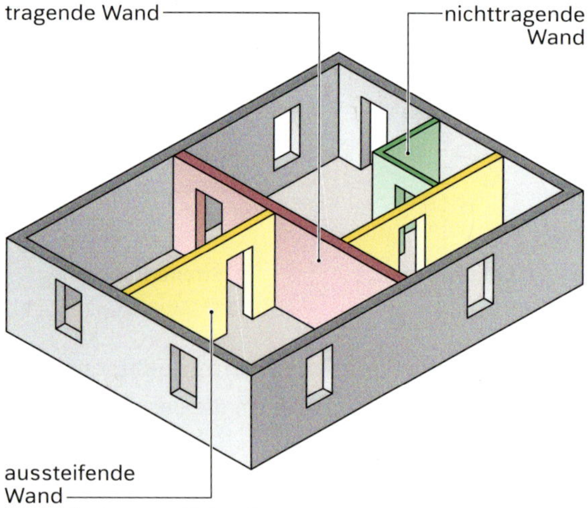

6 Erkläre den Unterschied zwischen einer tragenden Wand und einer nichttragenden Wand (M4).

7 Begründe den Einbau von aussteifenden Wänden.

8 Erkläre, wo Stürze eingebaut werden und welche Funktion Stürze erfüllen.

9 Begründe, weshalb Wanddurchbrüche bei Hausrenovierungen gründlich geplant werden müssen.

Rohbau: Dach

M6 *Dachformen im Vergleich*

Ein Dach ist der obere Abschluss eines Gebäudes und schützt es vor Witterungseinflüssen wie Regen, Schnee, Wind, Kälte und Hitze. Neben seiner Schutzfunktion wird es auch zur Gestaltung des Gebäudes genutzt. Bekannte Dachformen sind Sattel-, Pult-, Walm- und Krüppelwalmdach, während es auch andere Formen wie Mansard- und Flachdach gibt. Dächer werden nach ihrer Neigung in Flachdächer (unter 5°), mäßig steile Dächer (5 bis 40°) und Steildächer (über 40°) unterteilt. Die Wahl der Dachform und -neigung beeinflusst die Funktionalität und die Ästhetik eines Gebäudes.

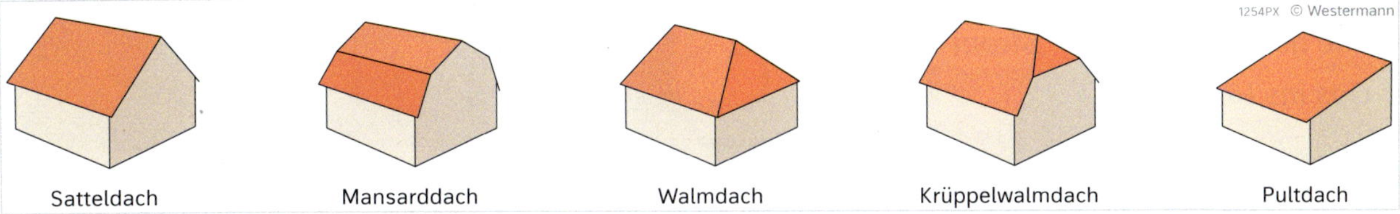

M7 *Dachkonstruktion*

Die Dachkonstruktion eines Hauses beginnt mit dem Dachstuhl, der die tragende Struktur bildet. Er ist auf der Schwelle befestigt und die Schwelle auf der Betondecke. Das zusammen bildet das Widerlager, um die Dachlasten in die Außenwände abzuleiten und Dachbewegungen ausgleichen zu können. Der Dachstuhl besteht meist aus Holz oder Stahlträgern. Die Basis des Dachstuhls sind die schräg verlaufenden Sparren, die durch Riegel und Pfetten miteinander verbunden sind, um zusätzliche Stabilität zu gewährleisten. Zwischen den Sparren befindet sich die Dämmung, um Wärmeverlust zu vermeiden. Die nächste Schicht ist die Unterspannbahn, die den Dachstuhl und die Dämmung vor Witterungseinflüssen schützt. Die weitere Dachkonstruktion besteht aus vertikalen Konterlatten und horizontalen Dachlatten, auf denen die Dacheindeckung befestigt wird. Die Dacheindeckung besteht oft aus Ziegeln, Schindeln, Dachpappe oder Blech und hat die Aufgabe, das Dach wetterfest zu machen.

M8 *Schematischer Aufbau eines Dachs*

Zusatzmaterial: *Vergrößerte Abbildung*

Film: *Wie man einen Dachstuhl zimmert*

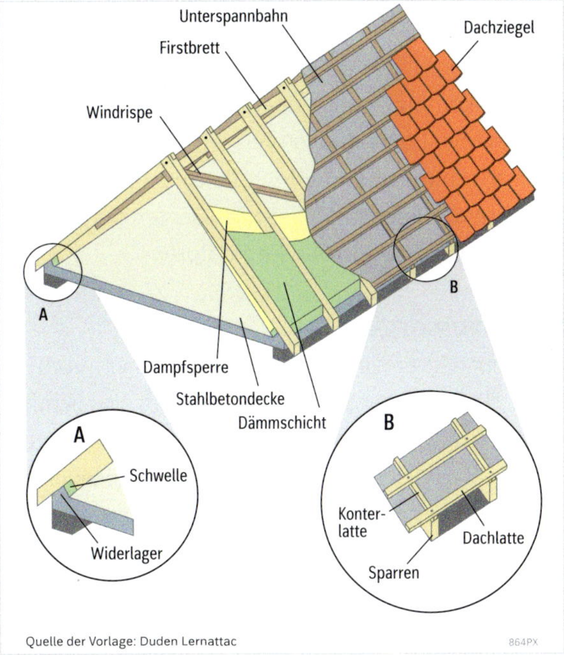

Quelle der Vorlage: Duden Lernattac

10 Nenne mindestens fünf verschiedene Dachformen (M6).
11 Erkläre die Hauptfunktionen des Dachs (M6).
12 Überlege, welche Funktionalität eines Gebäudes die Wahl der Dachform begründet.
13 Ordne die Bestandteile der Dachkonstruktion der Reihenfolge nach von innen nach außen (M7).
14 Erkläre den Unterschied von Sparren und Dachlatten und deren Aufgabe (M7-M8).
15 Begründe die Notwendigkeit eines Widerlagers beim Dachbau (M7-M8).

Abb. 1 *Ein Hausanschlussraum*

Versorgung und Entsorgung

Anschlüsse
Die meisten Häuser müssen mit elektrischem Strom und Telekommunikation über Kabel und mit Gas und Wasser über Rohrleitungen versorgt werden. In einem Hausanschlussraum laufen alle Anschlüsse sicher und zentral zusammen. Dieses erleichtert den Zugang für Wartungsarbeiten und Reparaturen.

Stromversorgung
Über einen Stromzähler gelangt elektrischer Strom ins Haus. Über einen Verteilerkasten, in dem sich Schutzschalter und Sicherungen finden, die vor Überlastung schützen, wird er im Haus verteilt. Vom Verteilerkasten gehen Leitungen in geschützten Leitungsrohren zu den Steckdosen oder zu Lampen ab.

Gasanschluss
Ein unterirdischer Gasanschluss versorgt das Haus über einen Gaszähler mit Erdgas und kann zum Heizen, Kochen und für Warmwasser verwendet werden. Das Gas gelangt durch Rohre zu Geräten wie Heizkesseln oder Gasherden. Absperrventile und Druckregler gewährleisten die Sicherheit. Gasleitungen sind immer an der gelben Farbe erkennbar.

Wasserversorgung
Die Wasserversorger in Deutschland betreiben ein Trinkwassernetz. Das Trinkwasser gelangt über den Anschluss ins Haus, dessen Verbrauch mit einer Wasseruhr gemessen wird, und kann durch einen Absperrhahn abgestellt werden. Es wird durch Kalt- und Warmwasserrohre zu Wasseranschlüssen, Duschen oder Waschbecken geleitet. Abwasser wird über Rohre aus dem Haus zur Kläranlage geleitet.

Telekommunikationsanschluss
Ein Telekommunikationsanschluss verbindet das Haus mit dem Netz für Telefon, Internet und Fernsehen. Über Kabel oder Glasfasern werden Anrufe, Internetverbindungen und TV-Signale übertragen. Ein Router verteilt das Internetsignal per Kabel oder W-LAN an Geräte im Haus. Moderne Anschlüsse bieten oft hohe Geschwindigkeiten, vor allem mit Glasfaser.

A Nenne die wichtigsten Hausanschlüsse.
B Beschreibe die Funktion der einzelnen Hausanschlüsse.
C Erläutere die Notwendigkeit eines Hausanschlussraums.

Hausversorgung

M1 *Versorgung im Haus: A elektrischer Strom, B Wasser, C Wärme*

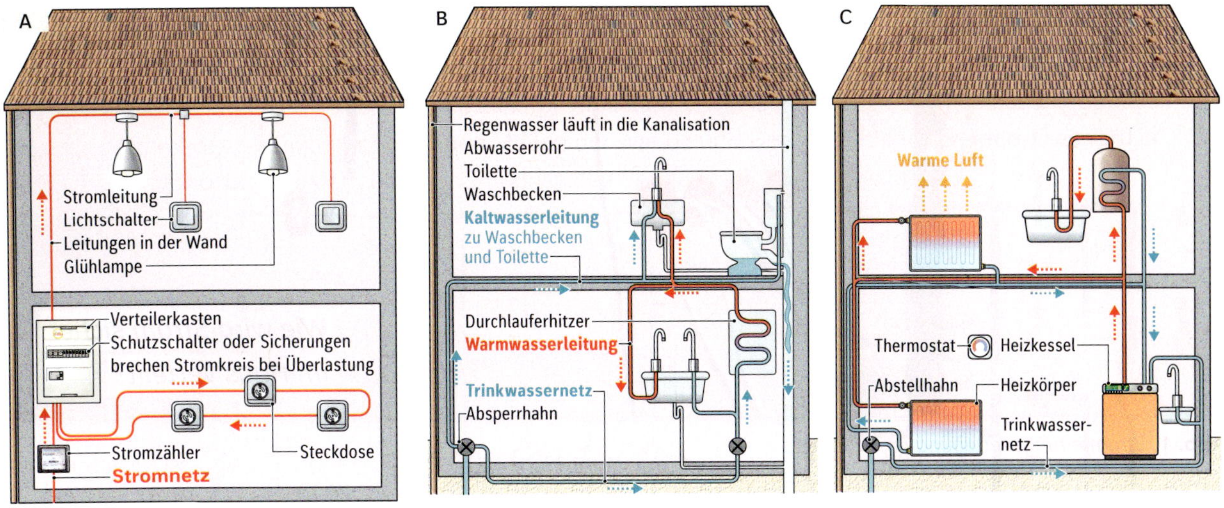

1 Beschreibe mithilfe von M1, Abb. A, wie der Strom bis zum Leuchtmittel (z. B. Glühlampe) kommt.

2 Erkläre mithilfe von M1, Abb. B, die Schritte der Warmwasserversorgung vom Hausanschluss bis zum Waschbecken.

3 Erkläre mithilfe von M1, Abb. C, die Schritte der Warmwasserversorgung vom Hausanschluss bis zum Heizkörper.

Heizung

M2 *Funktionsweise einer Warmwasserheizung*

Die meisten Heizungen sind Warmwasserheizungen. Wasser wird erhitzt und durchströmt in einem geschlossenen Röhrensystem das Gebäude. Viele Heizungsanlagen nutzen einen Brennkessel, der mit Öl oder Gas betrieben wird, ohne eine Wärmepumpe. Mithilfe des Heizkessels wird Wasser erwärmt und in die Rohre gepumpt. Über Heizkörper wird die Wärme vom Wasser auf die Luft in den Räumen übertragen. Das Wasser kühlt sich ab und fließt zum Heizkessel zurück.

Film: *Die Heizung*

M3 *Warmwasserheizung im Modell*

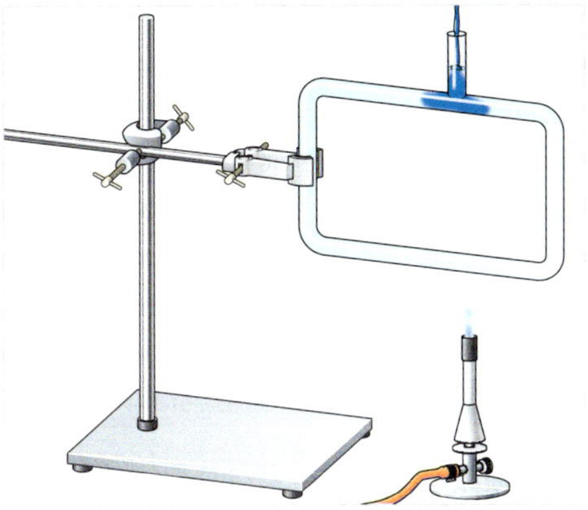

4 Gibt man Tinte in Wasser, bilden sich Schlieren, bis sich die Tinte gelöst hat.

a) Stelle eine Forscherfrage, die mit diesem Versuch überprüft wird.

b) Stelle eine Vermutung an, wie sich die Tinte im Rohr bewegt.

c) Erkläre, wie du die Geschwindigkeit der Tinte ändern kannst.

d) Erläutere mithilfe des Modells M3 die Funktionsweise einer Heizung.

Abb. 1 *Ein Haus wird gedämmt.*

Energieeffizienz von Häusern

Energie zum Heizen

Im Winter muss das Haus geheizt werden. Sehr häufig wird dafür Heizöl oder Erdgas verbrannt. Die Heizungsanlage wandelt die chemische Energie der Brennstoffe in Wärme um. Es wird Wasser erwärmt, das über Rohre zu den Heizkörpern oder zu einer Fußbodenheizung transportiert wird. Das Haus gibt aber die Wärme über Wände, Fenster, Türen und das Dach auch an die Umgebung ab. Etwa 70 Prozent des Energiebedarfs von Haushalten wird zum Heizen aufgewendet. Daher ist es wichtig, beim Heizen Energie zu sparen. Dazu werden energiesparende Heizungsanlagen verbaut sowie das Haus gut gedämmt.

Filme: *Die Heizung, Die Wärmepumpe*

A Begründe, wo am Haus sinnvoll gedämmt werden kann (Abb. 2).

B Erkläre, warum es sinnvoll ist, ein Wärmebild eines Hauses anfertigen zu lassen.

C Beschreibe Energieverluste auf dem Wärmebild des Hauses (Abb. 3).

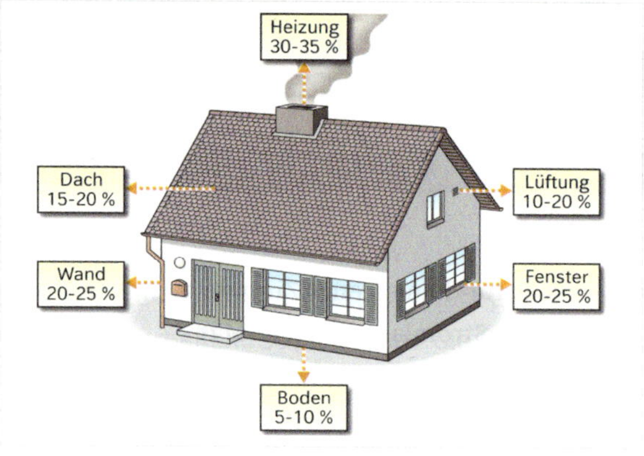

Abb. 2 *Energieverluste von Wohnhäusern*

Abb. 3 *Wärmebildaufnahme eines Wohnhauses*

Gebäudeenergieeffizienz

M1 *Energieverbrauch von Gebäuden*

Im Energieausweis werden der Primärenergiebedarf und der Endenergiebedarf eingetragen. Primärenergie ist die gesamte Energiemenge, die durch fossile Energieträger für das Haus benötigt wird. Dazu zählt die gesamte Kette der Energiegewinnung, von der Quelle des Rohstoffs bis zur Heizung. Dieser Kennwert ist ein Indikator für die Umweltauswirkungen eines Gebäudes. Der Endenergiebedarf umfasst die gesamte Energiemenge, die das Haus benötigt und berücksichtigt, ob erneuerbare Energien wie Sonnenenergie, Wärmepumpe oder Holz als nachwachsender Rohstoff genutzt werden. Diese Energieträger sind entweder ohne aufwändige Förderung, Transport oder Aufbereitung verfügbar oder binden beim Nachwachsen das Treibhausgas CO_2.

Auch gut gedämmte und modernisierte Häuser müssen ständig mit Energie versorgt werden. Sie sind energiesparend, jedoch nicht nachhaltig. In diesem Sinne bedeutet Nachhaltigkeit, dass der Umwelt nur so viele Ressourcen entnommen werden, wie die Umwelt selbst wieder in der gleichen Zeit bereitstellen kann. Daher kann ein Haus mit einer Gasheizung nicht nachhaltig sein. Ein Nullenergiehaus hingegen versorgt sich mithilfe von erneuerbaren Energien, wie Sonnenenergie, selbst und fördert mit einer guten Dämmung den Energieerhalt.

M2 *Nullenergiehaus*

1 Beschreibe, was die Kennwerte Primär- und Endenergiebedarf bedeuten (M1).
2 Begründe, warum bei einem Haus, das mit regenerativer Energie beheizt wird, der Primärenergiewert kleiner ist als der Endenergiewert (M1).
3 Beschreibe die Komponenten eines Nullenergiehauses (M2).
4 Erkläre, warum man das Haus in M2 als Nullenergiehaus bezeichnet.
5 Begründe, warum ein Nullenenergiehaus nachhaltig ist.
6 Stelle Vermutungen an, was mit dem Begriff Plusenergiehaus gemeint sein könnte.

Der Effekt von Wärmedämmung

M3 *Wärmedämmung*

Nicht nur im Hausbau spielt Wärmedämmung eine wichtige Rolle. Auch bei geliefertem Essen ist Wärmedämmung wichtig. Heiß bestelltes Essen soll warm zu Hause ankommen oder gekauftes Eis nicht auftauen, bis es zu Hause ist. Viele Lieferdienste transportieren das Essen deshalb in Thermoboxen, in der Speisen sowohl warm als auch kalt gehalten werden können. Die Boxen sollen die Wärmeübertragung zwischen dem Inneren der Box und der Umgebung verhindern. Deshalb bestehen sie aus einem Stoff, der viel Luft enthält. Auch hier macht man sich die schlechte Wärmeleitung von Luft zunutze.

M4 *Dämmstoffe im Vergleich*

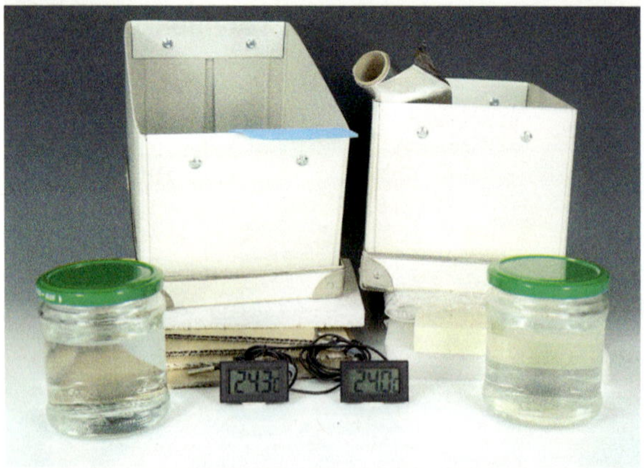

Material:
Zwei gleich große Schuhkartons, Schaumstoff, Wellpappe, Alufolie, Schraubgläser, warmes Wasser (50 °C), digitales Thermometer

7 **a)** Kleidet die Schuhkartons (M4) mit unterschiedlichen Dämmstoffen aus.
b) Stellt die Schraubgläser mit jeweils gleicher Menge und gleicher Temperatur an warmem Wasser hinein.
c) Messt die Wassertemperatur nach zehn Minuten.
d) Vergleicht die Messergebnisse und ordnet die Dämmstoffe nach ihrer Wirksamkeit.

M5 *Schichten an Dämmstoffen*

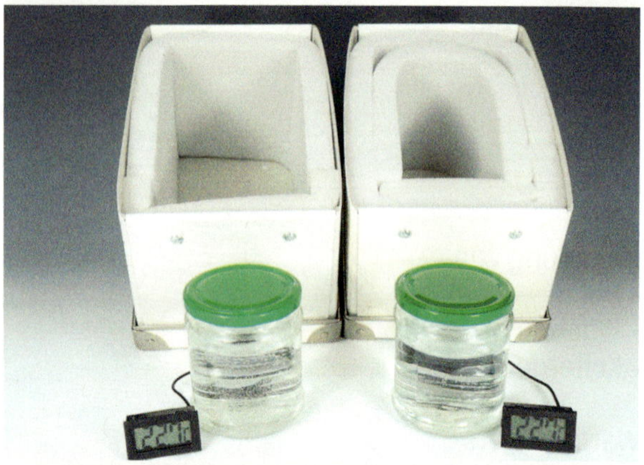

Material:
Zwei gleich große Schuhkartons, Schaumstoff, Schraubgläser, warmes Wasser (50 °C), digitales Thermometer

8 **a)** Kleidet einen Schuhkarton (M5) mit einer einfachen Lage Schaumstoff und den anderen mit einer doppelten Lage Schaumstoff aus.
b) Stellt die Schraubgläser mit jeweils gleicher Menge und gleicher Temperatur an warmem Wasser hinein.
c) Messt die Wassertemperatur nach zehn Minuten.
d) Vergleicht die Messergebnisse.

Nachhaltige Wärmeversorgung von Gebäuden

M6 *Die Wärmepumpe*

Erdboden, Luft und Wasser enthalten thermische Energie, die zum Heizen genutzt werden kann. Die thermische Energie wird nur von wärmeren zu kälteren Körpern übertragen. Damit man mit der kalten Umgebungsluft ein Haus beheizen kann, muss der Luft mit einer Wärmepumpe Energie entzogen werden. Dazu saugt ein Ventilator zunächst Umgebungsluft an. Die Luft wird zu einem Wärmetauscher geleitet, durch den ein Kältemittel fließt. Dieses verdampft bei sehr geringen Temperaturen. Das Verdampfen benötigt Energie. Die Verdampfungsenergie wird der Umgebungsluft entzogen. Der kalte Dampf wird durch einen Kompressor zusammengedrückt. Dadurch erhitzt sich der Dampf. In einem zweiten Wärmetauscher gibt der heiße Dampf thermische Energie an den Heizkreislauf im Haus ab. Der Dampf kühlt ab, verflüssigt sich wieder und fließt zurück. Durch ein Ventil wird der Druck wieder herabgesetzt und der Vorgang startet von vorne.

M7 *Funktionsweise einer Luft-Wärme-Pumpe*

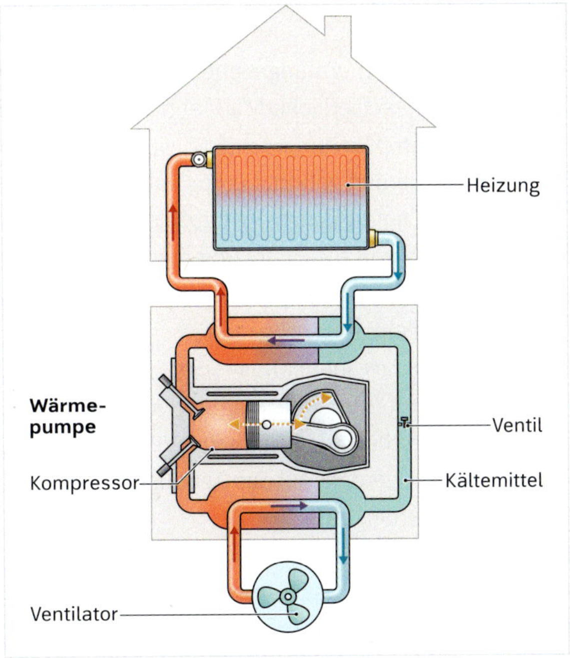

M8 *Wärmepumpen im Vergleich*

Bei manchen Wärmepumpen fließt Sole durch Leitungen. Diese Flüssigkeit besteht aus Wasser und Frostschutzmittel, weshalb sie bei Temperaturen unter null Grad Celsius nicht einfriert. Sie nimmt die thermische Energie aus dem Erdreich auf und gibt sie an einen Wärmeüberträger wieder ab.

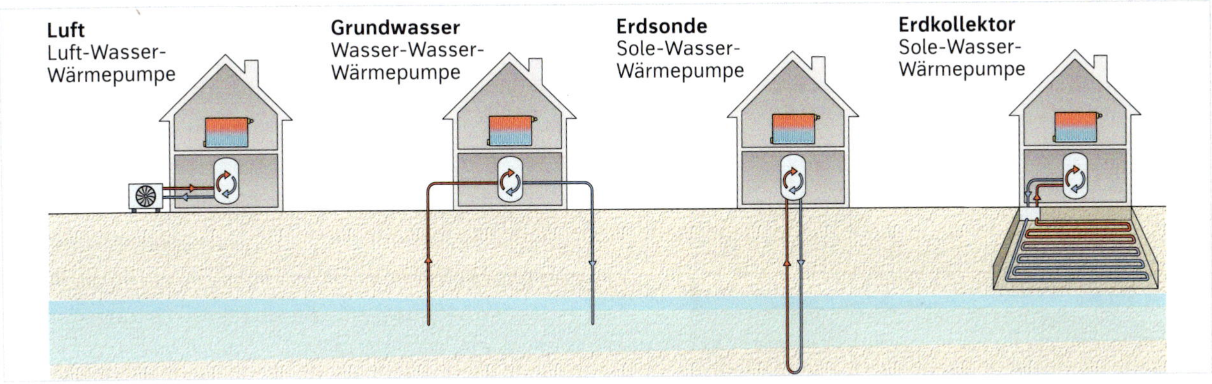

9 Beschreibe die Funktionsweise einer Luft-Wärmepumpe (M6-M7).
10 Erkläre, wie thermische Energie auf den Heizkreislauf übertragen wird (M6-M7).
11 Vergleiche die verschiedenen Typen von Wärmepumpen (M8).
12 Stelle Vermutungen an, warum Häuser mit Wärmepumpen große Heizkörper oder am besten Fußbodenheizungen benötigen.

Wohnräume bauen

Die Bauplanung

Ein Hausbau ist ein umfangreiches Projekt, bei dem zahlreiche unterschiedliche Maßnahmen koordiniert werden müssen. Man unterscheidet vier Phasen:

1. Zur Projektierung gehört die Auswahl des Grundstücks, die Anfertigung von Bauzeichnungen und Lageplänen und die Erstellung eines Bauablaufplans, der festlegt, wann welche Gewerke und Materialien eingesetzt werden.
2. In der Genehmigungsphase wird der Bauantrag dem Bauamt zur Genehmigung vorgelegt. Das Bauamt entscheidet, ob alle geltenden Vorschriften eingehalten werden und das Gebäude wie geplant errichtet werden darf.
3. In der Rohbauphase wird das Haus vom Fundament bis hin zum Dach errichtet.
4. In der Ausbauphase wird das Haus bis zur Bezugsfertigkeit ausgebaut. Mit der Endabnahme wird das Haus an die Bauherren übergeben.

Bauzeichnung und Lageplan

Die Bauzeichnung, die durch ein Ingenieur-Büro angefertigt wird, berücksichtigt alle Anforderungen an das Gebäude. In ihr werden alle relevanten Angaben zur Statik, zu Abmessungen und Höhen oder zur Verlegung von Anschlüssen festgelegt, an die sich die Gewerke exakt halten müssen.

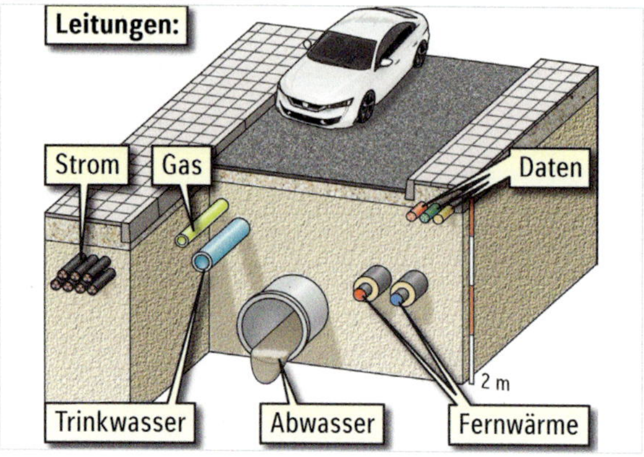

Abb. 1 *Versorgungsleitungen im Erdreich*

Um Missverständnisse auszuschließen, wird mit einheitlichen Maßen und Symbolen gearbeitet. Auch Ansichten und Schnitte gehören zu einer Bauzeichnung.

Anforderungen an Bauwerke

Standort und geplante Nutzung bestimmen die Anforderungen an Gebäude. Ein Gebäude in einer warmen Klimazone wird anders errichtet als in einer kalten; ein Schulgebäude hat eine andere räumliche Aufteilung als ein Wohnhaus. Eine große Rolle spielen Anforderungen zum Klimaschutz. Auch ästhetische Merkmale werden bei der Gebäudeplanung berücksichtigt. Im Laufe der Geschichte veränderten sich die genutzten Baumaterialien und die äußere Gestaltung von Gebäuden, sodass sich traditionelle von moderner Architektur oft schon optisch unterscheidet.

Die Baudurchführung

Der Bau eines Hauses besteht aus den drei Phasen Erdarbeiten, Rohbau und Innenausbau. Bei den Erdarbeiten wird eine Grube für das Fundament ausgehoben und das Fundament gegossen. Im Rohbau werden Wände, Decken und der Dachstuhl errichtet. Anschließend werden beim Innenausbau Versorgungsleitungen, Heizung, Türen und Fenster eingebaut.

Die Versorgung im Haushalt

Haushalte sind durch Versorgungsleitungen mit dem Wasser-, Abwasser-, Gas-, Strom- und dem Telefonnetz verbunden. Von der Straße werden die Versorgungsleitungen unterirdisch zu den Gebäuden verlegt. Sie gelangen über einen Versorgungsraum in die Haushalte. Von dort werden die einzelnen Leitungen in die Räume des Hauses verlegt.

Wichtige Begriffe
Bauphasen, Bauablaufplan, Bauzeichnung, Dach, Decken, Erdarbeiten, Fundament, Innenausbau, Rohbau, Versorgungsleitung, Wände, Wasser-, Abwasser-, Gas-, Strom- und Telefonnetz.

Die Bauplanung

1 Entwickle Leitfragen für die Suche nach einem Baugrundstück.

2 **a)** Beschreibe den Ablauf eines Hausbaus mit den korrekten Fachbegriffen.
b) Erläutere, welche Maßnahmen in den einzelnen Phasen durchgeführt werden.

3 Stelle dar, welche Probleme beim Erstellen eines Bauablaufplans auftreten können.

Bauzeichnung und Lageplan

M1 *Schnitt oder Ansicht?*

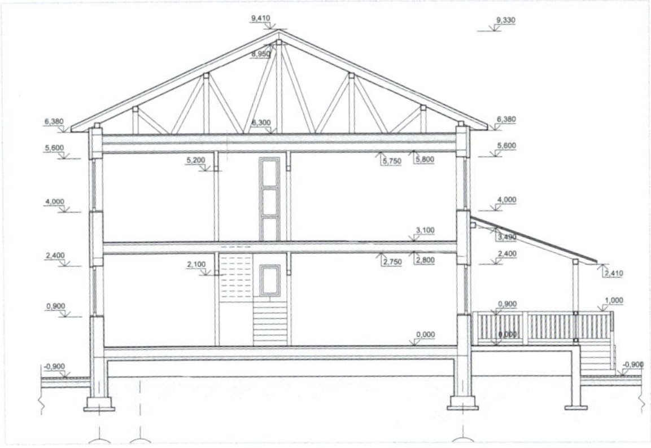

4 Begründe, ob es sich bei M1 um einen Schnitt oder um eine Ansicht handelt.

5 Erläutere, welche Rolle ein Lageplan für die Bauplanung und den Bauprozess spielt.

Anforderungen an Bauwerke

6 **a)** Beschreibe verschiedene Anforderungen an Bauwerke.
b) Erläutere die Rolle der Baustoffe bei der Erfüllung von Anforderungen an Bauwerke.

7 **a)** Beschreibe zwei dir bekannte Gebäude, von denen eines zur traditionellen und eines zur modernen Bauweise zugeordnet werden kann.
b) Begründe die Zuordnung mithilfe der Merkmale klassischer und moderner Bauweise.

Baudurchführung und Versorgung

M2 *Arbeiten beim Hausbau*

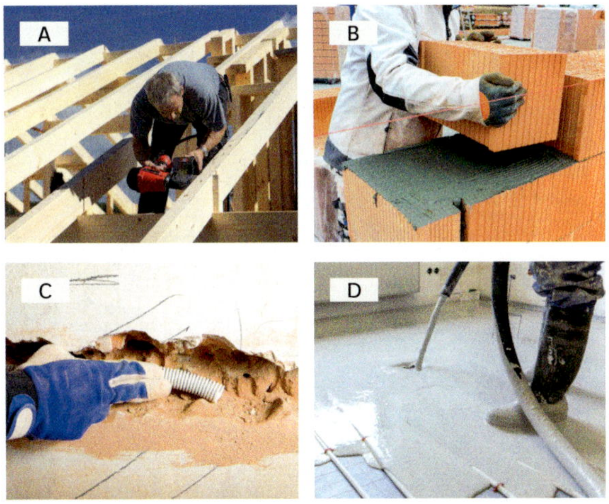

M3 *Darstellung eines Hausanschlussraums*

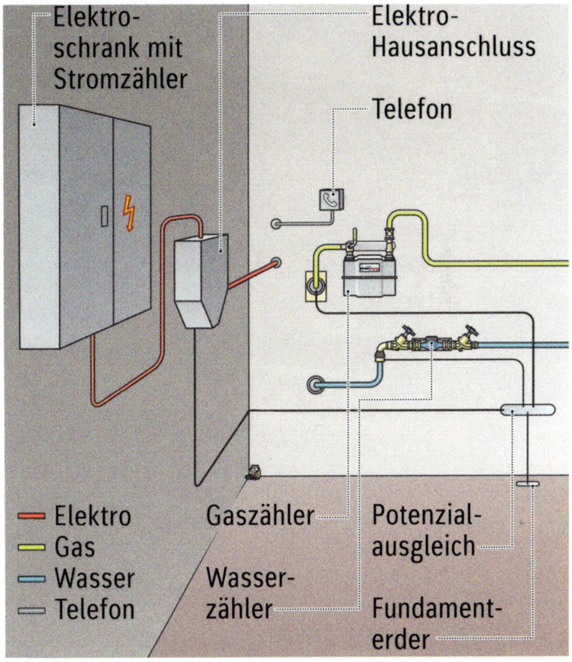

8 Beschreibe die Arbeiten beim Hausbau und ordne sie der richtigen Phase zu (M2).

9 Beschreibe, mit welchen Versorgungsanschlüssen ein Haus ausgestattet ist (M3).

Lösungen: *Lerncheck*

Kapitel 8

- *Was macht Immobilien besonders?*
- *Was muss ich beim Kauf einer Wohnung oder eines Hauses beachten?*
- *Was kostet Wohneigentum?*
- *Wie finanziere ich meine Immobilie?*
- *Wie kann ich meinen Wohnraum durch Reparaturen erhalten?*

Wohnräume kaufen und erhalten

Abb. 1 *Immobilienkaufmann und Immobilienkäuferin besiegeln den Vertrag.*

Ich kaufe eine Immobilie

Immobilien sind ein spezielles Gut

Immobilien lassen sich nicht, wie andere Güter, bewegen oder wegtragen. Bei beweglichen Gütern wird meist gleich erkennbar, wem sie gehören, denn sie sind im Einflussbereich ihres Besitzers oder Eigentümers. Bei Immobilien ist das oft nicht ersichtlich. Wie wir gesehen haben, ist die Errichtung von Wohnraum kostspielig und aufwändig. Sie ergibt aber auch ein ausgesprochen langlebiges Gut.

Eigentum und Besitz

Wer eine Wohnung oder ein Haus gemietet hat, wird zu deren **Besitzer**. Wer eine Immobilie gekauft hat, wird zu deren **Eigentümer**. Das hat viele Vorteile, bringt aber auch Verantwortung.

Wohneigentum – Ja oder Nein?

Immobilieneigentümer/-innen haben keine Mietkosten. Sie müssen nicht damit rechnen, dass ihr Mietverhältnis gekündigt wird und sie sich eine neue Bleibe suchen müssen. Im Rahmen der gesetzlichen Vorschriften und der Regelungen in Mehrfamilienhäusern können sie die Immobilie nach Belieben umbauen und um-gestalten. Sobald etwas kaputtgeht, müssen sie sich allerdings selbst um die Reparatur kümmern und auch die Kosten tragen. Als Eigentümer/-innen haben sie **Sicherungspflichten** und haften für Schäden, die vom Gebäude oder Grundstück ausgehen. Dafür sollten sie Rücklagen bilden.
Andererseits können Eigentümer/-innen ihre Immobilie auch vermieten und dafür Miete einnehmen.

So geht der Eigentumserwerb

Häuser und Wohnungen zum Kauf werden in Internetportalen, in den Immobilienabteilungen der Banken und in Immobilienfirmen sowie vereinzelt auch noch in überregionalen Tageszeitungen angeboten.
Auch beim Kauf sind Immobilien ein besonderes Gut: Weil sie sich nicht „mitnehmen“ lassen, sind beim Immobilienkauf ein schriftlicher Vertrag und zusätzlich eine notarielle Beurkundung gesetzlich vorgeschrieben. Fast immer bezahlt ein Käufer den vereinbarten Preis mithilfe von Fremdmitteln.

A **Erläutere den Unterschied zwischen Besitz und Eigentum.**

B **Beschreibe, was Immobilien zu einem speziellen Gut macht (drei Aspekte).**

C **Führt ein Rollenspiel durch, in dem eine/-r für das Leben in einer gemieteten Immobilie und der/die andere für das Leben im Eigentum argumentiert.**

Wie entwickeln sich die Immobilienpreise?

M1 *Preisentwicklung für Häuser in M-V*

Jahr	Preis in €/m²	Änderung zum Vorjahr
2024	2 288	-0,42%
2023	2 297	-6,34%
2022	2 453	+7,15%
2021	2 289	+19,56%
2020	1 914	+9,52%
2019	1 748	-------

Bei den Häuserpreisen ist der Preis der bebauten Fläche inbegriffen.

M2 *Preisentwicklung für Wohnungen in M-V*

Jahr	Preis in €/m²	Änderung zum Vorjahr
2024	2 777	+2,41%
2023	2 712	-3,24%
2022	2 802	+11,94%
2021	2 503	+5,83%
2020	2 365	+8,68%
2019	2 176	-------

M3 *Immobilienpreisentwicklung in Mecklenburg-Vorpommern*

M4 *Wohneigentum Stadt und Land*

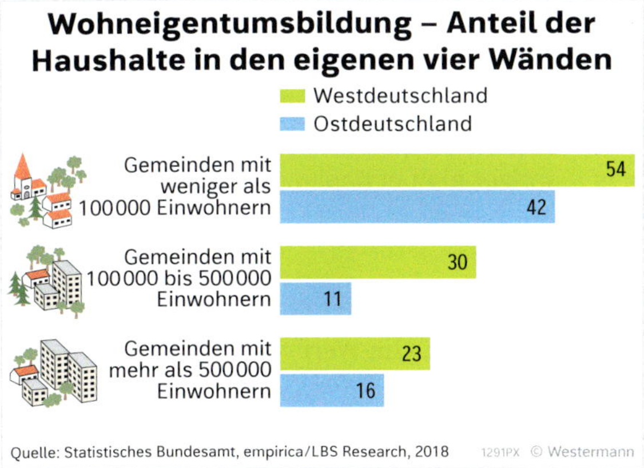

1 Beschreibe die Entwicklungen der Immobilienpreise in den letzten fünf Jahren (M1, M2).

2 Vergleiche deine Beschreibung mit der Prognose in der Grafik M3.

3 Sammelt Vorteile und Nachteile der Entwicklung in den „hellblauen" Landkreisen. Bienenkorb

4 **a)** Erläutere die in der Grafik M4 dargestellten Sachverhalte. Link: *Vergrößerte Abbildung*

b) Stelle mögliche Gründe für die Unterschiede zusammen.

c) Nimm Stellung zu der Aussage: „Wohneigentum schafft Ungleichheit." Think-Pair-Share

Abb. 1 *Finanzierung mit Eigenkapital, Bausparvertrag und Bank*

Finanzierungsbausteine

Kredite oder Darlehen von der Bank

Ausgangspunkt für den Kauf einer Immobilie ist ein gewisses **Eigenkapital**. Dieses sollte etwa 20 Prozent der Kaufsumme betragen. Der deutlich größere Anteil wird über ein **Darlehen** finanziert, der Sonderform eines Kredits. Die Kundschaft verpflichtet sich im Darlehensvertrag gegenüber der Bank zur Zahlung von Zinsen und zur Rückzahlung des geliehenen Betrags innerhalb eines festgelegten Zeitraums, zur Tilgung.

Rückzahlung eines Darlehens

Die Rückzahlung eines Darlehens erfolgt in Raten. Die übliche Form ist dabei das **Annuitätendarlehen**, bei dem die Rate über die gesamte Laufzeit des Darlehens unverändert bleibt. Zunächst dient ein großer Teil der festgelegten Raten zur Begleichung der Zinsen und nicht zur Verkleinerung des Darlehens. Dadurch verringert sich zwar die **Darlehenssumme** nur langsam, und die **Zinsverpflichtung** ist insgesamt etwas höher, aber der **Darlehensnehmer** kann seine Finanzen sehr gut planen. Der Zinssatz wird zwischen Darlehensnehmer und **Darlehensgeber** meist für einen Zeitraum von 5 oder 10 Jahren festgelegt (**Zinsbindung**) und dann neu verhandelt. Eine andere, selten gewählte Form ist das **Abzahlungsdarlehen**, bei dem die Tilgungsrate immer gleich ist. Hier sinkt die monatliche Gesamtbelastung durch die abnehmenden Zinszahlungen laufend.

Es kann vorkommen, dass Immobilienkäufer/-innen die Zinsen und Tilgung nicht mehr bezahlen können. Deshalb muss der Darlehensnehmer der Bank das Recht einräumen, in diesem Falle die Immobilie zu übernehmen. Diese vertragliche Verpflichtung bezeichnet man als Grundschuld oder Hypothek.

Bausparvertrag

Wer plant, in der Zukunft eine Wohnimmobilie zu erwerben, kann bei einer Bausparkasse einen Bausparvertrag abschließen. Dieser gliedert sich in einen Sparvertrag und einen Darlehensvertrag. Zunächst spart man bis zu einer festgelegten Summe monatliche Beträge an. Ist die Bausparsumme erreicht, kann sie zusammen mit einem Darlehen, das so hoch ist wie die angesparte Summe, an den Kunden oder die Kundin ausgezahlt werden. Die Zinsen sind meist etwas niedriger als bei Kapitalmarktdarlehen und die Laufzeiten sind lang.

A **Begründe die Höhe des Eigenkapitals beim Kauf einer Wohnung im Wert von 250 000 €.**

B **Berechne die Gesamtzinsen für ein Darlehen über 200 000 €, wenn der Zinssatz 4 % beträgt.**

Wie hoch ist die Zinsbelastung?

M1 *Zinssätze in Abhängigkeit von der Zinsbindung*

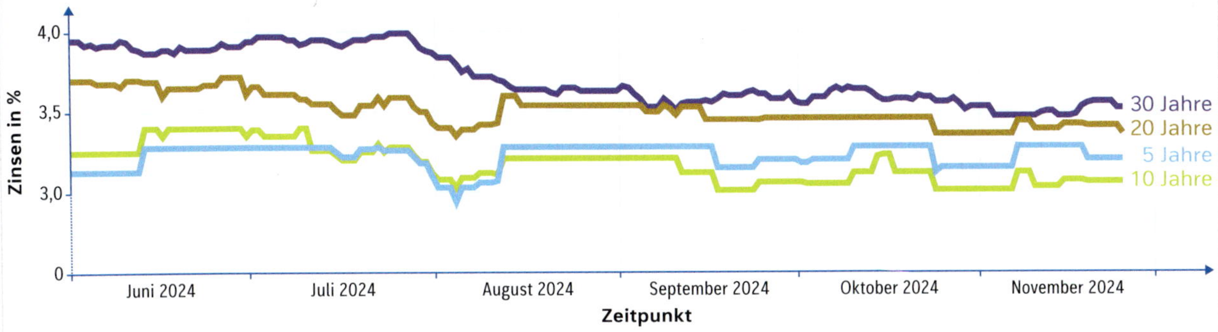

Quelle: baufinanz-mv.de

1 **a)** Gib die Inhalte der grafischen Darstellung M1 wieder.
b) Erkläre, warum der Zinssatz für eine fünfjährige Zinsbindung stärker schwankt als für eine 30-jährige Zinsbindung.
c) Stelle Vermutungen an, warum der Zinssatz für eine lange Zinsbindung im Jahr 2024 höher war als der Zinssatz für eine kürzere Zinsbindung.
d) Überlege, wann eine längere und wann eine kürzere Zinsbindung für Immobilienkäufer vorteilhaft sein kann.

Ein Darlehen zurückzahlen

M2 *Tilgungsplan für ein Annuitätendarlehen*

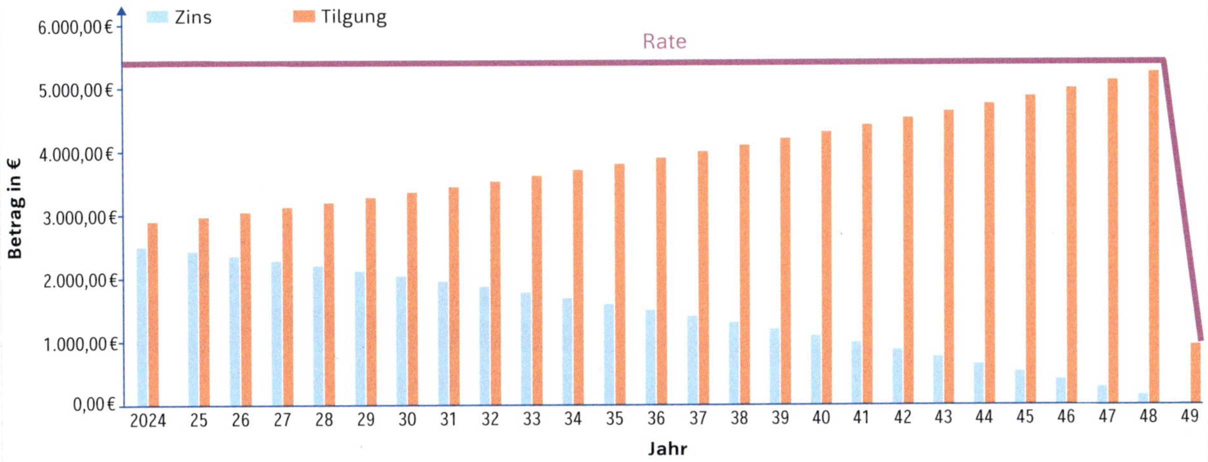

Dargestellte Gesamttilgung: 100.000,00 €; Dargestellte Gesamtzinsen: 35.966 €; Zinssatz: 2,5 %

2 Erläutere anhand von M2, wie die Tilgung des Darlehens abläuft.

3 Beweise, dass es sich bei der in M2 dargestellten Gesamttilgung um ein Annuitätendarlehen handelt.

Abb. 1 *Eine Notarin beurkundet ein Dokument.*

Der staatliche Rahmen

Notarielle Beurkundung

Wenn man eine Immobilie kauft, schließt man einen Vertrag ab, der die Zahlung des Kaufpreises und die Übergabe der Immobilie regelt. Gültig ist ein solcher Vertrag nur mit der Beurkundung durch ein Notariat. Notare und Notarinnen sind staatlich beauftragte Juristen, die Willensäußerungen aller Art von Bürgern beglaubigen. Die Beteiligten müssen vor dem Notar erscheinen, um ihren Wunsch, eine Immobilie zu kaufen bzw. zu verkaufen, zu äußern und den ausgehandelten Vertrag bestätigen zu lassen. Für jede Immobilie wird ein Grundbuchauszug erstellt und beim Grundbuchamt hinterlegt. So können die Eigentumsverhältnisse für eine Immobilie jederzeit festgestellt werden. Diese Regelung erzeugt beim Immobilienkauf ein hohes Maß an Zuverlässigkeit und Verbindlichkeit. Es geht schließlich meist um hohe Beträge, um ein hohes Maß an Verantwortung und um Güter, die stets am selben Ort bleiben.

Finanzielle Förderung

Der Staat hält es für sehr wünschenswert, dass Bürger/-innen, vor allem Familien, Wohneigentum erwerben. Wer in einer selbstgenutzten Eigentumswohnung oder einem Eigenheim wohnt, ist gegen finanzielle Risiken besser abgesichert. Daher fördert der Staat den Immobilienerwerb auf vielfältige Weise. Ausgangspunkt für eine staatliche Förderung ist oft ein **Bausparvertrag**. Viele Arbeitgeber unterstützen diesen mit vermögenswirksamen Leistungen. Der Staat erhöht die vermögenswirksamen Leistungen um eine Arbeitnehmersparzulage. Hinzu kommt eine Wohnungsbauprämie von 10 % der Einzahlungen.
Auch im Rahmen der privaten Altersvorsorge, für Familien mit Kindern und für umweltfreundliches Bauen bietet die staatliche „Kreditanstalt für Wiederaufbau“ (KfW) eine Reihe von Förderprogrammen. Man erhält vergünstigte Zinsen für Darlehen oder auch direkte Zuwendungen, indem beispielsweise die letzten Tilgungsraten erlassen werden.

Abb. 2 *Fallende Dachziegel*

A Erkläre, warum beim Immobilienkauf mehr als ein Handschlag nötig ist.

B Erläutere, warum der Staat ein Interesse daran hat, zu wissen, wer Eigentümer eines Gebäudes ist (Abb. 2).

Notarielle Beurkundung

M1 *Funktionen der notariellen Beurkundung*

Quelle: Die Gesellschaft für Immobilienverrentung

1 Erläutere anhand von M1 die Risiken, die ohne Beurkundung beim Immobilienkauf bestehen würden.

2 Recherchiere, wie ein Notariat Immobilienkäufer/-innen berät.

Staatlich gefördertes Sparen

M2 *Vermögenswirksame Leistungen*

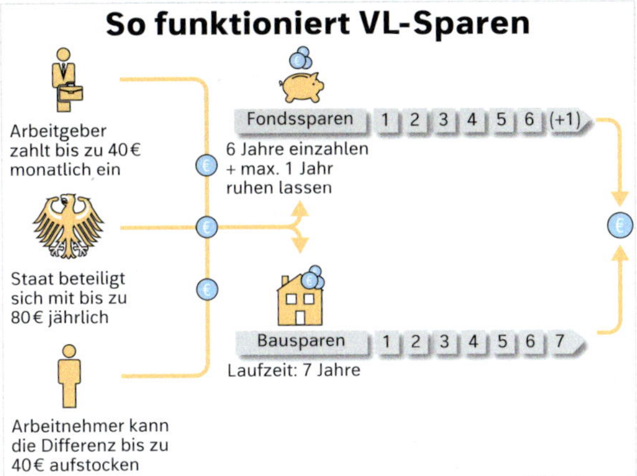

Quelle: Volksbanken-Raiffeisen-Banken

3 Berechne das maximale Sparguthaben eines/-r Arbeitnehmers/-in nach 6 Jahren (M2).

4 Begründe, warum ein erster Bausparvertrag manchmal zeitgleich mit einem Ausbildungsvertrag abgeschlossen wird.

Förderung beim Immobilienkauf

M3 *KfW-Förderprogramme*

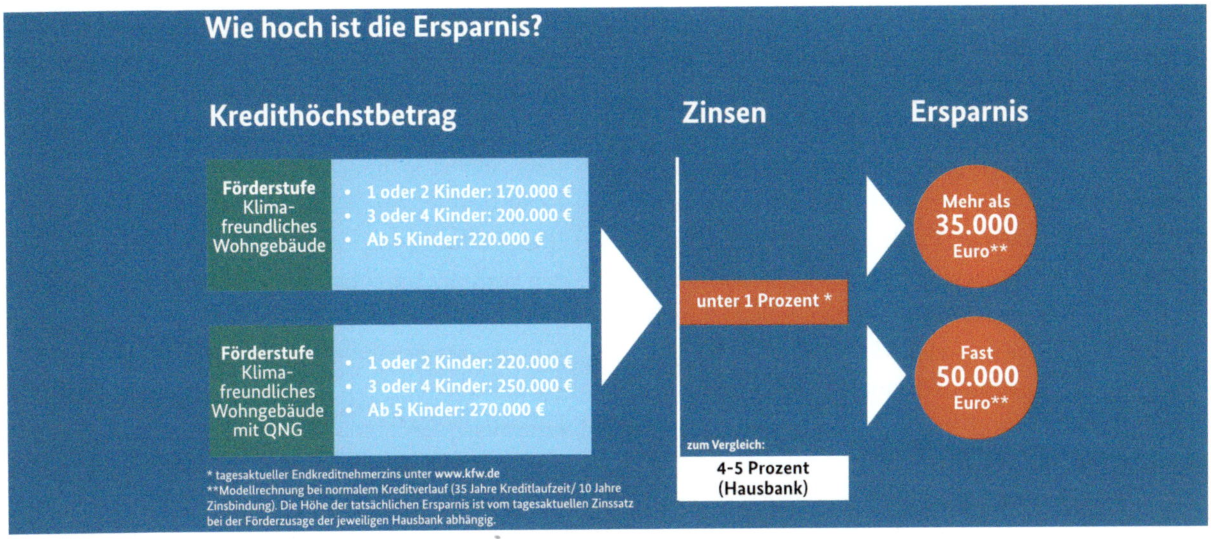

5 **a)** Erläutere das Förderangebot in M3.
b) Erschließe, welche Schwerpunkte der Staat dabei im Jahr 2023 gesetzt hat.
c) Nimm Stellung zu der Schwerpunktsetzung.

6 Recherchiere zu aktuellen Förderschwerpunkten der staatlichen Immobilienförderung.

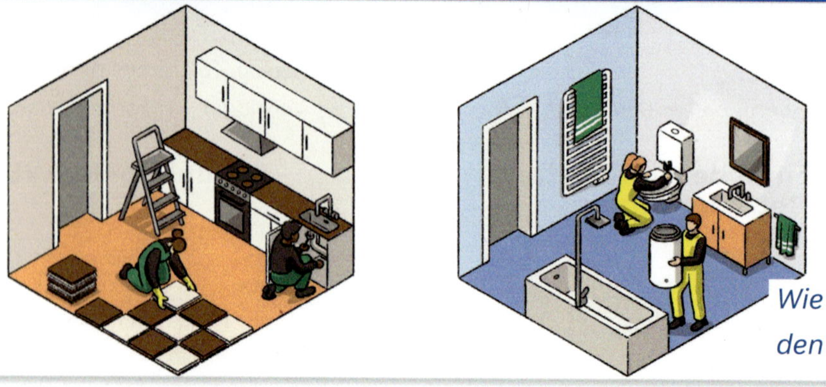

Abb. 1 *Reparatur- und Renovierungsarbeiten*

Reparatur und Renovierung

Eigentümer/-innen einer Immobilie müssen für deren Erhalt sorgen. Sie sind für die Durchführung aller größeren Renovierungs- und Reparaturarbeiten verantwortlich und tragen deren Kosten, unabhängig davon, ob sie das Wohneigentum selbst nutzen oder vermieten. Für kleine Reparaturen und Instandsetzungen kann durch den Mietvertrag auch die Mietpartei selbst verantwortlich sein.

Reparaturen

Reparaturen bei einer Immobilie bedeuten, dass Schäden oder Mängel behoben werden, um das Haus oder die Wohnung weiterhin nutzbar zu machen. Sie sind notwendig, um die Funktionsfähigkeit der Immobilie zu erhalten. Dazu gehört das Ausbessern von kaputten Wasserleitungen und Heizungen oder undichten Dächern. Solche Reparaturen stellen sicher, dass das Gebäude sicher und bewohnbar bleibt. Ohne regelmäßige Reparaturen können kleine Schäden zu größeren Problemen führen, die teurer und zeitaufwändiger zu beheben sind. Sie tragen auch dazu bei, den Wert der Immobilie zu erhalten. Vernachlässigte Schäden können den Wohnkomfort der Bewohner/-innen beeinträchtigen. Besonders bei Mietwohnungen sind Reparaturen oft gesetzlich vorgeschrieben, um die Lebensqualität sicherzustellen. Letztlich schützen sie das Eigentum und verhindern, dass größere Investitionen notwendig werden.

Renovierung

Renovierungen bei einer Immobilie sind größere Veränderungen, die das Aussehen, die Funktionalität und den Wert des Gebäudes verbessern. Im Gegensatz zu Reparaturen geht es bei Renovierungen nicht nur darum, Schäden zu beheben, sondern oft darum, Räume zu verschönern. Dazu zählen zum Beispiel das Erneuern von Böden, das Streichen von Wänden oder der Umbau von Badezimmern und Küchen. Renovierungen können das Zuhause attraktiver und komfortabler machen, was den Lebensstandard erhöht. Sie sind oft notwendig, um mit aktuellen Wohnstandards Schritt zu halten und die Immobilie an neue Bedürfnisse oder Geschmäcker anzupassen.

Eine gut durchgeführte Renovierung kann außerdem den Wert der Immobilie steigern, was besonders bei einem geplanten Verkauf von Vorteil ist. Regelmäßige Renovierungen können auch dazu beitragen, zukünftige größere Schäden zu verhindern, indem alte oder verschlissene Materialien ersetzt werden. Insgesamt sorgen Renovierungen dafür, dass das Zuhause auf lange Sicht modern, sicher und komfortabel bleibt.

A **Ordne die Tätigkeiten in Abb. 1 nach Reparatur- und Renovierungsarbeiten.**

B **Beschreibe, wodurch der Wert einer Immobilie erhalten oder gesteigert wird.**

Material

Arbeiten zum Erhalt des Wohnraums

M1 *Tropfender Wasserhahn*

Es gibt viele Ursachen für einen tropfenden Wasserhahn. Bei einem Einhebelmischer ist möglicherweise die Kartusche in der Armatur verkalkt. Bei einem Wasserhahn mit Drehgriff können eine defekte Dichtung oder ein verkalkter Ventilsitz der Grund für das Tropfen sein. Um bei der Reparatur eine Überschwemmung zu verhindern, muss die Wasserzufuhr für den Wasserhahn gestoppt werden. Dazu muss das Absperrventil, welches häufig als Eckventil aus der Wand ragt, geschlossen werden.

M2 *Einhebelwasserhahn*

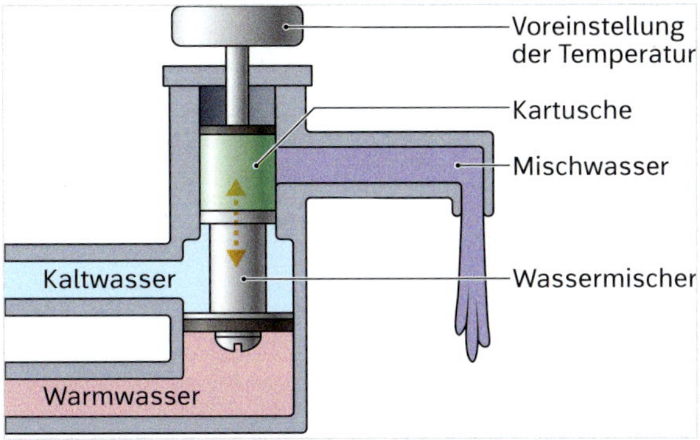

M3 *Drehgriffwasserhahn*

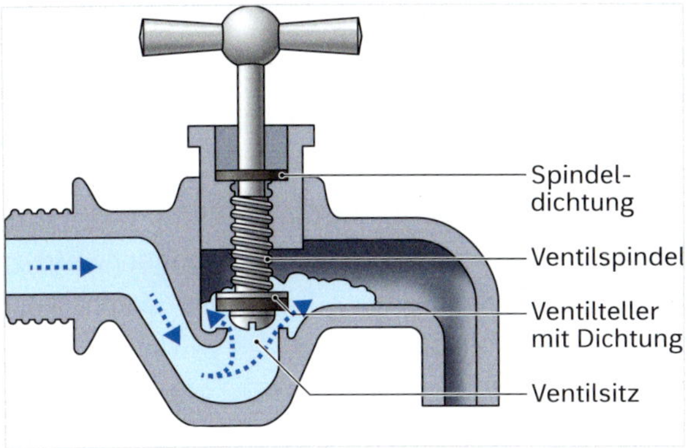

M4 *Arbeitsmaterialien zum Malern*

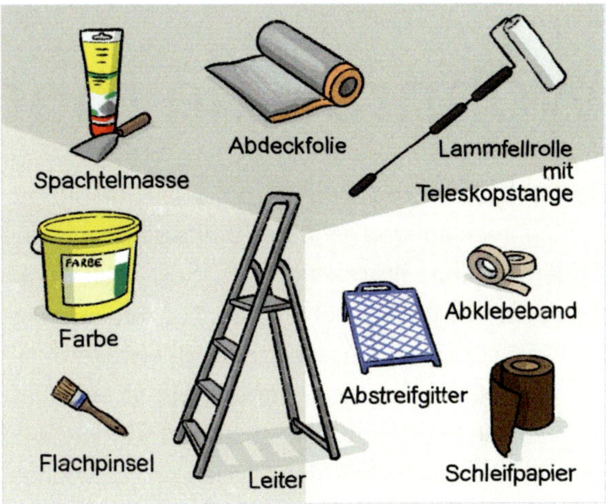

M5 *Malern von Decken und Wänden*

Beim Malern eines Zimmers mit Wand und Decke wird zuerst der Raum vorbereitet. Möbel werden abgedeckt, der Boden mit Folie geschützt und Kanten, Fensterrahmen sowie Steckdosen mit Klebeband abgeklebt. Anschließend werden Risse oder Löcher in der Wand oder Decke mit Spachtelmasse gefüllt und glatt geschliffen, sobald sie getrocknet sind. Dann kann eine Grundierung aufgetragen werden, damit die Farbe später gleichmäßig haftet und deckt. Nachdem die Grundierung getrocknet ist, wird zuerst die Decke gestrichen, um Farbspritzer auf bereits gestrichenen Wänden zu vermeiden. Danach folgen die Wände, wobei mit einem Pinsel die Ecken und Kanten und die Flächen mit einer Rolle bearbeitet werden. Abschließend wird das Klebeband entfernt, bevor die Farbe vollständig trocknet, um saubere Ränder zu erhalten.

1 Nenne Gründe für einen tropfenden Wasserhahn (M1).

2 Erkläre den Aufbau eines Einhebelwasserhahns mithilfe von M2 und dem Video.
Film: *Der Wasserhahn*

3 Beschreibe die Arbeitsschritte und die benötigten Werkzeuge, um die Dichtungen an einem Drehgriffwasserhahn zu tauschen (M3).

4 Ordne die Arbeitsmaterialien (M4) den Arbeitsschritten beim Malern (M5) zu .

5 Begründe, warum es sinnvoll ist, erst die Decke und dann die Wand zu streichen (M5).

6 Berechne die Menge an Farbe für dein Klassenzimmer. Der durchschnittliche Verbrauch an Farbe beträgt 2 l pro 10 m².

Abb. 1 *Maßnahmen energetischer Modernisierung*

Wohnräume modernisieren

Beim Modernisieren werden Immobilien durch Baumaßnahmen auf den neuesten Stand gebracht. Eine Modernisierung soll in der Regel den Nutz- oder Wohnwert einer Immobilie erhöhen. Ziel ist es, den urprünglichen Zustand zu verbessern oder zu erweitern, um beispielsweise neue Sicherheitsstandards einzuhalten. Soll die Energieeffizienz gesteigert werden, wird von einer energetischen Modernisierung gesprochen. Manche Modernisierungsmaßnahmen sind gesetzlich vorgeschrieben, z. B. im Bereich Brandschutz, bei veralteten Heizungsanlagen oder bei ungedämmten Dächern und Fenstern.

Energetisches Modernisieren

Energetisches Modernisieren bedeutet, dass ein Gebäude so umgebaut wird, dass es weniger Energie für Heizung, Kühlung und Strom benötigt. Dazu gehören Maßnahmen wie der Einbau besserer Fenster, die Dämmung von Wänden oder Dächern und der Einsatz energieeffizienter Heizsysteme. Ziel ist es, den Energieverbrauch zu senken und damit die Umwelt durch einen geringeren CO_2-Ausstoß zu schonen. Ein weiterer Vorteil ist, dass weniger Heizkosten anfallen, da die Wärme besser im Haus bleibt.

Außerdem steigt der Wohnkomfort, weil die Räume gleichmäßiger warm oder kühl gehalten werden können. Langfristig können Immobilien durch energetische Modernisierungen an Wert gewinnen, da sie für Käufer/-innen attraktiver werden. Der Staat erteilt oft finanzielle Unterstützung, damit solche Umbauten leichter finanzierbar sind.

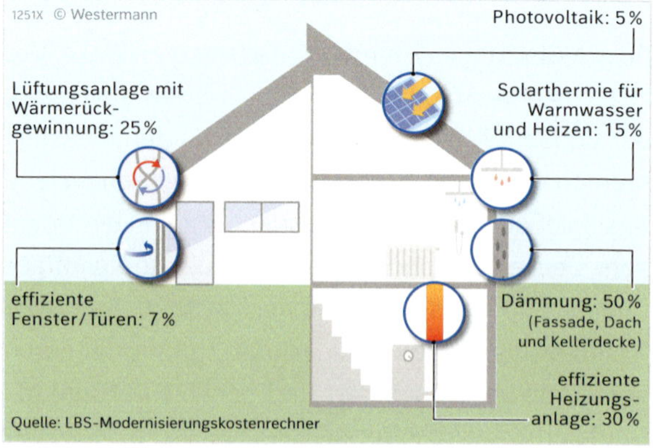

Abb. 2 *Energiekosten-Sparpotenzial bei Modernisierung*

A **Nenne Maßnahmen der Modernisierung und ordne sie nach deren Einsparpotenzial.**

B **Begründe, warum Modernisierung zum Kampf gegen den Klimawandel beiträgt.**

Material

Energetisches Modernisieren

M1 *Energieverlust verringern*

Der Energiebedarf eines älteren Hauses ist in der Regel deutlich höher als der Energiebedarf von Neubauten. Bestehender Baubestand muss energetisch nachgerüstet werden. Dazu wurden Gesetze verabschiedet, Häuser energiesparender zu bauen oder zu modernisieren. Ältere Häuser sind meistens schlechter in den Außenwänden und Dächern gedämmt, haben oft energieaufwändige, ältere Heizungsanlagen und vor allem undichte, einfach verglaste Fenster. Heutzutage werden mehrfach verglaste Fenster eingebaut. Zwischen den Gläsern befinden sich Schichten aus Luft oder Edelgasen. Gase sind aufgrund ihrer Teilchenabstände sehr schlechte Wärmeleiter. Mithilfe von zusätzlichen Beschichtungen kann der Wärmeverlust bei mehrfach verglasten Fenstern weiter reduziert werden.

In Zukunft sollen Neubauten oder modernisierte Altbauten mit Heizungsanlagen ausgestattet werden, die mindestens mit einem Anteil von 70 Prozent aus erneuerbarer Energie funktionieren.

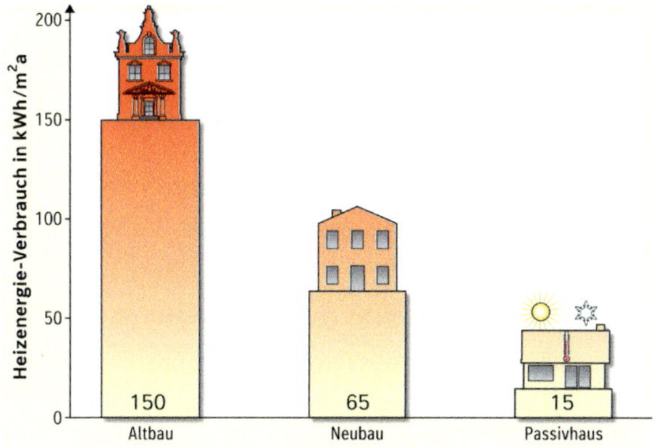

M2 *Aufbau einer Dreifachverglasung*

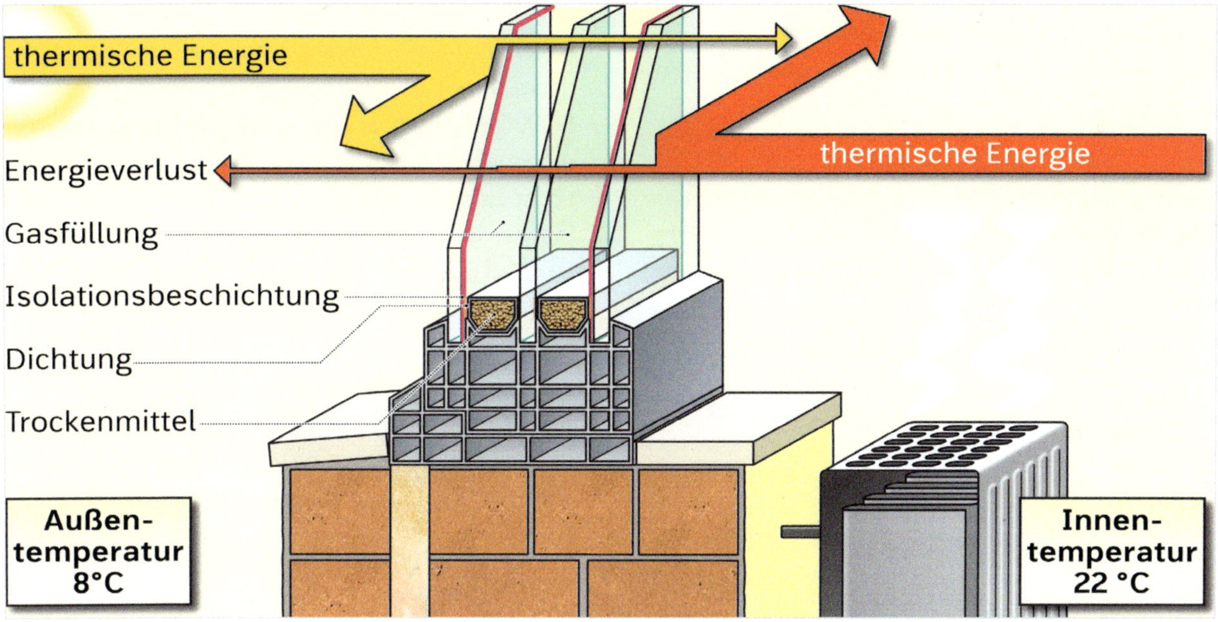

1 Beschreibe, wie der Staat auf die Modernisierung von Wohngebäuden Einfluss nimmt (M1).

2 **a)** Beschreibe den Aufbau eines dreifach verglasten Fensters (M2).

b) Erkläre, wie bei einem dreifach verglasten Fenster Energieverluste vermieden werden (M2).

c) Begründe die unterschiedlichen Temperaturangaben im Bild M2.

Wohnräume kaufen und erhalten

Ich kaufe eine Immobilie

Immobilien, also Grundstücke, Häuser und Wohnungen sind ein großes, unbewegliches, kostspieliges und langlebiges Gut. Daher erfordern Eigentumsnachweis, Kauf und Pflege besondere Maßnahmen.

Vorteile des Wohnens in der eigenen Immobilie sind:

- Man muss keine Miete mehr bezahlen.
- Man baut langfristig ein gewisses Vermögen auf.
- Man kann seine Wohnumgebung nach eigenen Wünschen gestalten.

Herausforderungen sind:

- Man ist örtlich und finanziell gebunden.
- Man trägt Verantwortung für die Instandhaltung der Immobilie.
- Man muss sicherstellen, dass von der Immobilie kein Risiko für die Umgebung ausgeht.

Um beweisen zu können, dass man Eigentümer/-in ist, muss der schriftlich geschlossene Kaufvertrag durch eine staatlich beauftragte juristischen Kanzlei (Notariat) beglaubigt werden. Immobilien werden mit hohem Aufwand renoviert und modernisiert.

Abb. 1 *Ein Darlehensvertag*

Finanzierungsbausteine

Eine Immobilien ist eine zuverlässige Geldanlage, weshalb es kein Problem ist, sich für deren Kauf zu verschulden. Eine Finanzierung besteht üblicherweise aus den Elementen Eigenkapital (ca. 20 %), Darlehensvertrag, Bausparvertrag, staatliche Förderung. Ein Darlehensvertrag (Abb. 1) wird bei einer Bank mit einem vereinbarten Zinssatz und einer festgelegten Laufzeit abgeschlossen. Die Tilgung ist meist auf Jahrzehnte angelegt. Die Zinsbindung kann nach vereinbarten Zeiträumen neu festgelegt werden, je nachdem, wie sich die Zinsen in der Zwischenzeit allgemein entwickelt haben.

Der staatliche Rahmen

Mit einem Bausparvertrag kann man langfristig für den möglichen Kauf einer Immobile sparen. Man zahlt monatlich Beiträge bis zu einer bestimmten Summe ein, die man dann als Darlehenssumme ausgezahlt bekommt. Bauspardarlehen haben in der Regel günstigere Zinsen als Bankdarlehen. Außerdem unterstützt bei Angestellten der Arbeitgeber die Beiträge mit vermögenswirksamen Leistungen.

Es ist im staatlichen Interesse, dass möglichst viele Bürger/-innen in Eigentum wohnen, denn es verringert das Risiko sozialer Bedürftigkeit. Staatliche Förderung besteht in der Arbeitnehmersparzulage und der Wohnungsbauprämie, die an Sparvertrag und vermögenswirksame Leistung geknüpft ist.

Besonders gefördert werden auch umweltfreundliches Bauen und Renovieren sowie Wohneigentum für Familien mit Kindern. Organisiert wird der größte Teil der Förderung durch die staatliche „Kreditanstalt für Wiederaufbau“ (KfW).

Wichtige Begriffe
Bausparvertrag, Beglaubigung, Eigenkapital, Darlehensvertrag, Kaufvertrag, notarielle Zinsbindung, Tilgung, vermögenswirksame Leistungen

Ich kaufe eine Immobilie

M1 *Wohneigentumsquote*

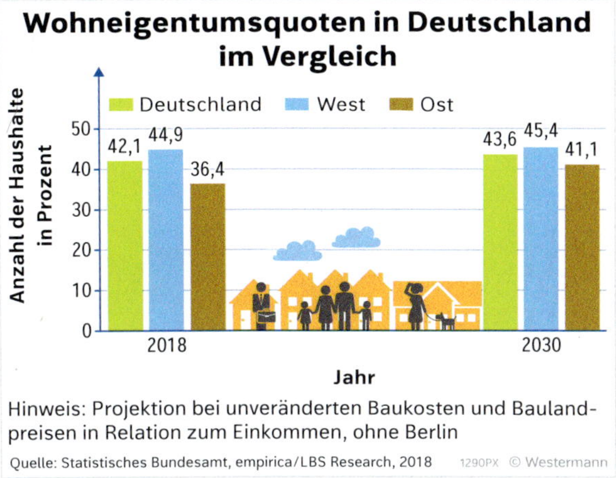

1 **a)** Erläutere die Eigentumsquote anhand M1.
b) Nenne Gründe für und gegen Wohneigentum.

Der staatliche Rahmen

M2 *Aufgaben des Notariats*

2 Erkläre das Schaubild M2 mit eigenen Worten.

3 Erläutere, warum ein erster Bausparvertrag oft zeitgleich mit einem Ausbildungsvertrag abgeschlossen wird.

Finanzierungsbausteine

M3 *Indexgrafik*

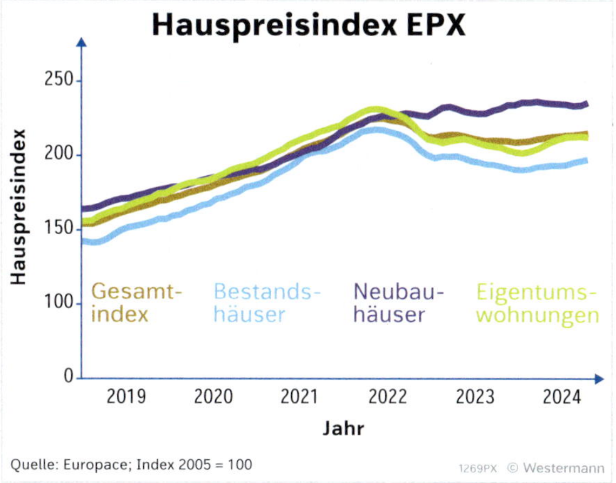

M4 *Auszug aus einem Schülervortrag*

„Wer ein Haus kaufen will, muss einen Eigenanteil bezahlen. Den bekommt man von der Bank. Außerdem muss ein Bausparvertrag vorliegen. Ergänzend nimmt man bei der Bank ein Darlehen auf. Das ist nicht schwer, denn ein Haus behält ja seinen Wert. Aber besser man vereinbart kein Abzahlungsdarlehen, denn da werden die Raten mit der Zeit immer höher. Ein Annuitätendarlehen ist besser, da werden die Raten mit der Zeit immer niedriger. Schwierig wird es, wenn man mit der Darlehensrückzahlung nicht hinterherkommt. Dann kann es sein, dass man ausziehen muss und einem das Haus nicht mehr gehört."

4 Beschreibe die Entwicklung der Immobilienpreise anhand der Grafik M3.

5 Prüfe und verbessere die Aussagen des Schülervortrags M4.

6 Begründe in eigenen Worten, warum beim Immobilienkauf ein Handschlag nicht genügt.

7 Erläutere, warum der Staat wissen sollte, wer Eigentümer/-in eines Gebäudes ist.

Kapitel 9

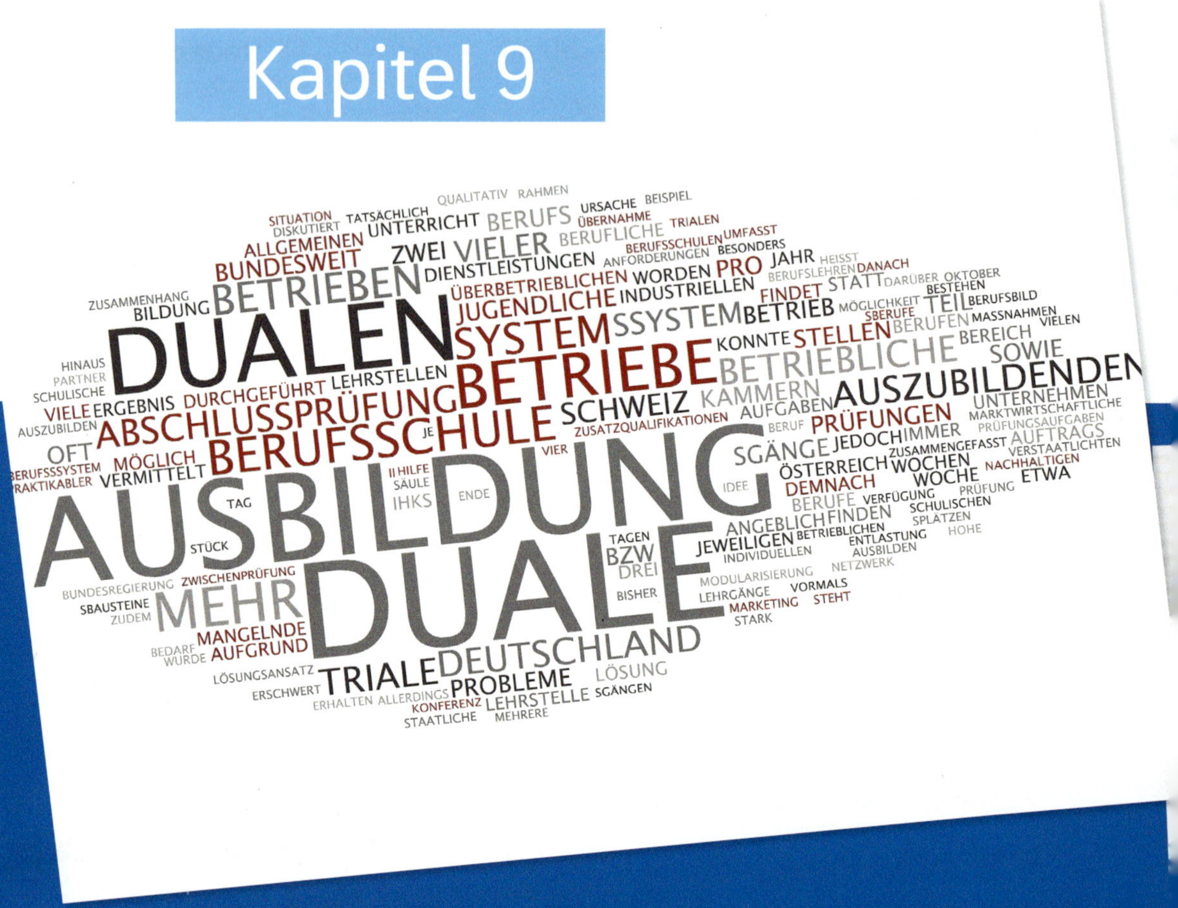

- *Wo liegen die historischen Wurzeln der Berufsausbildung?*
- *Welche Ausbildungsberufe werden dual, welche schulisch ausgebildet?*
- *Wie kommen Arbeitgebende und Arbeits-/Ausbildungsplatzsuchende zusammen?*
- *Wie bewerbe ich mich um einen Ausbildungsplatz bzw. eine Stelle?*
- *Was macht für mich einen attraktiven Ausbildungsbetrieb und Arbeitgeber aus?*

Mein Weg in die Arbeits- und Berufswelt III

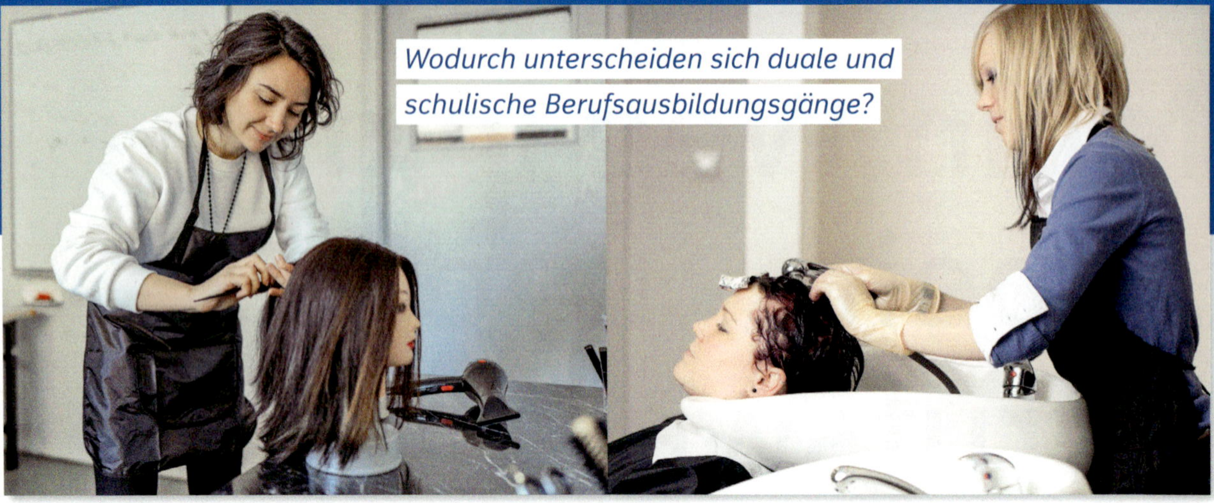

Abb. 1 *Frisörin bei der Ausbildung in der Schule und im Unternehmen*

Berufsausbildung – dual oder schulisch?

Duale und schulische Ausbildungsgänge

In jedem Jahr schließen in Deutschland über 500.000 junge Menschen eine Berufsausbildung ab. Rund 320 Ausbildungsberufe werden im so genannten „dualen System“ ausgebildet. Kennzeichnend für die **duale Berufsausbildung** ist, dass die Ausbildung an zwei zentralen Lernorten stattfindet: im Unternehmen sowie in der Berufsschule. Die Auszubildenden schließen mit dem jeweiligen Betrieb einen Ausbildungsvertrag ab und verbringen den Großteil der Ausbildungszeit im Unternehmen. Sie lernen im Prozess der Arbeit und werden durch erfahrene Berufspraktizierende angeleitet und unterstützt. Im Unternehmen erwerben sie vor allem berufspraktische Kenntnisse und Fähigkeiten.

Die **schulische Berufsausbildung** ist dadurch gekennzeichnet, dass die Ausbildung zu einem großen Anteil in einer Beruflichen Schule stattfindet. Hier erwerben die Berufsschülerinnen und Berufsschüler sowohl theoretische als auch praktische Kenntnisse und Fähigkeiten, die im jeweiligen Beruf benötigt werden. Im Rahmen von Praktika erproben sie die Anwendung dieser Fertigkeiten in der Berufspraxis. Im Unterschied zur dualen Ausbildung erhalten die Lernenden an den Berufsschulen keine Vergütung, sondern müssen häufig Schulgeld bezahlen.

Lange Tradition der Berufsausbildung

Die Ursprünge für das duale System liegen in der mittelalterlichen Gesellenausbildung. Eine Ausbildung bei einem Handwerksmeister war ausschließlich jungen Männern vorbehalten. Für mehrere Jahre lebten und arbeiten sie im Haushalt des Meisters mit und erwarben alle notwendigen Kenntnisse und Fähigkeiten. Ende des 19. Jahrhunderts entstanden für die Pflege und Betreuung von Kranken und Kindern die ersten Institutionen der öffentlichen Daseinsfürsorge – ein Bereich, in dem auch Frauen arbeiten durften. Um das Personal für ihre Tätigkeiten zu qualifizieren, wurden schulische Ausbildungseinrichtungen aufgebaut.

A Charakterisiere Berufe, die dual bzw. schulisch ausgebildet werden.

B Erläutere für einen Ausbildungsberuf, der dich interessiert, die Verknüpfung von theoretischen Kenntnissen und praktischen Fähigkeiten.

Gemeinsamkeiten und Unterschiede dualer und schulischer Berufsausbildungsgänge

M1 *Vergleich dualer und schulischer Ausbildung*

Vergleichskriterien	duale Ausbildung	schulische Ausbildung
Branchen	v.a. im Bau, Handel, Handwerk, Industrie und Landwirtschaft	v.a. im Gesundheits- und Sozialwesen, auch etliche naturwissenschaftliche, künstlerische und technische Berufen
Zugang	formal wird kein bestimmter Schulabschluss vorausgesetzt; Unternehmen legen die Voraussetzungen fest	meist Mittlere Reife, teilweise auch Berufsreife/ Hauptschulabschluss
Dauer	2-3,5 Jahre	1-3,5 Jahre
Anteil der Ausbildungszeiten an Lernorten	ca. 2/3 im Betrieb, 1/3 in der Berufsschule	Überwiegend an Beruflicher Schule (z.B. Berufsfachschule, höhere Berufsfachschule), nur für Praktika in betrieblichen Institutionen
Ausbildungsinhalte	spezifische, auf die Arbeitspraxis bezogene Ausbildung im Betrieb, allgemeinere Inhalte in der Berufsschule	eher breite Ausbildung, weniger tief in der Arbeitspraxis
Vergütung	festes Monatsgehalt, durch Ausbildungsvertrag geregelt	i.d.R. keine Vergütung, an privaten beruflichen Schulen muss Schulgeld gezahlt werden
rechtliche Grundlagen	Berufsbildungsgesetz, Ausbildungsordnungen, Ausbildungsvertrag, Jugendarbeitsschutzgesetz	Schulgesetze und Rahmenpläne der Länder
finanzielle Unterstützung	ggf. Berufsausbildungsbeihilfe	ggf. Schüler-BAföG
Abschluss	staatlich anerkannter Abschluss	staatlich anerkannter Abschluss

M2 *Wie verläuft eine duale Ausbildung?*

Hey! Ich bin Ayla. Ich mache gerade eine Ausbildung zur Kfz-Mechatronikerin. Die Ausbildung ist klasse! Ich kann in meinem Betrieb viele Dinge an den Autos ausprobieren. An zwei Tagen in der Woche gehe ich zur Berufsschule. Wir vertiefen dort die theoretischen Grundlagen für den Beruf. Manchmal ist das schon viel Theorie. Aber das kann ich häufig in der Praxis anwenden und dann auch besser verstehen.

M3 *Wie verläuft eine schulische Ausbildung?*

Hallo, mein Name ist Timo. Ich habe vor einem Jahr meine Ausbildung als staatlich anerkannter Physiotherapeut beendet. Die Ausbildung verläuft rein schulisch und man sollte einen Realschulabschluss oder ein Abitur vorweisen können. Man kann sich entweder an staatlichen oder privaten Berufsfachschulen bewerben. Während der Ausbildung findet theoretischer und praktischer Unterricht statt, der Themen wie Physiologie und Anatomie behandelt. Ich habe neben der Schule aber auch Praktika gemacht, die mir viel Spaß bereitet haben. Ich habe während der Ausbildung kein Gehalt bekommen, das war oft schwierig, aber für meinen Traumberuf habe ich das in Kauf genommen.

1 **Vergleiche duale und schulische Ausbildungsgänge: Welche Gemeinsamkeiten und Unterschiede gibt es? Nutze hierfür sowohl die Übersicht (M1) als auch die Berichte von Ayla und Timo (M2 und M3).**

Zusatzmaterial: *Arbeitsblatt Duale Ausbildung*

Beispiele für duale und schulische Ausbildungsberufe

M4 *Akrostichons von Ausbildungsberufen*

Das Erstellen von Akrostichons ist ein antikes Schreibspiel. Von einem Ausgangswort werden die Buchstaben senkrecht untereinandergeschrieben. Jeder dieser Buchstaben bildet dann den Anfang eines neuen Wortes oder einer Wortgruppe.

Duale Ausbildungsberufe

L uftverkehrskauffrau
O fen -und Luftheizungsbauerin
T iermedizinische Fachangestellte
T
E

Schulische Ausbildungsberufe

F remdsprachenkorrespondentin
A ugenoptikerin
H eilpraktikerin
L ogopädin

1 Nutze die Listen mit den dualen bzw. schulischen Ausbildungsberufe auf www.planet-beruf.de.
a) Erstelle aus deinem Vor- und Familiennamen jeweils ein Akrostichon. Ergänze hinter den Buchstaben deines Vornamens duale Ausbildungsberufe und hinter den Buchstaben deines Familiennamens jeweils einen schulischen Ausbildungsberuf (M4). Hinweis: Es gibt keine Berufe, die mit Q, X oder Y beginnen. Solltest du einen dieser Buchstaben in deinem Namen haben, dann nutze sie als Joker – und setze einen Beruf deiner Wahl ein.
b) Recherchiere zu drei der von dir aufgeschriebenen Ausbildungsberufe etwas intensiver und erstelle zu ihnen Kurz-Steckbriefe. Stellt euch im Anschluss eure Steckbriefe gegenseitig vor.
Link: *Bundesagentur für Arbeit*

M5 *Ausbildungsbotschafter/-innen*

Ausbildungsbotschafter/-innen sind Auszubildende im 2. oder 3. Lehrjahr, die authentisch über ihre Berufsausbildung berichten können. Häufig vermitteln Handwerks- sowie Industrie- und Handelskammern Ausbildungsbotschafter/-innen an Schulen, sodass ihr im Rahmen von Unterricht oder Projekttagen mit ihnen ins Gespräch kommen könnt. Aber auch Absolvent/-innen eurer Schule, die eine Berufsausbildung aufgenommen haben, könnt ihr einladen und sie von ihren Erfahrungen berichten lassen.

2 Zu welchen Beruf würdest du gerne mal einen Ausbildungsbotschafter einladen (M5)? Was würdest du ihn oder sie gerne fragen?

3 Erkundige dich, wer aus deinem Familien- und Bekanntenkreis eine duale oder schulische Ausbildung absolviert hat. Erstelle eine Übersicht über die Personen und Ausbildungsberufe. Wer in eurer Klasse hat die umfangreichste Übersicht?

Material

Vergleich der Berufsausbildung im Mittelalter mit der Gegenwart

M6 *Handwerksausbildung im Mittelalter*

Nur Jungen, die ehelich und christlich geboren wurden und deren Eltern sich das Lehrgeld leisten konnten, durften zu einem Meister in die Lehre gehen. Die drei- bis sechsjährige Lehre war Bedingung, Geselle zu werden. Die Gesellen lebten ab einem Alter von 12 Jahren im Haushalt des Meisters und arbeiteten in dessen Handwerk mit. Dort mussten sie alle anfallenden Tätigkeiten übernehmen, auch Tätigkeiten, die nichts mit dem Handwerk zu tun hatten. Geregelte Arbeitszeiten oder Anspruch auf Erholung und Urlaub gab es nicht. Wann die Ausbildung beendet war, entschied der Meister. Nach der Ausbildung war es üblich, dass die Gesellen für mehrere Monate und Jahre auf „Wanderschaft" gingen, um bei anderen Meistern weitere Erfahrungen zu sammeln. Nach Rückkehr konnte der Geselle eine bezahlte Stelle bei einem Meister annehmen. Er lebte auch dann im meisterlichen Betrieb mit. Einen eigenen Betrieb aufzubauen war nur möglich, wenn eine Meisterstelle frei war. Ein Leben lang „Junggesellen" blieben diejenigen, die keine Meisterstelle fanden. Hatte man es geschafft, eine Meisterstelle zu erhalten, z. B. durch Übernahme der väterlichen Stelle oder durch Heirat in eine Meisterfamilie, gehörte man zu den angesehenen Bürgern der Stadt.

M7 *Handwerksausbildung heute*

Moin. Ich mache eine Ausbildung zur Bootsbauerin in einem kleinen Betrieb in Hamburg, bin im 2. Lehrjahr. Ich wohne in einer WG. Die Ausbildungsvergütung ist im Bootsbau meist nicht sehr hoch, aber mein Chef hat noch etwas draufgelegt, sodass ich ganz gut über die Runden komme. Für die Wochen, in denen ich Berufsschulunterricht in Travemünde habe, erhalte ich noch einmal zusätzlich Übernachtungsgeld. Ich engagiere mich in der Landes-Jugend- und Auszubildendenvertretung, um die Ausbildungsbedingungen für alle Azubis zu verbessern. Nach der Ausbildung möchte ich auf jeden Fall auch auf anderen Werften arbeiten. Und irgendwann studiere ich vielleicht auch noch Schiffbau.

M8 *Schulische Berufsausbildung heute*

Hi, ich bin Pascal. Nach meinen Berufsreife-Abschluss habe ich zunächst die zweijährige Ausbildung zum Sozialassistenten an einer Beruflichen Schule absolviert. Nun bin ich im 2. Schuljahr der Erzieherausbildung. Ich wohne noch bei meinen Eltern. Für die Ausbildung muss ich viel lernen, aber es bleibt auch Zeit für meine Hobbys: Ich spiele Fußball und bin auch Fußball-Trainer einer Kindermannschaft. Außerdem treffe ich mich gerne mit Freunden und spiele gerne Computerspiele.

4 Beschreibe die Lebens- und Ausbildungsbedingungen im Mittelalter (M6).

5 Vergleiche diese mit den Bedingungen heute (M7, M8).

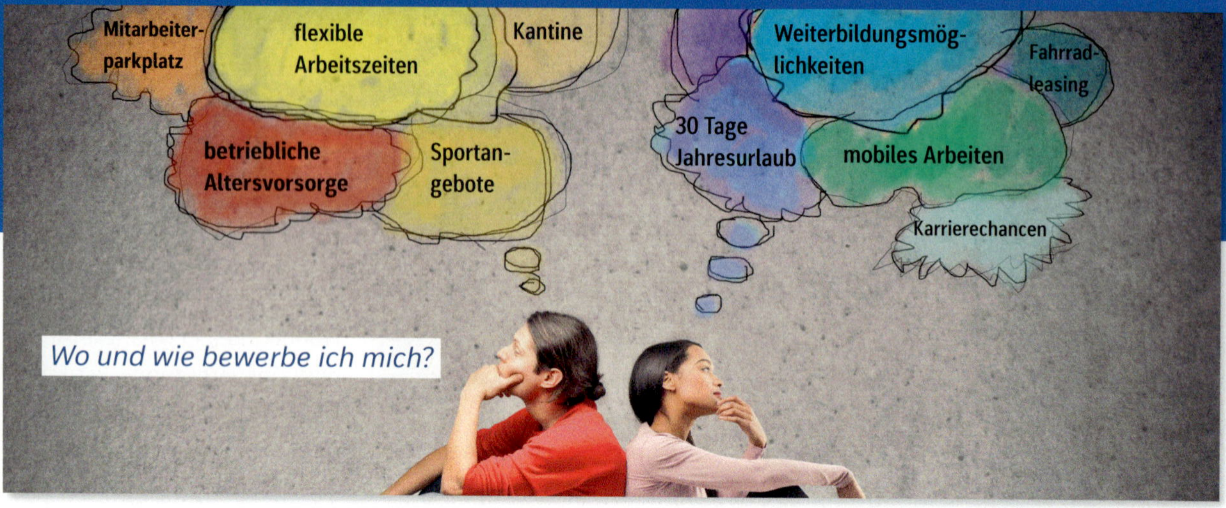

Abb. 1 *Welcher Arbeitgeber hat was zu bieten?*

Meine Bewerbung

Jeder Betrieb, jede Behörde, jede soziale oder kulturelle Einrichtung steht regelmäßig vor der Herausforderung, neue Mitarbeiterinnen und Mitarbeiter oder Auszubildende einzustellen. Auf der Basis von **Arbeitsplatz- und Tätigkeitsbeschreibungen** werden Stellenanzeigen veröffentlicht – z. B. auf Internetportalen, in Zeitungsannoncen oder über die Bundesagentur für Arbeit. Die **Stellenausschreibung** liefert wichtige Informationen über den Arbeitgeber, die zu besetzende Stelle sowie die Anforderungen an die gesuchte Person. Anhand dieser Ausschreibung prüft man als Arbeits- oder Ausbildungsplatzsuchender, ob man sich auf diese Stelle bewirbt oder nicht.

Der **Auswahlprozess** in den Unternehmen besteht aus mehreren Schritten:

1. **Vorauswahl und Eingrenzung des Bewerberfeldes**: Gesichtet und analysiert werden die eingereichten **schriftlichen Bewerbungen**. Die Personen, deren Bewerbungsunterlagen für vollständig, interessant und passend zur Ausschreibung eingeschätzt wurden, werden zu einem Bewerbungsgespräch eingeladen.
2. **Bewerbungsgespräch:** In diesem Gespräch lernen sich Arbeitgeber und arbeitssuchende Person persönlich kennen. Sie tauschen gegenseitig Vorstellungen und Erwartungen aus und klären ab, ob sie zu einander passen. Die Person, die am besten passt, erhält ein Arbeitsangebot.
3. **Vertragsabschluss und Einstellung**: Verhandelt werden ggf. noch arbeitsvertragliche Details (Einstellungstermin, Vergütung, Urlaub usw.). Zum vereinbarten Termin fängt die Person in der Organisation an und übernimmt die beschriebenen Aufgaben.

In einigen Fällen wird noch ein weiterer Auswahlschritt eingebaut: ein **Assessment-Center**. Mithilfe von Kenntnis-, Fähigkeits- und Kompetenztests wird geprüft, über welche fachlichen, sozialen und kommunikativen Fertigkeiten die Personen verfügen.

Hinweis: In Bewerbungsverfahren wählen beide Seiten: Als Ausbildungs- oder Arbeitssuchender wählt man den attraktivsten Arbeitgeber, als Arbeitgeber wählt man die geeignetste Person aus dem Bewerberfeld.

A Stelle den Prozess der Personalauswahl in einem Pfeildiagramm dar.

B Erkläre, wie es gemeint ist, dass sich sowohl Arbeitgeber als auch Arbeitssuchende beim jeweils anderen bewerben.

Perspektive A: Arbeitgeber sucht ideale Arbeitnehmerin /idealen Arbeitnehmer

M1 *Vorbereitung einer Stellenausschreibung; Anforderungsprofil*

Wählt eine Institution aus, die ihr gut kennt. Es könnte z. B. eure Schule und Klasse sein, für die eine neue Schul- oder Klassensprecherin oder jemand für eure Schülerfirma gefunden werden soll. Oder ihr denkt an eure Praktikumsinstitution, die eine weitere Praktikantin sucht.

Institution: Wie heißt eure Organisation? Was kennzeichnet sie und macht sie?

Stellenbeschreibung: Welche Stelle soll besetzt werden? Welche Aufgaben sind hier zu erfüllen?

Anforderungen: Über welche *fachlichen* Kenntnisse und Fähigkeiten sollte die Person idealerweise verfügen? Was sollte sie gut können?
Mit welchen Personen hat sie zu tun (Kollegen, Kundschaft und Vorgesetzte bzw. Lehrkräften/Schulleitung, Eltern usw.)? Welche *sozialen und kommunikativen* Fähigkeiten sind hier notwendig? Was ist euch darüber hinaus noch wichtig?

Unterlagen: Welche Unterlagen sollen die Bewerber/-innen bis wann bei euch einreichen (Lebenslauf, Motivationsschreiben, Nachweise über die genannten Kenntnisse und Erfahrungen oder Videobotschaften)? Wie kurz oder ausführlich sollen die Ausführungen sein?
In welcher Form sollen diese Unterlagen eingereicht werden (Messengerdienst, Mail, Post)? An wen sollen diese Unterlagen geschickt werden?

M2 *Kriterien für die Bewerber-Auswahl*

- ☐ freundliches Anschreiben
- ☐ vollständiger Lebenslauf
- ☐ fehlerfreie Unterlagen
- ☐ Kenntnisse und Erfahrungen entsprechen dem Anforderungsprofil
- ☐ ehrliche Aussagen
- ☐ kreative Umsetzung der Bewerbung
- ☐ Nachweise über Kenntnisse und Erfahrungen (Zeugnisse/Zertifikate)
- ☐ im Anschreiben wird Bezug auf die Stellenausschreibung genommen
- ☐ aus dem Anschreiben wird deutlich, dass die Person genau weiß, worauf sie sich bewirbt
- ☐ originelle Bewerbung ....

1 Versetzt euch in die Lage eines Arbeitgebers, der nach einer neuen Mitarbeiterin bzw. einen neuen Mitarbeiter sucht und bereitet eine Stellenausschreibung und -besetzung vor (M1). Wähle eine der Aufgaben aus: Partnerarbeit

a) Erstellt ein Anforderungsprofil (M1), in dem ihr die aufgeführten Fragen möglichst konkret beantwortet .

b) Erstellt neben dem Anforderungsprofil (M1) auch eine Stellenausschreibung, die auch visuell ansprechend ist. Orientiert euch hier auch an realen Stellenausschreibungen.

2 Vergleicht in der Gruppe eure Anforderungsprofile. Welche Anforderungen werden häufig genannt? Galeriegang

3 Angenommen, ihr hättet eure Stelle ausgeschrieben und viele Bewerbungen erhalten.

a) Begründet, nach welchen Kriterien ihr die Bewerbungsunterlagen sichten würdet (M2). Welche weiteren Kriterien sind für euch relevant?

b) Benennt Fragen, die ihr in einem Bewerbungsgespräch stellen würdet.

c) Tauscht euch in der Gruppe über eure Fragenkataloge aus.

d) Recherchiert, welche Fragen in Bewerbungsgesprächen nicht gestellt werden sollten.

Material

Perspektive B: Arbeitnehmer/-in sucht idealen Arbeitgeber

M3 *Auszüge aus Stellenannoncen*

Die Arbeitgeber werben um gute Fachkräfte und versuchen die besten Menschen für sich zu gewinnen, z. B. in dem auf ihre Vorzüge hinweisen:

„Wir sind ein junges, dynamisches Team."

„Das Mittagessen in unserer Kantine ist kostenfrei."

„Wir bieten ein 13. Monatsgehalt sowie attraktive Altersvorsorge."

„Wir haben eine 4-Tage-Woche."

„Bei uns können Sie Karriere machen!"

„Unseren Mitarbeiter/-innen steht ein umfangreiches Sport- und Freizeitangebot zur Verfügung."

„In unseren Pausenräumen gibt es frisches Obst sowie gesunde Getränke."

„Wir sind eine Organisation mit flachen Hierarchien."

„Wir verfügen über einen betriebseigenen Kindergarten."

„Bei uns gibt es keine Überstunden. Stattdessen bieten wir 35 Urlaubstage."

„Uns liegt das Thema Nachhaltigkeit besonders am Herzen. Wir achten in allen Prozessschritten auf Ressourcen- und Umweltschonung."

„Wir bieten flexible Arbeitszeiten und viele Weiterbildungsmöglichkeiten."

1 Welche Vorzüge, die von den verschiedenen Unternehmen in Stellenausschreibungen formuliert werden (M3), sprechen dich persönlich besonders an? Begründe deine Auswahl.

2 Erläutere, was für dich darüber hinaus einen attraktiven Arbeitgeber ausmacht.

Was macht einen sehr guten Ausbildungsbetrieb aus?

M4 *Auszeichnung „TOP Ausbildungsbetrieb"*

Ausbildungsbetriebe können sich bei den Industrie- und Handelskammern um das Siegel „TOP Ausbildungsbetrieb" bewerben. Sie müssen darlegen, dass sie (sehr) gute Ausbildungsbedingungen sicherstellen. Die Kriterienkataloge und die ausgezeichneten Unternehmen kannst du im Internet abrufen – z. B. bei der IHK zu Rostock, der IHK Schwerin oder der IHK Neubrandenburg.

3 Erstelle eine Übersicht über Kriterien, die bei der Auszeichnung „TOP Ausbildungsbetrieb" eine Rolle spielen (M4). Link: *IHK Rostock*

4 Benenne zehn TOP-Ausbildungsbetriebe in deiner Region. Recherchiere hierzu auf den jeweiligen Webseiten der Industrie- und Handelskammern.

5 Begründe, welche Kriterien dir bei der Suche eines Ausbildungsbetriebs wichtig sind.

Schriftliche Bewerbungsunterlagen erstellen: Stolpersteine und Tipps

M5 *Besonderheiten bei Online-Bewerbungen*

„Auch unser Unternehmen bevorzugt inzwischen digitale Bewerbungen, denn Online-Bewerbungen sparen Kosten (Papier, Porto) und können schneller bearbeitet werden. In unseren Stellenausschreibungen verweisen wir auf unsere Firmenwebseite und das dort verlinkte Bewerbungsformular. Berücksichtigen können wir nur vollständig ausgefüllte Formulare. Bei einer Online-Bewerbung werden Anschreiben und Lebenslauf von den Bewerbern zunächst ausgedruckt, unterschrieben und gescannt. Zusammen mit den gescannten Zeugnissen und Zertifikaten werden sie dann zu einer PDF-Datei zusammengefügt. Viele einzelne Dateien zu versenden macht keinen guten Eindruck, dies führt uns zu der Annahme, der Bewerber könne mit den gängigen Software-Programmen nicht umgehen."

6 **Erläutere die Unterschiede zwischen einer schriftlichen Bewerbung, die per Post versendet wird und einer Online-Bewerbung (M5).**

7 **Worauf kommt es beim Erstellen von schriftlichen Bewerbungsunterlagen an? Erstellt einen Kriterienkatalog.** Placemat

8 **Prüft anhand des Kriterienkataloges gegenseitig eure Bewerbungsunterlagen, die ihr (im Deutsch-Unterricht) erstellt habt. Gebt auch Hinweise, was verändert werden sollte.**

M6 *Chat Bewerbungsunterlagen*

1 Hi Marie, kannst du mir helfen? Ich habe das Anschreiben und den Lebenslauf fertig. Was muss ich noch dazulegen?

2 ... und ...

3 Ah, ok. Das habe ich beides irgendwo auf meinem Schreibtisch. Ich kann doch die Originale nehmen?

4 ...

5 Oh, das wusste ich nicht. Warum soll ich denn die Originale nicht verschicken?

6 ...

7 Prima, danke, dann mache ich das in Zukunft immer so!

9 **Ergänze die Antworten in dem Chatverlauf (M6) in dein Heft.**

M7 *Gespräch unter Freunden*

A: Hast du schon Bewerbungen für deinen Praktikumsplatz verschickt?
B: Ja, 25 Bewerbungen.
A: Echt, so viele?
B: Ist ja kein Aufwand, ich habe die gleichen Unterlagen einfach an alle Adressen geschickt, die uns unsere Lehrerin gegeben hat.
A: Das soll funktionieren? Ich glaube, ich mache das anders ...

10 **Beurteile das Vorgehen von B bei der Bewerbung um einen Praktikumsplatz. Was würdest du A empfehlen, was sollte er/sie tun?**

Methode

Rollenspiel – ein Bewerbungsgespräch vorbereiten

Vorbereitung

Für die Vorbereitung auf dieses Rollenspiel könnt ihr euch auch einen oder zwei Fachleute aus der Wirtschaft einladen: Geschäftsführer/-innen und Personalverantwortliche kennen sich mit Bewerbungsunterlagen und Bewerbungsprozessen sehr gut aus. Lasst euch von ihnen verraten, worauf sie achten und wie man sich gut auf ein Vorstellungsgespräch vorbereiten kann.

Das Bewerbungsgespräch

Um sich auf ein Bewerbungsgespräch für einen Praktikums- oder Ausbildungsplatz vorzubereiten, bietet es sich an, das Gespräch vorab in Form eines Rollenspiels einzuüben und zu proben.

Mit einem Rollenspiel kann man sich in die Rolle des Bewerbers bzw. der Bewerberin oder in die Rolle des Personalchefs bzw. der Personalchefin hineinversetzen. Auf diese Weise können zum Beispiel vorab Fehler aufgespürt und vermieden werden. Gute Verhaltensweisen können eingeübt werden.

Ablauf des Rollenspiels

1. Findet zunächst einen Partner bzw. eine Partnerin für das Rollenspiel und einigt euch auf eine Situation: Um welchen Praktikumsplatz handelt es sich?
2. Legt fest, wer zuerst die Rolle des Bewerbers bzw. der Bewerberin einnimmt und wer als Personalchef bzw. Personalchefin agiert.
3. Bereitet euch auf das Rollenspiel vor.
4. Führt das Rollenspiel zunächst zu zweit durch und achtet auf eine angemessene Körpersprache und Formulierung der Fragen und Antworten.
5. Stellt anschließend ein Rollenspiel exemplarisch in der Klasse vor.
6. Im Anschluss reflektiert ihr gemeinsam in der Klasse das Gespräch.

Tipps für die Vorbereitung auf ein Gespräch:

- Es lohnt sich, vorab Informationen über das Unternehmen einzuholen.
- Was macht die eigene Bewerbung so besonders? Wie hebt sie sich von anderen ab?
- Vorbereitung auf mögliche Fragestellungen
- Eigene Fragen vorbereiten
- Angemessene Kleidung tragen
- ...

Tipps für den Bewerber bzw. die Bewerberin:

- Begrüße den Personalchef bzw. die Personalchefin freundlich und mit einem angemessenen Händedruck.
- Achte während des Gesprächs auf eine angemessene Körperhaltung, Mimik und Gestik.
- Antworte immer authentisch und ehrlich.
- Höre aufmerksam zu und halte Blickkontakt.
- Stehe zu deinen Schwächen, achte aber darauf, einen guten Eindruck zu hinterlassen.
- Verabschiede dich freundlich.

Tipps für den Personalchef bzw. die Personalchefin:

- Begrüße den Bewerber bzw. die Bewerberin und biete einen Platz an.
- Stelle eine „lockere" Einstiegsfrage, um die Nervosität zu nehmen, z. B.: „Haben Sie gut hergefunden?"
- Stelle keine unangemessenen Fragen, z. B. „Wo haben Sie denn diese Hose gekauft?"
- Frage den Bewerber bzw. die Bewerberin, ob er oder sie noch eigene Fragen hat.
- Verabschiede dich freundlich und gib ggf. einen Ausblick, z. B. „Wir melden uns, sobald eine Entscheidung getroffen wurde."

Methode

Im Bewerbungsgespräch

M1 *Mögliche Fragen in einem Bewerbungsgespräch*

	Frage	Hintergrund der Frage
1	Warum wollen Sie gerade in unserem Unternehmen ein Praktikum machen?	Diese Frage dient dazu, dein Interesse an der Praktikumsstelle zu hinterfragen: Ist diese Stelle deine erste Wahl oder nur ein Kompromiss bzw. eine Notlösung?
2	Warum sollten wir gerade Sie einstellen? Was unterscheidet Sie von anderen?	Die Antwort auf diese Frage soll zeigen, ob du in der Lage bist eine Verbindung zwischen deinen Fähigkeiten und den Anforderungen der Praktikumsstelle zu knüpfen.
3	Welche Hobbys haben Sie?	Hobbys und Neigungen, aber auch soziales und ehrenamtliches Engagement, sagen viel über den Bewerber/die Bewerberin aus.
4	Wie wichtig ist Ihnen Teamarbeit?	Die Zusammenarbeit mit Kolleg/-innen und Vorgesetzten ist für ein gutes Miteinander wichtig.
5	Welche Stärken und Schwächen haben Sie?	Die Personaler möchten wissen, ob du dich selbst gut einschätzen kannst, wie du dich darstellst und ob du dabei glaubwürdig bist.
6	Welche Fragen haben Sie an uns?	Die Frage soll zeigen, ob du aktives Interesse an der Stelle hast, und wie sinnvoll deine Fragen sind. Hast du dich gut vorbereitet und gut zugehört?

M2 *Analysekriterien für das Rollenspiel zum Thema „Bewerbungsgespräch“*

Inhalt
Vorbereitung: Wirkt der Bewerber/die Bewerberin gut vorbereitet?
Antwortverhalten: Findet der Bewerber/die Bewerberin passende und angemessene Antworten?
Fragen: Konnte der Bewerber/die Bewerberin angemessene Fragen stellen?

Sprechweise
Sprechtempo: Spricht der Bewerber/die Bewerberin zu schnell oder zu langsam?
Sprechlautstärke: Wird zu laut oder zu leise gesprochen?
Ausdruck: Nutzt der Bewerber/die Bewerberin eine angemessene Wortwahl?

Körpersprache
Körperhaltung: Ist die Körperhaltung freundlich und angemessen?
Gesichtsausdruck: Wirkt der Gesichtsausdruck interessiert oder desinteressiert?
Gestik: Ist die Gestik angemessen?
Blickkontakt: Wird durchgehend Blickkontakt gehalten?

Insgesamt finde ich das Gespräch gelungen/nicht gelungen, weil ...
Folgende Verbesserungsvorschläge habe ich:

1 Erläutere, wie du dich auf die möglichen Fragstellungen in M1 vorbereiten würdest. Beantworte die Fragen für deine favorisierte Praktikums- oder Ausbildungsstelle.

2 Ermittle weitere Analysekriterien, die für die Beurteilung des Gesprächs wichtig sind (M2).

3 Führt ein Rollenspiel durch: Beobachtet die beiden Rollen. Nehmt hierfür die Analysekriterien in M2 zur Hilfe. Vorlage: *Analysekriterien*

4 Begründe abschließend, inwiefern das Gespräch positiv verlief und finde mögliche Verbesserungsvorschläge.

Haushalten mit Geld und Einkommen

Kapitel 10

- *Wie funktionieren die ökonomischen Prinzipien?*
- *Welche Bedeutung hat Geld?*
- *Welche Eigenschaften hat Geld?*
- *Wie funktionieren bargeldlose Zahlungen?*
- *Welche Einkommensarten gibt es?*
- *Wie behält man den Überblick über Einnahmen und Ausgaben?*

Abb. 1 *Mein täglicher Kaffee – möglichst günstig?*

Das ökonomische Prinzip

Vom Bedürfnis zum Bedarf

Jeder Mensch hat Bedürfnisse (siehe Kapitel 2). Wenn man das Geld für die Erfüllung eines Bedürfnisses hat, wird daraus ein Bedarf. Kauft man sich dann das Produkt, wird daraus die Nachfrage.

Nachdem in der Regel eine Lücke zwischen finanziellen Mitteln und Bedürfnissen besteht, achtet jeder darauf, sein Geld möglichst wirkungsvoll einzusetzen. Daher ist es wichtig, den Mitteleinsatz und das Ergebnis miteinander zu vergleichen. Als Hilfe für einen bewussten Umgang mit den vorhandenen Mitteln kann das ökonomische Prinzip dienen. Es kann auf drei Arten verwirklicht werden.

Minimalprinzip

Beim Minimalprinzip möchte man ein Ziel mit möglichst geringem Aufwand erreichen.

Beispiel: Franziska möchte einen bestimmten Roller kaufen. Sie besucht Händler und recherchiert im Internet nach dem günstigsten Preis. Sie wird versuchen, für das gewünschte Produkt möglichst wenig Geld auszugeben. Mittels Verhandlungsgeschick oder Preisvergleiche kann dies meist erreicht werden.

Film: *Das ökonomische Prinzip*

Maximalprinzip

Beim Maximalprinzip möchte man mit den vorhandenen Mitteln möglichst viel erreichen.

Beispiel: Henrik hat zum Geburtstag 150,00 € erhalten. und hat folgende Wünsche: ein neues Smartphone, ein Stand-up-Paddle oder neue Skier. Er überlegt, was er sich am meisten wünscht und kauft dann das Stand-up-Paddle. Dadurch kann er seinen eigenen Nutzen maximieren.

Optimumprinzip

Das Optimumprinzip stellt den Versuch einer Kombination beider vorherigen Prinzipien dar. Ein konkretes Ziel oder die genaue Angabe der Mittel gibt es nicht. Vor allem Unternehmen versuchen auf diese Weise, eine Optimierung des Verhältnisses von Aufwand und Ertrag zu erzielen.

A **Erkläre die drei Formen des ökonomischen Prinzips in eigenen Worten.**

B **Fasse das ökonomische Prinzip in einer Mindmap zusammen.**

C **Du möchtest mit deinem Taschengeld eine Hose kaufen. Beschreibe, wie du nach dem Minimalprinzip und Maximalprinzip vorgehen würdest.**

Material

Entscheidungen gehören zum Leben

M1 *Wie würdest du dich entscheiden?*

Antonia, 13 Jahre, trifft sich heute mit ihren Klassenkameraden Michael, Raphael und Ayca in der Stadt. Sie planen, ins Kino (10,00 €) und dann zum Eis-Essen (8,00 €) zu gehen. Dafür hat Antonia von ihrer Mutter insgesamt 20,00 € bekommen. In der Stadt angekommen, sieht Ayca in einem Geschäft eine tolle Hose, die auf 15,00 € reduziert ist. Ayca passt leider nicht hinein, aber Antonia sieht darin einfach traumhaft aus. Sie überlegt und grübelt: 15,00 €. Soll ich tatsächlich die 15,00 € dafür ausgeben? Dann kann ich nicht mehr mit den anderen ins Kino gehen. Antonia muss sich entscheiden.

M2 *Minimal- oder Maximalprinzip?*

1 Das Unternehmen SportBike möchte möglichst viele Neukunden mit möglichst geringen Marketingausgaben gewinnen.

2 Ein Roller soll für eine Strecke von 50 km möglichst wenig Sprit verbrauchen.

3 Frau Winter gibt ihrer Tochter Annette 60,00 € für den Einkauf zu ihrer Geburtstagsparty.

4 Tai möchte sich den neuen Drucker der Firma Planet Druck kaufen. Er recherchiert im Internet.

M3 *Auslieferungsproblem?*

Du bist in der Verwaltung eines Paketzustellers. Es sollen morgen vier Kunden beliefert werden. Die Entfernungen sind in der Abbildung dargestellt.

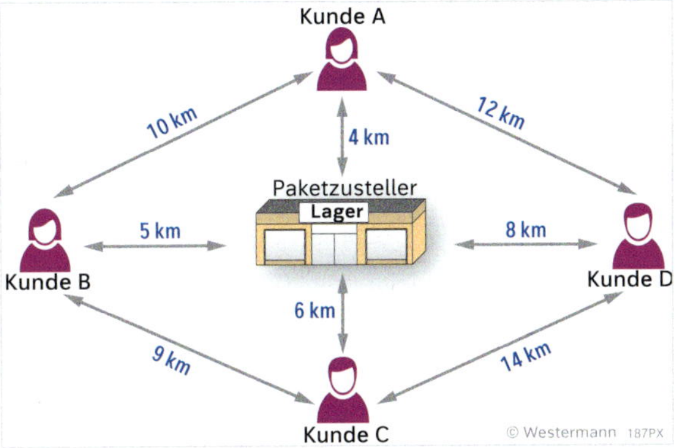

1 Beschreibe das Dilemma, in dem Antonia steckt (M1).

2 Wähle eine der Aufgaben aus:
- **a)** Wie würdest du dich als Antonia entscheiden (M1)? Begründe deine Aussage.
- **b)** Begründe, welches ökonomische Prinzip Antonias Entscheidung zugrunde liegt (M1).

3 **a)** Schreibe für eine Woche (Mo. – Fr.) auf, wie viel Geld du zur Verfügung hast und was du dir dafür gekauft hast.
b) Überprüft zu zweit, ob eure Ausgaben aus Aufgabe 3 a) sinnvoll waren.

4 Ordne die Fälle in M2 begründet dem Minimal- oder Maximalprinzip zu.

5 Wähle eine der Aufgaben aus:
- **a)** Berechne, wie die Paketzustellung möglichst effektiv erfolgen kann (M3).
- **b)** Nenne das ökonomische Prinzip, das der Paketzustellung zugrundeliegt (M3).
- **c)** Begründe, nach welchem ökonomischen Prinzip die Paketzustellung erfolgt (M3).

6 Du möchtest dir ein neues Mountainbike kaufen. Beschreibe, wie du vorgehst. Welches ökonomische Ziel ist die Grundlage deiner Entscheidung? Stühletausch

Abb. 1 *Der Staat nimmt Geld ein und gibt es aus.*

Finanzierung des Staats

Ausgaben des Staats

Um seine Ausgaben bewältigen und investieren zu können, benötigt der Staat Geld. Darin unterscheidet er sich nicht von den Privaten Haushalten und den Unternehmen. Gebäude instandhalten, die Angestellten und Beamten/Beamtinnen in Schulen, den Behörden, bei der Polizei usw. bezahlen und z. B. den Bau von Gebäuden und Straßen bei Unternehmen in Auftrag geben: Das alles kostet sehr viel Geld. Und wie gut es dem Land und seinen Bürgerinnen und Bürgern geht, hängt auch davon ab, wie viel Geld der Staat zur Verfügung hat.

Einnahmequellen des Staates

Die wichtigsten Einnahmequellen sind die Steuer- und Abgabezahlungen sowie Beiträge der Bürgerinnen und Bürger sowie Unternehmen im Land. Doch was ist eigentlich der Unterschied?
Bei einer **Abgabe** zahlt man für eine konkrete Leistung. Beispiele hierfür sind die Müll- und Abwassergebühren. Das heißt aber nicht, dass man immer selbst entscheiden kann, ob man zahlen möchte.

Beiträge zahlt man für ganz bestimmte Leistungen, z. B. Unterstützung im Falle von Arbeitslosigkeit oder Krankheit.

Eine **Steuer**zahlung wiederum ist an keine staatliche Gegenleistung gebunden. Es gibt dabei unterschiedliche Steuerformen auf regionaler, Landes- und Bundesebene. Beispielsweise sind von Arbeitnehmerinnen und Arbeitnehmern ab einer gewissen Höhe Steuern auf Löhne und Einkommen zu entrichten. Die Unternehmen müssen ihre Gewinne versteuern. Und beim Einkauf kommt die Umsatzsteuer ins Spiel.
Film: *Einfach erklärt: Steuern*

Darüber hinaus leiht sich der Staat aber auch immer wieder Geld an den Finanzmärkten, macht also Schulden. Gesetzliche Regelungen in Deutschland legen dabei fest, wie viele Schulden gemacht werden dürfen.

A **Stelle dar, weshalb der Staat regelmäßige Einnahmen benötigt.**

B **Erläutere den Unterschied zwischen Steuern und Abgaben.**

C **Erkläre, warum weniger Einnahmen des Staates Folgen für alle Bürgerinnen und Bürger haben können.**

Auf den **Finanzmärkten** treffen sich die Anbieter und Nachfrager von Finanzmitteln. Dies können die sogenannten Staatsanleihen sein, aber auch Währungen oder Aktien und andere Wertpapiere.

Material

Steuereinnahmen in Deutschland

M1 *Steuerspirale 2023*

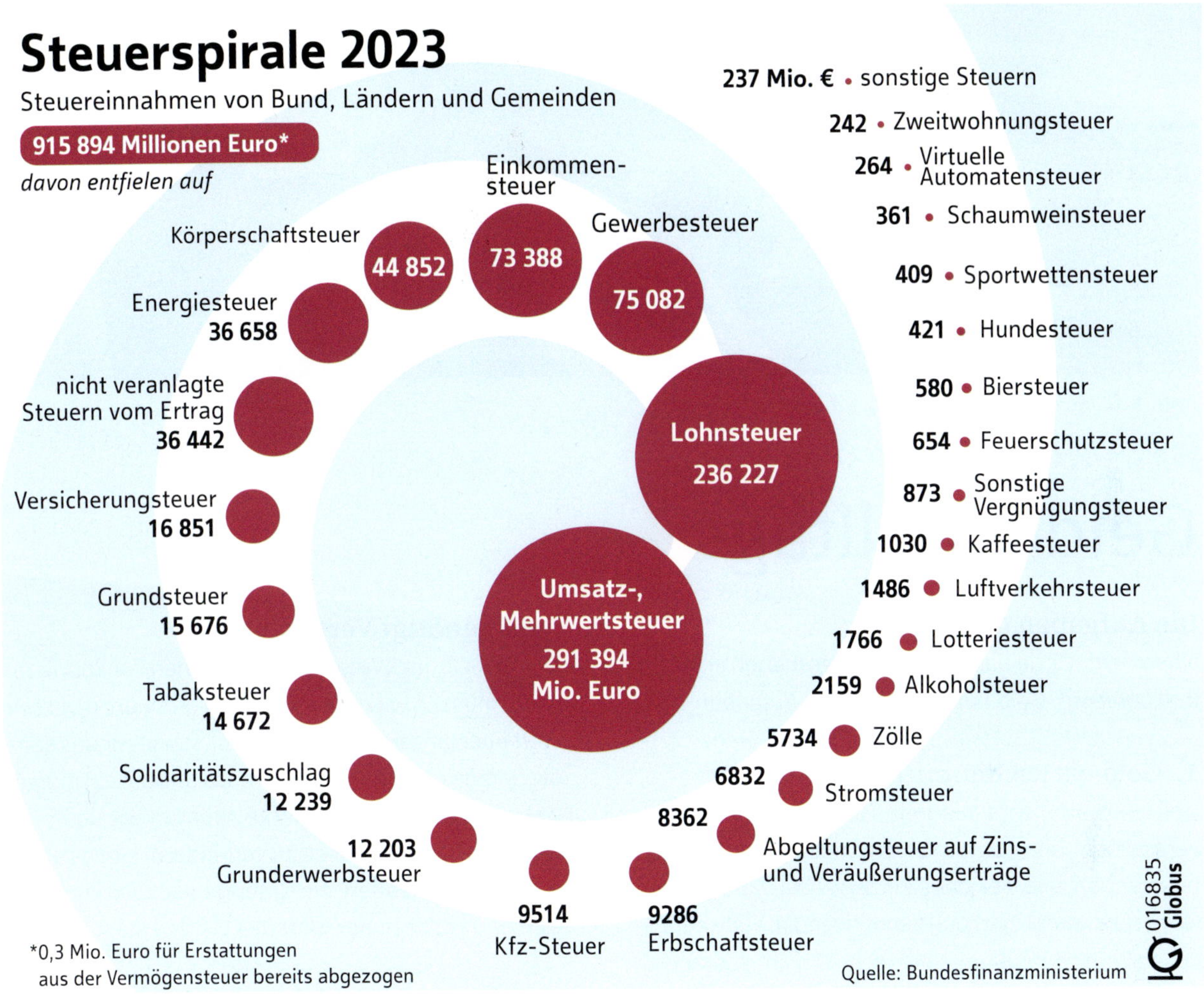

1 Benenne die wichtigsten Steuereinnahmen für die staatlichen Haushalte (M1).

Steuereinnahmen verändern sich

M2 *Die Einnahmen des Staates verändern sich von Jahr zu Jahr. Viele Faktoren haben darauf Einfluss:*

- Arbeitslosigkeit steigt in Krisenzeiten.
- Zahl der Unternehmensgründungen nimmt zu
- In Mecklenburg-Vorpommern gab es 150 000 mehr Übernachtungen als im Vorjahr

2 Beschreibe, inwieweit die jeweiligen Ereignisse die wirtschaftliche Entwicklung im Land positiv oder negativ beeinflussen (M2).

3 Analysiere jeweils, inwieweit die beschriebene Entwicklung die Höhe der Steuereinnahmen positiv oder negativ beeinflusst (M2).

4 Ermittle die jeweils betroffene Steuer (M2).
Lerntempoduett

Abb. 1 *Alltäglicher Einkauf im Supermarkt*

Geld im Alltag

Die Aufgaben des Geldes

Ohne Geld würde das Wirtschaftsgeschehen schlecht funktionieren. Geld hat vor allem drei Aufgaben:

1. Geld als Rechenmittel

Geld hilft uns, verschiedene Güter miteinander zu vergleichen. Ohne Geld müssten wir bei jedem Tausch besprechen, wie viel jedes einzelne Gut wert ist. Das wäre sehr kompliziert und zeitaufwendig. Viele alltäglichen Tauschhandlungen kämen so nicht zustande.

2. Geld als Tausch- und Zahlungsmittel

Geld ermöglicht uns, Güter zu kaufen. Wir tauschen diese einfach gegen Geld ein. Menschen sind bereit, ihre Güter anderen für (eigentlich wertlose) Papierscheine zu überlassen. Sie tun das, weil sie wissen, dass sie für dieses Geld wiederum andere Güter erhalten. Mit Geld können wir also auch dann einkaufen, wenn wir die Anbieter nicht persönlich kennen.

3. Geld als Wertaufbewahrungsmittel

Geld lässt sich einfach aufbewahren. Das ermöglicht es uns, größere Summen für kostspieligere Anschaffungen anzusparen oder für das Alter vorzusorgen.

Geld benötigt Vertrauen

Damit Geld im Wirtschaftsgeschehen funktionieren kann, müssen wir darauf vertrauen können, dass sein Wert über längere Zeit gleichbleibt. Wenn wir uns ständig Sorgen machen müssten, dass unser Geld morgen viel weniger wert sein könnte, würden wir aufhören, es zu benutzen. Um dies zu verhindern, gibt es staatliche Organisationen, die Notenbanken. Sie kümmern sich darum, dass der Wert des Geldes stabil bleibt.

Geld hat viele Gesichter

Wenn man von Geld spricht, denken viele Menschen immer noch an Münzen und Scheine. Dabei zahlen wir heute immer öfter „bargeldlos“. Geld ist also auch da und erfüllt seine Aufgaben, wenn wir es gar nicht sehen oder fühlen können. Man spricht dann von einer bargeldlosen Zahlung.

A Beschreibe in eigenen Worten, weshalb unser Wirtschaftssystem auf Geld angewiesen ist.

B Auch deine Großeltern haben Geld benutzt. Erläutere, inwieweit das Geld von heute und das Geld von vor 50 Jahren gleich sind bzw. sich unterscheiden.

Funktionen und Eigenschaften von Geld

M1 *Geld im Überblick* Film: *Geldfunktionen*

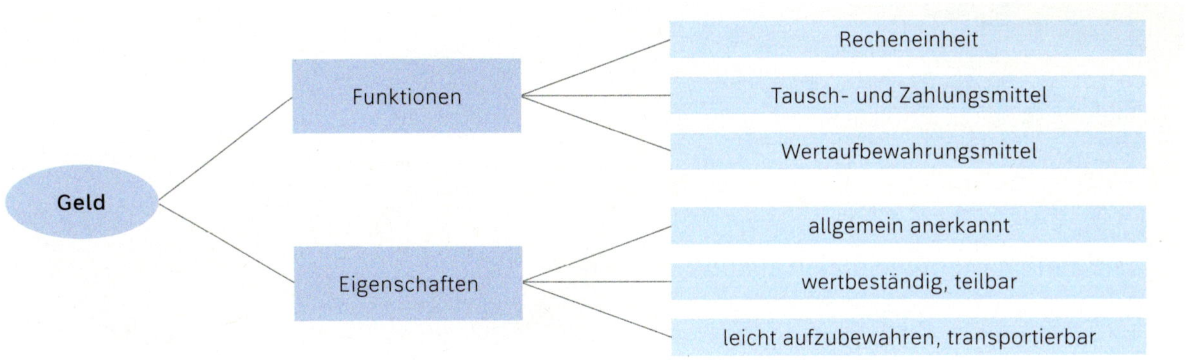

M2 *Aufgaben des Geldes*

1. Tim überweist 35,00 € für das Konsolenspiel an den Onlineanbieter.
2. Frau Merkant eröffnet ein Sparkonto.
3. Familie Behrends plant den Urlaub und nutzt hierfür Vergleichsportale.
4. Frau und Herr Mertens erwerben für ihr Zuhause einen Tresor.
5. Selina kauft ein Lotterielos am Kiosk.

M3 *Eine Welt ohne Geld*

Du spürst, heute morgen ist irgendetwas anders als sonst. Du triffst deine Freundin Jessy an der Ecke. Sie klärt dich auf: „Hast du es noch nicht mitbekommen? Das Geld ist verschwunden! Einfach weg! Kann sich keiner erklären! Na ja, so dramatisch wird das schon nicht sein!" Ihr zieht weiter, zum Bäcker und zum Bus ...

1 Begründe in eigenen Worten, warum Geld die genannten Eigenschaften haben muss, um seine Funktionen im Wirtschaftsgeschehen erfüllen zu können (M1).

2 Entwickelt je ein Alltagsbeispiel für das Auftreten der drei Geldfunktionen (M1). Think-Pair-Share

3 Wähle eine der Aufgaben aus:

a) Ordne die Beispiele (M2) den drei Funktionen des Geldes zu. Begründe deine Entscheidungen.

b) Ordne die Beispiele (M2) den drei Funktionen des Geldes zu. Begründe deine Entscheidungen. Nenne jeweils ein weiteres eigenes Beispiel für jede Geldfunktion.

4 Erläutere, ob die Handlungen von Tim und Familie Behrends ohne Geld möglich wären (M2). +

5 Wähle eine der Aufgaben aus:

a) Schreibt die Geschichte (M3) weiter: Was passiert beim Bäcker und im Bus? Vergleicht anschließend zu zweit eure Ergebnisse. Stühletausch

b) Schreibt die Geschichte (M3) weiter: Was passiert beim Bäcker und im Bus? Und darüber hinaus? Beschreibt drei weitere Situationen, in denen das Fehlen des Geldes zu spüren sein dürfte. Vergleicht anschließend zu zweit eure Ergebnisse. Stühletausch

6 Erläutert die Auswirkungen aus M3 auf die Menschen, die lange und viel gespart haben.

Abb. 1 *Bargeld und Kontoauszüge*

Geld im Zahlungsverkehr

Geld- und Gütermenge

In der Wirtschaft werden Güter mit Geld gekauft. Wenn es innerhalb der Wirtschaft zu viel Geld gibt, aber nicht genügend Güter, dann steigen die Preise. Diesen Vorgang nennt man **Inflation**. Man kann sich dann für sein Geld weniger kaufen. Es gibt auch den umgedrehten Fall. Wenn es zu viele Güter gibt und zu wenig Geld, dann sinken die Preise. Dies nennt man **Deflation**. Die Güter werden dabei zwar billiger, aber die Unternehmen verdienen weniger, was wiederum Arbeitsplätze kosten kann. Im besten Fall sollte es also ungefähr gleichviel Geld sowie Güter geben.

Zahlungsverkehr

Güter werden heute zunehmend nicht mehr mit Scheinen und Münzen, dem **Bargeld,** sondern als **bargeldlose Zahlung** bezahlt. Fast jeder Erwachsene braucht heutzutage ein Girokonto, auf welches das Einkommen überwiesen wird und von dem Ausgaben wie Miete, Versicherungen oder der Wocheneinkauf getätigt werden. Jedes Konto verfügt über eine individuelle **Internationale Bankkontonummer (IBAN)** durch die sowohl Abbuchungen, als auch Bargeldeinzahlungen und Auszahlungen an Geldautomaten zugeordnet werden können. Auch bei Überweisungen muss die IBAN des Empfangenden angegeben werden, damit das Geld richtig gebucht werden kann. Neben der Zahlung mit der **Giro- oder Debitkarte** oder einer **Kreditkarte** gibt es viele weitere Dienstleister, mit denen man online bezahlen kann.

Risiken und Sicherheit

Ein Risiko im Bargeldverkehr ist das Falschgeld. Um dem vorzubeugen, findet man immer häufiger Geldprüfmaschinen an den Kassen, die die Geldscheine anhand ihrer Sicherheitsmerkmale prüfen. Wie alle Online-Anwendungen ist auch der Digitale Zahlungsverkehr immer wieder Angriffen ausgesetzt. Bargeldverfügungen oder größere Zahlungen müssen immer mit einer **Persönlichen Identifikationsnummer (PIN)** freigegeben werden. Für Überweisungen muss eine individuell erzeugte **Transaktionsnummer (TAN)** eingegeben werden. Film: *Einfach erklärt: Geld*

A Beschreibe den Zusammenhang zwischen Geld- und Gütermenge.

B Erläutere, wie Zahlungen im bargeldlosen Zahlungsverkehr zugeordnet werden.

C Erkläre, wie der digitale Zahlungsverkehr vor Angriffen geschützt wird.

Der alltägliche Zahlungsverkehr

M1 *Sicherheit von Banknoten*

M2 *Zahlungsarten im Einzelhandel*

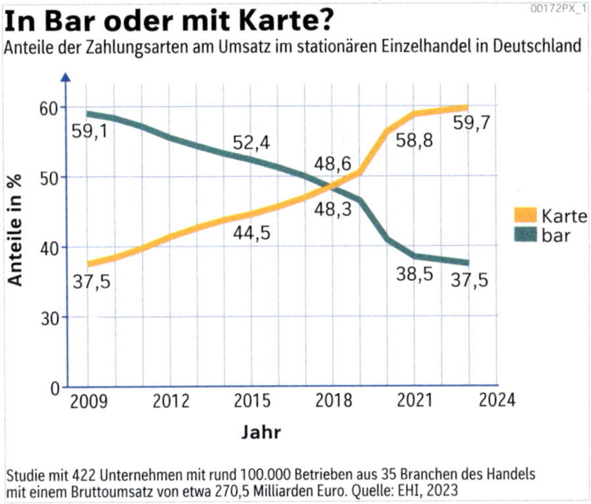

1 **a)** Nenne die Sicherheitsmerkmale aktueller Euro-Banknoten (M1). Link Sicherheit Euro-Banknoten

b) Begründe, warum solche Merkmale notwendig und sinnvoll sind.

2 Beschreibe die Entwicklung der Bar- und Kartenzahlung (M2).

3 Erläutere anhand dreier Argumente, weshalb die Kartenzahlung bis 2023 so stark zugenommen hat.

Überweisungen im Online-Banking

M3 *Eingabemaske bei einer Online-Überweisung*

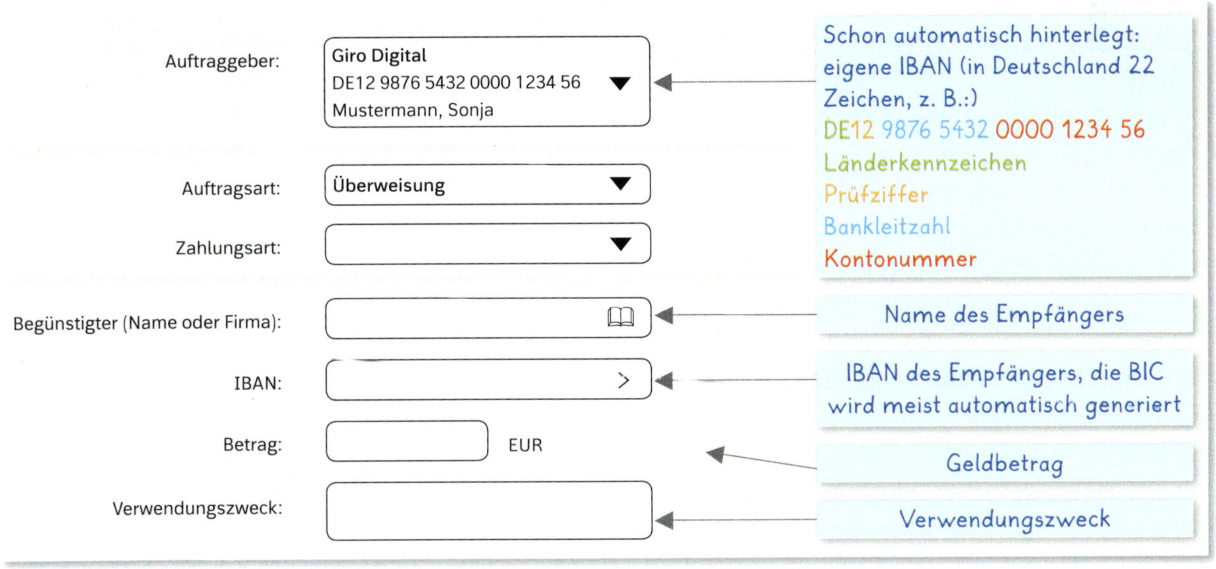

4 Fülle die Überweisungsvorlage an Frau Mustermann (M2) aus. Deine eigene IBAN, den Betrag und den Verwendungszweck kannst du dir selbst aussuchen. Übernimm die Vorlage dazu in dein Heft.

5 Erkläre, wie du prüfen kannst, ob du alle Daten richtig eingegeben hast. Think-Pair-Share

Abb. 1 *Durch Arbeit füllt sich unser Portemonnaie.*

Arbeit und Einkommen

Die vier Einkommensquellen

Um ihre materiellen Bedürfnisse zu befriedigen, benötigen die Menschen Geld. Dieses Geld kann aus verschiedenen Einkommensquellen kommen.

Einkommen aus nichtselbstständiger Arbeit

Die meisten Menschen gehen arbeiten, um Geld zu verdienen. Sie sind bei einem Unternehmen angestellt. Arbeiterinnen und Arbeiter erhalten Lohn vom Unternehmen. Angestellte beziehen Gehalt. Beamtinnen und Beamte erhalten Bezüge. Alle diese Menschen erhalten ein „Einkommen aus nichtselbstständiger Arbeit“.

Einkommen aus selbstständiger Arbeit

Manche Menschen haben ein eigenes Unternehmen, z. B. eine Bäckerei. Sie erwirtschaften ein „Einkommen aus selbstständiger Arbeit“. Es gibt auch selbstständige Freiberuflerinnen und Freiberufler. Auch sie erzielen ein Einkommen aus selbstständiger Arbeit. Das sind zum Beispiel Ärztinnen und Ärzte mit einer eigenen Praxis oder Rechtsanwältinnen und Rechtsanwälte mit eigener Kanzlei.

Einkommen aus staatlicher Unterstützung

Menschen, die nicht erwerbstätig sind, erhalten Renten oder Sozialleistungen wie Arbeitslosengeld. Sie wird aber oft nur für einen gewissen Zeitraum ausgezahlt.

Einkommen aus Vermögen/Besitz

Stellt euch vor, euch gehört ein Haus, das ihr vermietet. Die Mieteinnahmen für das Haus zählen zu diesem Einkommen. Auch Zinsen auf einem Tagesgeldkonto gehören dazu.

Einkommen von Kindern und Jugendlichen

Kinder und Jugendliche verfügen auch über Einkommen. Sie erhalten oftmals Taschengeld oder Geldgeschenke zum Geburtstag oder zu anderen Festanlässen. Die Höhe hängt vom Einkommen des Haushalts ab, in dem sie leben. Einige verdienen sich auch Geld mit einem Nebenjob dazu.

A Erstelle eine Mindmap zu den vier Einkommensquellen privater Haushalte (siehe Seite 153).

B Beschreibe die wichtigsten Einkommensquellen von Jugendlichen.

Material

Die vier Einkommensquellen

M1 *Vier Menschen erzählen von ihrem Einkommen*

Keisuke:
Seit einigen Jahren betreibe ich meinen eigenen Friseursalon in Schwerin. Mittlerweile habe ich viele Stammkundinnen und Stammkunden. Vor kurzem habe ich zusätzlich noch einen Online-Shop eröffnet, um Haarpflegeprodukte zu verkaufen.

Julia:
Seit meiner Ausbildung arbeite ich bei einem großen Yachthersteller in Greifswald in der Lackiererei. Die Arbeit ist anstrengend, macht aber auch echt Spaß. Vor vier Wochen habe ich eine Lohnerhöhung bekommen. Das hat mich gefreut.

Rana:
Vor zehn Jahren habe ich in Rostock eine Software-Firma gegründet, die ich vor zwei Jahren an einen großen Internetkonzern verkauft habe. Von dem Geld habe ich mir mehrere Mietshäuser gekauft. Heute lebe ich von der Miete.

Claus:
Ich wohne in Wismar und bin seit zwei Jahren in Rente. Erst war es komisch, nicht mehr jeden Morgen arbeiten zu müssen. Aber mittlerweile genieße ich das sehr. Meine Frau Petra geht nächstes Jahr in Rente, dann wollen wir zusammen viel verreisen.

M2 *Das Einkommen von Familie Schultz*

Das ist Familie Schultz. Sie wohnt in Stralsund.
Frau Schultz hat eine eigene Anwaltskanzlei.
Herr Schultz ist bei einem großen Reifenhersteller angestellt.
Ihre große Tochter macht gerade eine Ausbildung zur Zahnmedizinischen Fachangestellten.
Die Großeltern sind in Rente.
Die beiden kleinen Kinder gehen zur Schule.
Die Familie besitzt ein Mehrfamilienhaus, das sie vermietet.

1 Wähle eine der Aufgabe aus (M1):

I **a)** Ordne Keisuke, Julia, Rana und Claus in M1 jeweils eine Einkommensquelle zu.

II **b)** Benenne die Einkommensquellen in M1 und erkläre sie in eigenen Worten.

2 Nenne die Einkommensquellen, über die Familie Schultz verfügt (M2). Begründe. +

Abb. 1 *Den Überblick in der Haushaltsplanung behalten*

Haushalten will gelernt sein

Monatliche Einnahmen

Monatliche Einnahmen sind die finanzielle Basis eines privaten Haushalts. Während sich bei Jugendlichen die monatlichen Einnahmen meist aus Taschengeld oder Nebenjobs zusammensetzen, sind es bei den Erwachsenen meist deren Gehälter. Jeder private Haushalt hat bestimmte Einnahmen, die allerdings für jeden anders sein können. In einer mehrköpfigen Familie können dies z. B. monatlich die Gehälter der beiden Eltern, das Kindergeld für die Kinder und die monatlichen Einnahmen aus der Vermietung einer Wohnung sein.

Monatliche Ausgaben

So wie die Einnahmen unterscheiden sich auch die Ausgaben von Haushalt zu Haushalt. Grundsätzlich unterscheidet man die festen bzw. fixen Ausgaben von den sogenannten variablen Kosten. Fixe Ausgaben fallen in jedem Monat in annähernd gleicher Höhe an, z. B. Miete, Strom- und Gaszahlungen. Variable Kosten können sich monatlich ändern, z. B. für Kleidung und Reisen. Fixe Ausgaben kann man oft nur schwer beeinflussen, bei den variablen Kosten ist das einfacher.

Die Übersicht behalten!

Wichtig ist es, stets die Übersicht über die Einnahmen und Ausgaben zu bewahren, um nicht in finanzielle Schwierigkeiten und eine sogenannte Überschuldung zu geraten, in der man den Verpflichtungen nicht mehr nachkommen kann.

Zudem ist es ratsam, immer auch Reserven anzulegen, zum Beispiel für die Altersvorsorge, aber auch, um kurzfristige Mehrausgaben bewältigen zu können (wie Anschaffung einer neuen Waschmaschine, Autoreparatur). Dabei helfen das sogenannte Haushaltsbuch oder seine modernen digitalen Varianten. Hier werden stets alle Einnahmen und Ausgaben eingetragen und man erkennt schnell, wenn eine finanzielle Schieflage entsteht. Gerade bei der Gründung eines eigenen Haushaltes sollte man so vorgehen.

A **Erkläre den Unterschied zwischen den festen und variablen Kosten eines privaten Haushalts.**

B **Erläutere, warum es wichtig ist, die eigenen Einnahmen und Ausgaben stets im Blick zu behalten.**

Material

Die erste Lohnabrechnung

M1 *Marita startet durch*

Marita ist total glücklich. Endlich hat sie ihre dreijährige Ausbildung zur Groß- und Außenhandelskauffrau erfolgreich absolviert und kann von Zuhause ausziehen. In einem Monat wird sie ihre erste eigene Wohnung beziehen. Den Mietvertrag hat sie heute unterschrieben. Ihr Gespartes ist weitgehend für die Ausstattung und die Mietkaution draufgegangen, dafür hat sie es jetzt gemütlich. Und 1.200,00 € liegen auch noch auf dem Sparbuch. Nun muss sie aber gucken, welche Ausgaben sie hat. Sie verdient 2.950,00 € brutto. Hiervon gehen die Steuern sowie die Abgaben für Kranken-, Pflege-, Arbeitslosen- und Rentenversicherung ab. Sie hat also jeden Monat 2.035,98 € zur Verfügung. Die Miete liegt mit den Nebenkosten bei 650,00 €. Telefon, Internet, Strom und Gas kosten sie ungefähr 120,00 € im Monat. Ihr kleines Auto würde sie gerne behalten, das wären aber mit Versicherungen etc. auch ca. 100,00 € im Monat. Dazu kommt alles, was man zum Leben braucht. Und ein bisschen Spaß muss auch sein. Und der Fitnessclub. Am besten macht sie mal eine Aufstellung.

M2 *Maritas erste Lohnabrechnung*

Bruttoeinkommen:	2.950,00 €
Geldwerter Vorteil:	0,00 €
Steuern	
Kirchensteuer:	0,00 €
Lohnsteuer:	310,75 €
Summe der Steuern:	310,75 €
Sozialabgaben	
Rentenversicherung:	274,35 €
Arbeitslosenversicherung:	38,35 €
Krankenversicherung:	240,42 €
Pflegeversicherung:	50,15 €
Summe der Sozialabgaben:	603,27 €
Nettoeinkommen:	**2.035,98 €**

M3 *Maritas Kostenaufstellung*

Fixe Kosten		**Variable Kosten**	
Miete (inkl. Nebenkosten)	650,00 €	Nahrungsmittel	ca. 350,00 €
...	...	...	...
...	...	...	...

1. Übertrage die Tabelle M3 (auf Papier oder digital). Ordne die weiteren Ausgaben aus dem Text M1 den Kostengruppen zu.
2. Ergänze weitere fixe und variable Kosten. Fragt auch eure Eltern und tauscht euch in der Gruppe hierzu aus, um eine möglichst vollständige Liste zu erhalten. + Stühletausch
3. Erläutere die (möglichen) Folgen, sollten sich bei Marita über einen längeren Zeitraum mehr Kosten als Einnahmen auftürmen.
4. Nehmen wir an, Marita würde auf Dauer mit ihren Kosten nicht zurechtkommen. Diskutiert, welche Handlungsmöglichkeiten sie hätte und an welchen Stellen sie am ehesten sparen könnte.
5. Recherchiere, wie man ein Haushaltsbuch digital führen kann und präsentiere ein Ergebnis deiner Klasse.

Bewusster Verbrauch

Kapitel 11

- Was bedeuten Gewinn- und Nutzenmaximierung?
- Wie kommt ein Kaufvertrag zustande?
- Welche Rechte haben Käuferinnen und Käufer?
- Wie schützen Produktkennzeichnungen die Verbraucherinnen und Verbraucher?
- Wie kann ich mein eigenes Konsumverhalten beeinflussen?

Abb. 1 *Ein Obst- und Gemüsestand auf einem Wochenmarkt*

Der Markt

Was ist ein Markt?

Jeder von uns war schon auf dem Wochenmarkt. Dort finden sich stets unterschiedliche Produkte, die vom Verkäufer angeboten werden und vom Käufer nachgefragt werden. Außerdem ist es möglich, Preisverhandlungen durchzuführen. Generell gilt, wenn beide Seiten mit dem Preis für die Ware einverstanden sind, erfolgt der eigentliche Kauf. Dies charakterisiert auch jeden Markt und deshalb kann ein Markt wie folgt definiert werden: Angebot und Nachfrage treffen dort aufeinander und es entwickelt sich ein Preis.

Verhalten der Nachfrager

Die Nachfrager betrachten ihr Einkommen und ihre Bedürfnisse. Weil möglichst viele Bedürfnisse befriedigt werden sollen, ist es am geschicktesten, wenn die gekauften Produkte günstig sind.

Deshalb ist für sie der Preis ein wichtiges Kriterium. Allerdings kann die persönliche Einstellung dazu führen, dass Regionalität oder Service in den Vordergrund rücken und deshalb freiwillig mehr Geld für das Produkt gezahlt wird. Falls der Preis für ein Produkt allerdings sehr hoch ist, werden die Nachfrager auf Alternativprodukte zurückgreifen.

Verhalten der Anbieter

Anbieter möchten für ihre Produkte einen möglichst hohen Preis erhalten, um ihre Herstellungskosten zu decken und um Gewinn zu erzielen. Dadurch schaffen sie sich ein finanzielles Polster für schlechte Zeiten. Zusätzlich müssen sie sich immer mit der Konkurrenz auseinandersetzen. Falls diese ein ähnliches Produkt zu einem günstigeren Preis anbietet, muss früher oder später gehandelt werden. Nur dann kann ein Unternehmen weiterhin auf dem Markt bestehen bleiben. Allerdings müssen die Anbieter zusätzlich folgende Punkte betrachten:

- Wie groß sind die eigenen Kapazitäten? Kann das Produkt schnell und in der gewünschten Stückzahl hergestellt werden?
- Wie hoch ist der eigene Lagerbestand am jeweiligen Produkt? Kann noch mehr eingelagert werden? Hinzu kommt, dass die Lagerhaltung täglich Kosten verursacht.
- Kommen Neuerungen oder Modifikationen meiner Produkte auf den Markt? Verlieren dadurch Lagerbestände an Wert?

Film: *Angebot und Nachfrage*

A Erkläre die Begriffe Angebot und Nachfrage.

Angebot und Nachfrage

M1 *Interessenslagen von Anbietern und Nachfragern im Vergleich*

Rekordernte in Mecklenburg-Vorpommern

Demmin. Optimale Temperaturen und genügend Niederschlag haben dazu geführt, dass die diesjährige Qualität der Kartoffeln optimal ist und die Landwirte eine Rekordernte einbringen können. Um die Lage der Bauern und der Verbraucher richtig einschätzen zu können, möchten wir zwei Betroffenen Gehör verschaffen:

Landwirt Meier, den wir interviewen konnten, sieht die Rekordernte kritisch: Hat er sonst für 1 Kilo Kartoffeln 2,00 € erhalten, so kann er jetzt wahrscheinlich nur mit 1,20 € rechnen. Hinzu kommt, dass die Kosten für den Anbau aufgrund der höheren Benzinpreise gestiegen sind. An das Zusatzangebot, das aus dem europäischen Ausland kommen wird, möchte er gar nicht denken. Es wird für ihn immer schwerer, seine Produkte zu verkaufen. Um den Preis nicht komplett kaputt zu machen, hat er beschlossen, einen Teil seiner Ernte an die Schweine zu verfüttern bzw. als Brennstoff in der Biogasanlage zu nutzen. Landwirt Meier meint: „Wenn ich das nicht mache, gehe ich pleite“, und hofft, dass andere Anbieter ähnlich reagieren werden.

Frau Horneber ist von dem Verhalten der Landwirte entsetzt. Endlich kann eine gute Ernte eingefahren und viele Konsumenten damit versorgt werden. Durch das große Angebot an Kartoffeln (egal ob aus Deutschland oder aus dem Ausland) können die Kartoffeln günstig erworben werden. Dadurch muss weniger Geld vom Einkommen für Kartoffeln ausgegeben werden und es können andere Dinge angeschafft werden. Die Nachfrage nach Kartoffeln wird doch mit Sicherheit steigen, wenn die Kartoffeln nur 1,00 € bis 1,20 € pro Kilogramm kosten. Sie hofft, dass dadurch die Preise für Kartoffeln zukünftig geringer sind.

M2 *Interessenslagen beim Lebensmittelkauf*

Im Supermarkt kostet eine Wassermelone 1,79 €
und im Bioladen 3,99 €.
Herr Neureiter entscheidet sich für die teurere Melone.

1 Erläutere, warum
   a) Landwirt Meier trotz Rekordernte befürchtet, dass er pleitegeht (M1).
   b) Frau Horneber die Rekordernte äußerst positiv sieht (M1).

2 Stelle die Pro- und Kontra-Argumente von Herrn Meier und Frau Horneber gegenüber (M1).

3 Wähle eine der Aufgaben aus:
   I **a)** Nenne zwei Gründe für und zwei Gründe gegen den Kauf der günstigen Wassermelone (M2).
   II **b)** Nenne zwei Gründe für und zwei Gründe gegen den Kauf der teuren Wassermelone (M2).
   III **c)** Begründe, warum Anbieter von Biowaren einen höheren Preis verlangen.

4 Überprüfe deine Einkaufsgewohnheiten darauf, inwiefern der Preis für dich entscheidend ist. Begründe dies. +

5 Beschreibe andere Faktoren, die dich neben dem Preis beim Einkauf von Waren beeinflussen. Placemat

Eine Erkundung durchführen

Abb. 1 *Welche Supermärkte gibt es in eurer Region?*

Abb. 2 *Dokumentiert eure Eindrücke.*

Abb. 3 *Wertet die Ergebnisse gemeinsam aus.*

Mit einer Erkundung untersucht ihr ein Unternehmen, z. B. einen Supermarkt. Dazu bereitet ihr Fragen vor, bearbeitet diese vor Ort und erstellt aus euren Antworten und Ergebnissen eine Präsentation.

1. Vorbereitung

Eine gute Vorbereitung ist wichtig. Informiert euch zunächst, welche Unternehmen es in eurer Nähe gibt. Nutzt dazu auch das Internet. Bei mehreren Unternehmen könnt ihr diese untereinander aufteilen und Gruppen bilden. Überlegt euch während des Unterrichts gemeinsam einen Erkundungsschwerpunkt und passende Fragen. Notiert eure Fragen übersichtlich auf einem Erkundungsbogen. Im Supermarkt könnt ihr zum Beispiel untersuchen, wie dieser aufgebaut ist. Für die Erkundung braucht ihr die Zustimmung des Unternehmens. Fragt dort nach, ob ihr auch Fotos machen und Mitarbeitende befragen dürft.

Zusatzmaterial: *Vorlage für eine E-Mail an das Unternehmen*

2. Durchführung

Teilt die Aufgaben in eurer Gruppe untereinander auf. Nehmt eure schriftlich erstellten Erkundungsaufgaben mit in das Unternehmen und bearbeitet sie dort. Notiert die Ergebnisse auf einem Zettel. Nehmt den Zettel zur nächsten Unterrichtsstunde mit, damit ihr eure Ergebnisse gemeinsam mit der Klasse auswerten könnt.

3. Auswertung

Die Auswertung der Ergebnisse erfolgt in der Schule. Stellt fest, ob eure Vorbereitung ausreichend war, was gut gelaufen ist und was nicht. Die Präsentation muss die wichtigsten Antworten auf eure Fragen enthalten. Ihr könnt eine digitale Präsentation erstellen oder z. B. ein Plakat. Vergleicht eure Ergebnisse und Präsentationen mit denen der anderen Gruppen: Wurden alle Erkundungsaufgaben bearbeitet? Wie unterscheiden sich die Ergebnisse der Gruppen? Wie ansprechend und verständlich sind die Präsentationen?

Der Aufbau eines Supermarkts

M1 *Schema eines Supermarkts*

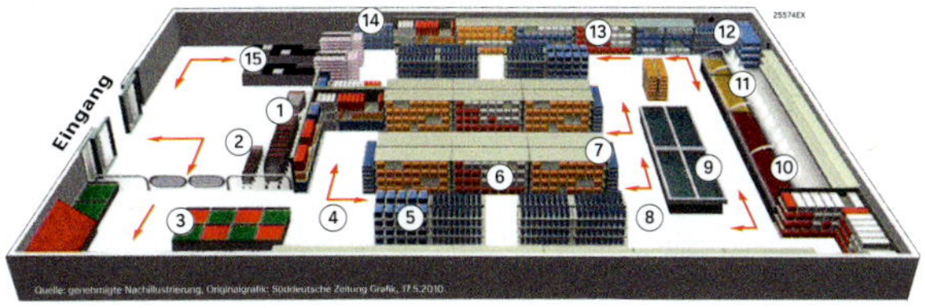

1 **a)** Erkundet einen Supermarkt in eurer Nähe: Wie ist er aufgebaut? Wo befinden sich Eingang und Ausgang? Wo ist der Kassenbereich? Wie sind die Regale angeordnet? Was steht wo?
b) Erstellt eine Skizze des Supermarkts, den ihr erkundet.
c) Vergleicht den Aufbau auf euren Skizzen mit M1. Was fällt euch auf?

Zusatzmaterial: *Vergrößerte Darstellung der Grafik*

Methode

Die planvolle Erkundung eines Supermarktes

M2 *Einkaufszettel*

1 l Milch
10 Eier
1 Stück Butter
1 Glas Erdbeermarmelade
1 Salatgurke
1 kg Äpfel
1 l Apfelsaft
1 Duschgel
10 Rollen Klopapier

M3 *Beispiele für Erkundungsaufgaben*

1. Beobachtet die Supermarktatmosphäre (Musik? Licht? Deko? ...).
2. Sucht nach Werbemaßnahmen: Wo gibt es Werbung? Welche? Wie sieht diese aus?
3. Sucht nach Aktionsware: Welche gibt es? Wo befindet sich diese?
4. Sucht nach Saisonware: Gibt es Halloweenartikel, Weihnachtsmänner, Osterhasen oder etwas anderes Passendes zur Jahreszeit?
5. Seht euch die Obst- und Gemüsetheke genauer an: Wirkt es frisch? Bekommst du Appetit? Gibt es Bio-Produkte? Gibt es regionale Produkte?
6. Ihr möchtet Nudeln kaufen: Welche Nudeln liegen im Blickfeld in der Regalmitte? Was kosten sie? Welche Nudeln liegen unten? Was kosten sie? Welche Nudeln stehen oben? Was kosten sie?
7. Seht euch den Kassenbereich genauer an: Welche Waren stehen hier?

2 Wählt eine der Aufgaben aus:
I **a)** Ihr möchtet im Supermarkt während der Erkundung die Produkte vom Einkaufszettel M2 kaufen. Notiert jeweils den günstigsten und den teuersten Preis für das Produkt auf einem Zettel.
II **b)** Teilt die Erkundungsaufgaben in M3 in Gruppen auf und bearbeitet sie.

3 Präsentiert eure Erkundungsergebnisse vor der Klasse.

Abb. 1 *Ein Kaufvertrag für ein Auto wird unterzeichnet.*

Der Kaufvertrag

Gesetzliche Regeln, Rechte, Pflichten

Max (14) bestellt mit seiner Mutter beim Onlinehändler ein Paar Sneaker. Emily (15) legt beim Drogeriemarkt den Mascara „Bombastic Lashes“ auf das Kassenband. Noah und sein Kumpel Cedric ordern beim Lieferservice „brings“ telefonisch eine Family-Pizza. Marc Müller unterschreibt beim Autohändler einen Kaufvertrag für den Elektro-Sportwagen „Speedmaker“. Wann immer wir etwas kaufen oder bestellen, schließen wir einen Vertrag ab, den **Kaufvertrag.**

1. Was ist ein Kaufvertrag?

Bei jedem Kaufvertrag gibt es zwei Partner: den Käufer und den Verkäufer. Der Verkäufer macht ein Angebot. Der Käufer nimmt das Angebot an. Es herrscht **Vertragsfreiheit**: Verkäufer und Käufer entscheiden frei, ob sie eine Ware verkaufen bzw. kaufen.

2. Wodurch kommt ein Kaufvertrag zustande?

Wenn die **Willenserklärungen** des Käufers und des Verkäufers übereinstimmen: Der Onlinehändler will die Sneaker zum angebotenen Preis verkaufen und Max' Mutter will sie für ihren Sohn kaufen.

3. Wie werden Kaufverträge abgeschlossen?

Kaufverträge können unterschiedliche Formen haben:
- mündlich: Noah und Cedric bestellen bei „brings“ eine Pizza per Telefon.
- durch schlüssiges Handeln: Emily legt den Mascara auf das Kassenband.
- schriftlich: Marc Müller und der Autohändler unterschreiben einen Kaufvertrag.

4. Welche Pflichten enthält ein Kaufvertrag?

Käufer und Verkäufer müssen den jeweils erklärten Willen in die Tat umsetzen. Der Lieferservice „brings“ muss die bestellte Pizza liefern und Noah und Cedric müssen sie bezahlen. Der Autohändler muss das Auto aushändigen und Marc Müller den Kaufpreis zahlen.

A **Nenne die beiden Parteien, die einen Kaufvertrag abschließen.**

B **Beschreibe, wie ein Kaufvertrag zwischen den beiden Parteien zustande kommt.**

C **Beschreibt die Form des letzten Kaufvertrags, den ihr geschlossen habt. Sammelt Beispiele und tauscht euch in der Klasse aus.**

Die Rechte von Käuferinnen und Käufern

M1 *Rechte der Konsumenten bei Kaufverträgen*

Mit jedem Kaufvertrag bekommen die Konsumenten bestimmte Rechte. Das ist besonders wichtig, wenn die Ware nicht so geliefert wird wie bestellt oder fehlerhaft ist.
Die Rechte stehen im BGB und werden durch zusätzliche Regeln in den „Allgemeinen Geschäftsbedingungen" (kurz **AGB**) ergänzt. Die wichtigsten Regeln sind:

- **Gewährleistung:** Der Verkäufer muss (in der Regel zwei Jahre lang) dafür einstehen, wenn die Ware mangelhaft ist oder grundlos kaputtgeht.
- **Nacherfüllung:** Wenn die bestellte Ware defekt ist, hat der Käufer das Recht auf eine Neu- oder Ersatzlieferung. Oder er kann vom Verkäufer verlangen, dass er das Produkt repariert.
- **Rücktritt vom Vertrag:** Wenn der Verkäufer es zweimal nicht schafft, Ersatzware ordnungsgemäß zu liefern oder das fehlerhafte Produkt nicht repariert, kann der Käufer vom Vertrag zurücktreten und erhält sein Geld zurück.
- **Minderung des Kaufpreises:** Wenn die gelieferte Ware fehlerhaft ist, jedoch vom Käufer repariert werden kann, darf dieser einen niedrigeren Kaufpreis fordern.
- **Widerruf:** Im Fall eines Versand- bzw. Onlinekaufs hat der Käufer das Recht, die Ware innerhalb von 14 Tagen ohne Angabe von Gründen zurückzugeben. Für im Laden gekaufte Ware gilt das nicht.

1 Erläutere, was der Verkäufer garantieren muss.
2 Erkläre, unter welchen Bedingungen man vom Vertrag zurücktreten kann.

Rechtliche Grundlagen

M2 *Bennis Handykauf*

Benni (15), hat 950,00 € für das neue Smartphone gespart. Im Smartphone-Shop entdeckt er ein viel besseres Angebot: Sein Wunsch-Smartphone für nur 29,90 €. Auf dem Schild nebenan steht „mit Vertrag". Der Verkäufer weigert sich jedoch, Benni das Handy zu verkaufen. „Wenn du einen Handyvertrag abschließen willst, musst du mit deinen Eltern kommen."

M3 *Geschäftsfähigkeit von Minderjährigen*

Kinder und Jugendliche sollen lernen, wie man mit Geld umgeht. Daher schützt sie das Bürgerliche Gesetzbuch BGB davor, ihr Geld leichtfertig auszugeben oder sich sogar zu verschulden. Kinder unter 7 Jahren dürfen keine Geschäfte abschließen, da sie rechtlich nicht geschäftsfähig sind. Im Alter von 7 bis 18 Jahren gelten Kinder und Jugendliche als beschränkt geschäftsfähig. Das bedeutet, dass sie zwar Kaufverträge abschließen können, jedoch nur mit Zustimmung ihrer Eltern. Die volle Geschäftsfähigkeit wird ab dem 18. Lebensjahr erreicht.

M4 *Der Taschengeldparagraf: § 110 BGB*

„Darf ich mit meinem Taschengeld nicht kaufen, was ich will?", fragst du dich jetzt vielleicht.
Doch, denn speziell zum Thema „Taschengeld" macht das BGB in § 110 eine Ausnahme: Wenn die Eltern ihrem Kind Geld zur freien Verfügung geben, dann ist der Kaufvertrag wirksam, selbst wenn man beschränkt geschäftsfähig ist und vom Taschengeld etwas gekauft hat, das den Eltern nicht gefällt. Allerdings gilt dies nicht für Käufe, bei denen laufende Kosten entstehen, wie etwa einem Handyvertrag mit langfristigen monatlichen Zahlungen. Dafür braucht es die Zustimmung der Eltern.

3 Erkläre, warum der Verkäufer es ablehnt, Benni das Handy zu verkaufen (M2-M3).
4 Beschreibe, welche Kaufverträge du mit deinem Taschengeld abschließen darfst (M4).

Abb. 1 *Eine Konsumentin hat das falsche Produkt geliefert bekommen.*

Verbraucherschutz

Verbraucher/-innen haben Rechte

Sobald du etwas im Supermarkt, Modegeschäft oder in einem Online-Shop kaufst, kommt ein Kaufvertrag zustande. Als Verbraucher/-in wirst du dabei vom Staat und der EU durch klare Regeln geschützt. So müssen beispielsweise Produktkennzeichnungen deutlich sichtbar sein, damit du gut informiert eine Kaufentscheidung treffen kannst.

Film: *Verbraucherschutz*

Produktkennzeichnungen

Auf Lebensmittel-Verpackungen stehen viele Informationen. Es muss ersichtlich sein, um welches Produkt es sich handelt, die sogenannte **Artikelbezeichnung**. Außerdem muss eine **Mengenangabe** zu finden sein. Der Hersteller, dessen **Adressangabe** ihr auf der Packung findet, garantiert mit dem **Mindesthaltbarkeitsdatum** Frische. Bei verpackten Lebensmitteln muss ein **Zutatenverzeichnis** abgedruckt werden, das auch Allergene ausweist. Falls die **Herkunft** nicht eindeutig erkennbar ist, muss diese angegeben werden. Auf vorverarbeiteten Lebensmitteln muss eine **Gebrauchsanweisung** zur Zubereitung abgedruckt werden. Außerdem steht auf diesen Lebensmitteln eine **Nährwertkennzeichnung**.

Das eigene Konsumverhalten

Produktkennzeichnungen helfen, das eigene Konsumverhalten kritisch zu hinterfragen. Sie ermöglichen es, als informierte/r Verbraucher/-in, preisbewusst, wertebewusst, nachhaltig, qualitätsbewusst und ernährungsbewusst einzukaufen.

Verbraucherschutz-Organisationen

Um einen Fehlkauf von Anfang an zu vermeiden, ist es wichtig, sich vor dem Kauf richtig und unabhängig über das Produkt zu informieren. Gerade die **Unabhängigkeit** ist hierbei wichtig. Niemand kann erwarten, dass ein Hersteller selbst neutral über die Vor- und Nachteile des eigenen Produkts informiert oder gar vorteilhafte Konkurrenzprodukte empfiehlt. Unabhängigen und vertrauenswürdigen Rat erhalten Verbraucherinnen und Verbraucher bei den **Verbraucherzentralen**, bei der **Stiftung Warentest** und bei **Öko-Test**.

A Nenne die verpflichtenden Angaben auf den Lebensmittelverpackungen.

B Erläutere, wie Produktkennzeichnungen das eigene Konsumverhalten beeinflussen können.

C Begründe, warum unabhängige Informationen vor dem Kauf wichtig sind.

Material

Lebensmittelkennzeichnung

M1 *Angaben auf einem verarbeiteten Lebensmittel* Link: *Verbraucherzentrale Lebensmittelkennzeichnung*

1 Nenne, welche verpflichtenden Angaben auf dieser Verpackung zu finden sind.

2 Zähle in einer Tabelle auf, welche Kennzeichnungen beim preisbewussten, wertebewussten, nachhaltigen, qualitätsbewussten oder ernährungsbewussten Konsum helfen.

3 **a)** Beschreibe, welche weiteren Angaben du dir als Konsument/-in wünschst. Think-Pair-Share
b) Begründe, ob die zusätzlichen Angaben umsetzbar sind oder nicht.

Stiftung Warentest

M2 *Jana Linée von der Stiftung Warentest*

Jana Linée

Wir von der Stiftung Warentest testen unabhängig Produkte und Dienstleistungen, vom Staubsauger, über Olivenöl bis hin zu Privathaftpflichtversicherungen. Die Testergebnisse können online oder in unseren Zeitschriften für einen geringen Betrag gelesen werden. Viele Hersteller werben auch damit, wenn wir sie gut testen.

4 Beschreibe, wie dir die Stiftung Warentest beim bewussten Konsum helfen kann (M2).

5 **a)** Sicherlich hast du zu Hause auch Gegenstände, die von der Stiftung Warentest getestet wurden. Halte nach dem Siegel auf Produkten bei dir zu Hause Ausschau. Findest du welche? Wenn ja, wo? Stelle sie in einer Liste zusammen.
b) Gehe in den Supermarkt oder ein Drogeriegeschäft und suche nach weiteren von der Stiftung Warentest getesteten Produkten. Ergänze die Liste.

6 Erkläre, warum die Stiftung Warentest Transparenz für Verbraucher/-innen beim Einkauf schafft.
Fishbowl

Bewusster Verbrauch

Der Markt / Angebot und Nachfrage

Der Markt ist der Handelsplatz für Verkäufer und Käufer, auf dem Preisverhandlungen durchgeführt werden bzw. auf dem Angebot und Nachfrage aufeinandertreffen und sich der Preis bildet.
Kunden möchten Produkte zu einem günstigen Preis erwerben. Dadurch können sie ihr vorhandenes Einkommen effektiv einsetzen und sich mehr Produkte kaufen. Sie handeln nach dem Prinzip der Nutzenmaximierung. Die persönliche Einstellung des Einzelnen darf außerdem nicht außer Acht gelassen werden: Regionalität und Service können entscheidend sein. Für manche Kunden oder Kundinnen sind diese Faktoren so wichtig, dass sie bereit sind, einen höheren Preis zu zahlen.
Verkäufer möchten generell für ihre Produkte einen hohen Preis erzielen, weil sie damit ihre Kosten decken und Gewinn erzielen können. Sie handeln nach dem Prinzip der Gewinnmaximierung. Dieses finanzielle Polster ist nötig, um gegen die Konkurrenz bestehen zu können.

Der Kaufvertrag

Ein Kaufvertrag wird zwischen zwei Parteien geschlossen. Beide Seiten können entscheiden, ob und mit wem sie einen Kaufvertrag abschließen. Durch die übereinstimmenden Willenserklärungen beider Seiten wird ein Kaufvertrag geschlossen. Dieser kann sowohl mündlich als auch schriftlich geschlossen werden. Beide Seiten müssen nun ihre Pflichten aus dem Vertrag erfüllen. Für Kaufverträge gelten übergreifend die Allgemeinen Geschäftsbedingungen, die Themen wie Gewährleistung und Widerruf beinhalten. Auch Minderjährige können bereits Kaufverträge abschließen, allerdings gelten hierbei die Altersgrenzen des BGB und der sogenannte Taschengeldparagraf.

Abb. 1 *In der Bäckerei kommt es zum Kaufvertrag.*

Verbraucherschutz

Beim Kauf von Waren im Supermarkt, Modegeschäft oder im Online-Shop kommt ein Kaufvertrag zustande. Der Staat und die EU schützen Verbraucherinnen und Verbraucher durch klare Regeln, z. B. durch deutlich sichtbare Produktkennzeichnungen für bewusste Kaufentscheidungen. So müssen Lebensmittelverpackungen die Artikelbezeichnung, die Menge, das Mindesthaltbarkeits datum, das Zutatenverzeichnis mit Hinweisen zu Allergenen, Herkunft und Nährwertkennzeichnung ausweisen. All diese Produktkennzeichnungen ermöglichen ein bewusstes und nachhaltiges Konsumverhalten. Ein weiterer Baustein für bewusstes Konsumverhalten können die Informationen sein, die von Verbraucherschutz-Organisationen bereitgestellt werden. So können sich Verbraucherinnen und Verbraucher über Vor- und Nachteile eines Produkts informieren, die unabhängig von den Herstellerangaben sind.

Wichtige Begriffe aus dem Kapitel
AGB, Anbieter, Angebot, Gewährleistung, Gewinnmaximierung, Geschäftsfähigkeit, Kaufvertrag, Markt, Nachfrage(-r), Nutzenmaximierung, Pflichtangaben, Preisverhandlung, Produktkennzeichnungen, Stiftung Warentest, Taschengeldparagraf, Verbraucherschutz, Vertragsfreiheit, Willenserklärung

Der Markt/ Angebot und Nachfrage

1 **a)** Nenne die Prinzipien auf Angebots- und Nachfrageseite des Marktes.
b) Erläutere die Maßnahmen zum Erreichen der Prinzipien auf Angebots- und Nachfrageseite.

2 Begründe, warum beide Seiten Kompromisse eingehen müssen.

3 Beurteile die Aussage „Der Verbraucher hat Einfluss auf den Preis".

4 Es gibt auch Kundschaft, die bewusst für Produkte mehr bezahlt. Erkläre ein derartiges Verhalten und finde Produkte, bei denen dies geschieht.

Der Kaufvertrag

M1 *Lisas Parfumkauf*

Lisa (19) hat beim Onlineversand ein Parfum bestellt. Beim Auspacken sieht sie, dass die Parfumflasche gebrochen und das Parfum ausgelaufen ist.

5 **a)** Nenne die drei Arten von Kaufverträgen, die du kennst.
b) Nenne zu jeder der drei Arten von Kaufverträgen ein Beispiel.
c) Erläutere die Voraussetzungen, damit ein Kaufvertrag gültig ist und die resultierenden Pflichten für Verkäufer und Käufer.

6 Beurteile, ob folgende Fälle rechtlich gültig sind
a) Cem (18) kauft sich ein Auto.
b) Lina (5) kauft mit der Einkaufsliste ihrer Mutter die Brötchen für das Sonntagsfrühstück.
c) Kevin (12) kauft online ein Handy für 899,00 €.
d) Maxi (13) kauft sich von seinem Geburtstagsgeld Sneaker für 180,00 €.

7 **a)** Nenne das Konsumentenrecht, auf das Lisa sich berufen kann (M1).
b) Erläutere, wie Lisas Reklamation durch den Verkäufer begegnet werden kann (M1).
c) Verfasse für Lisa eine Reklamation per E-Mail an den Versandhändler. Berufe dich auf Lisas Verbraucherrechte (M1).

Verbraucherschutz

M2 *Zeitschrift der Stiftung Warentest*

8 **a)** Nenne die verpflichtenden Angaben auf einer Lebensmittelverpackung.
b) Nenne zu jeder verpflichtenden Angabe auf der Lebensmittelverpackung ein Beispiel.
c) Beurteile, ob die Verbraucher/-innen durch die verpflichtenden Angaben bewusst konsumieren können.

9 Begründe, warum es wichtig ist, sich vor dem Kauf über ein Produkt aus unabhängigen Quellen zu informieren.

10 Erkläre, wie dir die Zeitschrift der Stiftung Warentest (M2) beim Einkauf helfen kann.

Lösungen: *Lerncheck*

Kapitel 12

- *Was ist Haushaltstechnik?*
- *Wie vereinfacht Haushaltstechnik unser Leben?*
- *Was sind die Bestandteile von Haushaltstechnik?*
- *Wie wird Haushaltstechnik in Zukunft funktionieren?*
- *Wie funktioniert ein Getriebe?*

Ressourcen effizient nutzen durch Haushaltstechnik

Abb. 1 *Haushaltstechnik im Einsatz*

Nutzung von Haushaltstechnik

Entwicklung von Haushaltsgeräten

Haushaltstechnik umfasst Geräte und Maschinen, die im Haushalt verwendet werden. Sie unterstützen beispielsweise beim Kochen, Putzen und Wäschewaschen. Vor 100 Jahren gab es viele dieser Geräte noch nicht , deshalb wurde vieles per Hand erledigt. In den 1920er Jahren kamen die ersten elektrischen Staubsauger und Waschmaschinen auf den Markt. Kühlschränke erleichtern die Lagerung verderblicher Lebensmittel seit den 1950er Jahren. Ab den 1970er Jahren wurden Geschirrspülmaschinen immer verbreiteter, die bei voller Beladung effizienter Spülen als der Mensch per Hand. In den 1980er Jahren wurden Mikrowellen und Kaffeemaschinen populär. Seit den 2000er Jahren gibt es **smarte Geräte**, wie Roboterstaubsauger und vernetzte Kühlschränke, die über das Internet gesteuert werden können. Diese Entwicklungen haben das Ziel, uns Zeit und Arbeit zu ersparen, um den Alltag einfacher zu machen. Durch die Vernetzung über das Internet können die Geräte ortsunabhängig ein- und ausgeschaltet werden und die Funktion getestet werden.

Lebensdauer von technischen Geräten

Die **Nutzungsdauer** von technischen Geräten wird immer kürzer. Haushaltsgeräte, die früher repariert worden sind, werden heute viel öfter gleich neu gekauft, da dies oft günstiger ist, als sie zu reparieren. Zudem neigen die Verbraucher/-innen dazu immer das Neueste haben zu wollen. Das EU-Parlament hat daher das **„Recht auf Reparatur"** eingeführt. Das verpflichtet Hersteller, Reparaturen für ältere Geräte anzubieten, kostengünstige Ersatzteile und Reparaturanleitungen bereitzustellen, damit auch unabhängige Werkstätten die Geräte reparieren können. Dadurch soll der **Ressourcenverbrauch** sinken, der durch die Produktion von Neugeräten entsteht.

A Benenne die Haushaltstechnik auf Abb. 1.
B Stelle auf einem Zeitstrahl die Entwicklung von Haushaltsgeräten der letzten 100 Jahre dar.
C Entwickle ein Haushaltsgerät der Zukunft und beschreibe dessen Funktion (Methode S. 180/81).
D Fertige eine Skizze des von dir entwickelten Haushaltsgeräts an (S. 46).

Material

Wie funktioniert ein Haushaltsgerät?

M1 *Der elektrische Staubsauger*

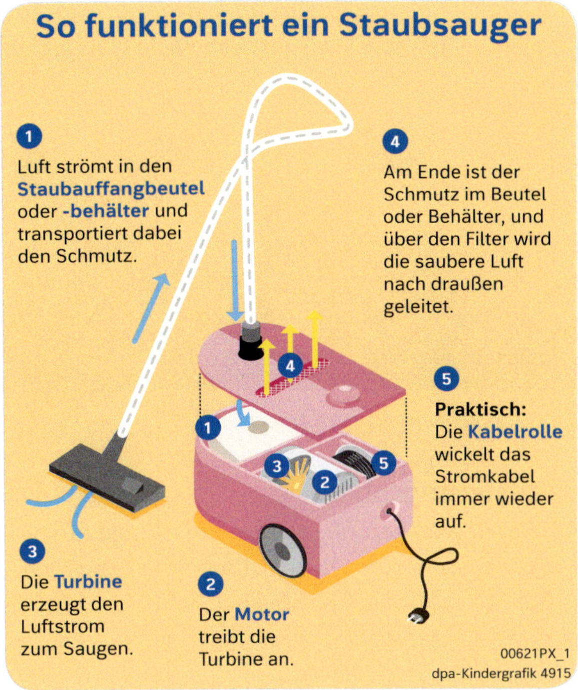

M2 *Der Saugroboter*

Ein Saugroboter reinigt den Boden, indem er sich selbstständig durch den Raum bewegt. Er nutzt Sensoren, um Hindernisse, wie Möbel, zu erkennen und zu umfahren. Der Zeitaufwand für den Benutzer ist minimal, da die Reinigungshäufigkeit programmiert werden kann, sodass der Boden regelmäßig gereinigt wird. Der Kraftaufwand entfällt völlig, da der Roboter sich automatisch bewegt. Der Saugroboter kehrt selbstständig zur Ladestation zurück, wenn der Akku leer ist, und lädt sich wieder auf.

1 Beschreibe die Funktion eines elektrischen Staubsaugers mit Hilfe der Grafik M1.

2 Fasse die Vorteile bei der Verwendung eines Saugroboters aus M2 zusammen.

3 Führe eine Nutzwertanalyse (siehe S. 286) für die Kaufentscheidung zwischen einem elektrischen Staubsauger und einem Saugroboter durch. Berücksichtige dabei die Kriterien Saugleistung, Handhabung, Gewicht, Lautstärke, Energieeffizienz, Filterqualität und Kaufpreis. Informiere dich im Internet.

Defekte Altgeräte entsorgen

M3 *Entsorgung von Altgeräten*

Der alte Kühlschrank ist kaputt, ein neuer ausgesucht, doch wohin mit dem alten? Seit Januar 2022 sind Händler dazu verpflichtet, ein Altgerät kostenlos zurückzunehmen, wenn ein Neugerät der gleichen Kategorie erworben wird. Dies gilt auch für Online-Händler. Elektro-Kleingeräte, kleiner als 25 cm in jede Richtung, müssen vom Händler auch ohne Neuanschaffung angenommen werden, jedoch ist die Anzahl auf drei Altgeräte pro Geräteart beschränkt. Alternativ kann man Altgeräte auch beim zuständigen Bauhof des Wohnortes abgeben oder erhält von der zuständigen Stadtverwaltung zusätzliche Informationen zur Abholung von Altgeräten.

4 **a)** Ermittle, welche Möglichkeiten der Entsorgung von Altgeräten es in deiner Region gibt (M3). Gibt es einen Bauhof, eine Annahmestelle der Stadt oder Elektrofachmärkte? Bienenkorb

b) Informiere dich vor Ort oder im Internet: Was passiert mit den entsorgten Altgeräten? Warum lohnt es sich für die Annahmestellen und Händler, diese anzunehmen, obwohl sie nicht mehr funktionsfähig sind? Welche Bestandteile können recycelt werden und wofür?

Eine Zukunftswerkstatt durchführen

Eine Zukunftswerkstatt durchführen

Die Methode „Zukunftswerkstatt“ kann in allen Bereichen unserer Gesellschaft angewandt werden. Sie sensibilisiert die Beteiligten für aktuelle gesellschaftliche und wirtschaftliche Probleme und zeigt Lösungsmöglichkeiten auf. Durch die Beteiligung in einer Zukunftswerkstatt erhöht sich die Identifikation der Beteiligten mit dem Thema. In Bezug auf die Moderations- und Visualisierungstechniken und die kreative Umsetzung ist die Zukunftswerkstatt flexibel durchführbar. Grundsätzlich werden drei Phasen geplant:

Kritik-, Utopie- und Realisierungsphase.
Vorbereitung der **Zukunftswerkstatt:**
Im Vorfeld der Zukunftswerkstatt müssen alle organisatorischen Fragen geklärt sein:
- Wer und wie viele sollen an der Zukunftswerkstatt teilnehmen?
- Welche Räume und welche Materialien müssen für die Zukunftswerkstatt organisiert werden?
- Wie viel Zeit soll eingeplant werden?

Kritikphase

Die Beteiligten setzen sich mit der Zielfragestellung der Zukunftswerkstatt auseinander und formulieren in Bezug auf die Fragestellung, welche Kritikpunkte besprochen werden müssen. Dafür ist es hilfreich, sich über Leitfragen dem Thema zu nähern:
- Welche Kritikpunkte werden im Zusammenhang mit dem Thema besonders häufig genannt?
- Was ist der wichtigste/dringendste Kritikpunkt?
- Welche Nachteile/Schwachpunkte müssen in Bezug auf das Thema genannt/beachtet werden?

Utopiephase

Die Beteiligten entwickeln mithilfe verschiedener Methoden eine Vorstellung von der Zukunft. Dabei sollte den Kritikpunkten in der Kritikphase lösungsorientiert begegnet werden. Die Vorstellung der Zukunft kann hierbei bewusst utopisch und idealisiert sein. Die Vorschläge sollten abschließend nach Wichtigkeit geordnet werden.

Abb. 1 Zukunftswerkstatt #Arbeitswelt2025

Realisierungsphase

Zunächst wird geprüft, welche Vorschläge aus der Utopiephase umsetzbar sind. Diese Vorschläge werden in der Realisierungsphase in konkret umsetzbare Schritte überführt und somit zu Lösungsvorschlägen.

Nachbereitung der Zukunftswerkstatt

In dieser Phase wird die Zukunftswerkstatt reflektiert. Das kann direkt im Anschluss an die Methode geschehen oder auch nach einer längeren Zeit. Unter Umständen können auch konkrete Lösungen und deren Umsetzungen diskutiert werden.

Die Geschichte der Zukunftswerkstatt
Die Methode der Zukunftswerkstatt ist eng mit dem Konzept der Bürgerbeteiligung verbunden.
Die Bürger/-innen sollen durch die Methode „Zukunftswerkstatt“ aktiv in die Entwicklung von (Zukunfts-)Konzepten für die Gesellschaft eingebunden werden. Die Zukunftswerkstatt ist eine kreative Methode und fördert gleichzeitig die Demokratisierung, indem die Beteiligten an politischen und gesellschaftlichen Entwicklungen partizipieren. Dadurch wird die Identifikation der Beteiligten gefördert.

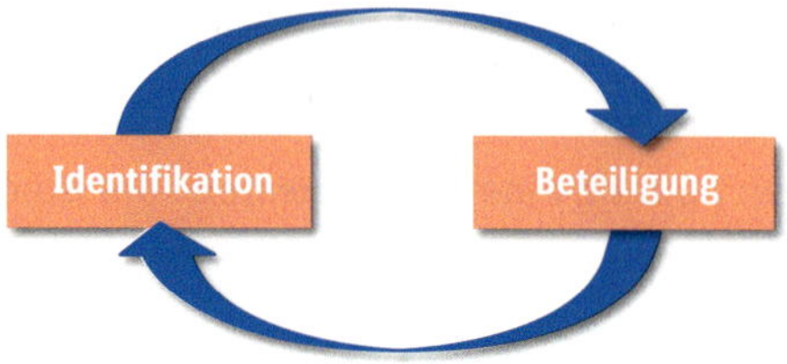

1047PX

Abb. 2 *Kreislauf der Zukunftswerkstatt*

Methode

Haushaltstechnik der Zukunft

Welche Aufgaben soll Technik im Haushalt übernehmen?

Technik ist in vielen Haushalten allgegenwärtig. Sie übernimmt Aufgaben, die ansonsten zeitaufwendig oder anstrengend sind. Die Technik wird immer komplexer, was einerseits dazu führt, dass sie auch anspruchsvollere Aufgaben übernehmen kann. Andererseits ist die Reparatur bei einem Defekt dementsprechend auch aufwändiger und teurer und kann in der Regel nur von Fachleuten ausgeführt werden.

Vorbereitung und Kritikphase

M1 *Mögliche Leitfragen und Schlagwörter für die Kritikphase*

- Was übernimmt Haushaltstechnik bereits?
- Welche Aufgaben führt ihr händisch aus, die eine Maschine übernehmen könnte?
- Für welche Aufgaben im Haushalt braucht ihr oder eure Eltern viel Zeit?
- An welchen Stellen ist Haushaltstechnik zur Zeit noch ineffizient?
- Welche Haushaltstechnik kann bei einem Defekt nur ausgetauscht und nicht repariert werden?

1 Plant die Zukunftswerkstatt mithilfe der Leitfragen zur Vorbereitung (M1).

2 Beantwortet die Leitfragen aus der Kritikphase. Ergänzt/Ersetzt die Leitfragen aus M1 durch eigene Leitfragen. Placemat, Mindmap, 6-3-5, Negativkonferenz

6-3-5: 6 Teilnehmende verfassen **3** Ideen/Kritikpunkte in **5** Minuten. Teilt die Lerngruppe für diese Methode in 6er-Gruppen ein. Gemeinsam verfasst ihr auf einem Blatt 3 Kritikpunkte oder antwortet auf 3 Leitfragen. Nach fünf Minuten gebt ihr das Blatt weiter und ergänzt nun so lange die Blätter der anderen Gruppen, bis alle Blätter bearbeitet wurden.

Negativkonferenz: In kleinen Gruppen führt ihr ein umgekehrtes Brainstorming durch. Ihr sucht nicht nach Lösungen, sondern notiert euch so viele Probleme wie möglich.

Utopiephase

3 Entwickelt verschiedene Ideen, welche Aufgaben Technik im Haushalt in Zukunft übernehmen soll. Dabei stehen euch in der Utopiephase unendliche Zeit- und Geldmittel zur Verfügung.

Realisierungsphase

4 Verfasst verschiedene realisierbare Ziele für euren Haushalt. Nutzt dafür bei Bedarf die Methoden aus Aufgabe 2.

5 Präsentiert eure Ergebnisse. Nutzt dafür verschiedene Präsentationstechniken. Ihr könnt zum Beispiel eine Infografik erstellen, mit einem Lapbook eine digitale Präsentation erstellen, ...

6 Gebt euch Feedback zu den entwickelten Ideen. Bewertet auch, wie realisierbar die entwickelten Lösungsvorschläge sind.

Nachbereitung

7 Wertet die Zukunftswerkstatt mit einem Feedbackbogen aus. Link: *Feedbackbögen*

Abb. 1 *Bauteile einer Waschmaschine*

Der Grundaufbau einer Maschine

Die Funktionselemente

Maschinen sind technische Hilfsmittel, die Arbeit verrichten und damit unseren Alltag erleichtern. Sie bestehen aus vielen miteinander verbundenen Teilen, von denen mindestens eines beweglich ist. Zudem erfüllen Maschinen einen bestimmten Zweck und werden manuell oder durch einen Motor angetrieben. Maschinen bestehen aus Funktionselementen, die in fünf Kategorien unterteilt werden:

- Tragelement (z. B. Gehäuse)
- Steuerelement (z. B. Schalter)
- Antriebselement (z. B. Motor)
- Übertragungselement (z. B. Getriebe)
- Arbeitselement (z. B. Räder)

Ein- und Ausgangsgrößen

Je nach Maschine werden unterschiedliche Eingangsgrößen benötigt. Die Maschine wandelt diese, dem Zweck der Maschine entsprechend, in bestimmte Ausgangsgrößen um. Dabei unterscheidest du **Stoff**, **Energie** und **Signal**.

- Stoff: Material mit konkreten Eigenschaften
- Energie: mechanisch, elektrisch, optisch
- Signal: Träger einer Information

Bei einer Waschmaschine sind die Eingangsgrößen für ***Stoff*** schmutzige Wäsche und sauberes Wasser. Als Ausgangsgrößen erhälst du saubere Wäsche und schmutziges Wasser.
Die Eingangsgröße für ***Energie*** ist elektrischer Strom und die Ausgangsgrößen sind mechanische Drehbewegungen und Wärme.
Als ***Signal*** betätigst du als Eingangsgröße den Einschaltknopf der Waschmaschine oder die App. Ein Signalton der Maschine oder eine Nachricht auf der App ist die Ausgangsgröße und signalisiert dir, dass die Wäsche fertig ist.

A Schaue dir Abbildung 1 an. Benenne je ein Funktionselement aus den fünf Kategorien.

B Beschreibe die Ein- und Ausgangsgrößen eines Staubsaugers und ordne sie den Kategorien zu.

Material

Welche Bauteile gehören zu einer Maschine?

M1 *Der Handmixer*

Ein Handmixer besteht aus einem Gehäuse mit einem eingebauten Motor und Getriebe. Am Gehäuse befinden sich Knöpfe zum Ein- und Ausschalten sowie zur Regulierung der Geschwindigkeit. An der Unterseite des Handmixers sind zwei abnehmbare Rührbesen oder Knethaken angebracht. Wenn du den Handmixer einschaltest, fließt Strom zum Motor. Der Motor wandelt elektrische Energie in eine mechanische Drehbewegung einer Welle um, die mit einem Getriebe verbunden ist. Das Getriebe wandelt die schnelle Drehbewegung des Motors in eine langsamere, kraftvollere Drehbewegung um. Diese Kraftumwandlung ermöglicht es, auch schwere Teige zu kneten. Die rotierenden Rührbesen mischen oder kneten die Zutaten, indem sie sich im Kreis bewegen. Durch die rotierenden Rührbesen wird Luft in die Mischung eingearbeitet, was sie locker und gleichmäßig macht.

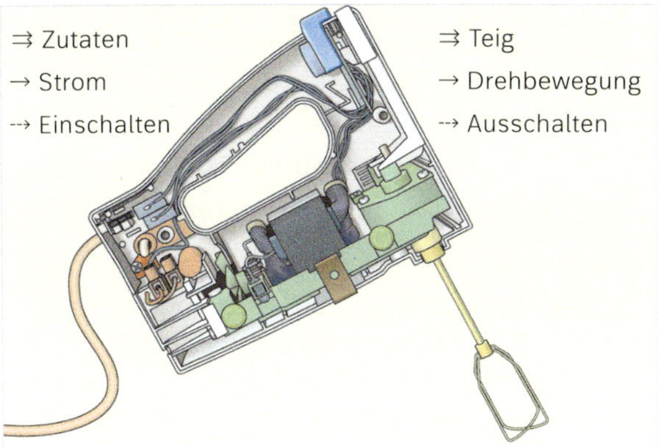

M2 *Elektrische Sicherheit von Maschinen*

Elektrische Sicherheit von Maschinen bedeutet Personen und Maschinen vor elektrischen Gefahren, wie Stromschlägen, zu schützen. Dazu gehören die Einhaltung von Vorschriften, der richtige Anschluss sowie der Einsatz von Schutzeinrichtungen wie Sicherungen und Erdungen. Ziel ist es, Unfälle zu verhindern und einen sicheren Betrieb der Maschine zu gewährleisten. Um eine elektrische Maschine sicher anzuschließen, sollte das Netzkabel der Maschine mit einem Schukostecker mit dem Stromnetz verbunden werden. Der Schukostecker hat zwei Kontakte für die Stromversorgung und einen Schutzkontakt. Der Stromleiter L ist für die Stromversorgung, über den Nullleiter N fließt der elektrische Strom zurück zum Stromnetz. Der Schutzleiter PE ist wichtig für die Sicherheit, da er im Falle eines Fehlers den Strom ableitet und so verhindert, dass metallische Teile der Maschine unter Spannung stehen. Das verhindert elektrische Schläge.

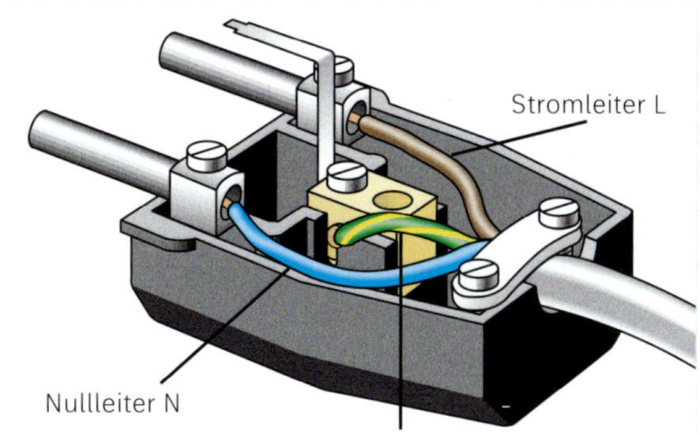

1 Nutze den technischen Modellbaukasten und baue ein Modell a) eines elektrischen Handmixers oder b) eines manuellen Handmixers auf.

2 Wähle eine der Aufgaben aus:

I **a)** Benne jedes verwendete Bauteil.

II **b)** Beschreibe die Funktion der verwendeten Bauteile. Ordne sie den Funktionskategorien zu.

III **c)** Erkläre die Unterschiede zwischen den zwei Modellen hinsichtlich der verwendeten Bauteile und der Ein- und Ausgangsgrößen.

3 In M2 sind ein Nullleiter N, ein Stromleiter L und ein Schutzleiter PE in einem Schukostecker dargestellt.

a) Nenne, wofür sie benötigt werden.

b) Beschreibe, was passiert, wenn der Nullleiter nicht angeschlossen wird.

c) Beschreibe, welches Risiko entsteht, wenn der Schutzleiter nicht angeschlossen wird.

d) Erläutere, warum die Kabeladern unterschiedliche Farben haben.

Abb. 1 *Querschnitt durch das Schaltgetriebe eines Kraftfahrzeugs*

Der Grundaufbau eines Getriebes

Im Alltag brauchen wir oft Antriebe, die entweder mit Muskelkraft oder mit Motoren funktionieren. Das Hinterrad eines Fahrrads wird beispielsweise entweder durch die Muskeln des Fahrenden oder durch einen Elektromotor angetrieben. Beim Handmixer oder im Auto kommen Motoren zum Einsatz. Die Motoren liefern die **mechanische Energie**, um die Rührbesen beim Handmixer oder das Hinterrad beim Fahrrad zu drehen. Alle Beispiele haben eine Gemeinsamkeit: Die Energie des Motors kann nicht so verwendet werden, wie sie ist. Sie muss an die jeweilige Situation angepasst werden:

Wenn du an einer Ampel mit dem Fahrrad losfährst, brauchst du viel Kraft, um in Bewegung zu kommen. Wenn du schon fährst, willst du schneller vorwärtskommen, deshalb ist nun die Geschwindigkeit wichtiger als die Kraft. Die Anpassung zwischen Kraft und Geschwindigkeit übernimmt ein **Getriebe**. Das Getriebe sorgt dafür, dass das Fahrrad je nach Bedarf mehr Kraft oder mehr Geschwindigkeit hat.

Bei mechanischen Getrieben gibt es zwei Arten der Kraftübertragung: **Kraftschluss** und **Formschluss**. Beim Kraftschluss wird die Bewegung durch Reibung übertragen, beispielsweise durch einen Riemen, der auf Rädern läuft. Beim Formschluss greifen Teile ineinander wie eine Kette auf dem Kettenblatt beim Fahrrad, sodass sie nicht durchrutschen können.

Funktionselemente eines Getriebes

- Räder/Scheiben: Bewegungsübertragung
- Wellen: verbinden Räder/Scheiben und Lager
- Lager: stützen die Wellen und lassen sie leicht drehen.
- Gehäuse: hält die Teile zusammen und schützt sie.

A Nenne die Kraftübertragungsarten von mechanischen Getrieben.

B Nenne aus deinem Alltag je eine Anwendung von Getrieben mit Kraft- und Formschluss. Begründe deine Entscheidung.

Material

Getriebearten und Berechnung des Übersetzungsverhältnis

M1 *Das Stirnradgetriebe*

Ein Stirnradgetriebe besteht aus mindestens zwei Zahnrädern, die ineinander greifen. Ein Zahnrad ist eine runde Scheibe, die an ihrem Rand gleichmäßig verteilte Zähne hat. Eines dieser Zahnräder ist das treibende Rad und das andere das getriebene Rad. Wenn das treibende Rad sich dreht, bewegt es das getriebene Rad in die entgegengesetzte Richtung.

M2 *Schema eines Stirnradgetriebes*

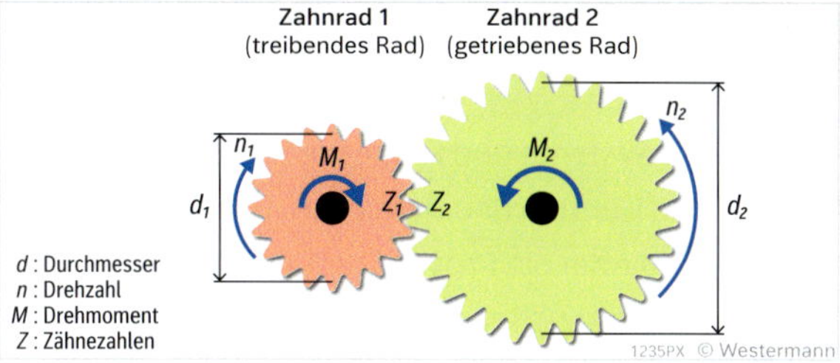

M3 *Das Zugmittelgetriebe*

Ein Zugmittelgetriebe besteht aus mindestens zwei Reib- oder Kettenrädern, die mit einem Zugmittel verbunden sind. Zugmittel können Riemen oder Ketten sein. Ein Reibrad ist eine runde Scheibe, auf der ein Riemen aufgespannt ist und durch die Reibkraft mitbewegt wird. Ein Kettenrad hat auf dem Rand verteilte Zähne, in die die Kette greift und sich dadurch mitbewegt. Wenn das treibende Rad sich dreht, bewegt es das getriebene Rad in die gleiche Richtung.

M4 *Schema eines Zugmittelgetriebes*

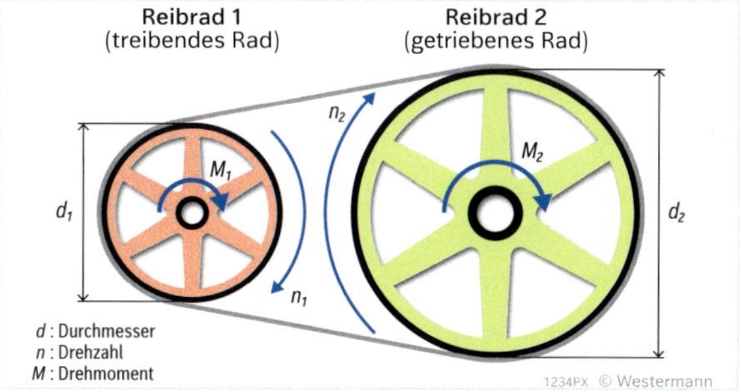

M5 *Das Übersetzungsverhältnis*

Das Übersetzungsverhältnis *i* ist das Verhältnis der Drehzahlen *n*, der Durchmesser *d*, der Zähnezahlen *z* oder der Drehmomente *M* von treibendem (Antrieb) zu getriebenem (Abtrieb) Rad. Ist z. B. das treibende Rad größer als das getriebene Rad, dreht sich das getriebene Rad schneller. Ist das treibende Rad kleiner, dreht sich das getriebene Rad langsamer. Die Gleichung für das Übersetzungsverhältnis lautet:

$$i = \frac{n_1}{n_2} = \frac{Z_2}{Z_1} = \frac{d_2}{d_1} = \frac{M_2}{M_1}$$

M6 *Schema des Übersetzungsverhältnisses*

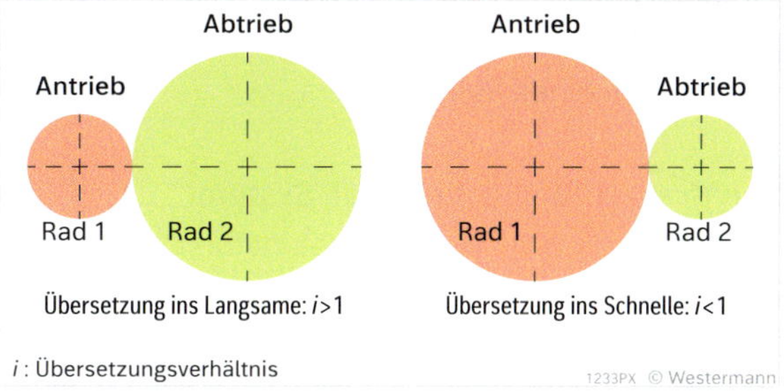

Link: *Wie funktioniert ein Getriebe?*

1 Baue mit dem Modellbaukasten ein Modell eines (a) Zahnradgetriebes oder (b) Reibradgetriebes auf.

2 Wähle eine der Aufgaben aus:

a) Ermittle das Übersetzungsverhältnis des Getriebes für drei unterschiedliche Drehzahlen. Notiere dein Ergebnis in einer Tabelle.

b) Überprüfe folgende Aussage: „Werden das große- und das kleine Rad in der Versuchsanordnung getauscht, hat dies keinen Effekt auf die Drehzahl des angetriebenen Rades."

3 Nenne ein Fortbewegungsmittel mit einem (a) Stirnradgetriebe und (b) Zugmittelgetriebe aus deinem Alltag und erkläre, wofür dort das Getriebe verwendet wird. Partnervortrag

Methode

Technische Systeme und Prozesse untersuchen

Technische Systeme und Prozesse findet man in allen technischen Geräten und Bereichen. Um zu verstehen, wie ein Gerät oder ein Prozess funktioniert, muss man ihn genau untersuchen und analysieren. Dazu ist es oftmals notwendig, technische Geräte kleinschrittig zu zerlegen, Funktionen genauer zu prüfen oder zusätzliche Informationen zu Wirkweisen und Bauteilen heranzuziehen.
Bei der Untersuchung technischer Prozesse ist es wichtig, einzelne Vorgänge und deren Zusammenwirken zu untersuchen.

Abb. 1 *Technik im Unterricht untersuchen*

Technisches System

Unter einem technischen System versteht man das Zusammenwirken verschiedener Bauteile einer Maschine, die zur Ausführung einer bestimmten Funktion führen.

Beispiele
- Funktion einer Kaffeemaschine
- Funktion eines Fahrrades
- Funktion eines Rasenmähers

Leitfragen zum technischen System
- Aus welchen Bauteilen besteht das Gerät?
- Wie sind die Bauteile miteinander verbunden?
- Welche Aufgaben haben die einzelnen Bauteile?
- Bewegen sich die Bauteile oder sind sie fest verbaut?
- Aus welchem Material bestehen die Bauteile und gibt es einen Grund dafür?
- Sind alle Bauteile für die Hauptfunktion der Maschine notwendig?
- Wie werden Kräfte übertragen?
- Wie wird die Maschine verwendet?
- Kann man den Mechanismus von außen beeinflussen?

Technischer Prozess

Unter einem technischen Prozess versteht man die Gesamtheit aller technischer Vorgänge einer technischen Anlage, welche aufeinander einwirken, um ein bestimmtes Ergebnis zu erzielen.

Beispiele
- Produktion eines Kraftfahrzeugs
- Gewinnung von Erdöl
- Produktion von Papier

Leitfragen zum technischen Prozess
- Welche technischen Vorgänge finden im Prozess statt und welche Funktion haben sie?
- Wie sind die Vorgänge aufeinander abgestimmt?
- Wie beeinflussen sie sich untereinander?
- Wie verändern sich das Produkt, das Material oder die Informationen während des Prozesses?
- Welche Kräfte wirken ein?
- Wird etwas umgeformt, transportiert oder gespeichert?
- Gibt es Teilprozesse im Gesamtprozess?
- Handelt es sich um einen Verfahrens-, Fertigungs-, Verteilungs- oder Prüfprozess?

Methode

Technische Systeme und Prozesse untersuchen

M1 *Darstellung eines technischen Systems*

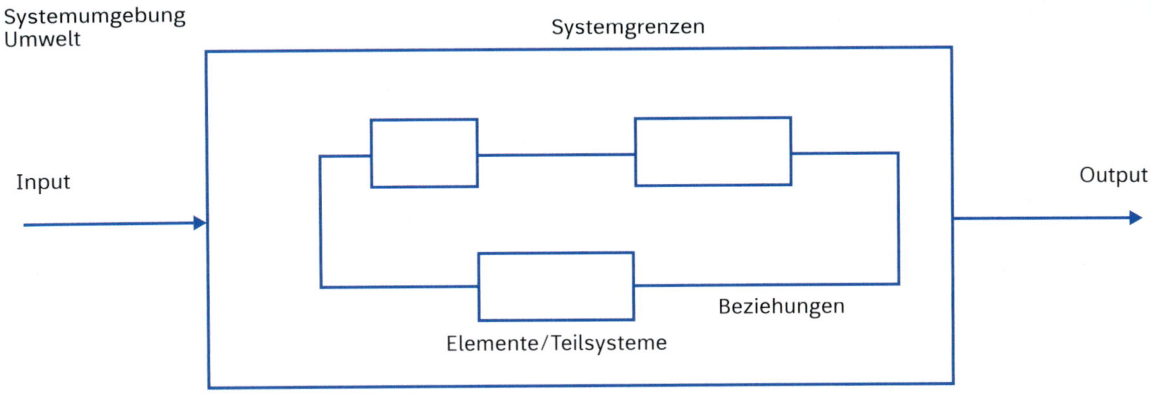

© Westermann 78PX

M2 *Darstellung eines technischen Prozesses*

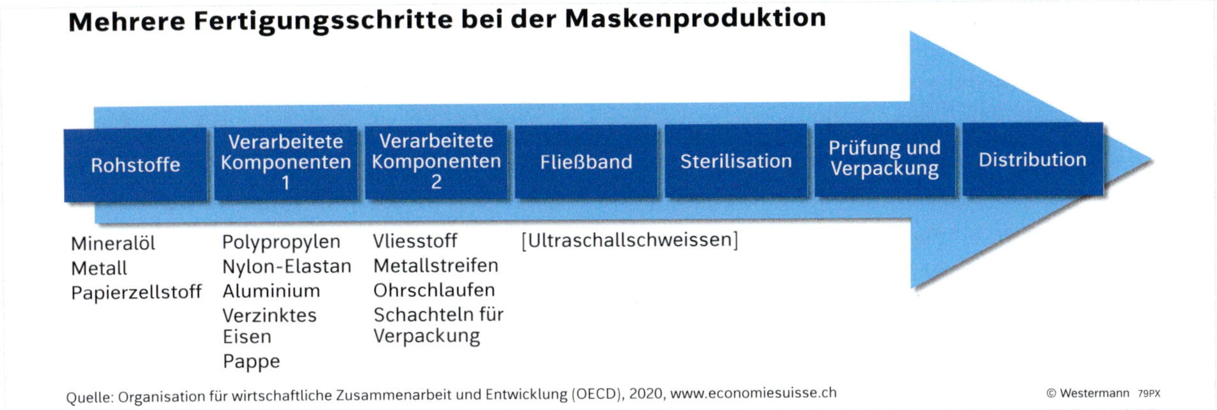

© Westermann 79PX

1 Untersuche ein technisches System aus deinem Alltag: Eine Anlage, eine Maschine oder ein Gerät.

a) Nutze die Leitfragen von Seite 180, um das technische System zu analysieren.

b) Stelle die einzelnen Bauteile und ihre Aufgabe in einer Skizze dar. Nutze M1.

c) Beschreibe die Funktion des technischen Systems.

2 Vergleiche unterschiedliche Systeme mit gleichen oder ähnlichen Funktionen:

- Gibt es gleiche Bauteile?
- Wie ist die Beschaffenheit der Bauteile?
- Welche Vor- und Nachteile haben die Systeme?

3 Wähle ein technisches Produkt aus und untersuche seinen Entstehungsprozess:

a) Nutze die Leitfragen von Seite 180, um den technischen Fertigungsprozess zu analysieren.

b) Stelle den Prozess in einem Flussdiagramm dar (M2).

c) Werden Roboter in diesem Fertigungsprozess genutzt?

Zusatzmaterial: *Vorlage Technische Systeme untersuchen und darstellen*

Ressourcen effizient nutzen durch Haushaltstechnik

Haushaltstechnik

Haushaltstechnik sind technische Geräte, die uns im Haushalt helfen. Dazu gehören zum Beispiel Waschmaschinen, Staubsauger und Kühlschränke. Diese Geräte machen das Leben einfacher, weil sie viele Aufgaben übernehmen und uns Zeit und Mühe ersparen. Eine Waschmaschine wäscht unsere Kleidung, ein Staubsauger saugt den Schmutz vom Boden auf und ein Kühlschrank hält unser Essen frisch. Viele dieser Geräte wurden erst in den letzten 100 Jahren erfunden, davor musste die Tätigkeit mühsam mit der Hand erledigt werden. Die Haushaltstechnik macht den Alltag bequemer und hilft uns, effizienter zu arbeiten. So haben wir mehr Zeit für andere Dinge.

Reparatur und Entsorgung

Die Lebensdauer von Haushaltsgeräten verkürzt sich, da diese heutzutage häufiger ersetzt als repariert werden. Das EU-Parlament hat das „Recht auf Reparatur" eingeführt, um dem entgegenzuwirken. Hersteller müssen nun Reparaturen für ältere Geräte sowie günstige Ersatzteile und Anleitungen bereitstellen. Seit Januar 2022 sind Händler verpflichtet, beim Kauf eines neuen Geräts das alte kostenlos zurückzunehmen. Eine weitere Möglichkeit ist die Abgabe der Altgeräte bei einem Recycling- bzw. Wertstoffhof am Wohnort.

Maschinen

Maschinen sind mechanische oder elektromechanische Geräte, die aus verschiedenen beweglichen und unbeweglichen Teilen bestehen. Sie erfüllen spezifische Aufgaben und erleichtern uns die Arbeit. Maschinen nutzen Energiequellen wie Elektrizität, Treibstoff oder menschliche Kraft, um Bewegungen oder Funktionen auszuführen. Sie sind in der Lage, komplexe Aufgaben zu automatisieren und menschliche Arbeit zu ergänzen oder zu ersetzen. Beispiele für Maschinen sind Autos, Waschmaschinen oder Roboter. Durch ihren Einsatz können Effizienz und Produktivität in zahlreichen Bereichen gesteigert werden.

Getriebe

Getriebe spielen eine entscheidende Rolle in vielen technischen Anwendungen. Sie ermöglichen es, die Antriebsleistung von Maschinen optimal auszunutzen. Getriebe können die Drehzahl, das Drehmoment oder die Drehrichtung an die Aufgabe der Maschine anpassen. Die Änderung der Drehzahl ist beispielsweise beim Fahrrad wichtig, um sowohl bergab als auch bergauf eine angenehme Trittfrequenz zu haben. Das Drehmoment wird beispielsweise erhöht, um schwere Lasten zu bewegen oder verringert, um empfindliche Bauteile zu schonen. Die Änderung der Drehrichtung ist zum Beispiel bei einem Auto nützlich, um sowohl vorwärts als auch rückwärts fahren zu können oder bei einem Akkuschrauber, mit dem Schrauben herein- und herausgeschraubt werden können.

Übersetzungsverhältnis

Das Übersetzungsverhältnis ist ein wichtiger Begriff, wenn es um Getriebe geht. Es beschreibt, wie sich die Drehzahl und das Drehmoment zwischen der Eingangs- und Ausgangswelle verändert. Ist das Übersetzungsverhältnis größer als 1, bedeutet das, dass sich die Welle am Ausgang langsamer dreht als die Welle am Eingang, aber dafür mit mehr Kraft (Drehmoment). Ist das Übersetzungsverhältnis kleiner als 1, bedeutet das, dass sich die Ausgangswelle schneller dreht, aber dafür mit weniger Kraft.

Wichtige Begriffe:
automatisieren, Drehmoment, Drehrichtung, Drehzahl, Effizienz, Energiequellen, Entsorgung, Getriebe, Haushaltstechnik, Kraft, Lebensdauer, Maschinen, Produktivität, Recycling, Reparatur, Übersetzungsverhältnis, Welle

Haushaltstechnik

M1 *Technische Geräte im Haushalt*

1 In dem abgebildeten Gebäude (M1) sind verschiedene technische Haushaltsgeräte dargestellt. Wähle eine der Aufgaben aus:

a) Überlege für drei der Geräte, welche Stoffe, Energien und Signale als Eingangsgrößen gebraucht und wofür die Geräte verwendet werden. Trage die Ergebnisse in eine Tabelle ein.

b) Überlege für fünf der Geräte, welche Stoffe, Energien und Signale als Eingangsgrößen gebraucht und wofür die Geräte verwendet werden. Trage die Ergebnisse in eine Tabelle ein.

Gerät	Stoff Energie Signal	Verwendungs- zweck
...	...	...

2 Nenne Vorteile, die die Erfindung von Haushaltstechnik den Menschen gebracht haben.

3 Beurteile folgenden Satz im Hinblick auf Nachhaltigkeit und Ressourcenschonung: „Ich kaufe lieber neu als zu reparieren!"

4 Benenne zwei Arten, wie du Altgeräte entsorgen kannst.

5 Liste die fünf Funktionselemente einer Maschine auf und ordne jedem Element ein Beispiel zu.

6 Nenne die Gefahr, die entsteht, wenn elektrische Maschinen nicht vorschriftsmäßig angeschlossen werden.

7 Zähle zwei Schutzmaßnahmen für die elektrische Sicherheit von Maschinen auf.

8 Erkläre die Funktion der drei Leiter in einem Netzkabel zum Anschluss einer elektrischen Maschine.

Getriebe und Antrieb

M2 *Seitenansicht eines Fahrrads*

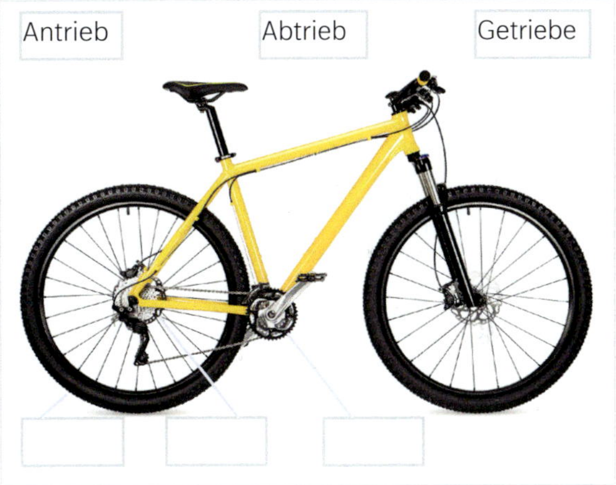

9 Ordne die drei Begriffe den Elementen auf dem Bild M2 zu.

10 Benenne die Art des Getriebes eines Fahrrads. Ist das Getriebe form- oder kraftschlüssig?

11 Beschreibe die Notwendigkeit einer Schaltung bei einem Fahrrad.

12 Erkläre den Begriff Übersetzungsverhältnis und gib die Formel an.

13 Erkläre, was ein Übersetzungsverhältnis $i<1$ und $i>1$ bedeutet.

Lösungen: *Lerncheck*

Kapitel 13

- *Was sind digitale Kommunikationstechnologien?*
- *Wie beeinflussen Kommunikationstechnologien unser Leben?*
- *Was bedeuten digitale Kommunikationstechnologien für Unternehmen?*
- *Welche ökologischen Auswirkungen hat die Digitalisierung?*

Wahlthema: Kommunikations-technologien

Abb. 1 *Menschen kommunizieren mit dem Smartphone.*

Digitale Kommunikationstechnologie

Digitale Kommunikation

Digitale Kommunikation ist der Austausch von Informationen über elektronische Geräte wie Computer, Smartphones oder Tablets. Nachrichten, Bilder, Videos oder Dokumente werden über das Internet oder andere Netzwerke gesendet und empfangen. Beispiele sind das schnelle und unkomplizierte Schreiben und Versenden von E-Mails, das Chatten über Messenger-Apps oder die Videotelefonie. Dabei werden Nachrichten in Echtzeit ausgetauscht, sodass die Menschen weltweit miteinander kommunizieren können, als wären sie im selben Raum.

Die Informationskette

Das Grundprinzip der Kommunikationstechnik ist die Informationskette. Es beschreibt, wie Informationen vom **Sender** zum **Empfänger** übertragen werden. Dazu musst du die Begriffe **Information** und **Signal** verstehen:

- Information: Der Inhalt, den wir übermitteln wollen (z. B. Text, Ton oder Bild).
- Signal: Das physikalische Medium, das die Information von einem Ort zum anderen bringt (z. B. elektrische Impulse).

Die fünf Schritte der Informationskette

1. Sender: Hier entsteht die Information. Du versendest eine Sprachnachricht.
2. Encoder (Verschlüsselung): Die Information wird in ein Signal umgewandelt, das übertragen werden kann. Die gesprochene Sprache wird in ein elektrisches Signal umgewandelt.
3. Kanal: Das Signal wird durch einen Kanal gesendet, wie ein Kabel oder die Luft (bei Funkübertragung).
4. Decoder (Entschlüsselung): Das empfangene Signal wird zurück in die ursprüngliche Information umgewandelt. Zum Beispiel wird das elektrische Signal wieder in gesprochene Sprache umgewandelt.
5. Empfänger: Hier wird die Information letztendlich erhalten und verstanden.

A Definiere die Begriffe Information und Signal.

B Stelle dir vor du telefonierst mit einem Freund. Schreibe dafür die Informationskette auf.

C Nenne Vorteile und Beispiele der digitalen Kommunikation?

Informationsübertragung

M1 *Shannon-Weaver-Modell*

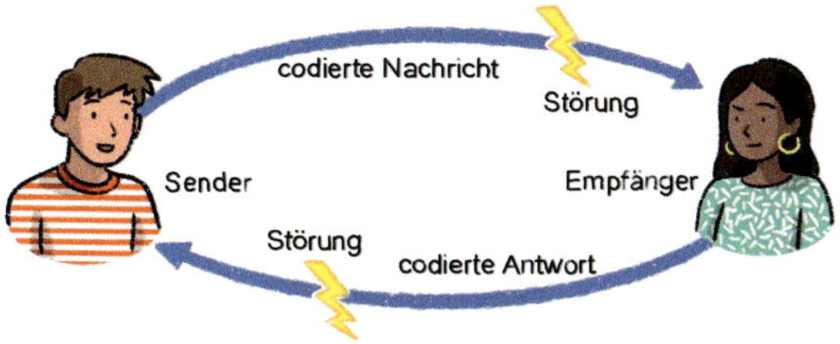

Das Shannon-Weaver-Modell, auch Sender-Empfänger-Modell genannt, wurde in den 1940er Jahren von Claude E. Shannon und Warren Weaver für die Nachrichtentechnik entwickelt .
Es beschreibt, wie Informationen zwischen einem Sender und einem Empfänger übertragen werden. Zusätzlich zum Grundprinzip der Informationskette geht es auf Störquellen ein, die den Prozess beeinflussen. Störquellen, auch Rauschen genannt, sind Elemente, die die Qualität der Kommunikation verschlechtern. Diese Störungen können physisch (Gestik), psychologisch (Emotionen) oder technisch (Empfang) sein. Die Stärke des Modells ist, dass es grundlegend auf jede denkbare Kommunikation anwendbar ist. Es hat jedoch auch Schwächen, denn es berücksichtigt nicht, wie viel der Empfänger von der Nachricht versteht bzw. welche Bedeutung oder welchen Inhalt die Nachricht hat. Weiterhin wird die Kommunikation als ein linearer Prozess ohne Rückmeldung an den Sender beschrieben.

M2 *Fortschritte bei der Informationsübertragung*

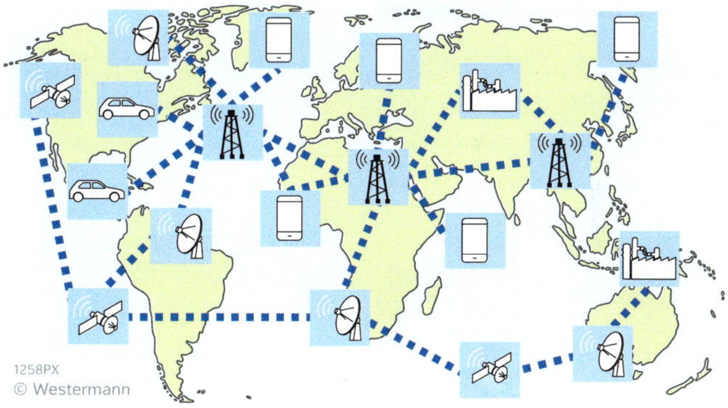

Die immer größer werdende digitale globale Vernetzung und weltumspannende betriebliche Prozesse erhöhen stetig die Anforderungen an die Signalübertragung. Die Wahl der Signalübertragungskanäle hängt dabei von der Entfernung zwischen Sender und Empfänger ab. Für kurze Distanzen werden Kabel oder WLAN und für lange Strecken Satelliten oder Unterseekabel genutzt. Die großen Datenmengen erfordern leistungsfähige Kanäle wie Glasfaser. Mobilfunknetze (4G/5G/6G) werden immer effizienter und gewinnen vor allem in unzugänglichen und mobilen Bereichen an Bedeutung. Der gewählte Kanal beeinflusst die Signalqualität. Kabelgebundene Verbindungen sind meist stabiler. Digitale Signale sind weniger störanfällig und für größere Datenmengen besser geeignet als analoge Signale.

1 Nenne Vor- und Nachteile des Shannon-Weaver-Modells (M1).

2 Beschreibe ein Videotelefonat zwischen zwei Personen aus unterschiedlichen Ländern (M1).

3 Begründe, in welchen anderen Bereichen, außerhalb der digitalen Kommunikationstechnologie, das Shannon-Weaver-Modell Anwendung findet.

4 Wähle eine Situation und begründe anhand einer Skizze die benötigten Übertragungskanäle (M2).

a) Du bist in der Innenstadt und telefonierst mit jemandem am Rand der Stadt.

b) Du bist Kapitän auf einem Schiff mitten auf dem Ozean und tauschst große Datenmengen mit jemandem auf dem Festland aus.

Digitalisierung in einer Tischlerei

M3 *Nicht nur im Privaten hat die Digitalisierung Vieles verändert, sondern auch in Unternehmen. Das gilt auch für Betriebe, bei denen man das erstmal nicht vermutet, wie etwa in einer Tischlerei. Die Geschäftsführerin Leonie Lobinger erläutert dies.*

Leonie Lobinger

Die individuellen Wünsche der Kundinnen und Kunden werden am Computer entworfen. Sie bekommen dann eine Computergrafik, die aussieht wie ein Foto. So können sie sehen, ob das Produkt ihren Wünschen entspricht.

Die Möbel werden nicht mehr mit Stift und Papier entworfen, sondern am Computer. Die so erstellten Dateien dienen dann der Herstellung der Möbel.

Auch die Übersicht über die Lagerbestände erfolgt über Computerprogramme. So kann die oder der Mitarbeitende auf dem Tablet nachsehen, was wo liegt, und wie viel noch auf Lager ist.

Auch die Zeiterfassung läuft digital. So können bei der Erstellung der Rechnung nicht mehr so leicht Fehler entstehen.

Ein Computerprogramm hat einen Überblick über alle Prozesse im Unternehmen. Es weiß zum Beispiel, wann welcher Auftrag erledigt sein muss und welches Personal und welche Maschinen dafür benötigt werden.

5 Beschreibe in eigenen Worten, wo in der Tischlerei auf digitale Instrumente zurückgegriffen wird (M3).

6 Wähle eine der Aufgaben aus:

I a) Ermittle, wie die Arbeit ohne diese digitalen Instrumente erfolgen würde und vergleiche damit die digitale Tischlerei in M3.

II b) Ermittle, wie die Arbeit ohne die digitalen Instrumente erfolgen würde und vergleiche damit die digitale Tischlerei. Stelle die Vor- und Nachteile der Digitalisierung am Beispiel von M3 heraus.

7 Diskutiert die Auswirkungen der Digitalisierung auf die Mitarbeitenden in der Tischlerei. Fishbowl

Auswirkungen von Digitalisierung

M4 *Der CO_2-Fußabdruck unseres digitalen Lebens*

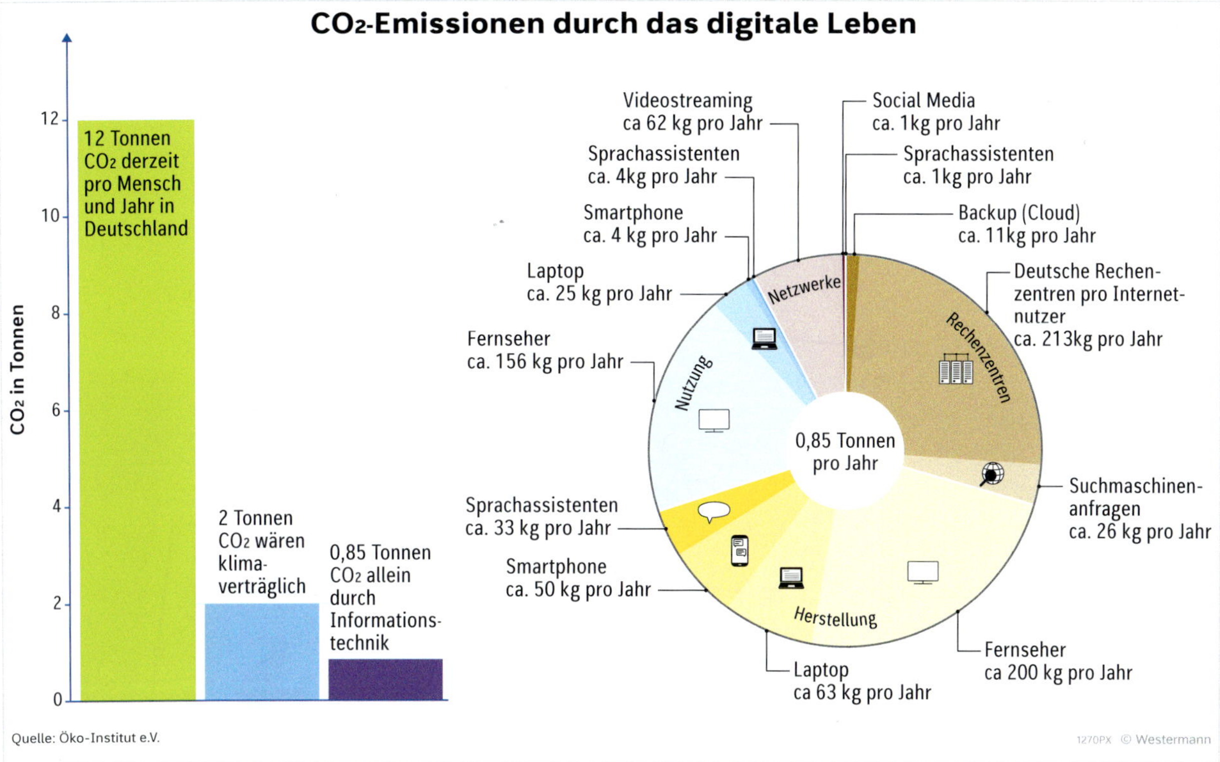

M5 *CO_2-Emissionen des Videostreamings*

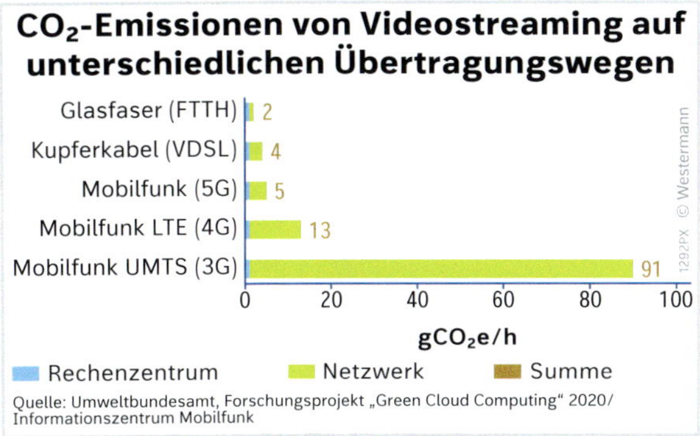

M6 *Globale Patente 5G-Technik*

Patentbesitzer	Erteilte und angemeldete 5G-Patentfamilien
Huawei (CN)	15,39%
Qualcomm (US)	11,24%
ZTE (CN)	9,81%
Samsung Electronics (KR)	9,67%
Nokia (FN)	9,01%
LG Electronics (KR)	7,01%

Quelle: IPlytics Platform, Februar 2021

8 **a)** Beschreibe die Infografik M4.
b) Vergleiche die CO_2-Emissionen von Herstellung und Nutzung der Informationstechnik (M4).

9 **a)** Beurteile die Nutzung von Streaming-Diensten hinsichtlich der Umweltverträglichkeit (M4). Bienenkorb
b) Beurteile die Nutzung von KI-Tools hinsichtlich der Umweltverträglichkeit (M4). Bienenkorb

10 Fasse die Grundaussagen von M5 zusammen.

11 **a)** Beurteile die Einführung neuer Informationstechnik aus Perspektive der eingesparten CO_2-Emissionen.
b) Beurteile die Einführung neuer Informationstechnik aus Perspektive der globalen Abhängigkeit (M6).

Kapitel 14

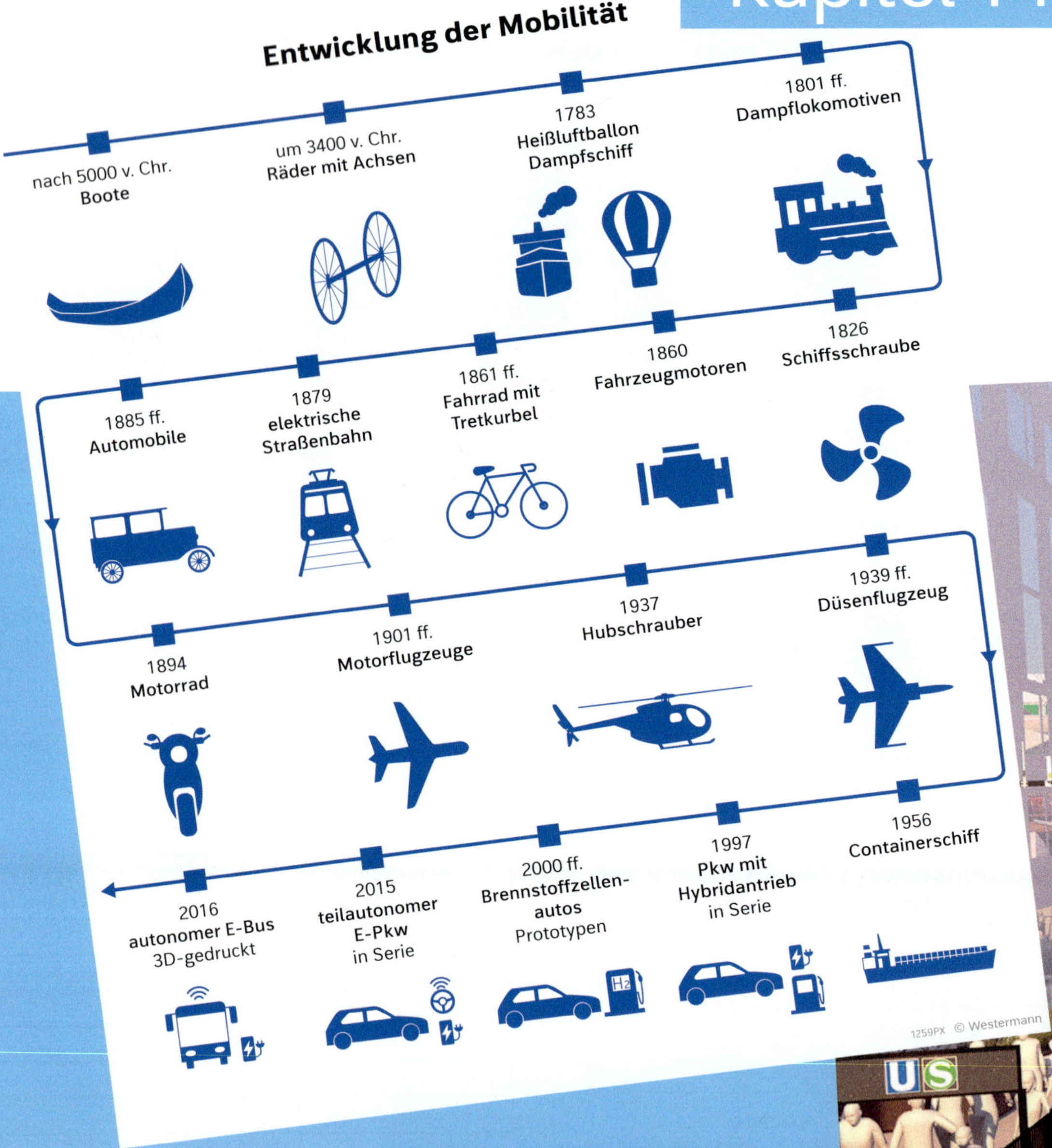

- *Was bedeutet Mobilität?*
- *Wie verändert eine höhere Mobilität unser Leben?*
- *Welche Auswirkungen hat Mobilität auf die Industrie?*
- *Welche Kosten verursacht Mobilität?*
- *Wie können Ressourcen für Mobilität eingespart werden?*

Wahlthema: Mobilität

Abb. 1 *Urbane Mobilität in der Zukunft*

Antriebstechnik als zentrale Voraussetzung für Mobilität

Mobilität

Mobilität ist die Fähigkeit, sich mithilfe verschiedener **Verkehrsmittel** wie Autos, Zügen oder Fahrrädern von einem Ort zum anderen zu bewegen. In der Zukunft wird Mobilität durch Technologien wie selbstfahrende Autos, Hyperloop-Züge und Drohnen noch schneller und effizienter. Elektrische und emissionsfreie Antriebe werden immer wichtiger, um die Umwelt zu schützen. Digitale Systeme zur Vernetzung der Verkehrsmittel sind dabei eine **Schlüsseltechnologie**.

Historische Entwicklung

Die Entwicklung der Mobilität begann vor ca. 5000 Jahren, als Menschen begannen, sich auf Pferden durch Europa zu bewegen oder die ersten Segelschiffe Rohstoffe und Waren auf dem Nil transportierten. Im 19. Jahrhundert revolutionierte die **Dampfmaschine** mit Eisenbahnen und Dampfschiffen die Mobilität. Danach folgte der **Verbrennungsmotor** mit fossilen Brennstoffen, der Autos und Motorräder antrieb und die individuelle Mobilität bis heute prägt. Im 20. Jahrhundert ermöglichte die breite und verhältnismäßig günstige Verfügbarkeit von Autos und Flugreisen die **Massenmobilität**. Öffentliche Verkehrsmittel wie Busse und U-Bahnen wurden in Städten ausgebaut. Im letzten Jahrzehnt gewann die **Elektromobilität** mit batteriebetriebenen Elektroautos und -bussen an Bedeutung. Die aktuellste Entwicklung sind wasserstoffbasierte Elektrofahrzeuge, die Wasserstoff in elektrische Energie umwandeln und dabei Wasserdampf ausstoßen. Diese Fahrzeuge bieten schnelle Betankung und große Reichweite, ähnlich wie Fahrzeuge mit fossilen Brennstoffen. Solche technischen Fortschritte machen die Mobilität nachhaltiger und effizienter.

A Nenne Vor- und Nachteile unterschiedlicher Mobilitätstechnologien.

B Entwickle im Rahmen einer Zukunftswerkstatt (siehe Seite 174) eine Mobilitätstechnologie der Zukunft, mit der wir uns im a) urbanen Raum oder b) ländlichen Raum in 10 Jahren klimaneutral fortbewegen können. Präsentiere deine Ergebnisse und fertige davon eine Skizze an.

Antriebssysteme

M1 *Funktion und Aufbau verschiedener Antriebsarten* Film: *Sachgeschichte Brennstoffzelle*

Ein Verbrennerfahrzeug hat einen Motor, der fossile Brennstoffe als Energiespeicher verbrennt, um Antriebsenergie zu erzeugen. Die Antriebsenergie wird mithilfe eines Getriebes in die gewünschte Bewegung gewandelt. Ein Elektrofahrzeug hat stattdessen einen Akkumulator, der die durch Laden eingespeiste elektrische Energie speichert. Der Elektromotor wandelt diese Energie direkt in Bewegung um. Die meisten Elektrofahrzeuge besitzen einen Rekuperator, der die Bremsenergie in elektrische Energie umwandelt. Diese wird als elektrische Energie im Akku gespeichert. Fahrzeuge mit Wasserstoffantrieb verwenden Wasserstoff als Energiespeicher. Eine Brennstoffzelle wandelt durch Elektrolyse Wasserstoff und Sauerstoff zu Wasser und erzeugt dabei elektrische Energie. Diese Energie treibt ebenfalls direkt einen Elektromotor an. Verbrennungsmotoren sind weit verbreitet und greifen deshalb auf eine gut ausgebaute Infrastruktur zurück, aber sie verschmutzen die Luft durch die Emission der verbrannten fossilen Brennstoffe. Zudem verursacht die Erschließung der nur begrenzt verfügbaren fossilen Brennstoffe aus Erdöl Umweltschäden. Elektroautos brauchen Strom, der aus verschiedenen Quellen kommen kann z. B. aus erneuerbaren Energien. Sie sind leise und emissionsfrei im Betrieb. Noch sind die Batterien teuer und das Laden kann lange dauern. Wasserstoffautos sind ebenfalls frei von Schadstoffemissionen und haben eine größere Reichweite als Elektroautos durch den eingebauten Wasserstofftank. Die Technologie ist allerdings noch kostenintensiv und es gibt bisher nur wenige Tankstellen.

M2 *Funktionselemente verschiedener Antriebsarten*

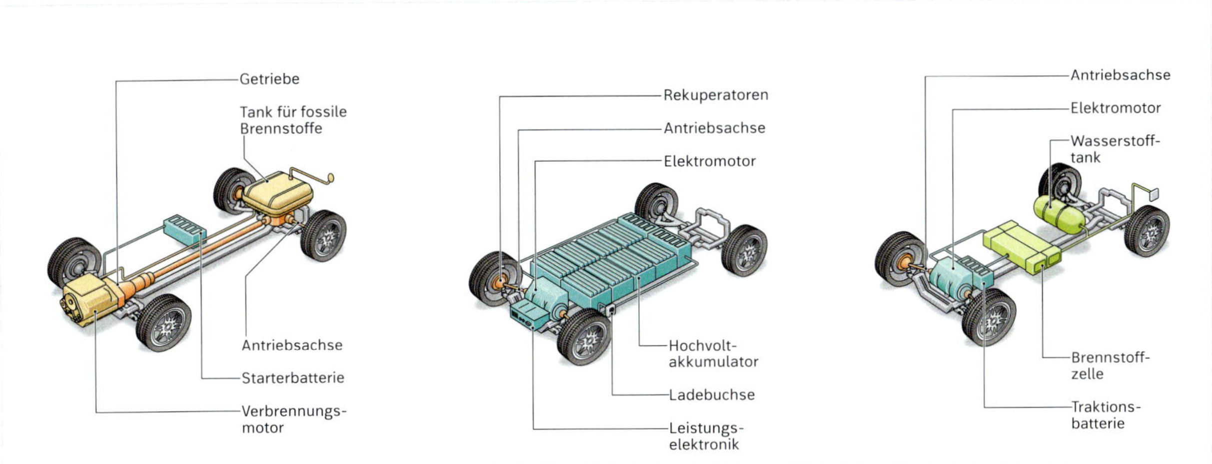

1 **a)** Vergleiche die Fahrzeuge in der Grafik M2. Liste die Funktionselemente in einer Tabelle auf und ordne sie den Fahrzeugarten zu.
b) Beschreibe die Funktion der Funktionselemente in der Tabelle aus Aufgabe 1a.

2 Was sind fossile Brennstoffe und benötigen alle Antriebsarten diese? Begründe deine Entscheidung (M1).

3 Nenne Vor- und Nachteile der drei Antriebsarten (M1). Think-Pair-Share

4 Nenne die Schritte der Energieumwandlung vom Energiespeicher bis zum drehenden Rad für die drei Antriebsarten.

5 Erkläre, warum ein Elektrofahrzeug mit Rekuperation als „perpetuum mobile" nicht möglich ist.

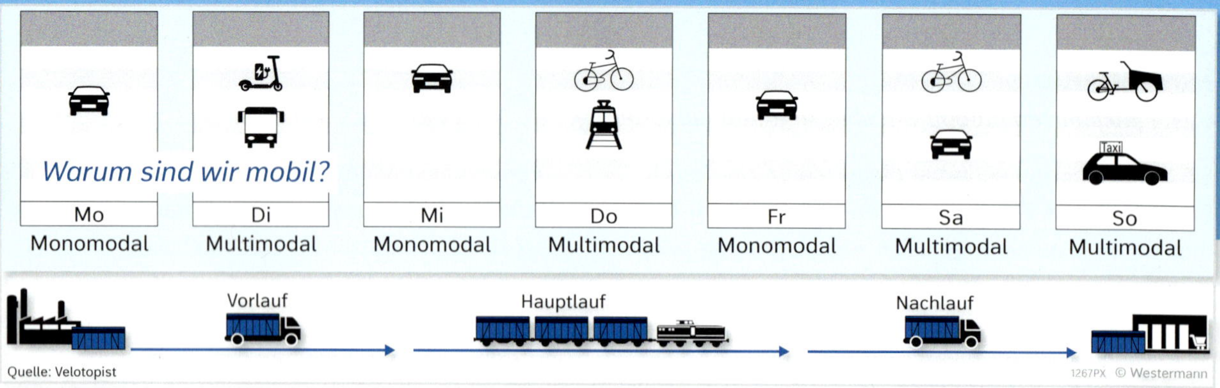

Abb. 1 *Monomodaler, multimodaler und intermodaler Verkehr*

Mobilität und Ressourcen

Menschen und Güter sind dank des technischen Fortschritts so mobil wie nie. Mecklenburg-Vorpommern ist relativ dünn besiedelt. Das erfordert viel Mobilität. Verkehrswege werden aus Steuermitteln errichtet und unterhalten. Welchem Verkehrsweg Vorrang eingeräumt wird, muss angesichts begrenzter Mittel immer wieder neu ausgehandelt werden. Jeder neue Fahrradweg bringt Verkehrsteilnehmer dazu, vom Auto aufs Rad umzusteigen. Jede neue Straße lockt aber auch wieder neue Autofahrer/-innen an.

Mobiler Mensch

Wohnung und Arbeitsplatz der meisten Berufstätigen befinden sich heute an verschiedenen Orten. Berufstätige legen zur Arbeit oft lange Distanzen zurück. Sie bewältigen ihren Arbeitsweg zu Fuß, mit dem Rad, mit dem eigenen Pkw, einer Fahrgemeinschaft oder dem öffentlichen Nah- und Fernverkehr.
Auch unser Freizeitverhalten ist auf das Verlassen unserer Wohnung und auf ständigen Ortswechsel ausgerichtet. Ferien und Urlaub sind fast gleichbedeutend mit Reisen. Wochenenden werden mit Sport, Einkäufen, Besuchen und Besichtigungen ausgestaltet. Dafür werden lange Anfahrtswege zurückgelegt. Für Geschäfts- und Fernreisen ist das Flugzeug ein alltägliches Verkehrsmittel. Mobilität ist mit hohem finanziellen Aufwand verbunden. Damit erhält sie auch eine soziale Dimension.

Mobile Güter

Unsere Wirtschaft funktioniert mit einem Höchstmaß an Arbeitsteilung. Aus Kostengründen werden Güter in Einzelschritten an entfernt liegenden Produktionsstätten gefertigt. Halbfertige Waren werden von Kontinent zu Kontinent geschickt, bevor das Endprodukt an die Verbraucher/-innen ausgeliefert werden kann. Mit Online-Handel konsumiert man inzwischen, ohne selbst Wege zurückzulegen. Die Güter müssen jedoch erst in Auslieferungszentren und dann zum Endkunden transportiert werden. Dies wird größtenteils von Lkw und Transportern übernommen.

Mobilität erfordert Ressourcen

Sobald wir uns mit motorisierten Verkehrsmitteln fortbewegen, ist Antriebsenergie erforderlich, die noch sehr oft aus dem Verbrennen fossiler Energieträger hervorgeht. Etwa zwei Drittel des gesamten deutschen Ölverbrauchs gingen 2024 in den Straßenverkehr. Damit trägt der Verkehr noch erheblich zur CO_2-Belastung der Umwelt bei.

A Erstelle dein persönliches Mobilitäts-Tagebuch für eine Schulwoche und eine Ferienwoche.

B Verfasse für den oberen Teil der Abb. 1 einen Wochenbericht einer konkreten Person.

C Verfasse einen Transportbericht für ein konkretes Produkt (Abb. 1).

Mobilität und Berufstätigkeit

M1 *Zeitaufwand für den Arbeitsweg*

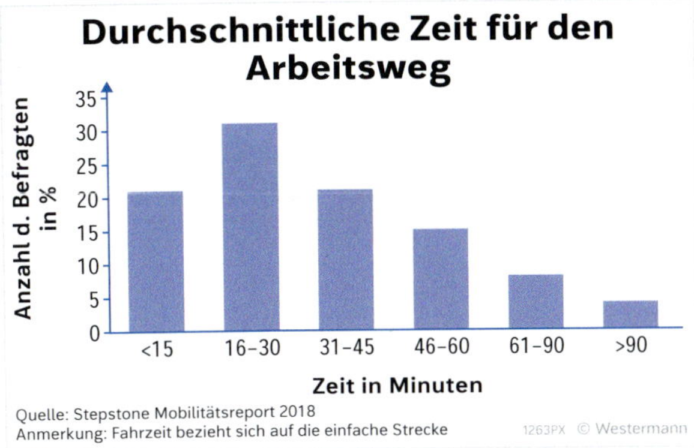

Quelle: Stepstone Mobilitätsreport 2018
Anmerkung: Fahrzeit bezieht sich auf die einfache Strecke

M2 *Gewünschter Zeitaufwand für den Arbeitsweg*

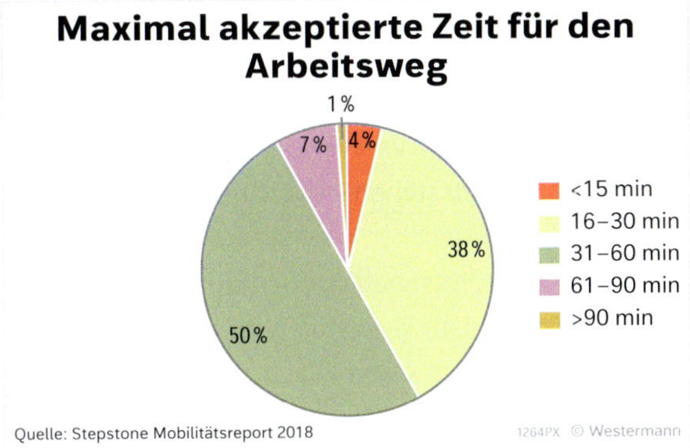

Quelle: Stepstone Mobilitätsreport 2018

1 Vergleiche Wunschvorstellungen und Realität bei den Berufstätigen, was die Dauer ihres Arbeitswegs betrifft (M1-M2).

2 Überlege, aufgrund welcher Faktoren Menschen einen längeren Arbeitsweg auf sich nehmen. Bienenkorb

Effiziente Produktion durch Mobilität

M3 *Was versteht man unter DOD? (time:matters)*

Delivery On Demand (DOD) kommt aus dem Englischen und heißt so viel wie „Lieferung auf Anforderung" oder „Lieferung auf Abruf". Waren werden geliefert, wenn sie benötigt werden.
Ein Beispiel: Eine Komponente für ein Auto wird geliefert, wenn der Hersteller diese Komponente verbaut. Somit ist keine Lagerhaltung nötig, man spart dadurch Platz. Außerdem wird nur so viel eingekauft, wie tatsächlich benötigt wird. Nicht nur Delivery On Demand ist ein Trend, auch die Production On Demand. Das heißt, dass beispielsweise Bücher, Möbel oder Maschinen nur dann produziert werden, wenn der Kunde sie bestellt. Das ist bei individualisierten Produkten der Fall, aber auch bei kleinen Absatzmengen und Waren, die nicht regelmäßig in großer Menge benötigt werden.
Es gibt jedoch auch Nachteile. Die Produktion kann teurer sein. Es kann zu Engpässen kommen, wenn etwas nicht zur richtigen Zeit geliefert werden kann. Wenn beispielsweise ein Ersatzteil individuell hergestellt werden muss, ist Delivery On Demand eine sinnvolle Liefermethode. Allerdings erfordert DOD auch eine hohe Flexibilität beim Transport. (...)

3 **a)** Erkläre DOD in eigenen Worten.
b) Stelle gegenüber, inwiefern DOD den Ressourceneinsatz senken, aber auch erhöhen kann.

Privat-Pkw besser auslasten

M4 *Mitfahrbank auf der Insel Poel*

4 **a)** Recherchiere zum Konzept „Mitfahrbank" in Mecklenburg-Vorpommern.
b) Entwickle ein sinnvolles Konzept für die Bildung von spontanen Fahrgemeinschaften. Placemat

Externe Kosten des Verkehrs

M4 *Aus dem Mobilitätsatlas 2019 des VCD*

Der Verkehr verursacht hohe Folgekosten, die auf die Allgemeinheit abgewälzt werden. Dazu gehören Schäden durch die Veränderungen des Klimas, die Verschmutzung der Luft, Verkehrsunfälle und Lärm. Diese externen Kosten stehen weder auf der Tankquittung noch auf dem Flugticket, und sie fallen je nach Verkehrsmittel unterschiedlich hoch aus. Die externen Kosten abzuwälzen widerspricht aber dem Verursacherprinzip: Danach kommt für die Schäden auf, wer sie verursacht hat.

Wie berechnet man externe Kosten? [...] Die Schadenssätze berücksichtigen unter anderem die medizinische Versorgung, den Einsatz von Polizei und Krankenwagen sowie Arbeitsausfälle, und sie setzen auch Schmerzen und Leid der Unfallopfer und ihrer Angehörigen „in Wert", so der Fachausdruck. [...]

Aus ökonomischer Sicht verhindert die Externalisierung von Kosten einen fairen Wettbewerb zwischen den Verkehrsmitteln. [...]. Deswegen finden es auch viele Ökonomen und Ökonominnen angebracht, dass der Staat eingreift und für eine Internalisierung der bisher externalisierten Kosten sorgt.

[Es] gilt [die Mobilität] so zu gestalten, dass sie unserer Lebensqualität und unserem öffentlichen Zusammenleben dient, ohne dem Klima zu schaden. Für den Klimaschutz im Verkehr ist entscheidend, wie eine Internalisierung der bisher externalisierten Klimakosten gelingt. Zur Wahl steht eine direkte CO_2-Steuer [...] fossile Treibstoffe würden rasch spürbar teurer. Die CO_2-Steuer müsste so hoch angesetzt werden und über Jahre weiter steigen, dass einerseits die Autoindustrie kontinuierlich unter Innovationsdruck steht und andererseits die Verbraucher und Verbraucherinnen ihre Verkehrsmittel nach Preisen wählen können, die auch ökologisch ehrlich sind. [...] Diskutiert wird aber auch, ob die Einnahmen aus der CO_2-Steuer ins Schienennetz und andere – für die Verkehrswende benötigte – Infrastrukturen fließen sollen. [...] Ein weiterer Schritt ist, bereits umweltverträglichere Verkehrsformen attraktiver zu machen. Dazu gehört, die Mehrwertsteuer auf Bahntickets im Fernverkehr zu senken und günstige Abonnements für den öffentlichen Personennahverkehr anzubieten. [...] Mehr Kostengerechtigkeit im Verkehr kann auch durch den Abbau umweltschädlicher Subventionen erreicht werden. Größter Nutznießer war 2017 der Flugverkehr mit zwölf Milliarden Euro [...]

M5 *Individual- und Güterverkehr im Vergleich*

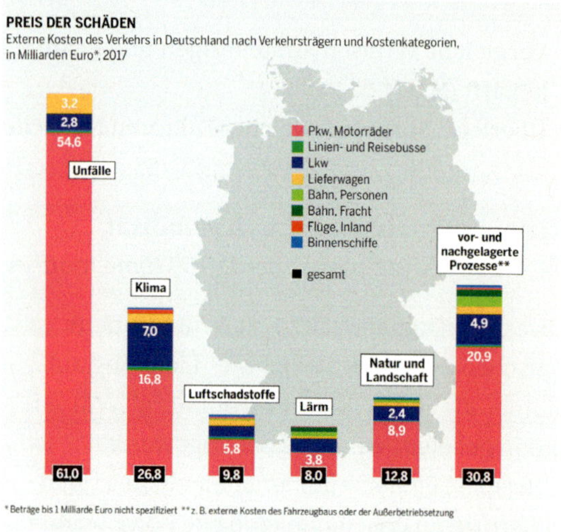

5 **a)** Begründe, warum man externe Kosten auch als versteckte Kosten bezeichnet (M4).
b) Erläutere, warum externe Kosten „den fairen Wettbewerb zwischen den Verkehrsmitteln" (M4) behindern.
c) Fasse zusammen, wie eine CO_2-Steuer wirkt (M4).

6 **a)** Erläutere die offenen und versteckten („externen") Kosten eines Urlaubsflugs.
b) Recherchiere im Internet, wie und warum der Flugverkehr bisher subventioniert wird.
c) Überlege, warum es keine Pläne gibt, die externen Kosten für die Schäden, die durch Unfälle verursacht werden, zu internalisieren.

7 Vergleiche die Anteile des Individual- und des Güterverkehrs an den externen Kosten (M5).

Wahlthema

Alternativer Konsum: Regional einkaufen

M6 *Aussagen von Kundinnen, Artikel Bundeszentrum für Ernährung*

Julia: „Ich bekomme mein Gemüse wöchentlich aus der SoLaWi und bin begeistert von dem Konzept: Alles ist plastikfrei, mit kurzem Anfahrtsweg, frisch geerntet vom Acker. Saisonal, in Bioqualität. Ich kenne den Hof und weiß, wo es wächst, wer es anbaut und erntet.
Ich wertschätze das Gemüse viel mehr. Wertschätze es so, als wäre es aus dem eigenen Garten. An einigen Tagen im Jahr kann man freiwillig bei Erntearbeiten mithelfen. Auch das ist toll, um einen direkteren Bezug zu den Nahrungsmitteln zu bekommen, die man isst."

Kirsten: „Saisonal, regional, möglichst unverpackt, gerne bio, klimaschonend - diese Kriterien sind mir beim Einkaufen wichtig. Bei den Marktschwärmern bekomme ich Lebensmittel aus der Umgebung, viele davon in Bioqualität. Ich hole meine Bestellung abgasfrei mit dem Fahrrad ab - eigene Taschen, Tüten und Behälter im Gepäck, um die meistens unverpackte Ware zu verstauen. Bestellen und Bezahlen funktionieren entspannt von zuhause aus, über die Webseite. Beim Abholen treffe ich die Menschen, die mein Essen produziert haben. Ich weiß, wen ich mit meinen Einkäufen unterstütze. Dadurch bekomme ich eine viel persönlichere Beziehung zu dem, was ich kaufe, als beim Gang in den Supermarkt."

Solawi
"SoLaWi" steht für Solidarische Landwirtschaft. In einem solchen Verbund tragen mehrere private Haushalte die Kosten eines landwirtschaftlichen Betriebes, wofür sie im Gegenzug dessen Ernteertrag erhalten, sie werden Ernte-Teilende. Film: *So funktioniert Solawi*

Marktschwärmer
"Marktschwärmer" ist ein Netzwerk zum Online-Handel mit regionalen Produkten.

8 **a)** Fasse die Gründe der Kundinnen für regionalen Konsum (M 6) zusammen. Stelle einen Bezug zu Mobilität und zu externen Kosten her.
b) Recherchiere Einkaufsmöglichkeiten für regionale Produkte in deiner Region.
c) Diskutiert, welche Produkte leichter bzw. schwerer regional vermarktet werden können. Marktplatz

9 **a)** Finde sechs Aspekte, wie Mobilität unser Leben erleichtert, und sechs Aspekte, wie Mobilität unser Leben belastet. Tink-Pair-Share
b) Stellt einander eure Gedanken vor, wählt die 10 wichtigsten Aspekte aus und ordnet sie in einer Hierarchie von "1: eher geringfügige Auswirkung bis 10: massive Auswirkung". Tink-Pair-Share
c) Vergleicht in Vierergruppen eure Hierarchien und formuliert zusammen eine Stellungnahme zu der Frage: Wie soll Mobilität im Jahr 2050 aussehen? Stellt diese der Klasse vor. Tink-Pair-Share

Kapitel 15

- *Was unterscheidet das Arbeitgeber- vom Arbeitnehmer sein?*
- *Welche Rechte und Pflichten haben Arbeitgeber und Arbeitnehmer?*
- *Was kennzeichnet Arbeits- und Ausbildungsverträge?*
- *Sind das Mindestlohn- und das Jugendarbeitsschutzgesetz für mich relevant?*
- *Welche Pläne und Alternativen habe ich?*
- *Wie durchlässig ist das Bildungssystem?*

Mein Weg in die Arbeits- und Berufswelt IV

Abb. 1 *Möchtest du dein eigener Chef sein?*

Arbeitgeber oder -nehmer sein?

Selbstständig oder angestellt?

Viele Berufe lassen sich sowohl in Form einer Selbstständigkeit als auch als Angestellte in einer Institution bzw. einem Unternehmen ausüben. Als Zahntechnikerin kannst du beispielsweise sowohl in einem Dentallabor mitarbeiten als auch ein eigenes Zahntechniklabor führen. Gleiches gilt für Personen, die zum Beispiel im Garten- und Landschaftsbau, in einer Tischlerei oder einem Frisörsalon ausgebildet wurden oder Ingenieurwesen, Jura oder Medizin studiert haben.

Für manche Menschen steht sehr früh fest: ich möchte mein eigener Chef bzw. meine eigene Chefin sein, bei anderen entwickelt sich dieser Wunsch im Laufe des Berufslebens und für wiederum Andere ist ganz klar, dass sie es bervorzugen, angestellt zu sein.

Was unterscheidet Selbstständige von Angestellten?

Selbstständige organisieren ihre Arbeit **autonom**, sie entscheiden, was sie wann wie machen. Sie legen Arbeitszeiten, Arbeitsort, Arbeitsinhalte und Vergütung selbst fest und können sie flexibel ändern. Allerdings sind sie auch für den wirtschaftlichen Erfolg des Unternehmens verantwortlich: Investionen, Gewinne und Verluste müssen bedacht werden. Sie tragen ein hohes Risiko wie unregelmäßiges Einkommen bei schlechter Auftragslage oder gar Verdienstausfälle bei Krankheit. Arbeitnehmer bzw. Angestellte hingegen sind in der Regel weit weniger **autonom** in ihren Entscheidungen. Sie sind weisungsgebunden und handeln in einem vorgegebenen Rahmen. Sie können nicht frei über Zeit, Ort und Tätigkeit bestimmen. Auf der anderen Seite erhalten sie ein sicheres Einkommen und genießen soziale Absicherung.

Rechte und Pflichten von Arbeitgebern und Arbeitnehmern

Sobald man als Selbstständiger nicht nur für sich allein tätig ist, sondern andere Personen anstellt, wird man Arbeitgeber. Es sind jedoch nicht nur Unternehmen, die als **Arbeitgeber** auftreten, sondern auch der Staat, Vereine, Partein, Gewerkschaften und Kirchen. Zu den **Arbeitnehmern** zählen u. a. Angestellte, Auszubildende und geringfügig Beschäftigte. Arbeitgeber und Arbeitnehmer sind voneinander abhängig.

Die Rechte des einen beschreiben zugleich die Pflichten des anderen.

Die wichtigste Pflicht eines Arbeitnehmers besteht in der Erbringung der Arbeitsleistung. Die Person verpflichtet sich, die Aufgaben, die sie bekommt, auch zu erledigen sowie Gebote und Verbote einzuhalten.
Für den Arbeitgeber bedeutet dies, er hat ein Recht auf Arbeits- und Leistungserfüllung. Zudem ist der Arbeitgeber im Rahmen des Beschäftigungsverhältnisses weisungsbefugt. Verpflichtet wiederum ist der Arbeitgeber zur Zahlung des vereinbarten Gehaltes.

Zu den Rechten der Arbeitnehmer zählen darüber hinaus ...

- das Recht auf produktive Arbeitszeit, d. h. beispielsweise die Bereichtstellung des richtigen Arbeitsmaterials in entsprechender Qualität,
- das Recht auf Gleichberechtigung und den Schutz vor Diskriminierung und Belästigung,
- das Recht auf Urlaub und auf ein Arbeitszeugnis,
- das Recht, einer Gewerkschaft beizutreten oder sich im Unternehmen in einem Betriebsrat oder einer Auszubildendenvertretung zu engagieren,
- auch das Streikrecht, das die meisten Arbeitnehmer besitzen.

Diese Rechte der Arbeitnehmer stellen wiederum Pflichten des Arbeitgebers dar. Er muss dafür Sorge tragen, dass sie eingehalten werden. Er hat zum Beispiel eine Schutz- und Fürsorgepflicht, die sich in der sicheren Gestaltung des Arbeitsplatzes zeigt (Sicherheits- und Hygienevorschschriften). Auch die Pflicht zur Gleichbehandlung aller Mitarbeitenden gibt es (u. a. durch die Frauenquote). Zusätzlich besteht die Pflicht, bei Krankheit das Gehalt für bis zu sechs Wochen weiter zu bezahlen sowie die vereinbarten Urlaubstage zur Erholung zu gewähren.

Filme: *Mitbestimmungsrechte, Arbeitssicherheit*

Arbeitsvertrag – die rechtliche Basis für ein Beschäftigungsverhältnis

Ein Arbeitsvertrag ist eine Vereinbarung zwischen Arbeitgeber und Arbeitnehmer, die die wichtigsten Punkte zum Inhalt des Arbeitsverhältnisses enthält und somit für beide Seiten Sicherheit bzgl. der Absprachen gibt. Empfehlenswert ist es, Arbeitsverträge in Schriftform (auf Papier, persönlich von beiden Seiten unterschrieben) aufzusetzen, sie können jedoch auch mündlich oder elektronisch (per E-Mail mit digitaler Unterschrift) erfolgen.
Gut zu wissen: Ferien- und Nebenjobs zählen auch zu den Beschäftigungsverhältnissen.

Auch ein Ausbildungsvertrag ist ein Arbeitsvertrag

Der Ausbildungsvertrag stellt eine **Sonderform des Arbeitsvertrages** dar. Er regelt die Anstellung in einem Ausbildungsbetrieb während der dualen Berufsausbildung. Im Fokus steht hier der Erwerb von Wissen und Fähigkeiten und nicht die Erbringung und Vergütung einer Arbeitsleistung. Beide Vertragspartner vereinbaren, gemeinsam für eine ordnungsgemäße Berufsausbildung zu sorgen. Wird die Ausbildung beendet, endet auch der Berufsausbildungsvertrag. Ein Berufsausbildungsvertrag muss immer schriftlich erfolgen und eine Regelung zur Probezeit enthalten.

A Überlege und notiere, wer in deinem Familien- und Bekanntenkreis selbstständig ist und in welchem Beruf die Selbstständigkeit ausgeübt wird. Halte zudem fest, ob die Person auch Arbeitgeber ist und wie viele Angestellte beschäftigt werden. Sofern du es nicht weißt, frage nach.

B Beschreibe Vor- und Nachteile der Selbstständigkeit sowie des Angegestelltseins. Wenn du an deinen weiteren Lebensweg denkst, was kommt für dich eher in Frage? Welche Vorteile überwiegen?

C Erstelle eine Tabelle, in der du den Pflichten des Arbeitgebers die Rechte der Arbeitnehmer gegenüberstellst.

D Beschreibe, wozu ein Arbeitsvertrag dient und wieso dieser schriftlich festgehalten werden sollte.

E Erläutere, worauf du bei Verhandlungen über einen Ferien- oder Nebenjob achten solltest.

Arbeitnehmer/-in sein: Einen Ferien- oder Nebenjob annehmen

M1 *Das Jugendarbeitsschutzgesetz (JArbSchG) enthält Vorschriften zum Schutz von Kindern und Jugendlichen*

§ 2 Kind, Jugendlicher

(1) Kind im Sinne dieses Gesetzes ist, wer noch nicht 15 Jahre alt ist.

(2) Jugendlicher im Sinne dieses Gesetzes ist, wer 15, aber noch nicht 18 Jahre alt ist. [...]

§ 5 Verbot der Beschäftigung von Kindern

(1) Die Beschäftigung von Kindern (§ 2 Abs. 1) ist verboten.

§ 8 Dauer der Arbeitszeit

(1) Jugendliche dürfen nicht mehr als acht Stunden täglich und nicht mehr als 40 Stunden wöchentlich beschäftigt werden.

(2a) Wenn an einzelnen Werktagen die Arbeitszeit auf weniger als acht Stunden verkürzt ist, können Jugendliche an den übrigen Werktagen derselben Woche achteinhalb Stunden beschäftigt werden.

§ 11 Ruhepausen, Aufenthaltsräume

(1) Jugendlichen müssen im Voraus feststehende Ruhepausen von angemessener Dauer gewährt werden. Die Ruhepausen müssen mindestens betragen:

- 30 Minuten bei einer Arbeitszeit von mehr als viereinhalb bis zu sechs Stunden,
- 60 Minuten bei einer Arbeitszeit von mehr als sechs Stunden.

[...].

1 Du möchtest einen Ferien- oder Nebenjob annehmen. Wähle eine der Aufgaben aus (M1):

I **a)** Arbeite die Kernaussagen der einzelnen Paragrafen heraus.

II **b)** Erläutere, wieso diese Jugendarbeitsschutzregelungen getroffen wurden.

Einhaltung des Jugendarbeitsschutzgesetzes

M2 *Aussagen von Schülerinnen und Schülern, die einem Nebenjob nachgehen:*

Ich arbeite in einem Supermarkt. Mir gefällt es dort gut, nur muss ich manchmal auch abends bis zum Ladenschluss um 21 Uhr arbeiten.
(Maja, 13 Jahre)

Durch meinen Job in der Gärtnerei weiß ich, dass ich später in diesem Bereich arbeiten möchte. Der frühe Arbeitsbeginn um 6 Uhr schreckt mich nicht ab.
(Timur, 15 Jahre)

Ich jobbe seit einem Jahr in einem Café. So ein Acht-Stunden-Tag ist doch sehr anstrengend. Aber es macht mir viel Spaß.
(Timo, 15 Jahre)

In den Ferien jobbe ich immer in einer Eisdiele. Manchmal muss ich auch am Wochenende arbeiten. Dann arbeite ich teilweise über 40 Stunden in der Woche.
(Jana, 14 Jahre)

2 Überprüfe, inwiefern das Jugendarbeitsschutzgesetz in den vier Erfahrungsberichten (M2) eingehalten worden sind. Zusatzmaterial *Arbeitsblatt Mindestlohn*

Arbeits- und Ausbildungsvertrag: welche Unterschiede gibt es?

M4 *Bestandteile eines Ausbildungsvertrages*

In Deutschland wird der Berufsausbildungsvertrag zwischen einer oder einem Auszubildenden und einem Ausbildungsbetrieb in einem anerkannten Ausbildungsberuf geschlossen. Durch die Unterzeichnung des Berufsausbildungsvertrags kommt ein Berufsausbildungsverhältnis zustande. Der Zweck ist die Festlegung der Rechte und Pflichten beider Vertragsparteien während der Ausbildung. In der Regel wird er vom zukünftigen Ausbildungsbetrieb verfasst. Die Regelung des Berufsausbildungsvertrages befinden sich in § 10 Berufsbildungsgesetz (BBiG). Hier werden seitens des Gesetzgebers die Mindestangaben eines solchen Vertrages genannt.

Mindestanforderungen an einen Ausbildungsvertrag

- Name und Anschrift des Unternehmens
- Name und Anschrift des / der Auszubildenden
- Genaue Bezeichnung des Ausbildungsberufes
- Ausbildungsziel und Aufbau der Ausbildung
- Beginn der Ausbildung
- Dauer der Ausbildung
- Ausbildungsort
- Konkrete Benennung der täglichen Arbeitszeit
- Anzahl der Urlaubstage
- Ausbildungsvergütung
- Dauer der Probezeit
- Voraussetzungen für eine Kündigung (sowohl für das Unternehmen als auch für den / die Auszubildende/-n)
- Hinweise über etwaige Tarifverträge oder zusätzliche Vereinbarungen

M5 *Bestandteile eines Arbeitsvertrages*

Obwohl diejenigen die einen Arbeitsvertrag abschließen weitgehend in der Ausgestaltung frei sind, sollten doch bestimmte Mindestinhalte beachtet werden. Hierzu gehören:

1. Name und Anschrift des Arbeitnehmers & Arbeitgebers
2. Beginn und Dauer des Arbeitsverhältnisses (bei befristeten Arbeitsverhältnissen: das Enddatum oder die Dauer des Arbeitsverhältnisses),
3. Art der Tätigkeit (kurze Zusammenfassung der Tätigkeiten)
4. sofern vereinbart, die Dauer der Probezeit,
5. Vergütung/Entgelt: Höhe, Zusammensetzung (gegebenenfalls Zuschläge, Zulagen, Prämien, Sonderzahlungen) und Fälligkeit
6. Arbeitsort
7. Kündigungsfristen
8. Regelungen zur Arbeitszeit
9. sofern vereinbart, die Möglichkeit der Anordnung von Überstunden und deren Voraussetzungen,
10. ein etwaiger Anspruch auf vom Arbeitgeber bereitgestellte Fortbildung,
11. Urlaubsanspruch, Verfahren im Krankheitsfall
12. Gegebenenfalls Hinweise auf kollektivrechtliche Regelungen (Tarifverträge, Dienst- oder Betriebsvereinbarungen)

Wurden im Arbeitsvertrag keine Vereinbarungen zu Arbeitszeit, Pausen, Urlaub oder Kündigungsfristen getroffen, finden entsprechende gesetzliche Vorschriften Anwendung.

1 Das BBiG regelt auch, was nicht in einem Ausbildungsvertrag stehen darf. Recherchiere diese Regelungen und beziehe M4 und M5 mit ein. Lies den Ausbildungsvertrag, den du online findest, und markiere die Stellen darin, die falsche bzw. unerlaubte Regelungen enthalten. Zusatzmaterial *Berufsausbildungsvertrag*

2 Überprüfe, welche Gemeinsamkeiten und Unterschiede es zwischen einem Ausbildungsvertrag (M4) und einem Arbeitsvertrag (M5) gibt. Stelle die Gemeinsamkeiten und Unterschiede tabellarisch dar.

Abb. 1 *Es finden sich immer auch andere Wege zum Ziel!*

Mein Weg in den Beruf

Berufspraktische und hochschulische Bildungs- und Berufslaufbahnen

In Deutschland wird häufig zwischen zwei Bildungswegen unterschieden: (A) einem von Anfang an stärker **berufspraktischen Weg**, der über eine Berufsausbildung und ggf. über weiterführende, spezifische Fortbildungen in verantwortungsvolle Berufe führt, sowie (B), einem stärker **allgemeinbildenden, hochschulischen Bildungsweg**, der über ein Studium in die Arbeitswelt mündet. Aufgrund dieser Bildungswege wird entweder von Ausbildungs- oder von Studienberufen gesprochen. Keiner dieser Wege ist „besser" oder „schlechter": sichere Einkünfte, persönliche Entwicklung, Verantwortungsübernahme und sinnstiftendes Tun sind über beide Wege erreichbar.

„Viele Wege führen nach Rom" heißt es in einem Sprichwort. Dies gilt auch für die Wege in den Beruf. Das deutsche Bildungssystem zeichnet sich u. a. durch seine **Durchlässigkeit** aus:

- Jede Person kann sich ein Leben lang fort- und weiterbilden.
- Innerhalb und zwischen den vielfältigen Angeboten der Aus- und Weiterbildung gibt es verschiedene Übergangsmöglichkeiten.
- Zertifikate und Zeugnisse weisen erworbene Kenntnisse und Fähigkeiten aus.

Informations- und Beratungsangebote nutzen

Insbesondere, wenn du noch nicht so genau weiß, für welchen Weg du dich entscheiden möchtest oder auch, wenn du auf der Suche nach Alternativen bist, können die verschiedenen **Informations- und Beratungsangebote** der **Bundesagentur für Arbeit** sowie der **Industrie und Handels- bzw. der Handwerkskammern** hilfreich sein. Auch der Besuch von **Berufs- und Ausbildungsmessen** ermöglicht viele Einblicke und klärende Gespräche.

Darüber hinaus lohnt sich ein **Blick auf die verschiedenen Bildungsgänge**, die **an Beruflichen Schulen** angeboten werden: berufsvorbereitende Maßnahmen, Berufsschule, (höhere) Berufsfachschule, Fachoberschule und Fachgymnasium finden sich alle unter einem Dach.

Links: *Zweiter Bildungsweg (Bundesagentur für Arbeit), Passende Ausbildung oder Studium finden*

A Vergleiche berufspraktische und hochschulische Bildungswege.

B Erläutere Vor- und Nachteile beider Optionen.

C Erstelle eine Mindmap mit allen Informations- und Beratungsangeboten zur Berufs- und Studienorientierung, die dir bekannt sind.

Ausbildung oder Studium: Wo verdiene ich mehr Geld?

M1 *Zeitungsartikel „Studium versus Ausbildung"*

Studium versus Ausbildung: Wo lockt das bessere Gehalt?

[...] 2020 betrug das durchschnittliche Bruttomonatsentgelt für sozialversicherungspflichtig Beschäftigte in Vollzeit mit akademischem Abschluss 5.265 Euro. Für Menschen mit abgeschlossener Berufsausbildung lag dieser Wert bei 3.300 Euro.

Aber: „Damit ist nicht gesagt, dass Menschen mit einem abgeschlossenen Studium immer besser verdienen", stellt Matthias Hertle von der Bundesagentur für Arbeit klar.

Große Unterschiede: Luftfahrt-Ingenieur versus Architektin

So sieht es auch Markus Kiss, Ausbildungsexperte beim Deutschen Industrie- und Handelskammertag (DIHK) in Berlin. „Im Einzelfall kommt es ganz darauf an, welches Studium oder welche Ausbildung man absolviert", sagt Kiss. Und längst nicht jeder oder jede mit einem Hochschulabschluss zählt eines Tages zu den Spitzenverdienern. [...]

Markus Kiss nennt ein Beispiel: „Erhält ein Ingenieur in Luft- und Raumfahrt ein durchschnittliches Einstiegsgehalt von circa 5.700 Euro brutto, so hat eine Architektin oder ein Architekt zu Beginn ihres Arbeitslebens im Schnitt lediglich 3.500 Euro auf dem Gehaltszettel." [...]

Wer indes mit einer Ausbildung in das Berufsleben startet, sich über die Jahre im Job weiterbildet und zusätzliche Qualifikationen erwirbt, kann etwa eines Tages „in Betrieben und Einrichtungen durchaus eine herausgehobene Position einnehmen", wie Matthias Hertle sagt. Das könne eine Lohnentwicklung mit sich bringen, in deren Folge das Gehalt schließlich höher liege als das Gehalt vieler Menschen mit Hochschulabschluss. Ein Vorteil bei einer Ausbildung: Junge Menschen beziehen frühzeitig eine Vergütung in Form eines festen Gehalts. „Im Baugewerbe beispielsweise gibt es bis zu 1.400 Euro brutto im dritten Ausbildungsjahr", sagt Markus Kiss.

Finanzieller Vorsprung mit Berufsausbildung

Studierende dagegen müssen ihr Studium selbst finanzieren oder sind auf BAföG angewiesen. Viele Akademikerinnen und Akademiker fangen erst mit Mitte oder Ende 20 an zu arbeiten und müssen dann zunächst oft ihren Studienkredit abbezahlen. Menschen mit einer dualen Ausbildung verfügen da bereits über einen deutlichen finanziellen Vorsprung. „Vielen mit Hochschulabschluss gelingt es häufig erst zum Ende ihres Arbeitslebens, diese Lücke zu schließen", so Kiss. [...]

Abgesehen davon ist das Einstiegsgehalt von ausgebildeten Fachkräften oft höher als angenommen: [...] Ein ausgelernter Industriemechaniker erhält laut Markus Kiss zu Beginn seines Berufslebens rund 2.600 Euro brutto im Monat. Mit einer anschließenden Qualifizierung der höheren Berufsbildung [...] würden dann sogar monatliche Einstiegsgehälter von bis zu 4.400 Euro brutto erzielt.

Berufliche Ausbildung kann lohnende Alternative sein

Fazit: Bei der Wahl eines Ausbildungsberufs oder Studiengangs kommt es natürlich auf die eigenen Vorlieben und Neigungen an. Ein Studium ist aber nicht automatisch Garant dafür, später viel Geld oder in jedem Fall mehr als mit einer beruflichen Ausbildung zu verdienen. [...] Laut DIHK haben Akademikerinnen und Akademiker sowie Menschen mit einer abgeschlossenen höheren Berufsbildung (etwa Meister, Fachwirte oder Techniker) am Ende ihres Erwerbslebens durchschnittlich in etwa gleich viel verdient: rund 1,4 Millionen Euro brutto.

1 **Lea behauptet: „Wer viel Geld verdienen möchte, muss unbedingt studieren!" Beurteile, ob Lea recht hat (M1).**

Zusatzmaterial *Arbeitsblatt Chancen im Handwerk*

Berufliche Schulen in M-V: viele Optionen für die berufliche Aus- und Fortbildung

M3 *Allgemeinbildende und berufliche Schulen*

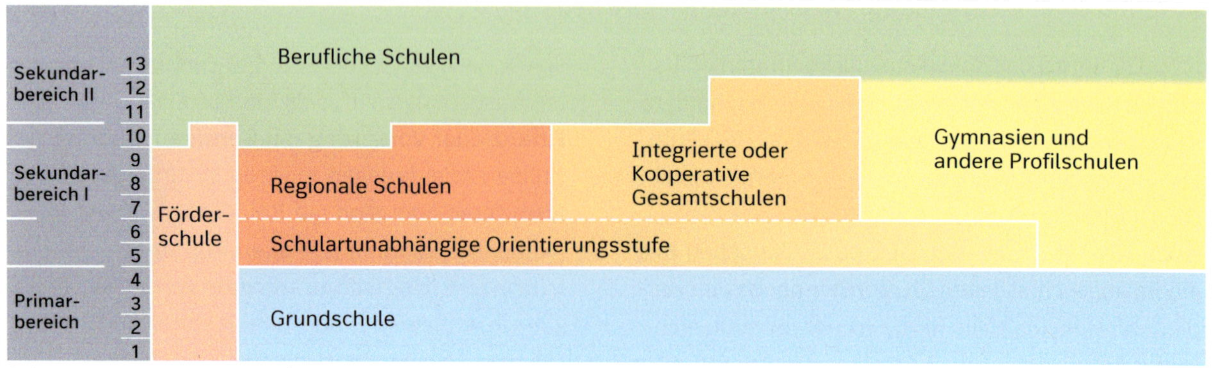

Quelle: www.bildung-mv.de/schule/schularten (Ministerium für Bildung und Kindertagesförderung Mecklenburg-Vorpommern) © Westermann 1311PX

2 **a)** Beschreibe den Aufbau des Schulsystems von Mecklenburg-Vorpommern (M3).
b) Erkläre die verschiedenen Möglichkeiten von der allgemeinbildenden Schule in die Berufliche Schule zu wechseln (Besuch dualer und schulischer Ausbildungsgänge mit Berufsreife, Mittlerer Reife und Hochschulreife).
c) Erläutere, was Fachgymnasien ausmacht. Nutze hierfür die Webseite des Bildungsservers M-V.
Link: *Bildungsserver Mecklenburg-Vorpommern*

M4 *Schularten und Bildungsgänge unter dem Dach der Beruflichen Schulen*

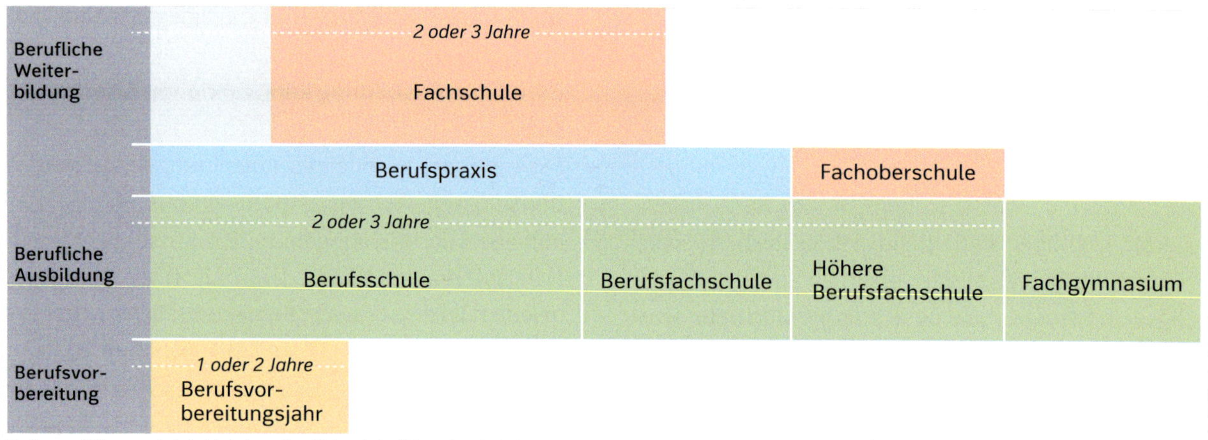

Quelle: www.bildung-mv.de/schule/schularten/berufliche-schulen (Ministerium für Bildung und Kindertagesförderung Mecklenburg-Vorpommern) © Westermann 1312PX

3 **a)** Liste auf, an welchen Schularten die Bildungsgänge der Berufsvorbereitung, der Berufliche Ausbildung und der Berufliche Weiterbildung besucht werden können (M4).
b) Recherchiere mindestens drei Ausbildungsberufe, die an Berufsschulen, Berufsfachschulen sowie Höheren Berufsfachschulen erlernt werden können.

4 Beschreibe das Bildungsangebot einer Beruflichen Schule in deiner Nähe (M3, M4, Internetrecherche).

Material

Ausbildungsmessen und Tage der offenen Tür in deiner Region nutzen

M5 *Unternehmen und Berufliche Schulen stellen sich vor*

„Ich hatte keine Ahnung, wie vielfältig die Ausbildung bei den Stadtwerken sein kann!“

„Nun bin ich mir sicher, meine Ausbildung zum Physiotherapeuten möchte ich an dieser Schule machen.

- Jobmesse Rostock
- Jobfactory
- Vocatium
- BOMS! Ludwigslust
- BOIZE.JOB
- JUMPIN Schwerin
- Karrierechancen MV

5 Erläutere, wieso der Besuch von Ausbildungsmessen und Tagen der offenen Tür sinnvoll ist.

6 Bereite einen Messebesuch bzw. einen Besuch eines Tages der offenen Tür vor (M5).

a) Recherchiere kommende Termine für Ausbildungsmessen und Tage der offenen Tür in deiner Region.

b) Begründe, mit welchen Unternehmen du in Kontakt kommen bzw. über welche Bildungsgänge du mehr erfahren möchtest.

c) Erstelle einen Gesprächsleitfaden für die Gespräche, die du führen möchtest (siehe auch S. 20 und 21).

d) Caro schlägt vor: „Wir gehen auf der Messe zuerst zu ein oder zwei Unternehmen, die auf unserer Liste nicht ganz oben stehen.“ Beurteile Caros Vorschlag.

e) Wie sollte man sich auf einer Ausbildungsmesse nicht verhalten? Erstelle einen Social-Media-Post.

Wege zur Entscheidungsfindung

M6 *Entscheidungstechniken*

Es ist nicht immer einfach, eine Entscheidung zu treffen. Entscheidungstechniken können uns hierbei helfen, unterschiedliche Möglichkeiten abzuwägen und Argumente zu sammeln.

Pro und Contra
Es gibt immer ein Für und Wider bei einer Entscheidung. Beides ist ernst zu nehmen und miteinander zu vergleichen. Das Verfahren verschafft einen guten Überblick über die Situation und erfasst alle Argumente. Diese Vorgehensweise stellt alle Argumente gleichbedeutend nebeneinander.

Der externe Blick
Durch den Blick von außen (extern), mit etwas Abstand auf die eigenen Situation, kann überlegt werden, was man z. B. einem guten Freund raten würde, wenn er in dieser Situation wäre. Der objektive Blick erleichtert eine sachliche Bewertung und Berücksichtigung von Argumenten.

Das Ausschlussverfahren
Das Verfahren unterstützt die Verringerung der Wahlalternativen durch Wegstreichen der Berufe, die nicht infrage kommen. Oft fällt es uns leichter, die Dinge zu benennen, die wir nicht möchten.

7 Vergleiche die unterschiedlichen Entscheidungstechniken (M6) und stelle heraus, in welchen Situationen sie besonders geeignet sind.

8 Erprobe einer der in M6 genannten Entscheidungstechniken an einem Beispiel aus deinem Leben.

Markt und Staat als Wirtschafts-gestalter

Kapitel 16

- *Welche Rolle spielt der Staat im Wirtschaftskreislauf?*
- *Wie kam es zur Sozialen Marktwirtschaft?*
- *Wie funktioniert der Marktmechanismus?*
- *Auf welche Weise gestaltet der Staat die Wirtschaft mit?*
- *Wo liegen die Grenzen des Marktmechanismus?*

Abb. 1 *Fußgängerzone in Rostock*

Die marktwirtschaftliche Ordnung

Die Wirtschaftsordnung stellt Regeln auf

Die Wirtschaftsordnung regelt die zahlreichen wirtschaftlichen Aktivitäten, damit Ressourcen bestmöglich genutzt und Bedürfnisse bestmöglich befriedigt werden. Folgende Fragen müssen beantwortet werden:

1. Welche Eigentumsformen soll es geben?
2. Welche Ziele sollen Unternehmen verfolgen?
3. Wodurch soll das Wirtschaftsgeschehen gelenkt und gesteuert werden?
4. Wie sollen die Preise für Güter entstehen?

Die Wirtschaftsordnung in Deutschland

Die in der Bundesrepublik Deutschland eingeführte Wirtschaftsordnung ist die **Soziale Marktwirtschaft**. Allen Bürger/-innen wird Privateigentum an Produktionsmitteln gewährt, wodurch sie als Unternehmer /-innen eigenständige Ziele festlegen und Produktionsentscheidungen treffen können. Sie sind bestrebt, ihren Nutzen zu maximieren, deshalb orientieren sie sich an den Bedürfnissen der Konsument/-innen. Die Unternehmen treten in Konkurrenz zueinander, legen in eigener Verantwortung die Preise für ihre Güter fest und tragen selbst das Risiko zu scheitern.

Die Soziale Marktwirtschaft hebt sich damit von einer **Planwirtschaft** ab, in der es nur in sehr geringem Umfang Privateigentum an Produktionsmitteln gibt. Staatliche Planungsinstanzen steuern umfassend die Produktion in den Unternehmen und legen die Preise nach politischen Erwägungen fest.

Die marktwirtschaftliche Komponente

Sie beachtet die im Grundgesetz festgeschriebenen Freiheitsrechte wie die Vereinigungs-, Berufs- und Vertragsfreiheit. Steuerung und Lenkung des Wirtschaftsgeschehens sowie Preisbildung erfolgen über den Marktmechanismus (Seite 212). Der Staat hat die Aufgabe, den Wettbewerb herzustellen und zu erhalten. Außerdem schafft er die gesellschaftlichen Institutionen, die mit den Mitteln des Marktes nicht geregelt werden können: äußere und innere Sicherheit sowie ein Rechtssystem. Er muss die öffentlichen Güter bereitstellen, die der Bevölkerung ohne Kosten zugänglich sein sollen und deren Angebot ansonsten unterbleiben würde, z. B. Verkehrswege und Bildung.

Die soziale Komponente

In der Freien Marktwirtschaft ist zunächst jeder „seines eigenen Glückes Schmied". Die gewährten Freiheiten und deren individuelle Nutzung führen zu ungleichen Lebensverhältnissen. Manchmal sind Menschen nicht allein in der Lage, für sich die bestmöglichen Lebensumstände zu gestalten. Die Ordnung wird daher ergänzt durch Maßnahmen des sozialen Ausgleichs und der sozialen Sicherheit.

A **Beschreibe die Funktionen einer Wirtschaftsordnung.**

B **Erläutere die Aufgaben des Staates in der Sozialen Marktwirtschaft.**

Der erweiterte Wirtschaftskreislauf

M1 *Schema des erweiterten Wirtschaftskreislaufs* Film: *Der Staat in der sozialen Marktwirtschaft*

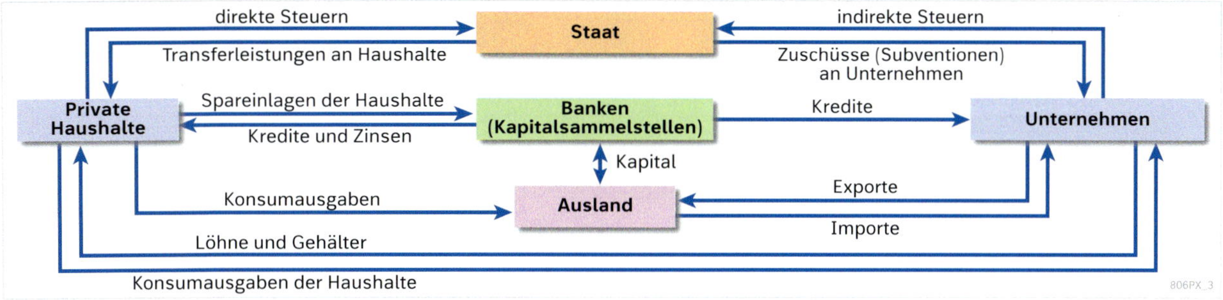

M2 *Aussagen zur Sozialen Marktwirtschaft*

Frau Specht: Die Unternehmen und privaten Haushalte treffen ihre eigenen Entscheidungen im Rahmen der staatlichen Regeln.

Herr Schmidt: Soziale Ungleichheit kommt daher, dass die Bürger ihr Leben frei gestalten können.

Herr Radtke: Der Staat liefert alle lebensnotwendigen Güter ... auf den Märkten wird alles andere gehandelt.

M3 *Leben in der Sozialen Marktwirtschaft*

Frau Meier eröffnet einen Imbiss mit vegetarischen Spezialitäten. Sie entscheidet, wen sie einstellt und was sie zu welchen Preisen anbietet. Ist sie erfolgreich, macht sie Gewinn. Begeistert sie aber nicht genug Nachfrager und sind die Kosten höher als die Einnahmen, muss sie irgendwann schließen und ihre Mitarbeiter/-innen und Mitarbeiter entlassen. Und lässt sie sich etwas zuschulden kommen und hält beispielsweise die Hygienevorschriften nicht ein, haftet sie für die Folgen.
Sie ist dann aber nicht ganz ohne Einkommen, sondern erhält zumindest so viel Geld von der Gemeinschaft, dass sie ein menschenwürdiges Leben gestalten kann. Allerdings wird von ihr verlangt, dass sie sich ernsthaft um neue Arbeit bemüht. Das wird sie aber auch selbst wollen, schließlich möchte sie doch mehr verdienen und ein gutes Leben führen ... egal, ob als Selbstständige oder Angestellte.

1 Vergleiche die Grafik M1 mit der Abb. 1 auf Seite 32. Beschreibe die Rolle der hinzu gekommenen Akteure.
2 Erläutere die Begriffe „Transferleistungen" und „Subventionen" in M1.
3 Wähle eine der Aufgaben aus:
I **a)** Erkläre, warum der Staat im Wirtschaftskreislauf eine wichtige Rolle spielt.
II **b)** Familie Breuer bezahlt im Kino mit einem 100-€-Schein. Beschreibe mögliche Wege dieses Geldscheins. Könnte es sein, dass dieser Schein wieder bei Familie Breuer landet?
III **c)** Analysiere die Auswirkungen auf die Akteure im erweiterten Wirtschaftskreislauf, wenn (a) der Staat die Einkommenssteuer erhöht oder (b) die Stromkosten steigen.
4 Nimm Stellung zu den drei Aussagen in M2 und formuliere jeweils kurze Antworten. Partnervortrag
5 Arbeite heraus, an welcher Stelle Frau Meier bei ihrer Lebensgestaltung die marktwirtschaftliche und die soziale Komponente der Marktwirtschaft zu Gute kommen (M3).

Abb. 1 *Der Marktmechanismus*

Preisbildung im Marktsystem

Wie bilden sich die Preise für Güter?

Es steht den Produzenten frei, auf der Basis ihrer **Kostenanalyse** (siehe Kapitel 3 und 4) und ihres **Gewinninteresses** ihre Preise frei festzulegen. Da kommt ihnen zuerst ein Höchstpreis in den Sinn. Um ihr Angebot aber wirklich absetzen zu können, müssen sie sich nach der Konkurrenz und vor allem nach den Bedürfnissen der Konsumierenden richten, die sich in deren Nachfrage zeigen. Das Zusammenspiel von Angebot, Nachfrage und Preis wird im **Preis-Mengen-Diagramm** idealtypisch nachvollzogen.

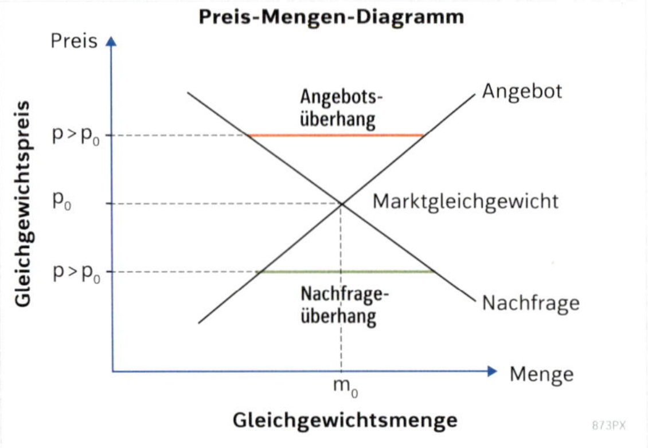

Abb. 2 *Preis-Mengen-Diagramm*

Angebot, Preis und Nachfrage

Wenn du Mathe-Nachhilfe anbietest und den Eindruck hast, dass du für eine Stunde 30,00 € erhalten kannst, wirst du versuchen, so viele Stunden wie möglich anzubieten. Bietest du hingegen Nachhilfe in einem Nebenfach an, wird womöglich kaum jemand bereit sein, dafür Geld auszugeben. Du brauchst also nur wenig bis gar nichts davon anzubieten.
Wenn mehrere deiner Mitschüler/-innen auch Mathe-Nachhilfe anbieten, muss die Zahl der nachhilfe-interessierten Schüler/-innen steigen, damit die 30,00 € gehalten werden können. Wenn die Nachhilfe so erfolgreich ist, dass immer weniger Schüler/-innen Unterstützung brauchen, wird der Preis sinken.

A Erstelle anhand von Abb. 1 eine Liste der vielfältigen Beziehungen zwischen Preis, Angebot und Nachfrage.

B Beschreibe anhand Abb. 2 die Entwicklung des Angebots und der Nachfrage bei Nachhilfe in Abhängigkeit vom (erwarteten) Preis.

C Begründe, warum es für Anbieter interessant ist, einen Preis in der Nähe des Gleichgewichtspreises zu finden.

Der Marktmechanismus

M1 *Der Flugticketmarkt*

In einem Online-Portal für Flugbuchungen registriert der Algorithmus folgenden Verlauf für Flüge zwischen Rostock-Laage und Antalya:

Preis in €:	nachgefragte Tickets:	angebotene Tickets:	verkaufte Tickets:
240	400	20	
400	80	340	
300	280	140	
260	360	60	
320	240	180	
340	200	220	

1 Bilde den Verlauf von Angebot und Nachfrage in einem Preis-Mengen-Diagramm ab (M1).

2 Bestimme den Preis, bei dem Angebot und Nachfrage übereinstimmen würden (M1).

3 Ergänze die rechte Spalte in deinem Heft (M1).

Das beeinflusst Angebot und Nachfrage

M2 *Zeitungsmeldungen wirken auf den Markt*

Rätselhaftes Virus schädigt Sanddorn-Kulturen

Influencerin lobt Selbstbräuner-Lotion

Schädliche Weichmacher in chinesischem Kinderspielzeug entdeckt

Giga-Ferienpark mit 124 Ferienhäusern eröffnet

4 Wähle einer der Aufgaben aus:

I a) Beschreibe, wie sich die Meldungen in M2 auf Angebot oder Nachfrage nach bestimmten Gütern auswirken.

II b) Erläutere, welche Veränderungen sich bei Angebot bzw. Nachfrage und Preisen einstellen werden (M2).

III c) Bilde die sich einstellenden Veränderungen bei Angebot bzw. Nachfrage und den Preisen im Marktmodell ab. Bedenke, dass sich die Mengen bei jedem Preis ändern (M2).

Hindernisse für den Marktmechanismus

M3 *Die Marktwirklichkeit*

5 Ordne die Aussagen in M3 den fünf Hindernissen zu, die das Funktionieren des Marktmechanismus einschränken können:

- Der **Ort** der Transaktion spielt eine Rolle.
- Der **Zeitpunkt** spielt eine Rolle.
- Es fehlt ein vollständiger Überblick (**Transparenz**).
- **Persönliche Beziehungen** spielen eine Rolle.
- Die Güter sind nicht gleichartig (**homogen**).

Wo steuert der Staat wirtschaftliche Entwicklungen?

Abb. 1 *Wirtschaftspolitische Ziele der Bundesrepublik Deutschland*

Staatliche Wirtschaftspolitik

Das Stabilitätsgesetz

Die Einführung der Marktwirtschaft brachte der Bundesrepublik in den Nachkriegsjahren einen beachtlichen wirtschaftlichen Aufschwung, das so genannte **Wirtschaftswunder**. Als das Wachstum Mitte der 1960er Jahre erstmals schwächer wurde, verabschiedete das Parlament 1967 das **Gesetz zur Förderung der Stabilität und des Wachstums der Wirtschaft**, kurz als Stabilitätsgesetz bezeichnet. Es verpflichtet Bund und Länder, bei ihrer Wirtschaftspolitik folgende Ziele zu verfolgen: stetiges und angemessenes Wirtschaftswachstum, hoher Beschäftigungsstand, Stabilität des Preisniveaus sowie außenwirtschaftliches Gleichgewicht. Damit soll stets ein gesamtwirtschaftliches Gleichgewicht angestrebt werden.

Ein „Magisches“ Viereck

Dieser politische Auftrag zur aktiven Steuerung der Wirtschaft ist eine kaum erfüllbare **Idealvorstellung**, denn in der Praxis können Maßnahmen zur Verwirklichung des einen Ziels die Erreichung eines anderen erschweren. Deshalb werden die Ziele des Stabilitätsgesetzes als „Magisches Viereck“ bezeichnet.

Erweiterung der Ziele

1994 wurde der Schutz der natürlichen Lebensgrundlagen als Art. 20a in das Grundgesetz aufgenommen. Deshalb wurde der Katalog der wirtschaftspolitischen Zielsetzungen um die gerechte Einkommens- und Vermögensverteilung und den Umweltschutz zum **Magischen Vieleck** erweitert. Diesen Zielen wird durch die weitere Ausgestaltung des Sozialstaats beispielsweise durch die Einführung eines Mindestlohns und die Einbeziehung der Umweltverträglichkeit bei Produktionsentscheidungen Rechnung getragen. Dadurch entstehen neue **Zielkonflikte**.

Um beurteilen zu können, inwieweit die wirtschaftspolitischen Ziele erreicht werden, müssen Messgrößen festgelegt werden, die den Zustand und dessen Veränderung möglichst in Zahlen ausdrücken. Solche Messgrößen nennt man **Indikatoren**.

A Erkläre, welche wirtschaftlichen Entwicklungen zum Stabilitätsgesetz geführt haben.

B Ordne Abb. 1 den Aussagen des Textes zu.

C Entwickle geeignete Indikatoren für Armut, Unternehmenserfolg und Beliebtheit eines Guts.

Material

Der Indikator für Wirtschaftswachstum

M1 *Das Bruttoinlandsprodukt (BIP)*

Im BIP werden alle in einem Jahr produzierten Güter und Dienstleistungen aufsummiert. Echtes Wachstum findet statt, wenn vom gemessenen Produktionsergebnis („nominales" BIP) die Preissteigerungen abgezogen werden („reales" oder „preisbereinigtes" BIP). Wachstum wird erzeugt, wenn die Unternehmen die Freiheit haben, Güter bereitzustellen, und die Haushalte das Einkommen, um zu konsumieren.
Einschränkend ist zu sagen: Im BIP werden einige bedeutsame wirtschaftliche Phänomene nicht abgebildet. Vor allem Dienstleistungen wie Hausarbeit und Pflege, die nicht vergütet werden, werden nicht erfasst. Umgekehrt steigert die Behebung eines Sturmschadens die Gesamtrechnung, obwohl kein Wertzuwachs entsteht. Das BIP trifft keine Aussage darüber, wer vom Wachstum überproportional oder kaum profitiert.

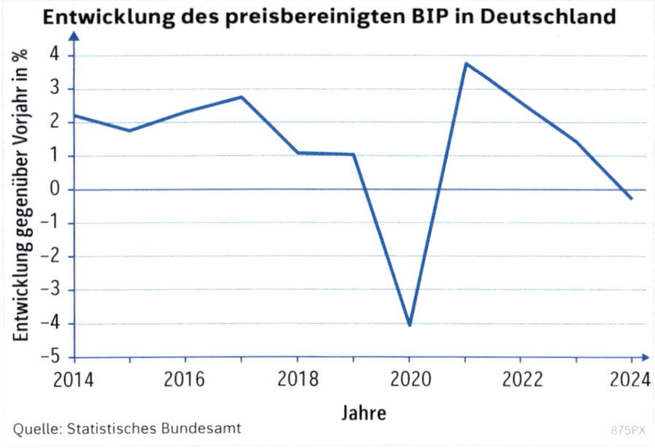

1 a) Beschreibe anhand der Grafik in M1 die wirtschaftliche Entwicklung der letzten 10 Jahre.
b) Finde drei Beispiele aus dem Leben deiner Familie, die sich im BIP auswirken.
c) Finde drei Beispiele aus dem Leben deiner Familie, die sich **nicht** im BIP auswirken.
d) Erläutere, inwiefern ein Autounfall das BIP steigert.
e) Formuliere staatliche Maßnahmen, die das Wachstum hemmen oder anregen können.

Der Indikator für den Beschäftigungsstand

M2 *Die Arbeitslosenquote*

Von den ca. 83 Millionen Einwohnern der Bundesrepublik Deutschland sind zurzeit etwa 46 Millionen Erwerbspersonen. Das bedeutet, sie sind vom Alter und von ihren persönlichen Umständen her daran interessiert und imstande, einer bezahlten Beschäftigung nachzugehen. Ein Teil der Erwerbspersonen ist zeitweise oder dauerhaft erwerbslos. Dieser Status wird auch als Arbeitslosigkeit bezeichnet. Eine gewisse Arbeitslosigkeit ist unvermeidlich, wenn beispielsweise Arbeitnehmende die Firma wechseln und die Arbeitsverträge nicht unmittelbar aneinander anschließen, oder wenn Schüler/-innen ihre Schulzeit beenden und die Zeit bis zum Beginn des Studiums überbrücken. Zu den Erwerbspersonen zählen auch alle Selbstständigen, vom Inhaber eines Friseursalons bis zur mittelständischen Unternehmerin. Sie werden erwerbslos, wenn ihr geschäftlicher Erfolg ausbleibt. Der Indikator gibt keine Auskunft darüber, ob Menschen nur für eine kurze Übergangszeit oder mehr als ein Jahr arbeitslos sind.

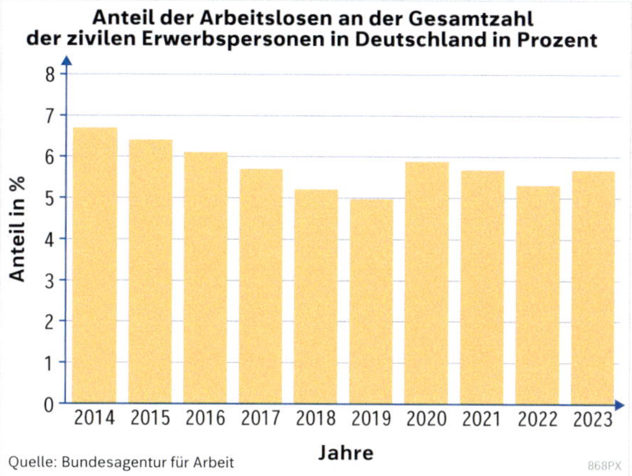

2 a) Überlege, welchen Status die 37 Mio. Nichterwerbstätigen in Deutschland haben könnten.
b) Beschreibe anhand der Grafik in M2 die Entwicklung der Arbeitslosigkeit der letzten zehn Jahre.
c) Stelle Gründe zusammen, warum Menschen arbeitslos werden. Bienenkorb

Der Indikator für Preisniveaustabilität

M3 *Die Inflationsrate*

Als Inflationsrate wird der prozentuale Anstieg der Konsumpreise bezeichnet. Es ist nicht erstrebenswert, dass diese stets unverändert bleiben, denn die wirtschaftliche Entwicklung soll fortschreiten und nicht stagnieren. Vielmehr wird eine Inflationsrate von ca. 2 % jährlich als förderlich angesehen. Höhere Inflation entsteht beispielsweise, wenn die Geldmenge zu groß für die Gütermenge ist. In der Eurozone ist es Aufgabe der Europäischen Zentralbank, durch Festlegung des Leitzinses die Geldmenge zu steuern. Ein hoher Zins macht das Geld teurer. Geld wird weniger nachgefragt, die in Umlauf gebrachte Geldmenge sinkt. Dadurch wird die Teuerung gebremst.

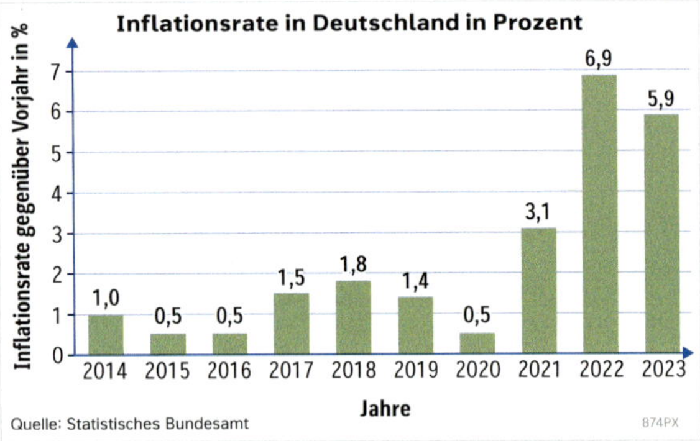

3 **a)** Überlege, wie die EZB auf die Inflationsraten von 2021 bis 2023 reagiert haben dürfte (M3).
b) Erläutere, wie eine Senkung des Leitzinses die Preise und die weitere wirtschaftliche Aktivität beeinflussen kann.

Der Indikator für außenwirtschaftliches Gleichgewicht

M4 *Wert der Aus- und Einfuhren*

Der Wert der Aus- und Einfuhren ist der Saldo der Werte aller Transaktionen zwischen In- und Ausland, wie er in der Zahlungsbilanz zusammengefasst wird (siehe S. 228). Angestrebt wird auf längere Sicht, dass die Zahlungen für Exporte und Importe möglichst nah beieinander liegen.

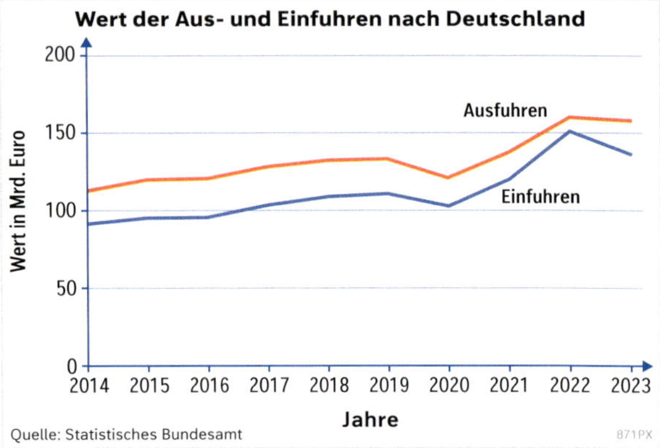

4 **a)** Beschreibe in einer Wirkungskette, welche Effekte Importe und Exporte auf die heimischen Unternehmen und die darin Beschäftigten haben (M4).
b) Erläutere, warum Volkswirtschaften nicht einfach ihren ganzen Bedarf importieren können.
c) Begründe, warum ein dauerhafter Exportüberschuss vermieden werden sollte.
Placemat

Zielkomplementarität und Zielkonkurrenz

M5 *Zeitungsschlagzeilen zur Wirtschaftspolitik*

Der Mindestlohn steigt auf 12,82 €

Landwirte werden von Bürokratie entlastet

Die Meyer-Werften Wismar erhalten Milliarden-Subvention

CO_2- Steuer belastet die Aluminiumproduktion

5 **a)** Stelle Bezüge zwischen den Zielen des Magischen Vielecks und den Schlagzeilen her (M5).
b) Stelle dar, warum die Ziele Wirtschaftswachstum und hoher Beschäftigungsstand eher komplementär sind.
c) Begründe, warum die Ziele Preisniveaustabilität und Wirtschaftswachstum eher konkurrieren.

Wirtschaftspolitik in Karikaturen

M6 *Inflation und Mindestlohn*

M7 *BIP und Nachhaltigkeit*

M8 *Wachstum und Staatsausgaben*

M9 *Kaufkraft und Beschäftigung*

M10 *Zerstörung und Wachstum*

6 **a)** Analysiere mithilfe der Arbeitstechnik auf Seite 305 eine der Karikaturen M6 - M10.
b) Beschreibe die Zielbeziehung, die in der von dir gewählten Karikatur zum Ausdruck kommt.

7 Gestaltet zu zweit ein Streitgespräch. Eine Person erstellt eine Argumentation, warum vorrangig Preisstabilität angestrebt werden sollte. Die andere Person argumentiert für den Vorrang von hohem Beschäftigungsstand. Präsentiert euer Streitgespräch vor der Klasse.

Pro- und Kontra-Diskussion führen

Die Pro- und Kontra-Diskussion ist eine Methode, bei der man gegensätzliche Meinungen zu einem bestimmten Thema austauscht. Hierbei tragen die Beteiligten unterschiedliche Meinungen und Argumente in einem geordneten Streitgespräch vor. Außerdem versuchen sie, die Argumente der Gegenseite zu entkräften.

Am Ende der Diskussion ist es nicht unbedingt erforderlich, dass es zu einer Einigung kommt. Es kann auch zu einem Kompromiss kommen. Folgende Schritte könnt ihr nacheinander abarbeiten, um eine Pro- und Kontra-Diskussion zu führen.

Schritt 1: Themenbestimmung

Bei diesem Schritt benennt ihr das Thema der Diskussion und formuliert es als Aussage. Im Regelfall handelt es sich um einen problematischen Sachverhalt, der unterschiedliche Positionen (Zustimmung und Ablehnung) zulässt.

Schritt 2: Grundhaltung

In einer Diskussion begegnen sich zwei unterschiedliche Grundhaltungen zu einem Thema: Pro (Zustimmung) und Kontra (Ablehnung) zum Thema. Die Personen mit der jeweils gleichen Grundhaltung sammeln sich als Gruppe und bereiten sich gemeinsam auf die Diskussion vor.

Abb. 1 *Wichtig: die Gegenseite immer ausreden lassen!*

Schritt 3: Argumente sammeln

In der Diskussion gibt es zwei Personengruppen. Jede Gruppe sammelt die Argumente, die die eigene Position stärken, also entweder Zustimmung (Pro) oder Ablehnung (Kontra). In dieser Phase bietet es sich auch an, sich mit den möglichen Argumenten der anderen Seite zu beschäftigen, um ihnen besser widersprechen zu können.

Schritt 4: Regeln

In der gesamten Diskussion orientieren sich die Redebeiträge am Hauptthema. Eure Redebeiträge solltet ihr sachlich vortragen. Andere Personen werden nicht beleidigt oder persönlich angegriffen. Grundsätzlich sollten eure Redebeiträge möglichst kurz und präzise sein und immer mit einer Begründung enden. Jede Person darf aussprechen. Es wird nicht durcheinandergesprochen. Hierauf achtet auch die Diskussionsleitung, die aber nur dann eingreift, wenn gegen die Regeln verstoßen wird. Sie darf nicht inhaltlich leitend eingreifen oder eigene Meinungen einbringen.

Schritt 5: Durchführung der Diskussion

Das Thema der Diskussionsrunde wird genannt, und anschließend darf ein Mitglied der Pro-Gruppe die erste Meinung zum Thema vortragen und begründen. Hieran schließt sich die Reaktion durch die Kontra-Gruppe an, die die Kernaussage der vorgetragenen Meinung noch mal in eigenen Worten wiedergibt, um anschließend die Gegenmeinung anzubringen. Hierauf kann die Pro-Gruppe wieder reagieren und die Meinung mit Argumenten verteidigen. Es wird aber noch keine neue Meinung eingebracht. Erst nach Abschluss der ersten Diskussionsphase, wenn beide Gruppen ihre Argumente zur ersten Meinung geäußert haben, wird eine zweite geäußert. Dies geht so weiter bis alle Meinungen angeführt wurden. Am Ende einer Diskussion fasst die Diskussionsleitung die wesentlichen Meinungen beider Gruppen noch mal zusammen und dokumentiert ggf. einen Kompromiss.

Methode

Sozialer Ausgleich in Deutschland

M1 *Sind die Löhne durch den Mindestlohn in Deutschland gerecht? (Zeitungsartikel)*

Immer wieder wird über die Lohnuntergrenze, den Mindestlohn, diskutiert. Insbesondere im Zuge der massiven Inflation in den Jahren 2022 und 2023 wurde um die Höhe heftig gestritten. Einerseits soll der Mindestlohn ermöglichen, dass die Arbeitnehmenden von ihrer Arbeit leben können, andererseits sollen keine Jobs gestrichen werden, weil Arbeitgebende sie angesichts der Lohnkosten nicht mehr finanzieren können.

1 **Lohngefälle in Deutschland sinkt durch höheren Mindestlohn**

Das arbeitgebernahe Institut der Deutschen Wirtschaft (IW) sieht darin einen Beitrag gegen die gesellschaftliche Spaltung, mahnt aber eine leistungsgerechte Lohnverteilung an.

2 **Rund 15 Prozent der Arbeitnehmenden sind Niedriglohnempfangende**

Trotz rückläufiger Quoten arbeiten weiterhin viele Menschen in Deutschland im Niedriglohnsektor, zeigen neue Zahlen. Im Jahr 2023 hatten rund 3,36 Millionen sozialversicherungspflichtig Vollzeitbeschäftigte einen Verdienst, der dem Niedriglohnbereich zuzuordnen ist.

3 **Bei 14 Euro Mindestlohn rechnet jeder fünfte Betrieb mit Abbau von Arbeitsplätzen**

Für den Fall einer Anhebung des gesetzlichen Mindestlohns von derzeit 12,82 Euro auf 14 Euro rechnet fast jeder fünfte Betrieb in Deutschland mit einem Arbeitsplatzabbau. Zu diesem Ergebnis kommt eine neue Studie des Instituts für Arbeitsmarkt- und Berufsforschung (IAB).

4 **15 Euro pro Stunde – und der Niedriglohnsektor wäre passé**

Den Mindestlohn auf 15 Euro anheben? Das wäre gut für die Wirtschaft – trotz mancher Nachteile. Höhere Löhne bedeuten bessere Einkommen, was wiederum zu einer höheren Kaufkraft führt und auch den privaten Konsum erhöht. Studien für die USA zeigen, dass ein Mindestlohn und eine generell gute Bezahlung die Loyalität und die Motivation der Beschäftigten erhöhen und somit die Kosten für Unternehmen reduzieren. Dagegen liegt die Vermutung nahe, dass viele Unternehmen die Leidtragenden einer deutlichen Anhebung des Mindestlohns wären, denn sie müssten für die höheren Löhne zahlen. Dies muss jedoch nicht so sein, denn viele Unternehmen werden zumindest einen Teil der gestiegenen Löhne in der Form von höheren Preisen an die Verbraucher/-innen weitergeben.

1 **Bereitet euch mithilfe nebenstehender Anleitung und der in M1 dargestellten Zeitungsausschnitte auf eine Pro- und Kontra-Diskussion zum Thema „Gerechte Löhne in Deutschland" vor.**

2 **Diskutiert aus der Perspektive von Arbeitgeberinnen und Arbeitgebern sowie Arbeitnehmerinnen und Arbeitnehmer über die Vor- und Nachteile eines höheren Mindestlohns.** Fishbowl

Link: *Mindestlohn in Deutschland und Europa*

Wie sichert der Staat seine Bürgerinnen und Bürger ab?

Abb. 1 *Solidarität in einer Gesellschaft*

Ausgestaltung des Sozialstaats

Prinzipien der sozialen Sicherung

Die Ausgestaltung des Sozialstaats folgt dem Gedanken, dass diejenigen, die nicht aus eigener Kraft unter den Bedingungen des Marktes ihren Lebensunterhalt bestreiten können, unterstützt werden sollen. Bei der Umsetzung werden zwei Prinzipien unterschieden: **Subsidiaritäts- und Solidaritätsprinzip.**
Gemäß dem ersten Prinzip wird soziale Unterstützung nur nachrangig (= subsidiär) gewährt. Erst wenn man nachweisbar nicht (mehr) über die Mittel verfügt, sich selbst zu versorgen, springt die Gemeinschaft ein. Nach diesem Prinzip funktionieren die **staatlichen Transferleistungen** wie Bürgergeld und Hilfe zum Lebensunterhalt.

Demgegenüber besagt das Solidaritätsprinzip, dass jeder, der sich in einer bestimmten Bedarfssituation befindet, von der Gemeinschaft Hilfe erhalten soll. Auf diese Weise funktionieren die **staatlichen Pflichtversicherungen**. Der Anspruch auf Leistungen wird durch **Versicherungsbeiträge** erworben. Alle Arbeitnehmer/-innen müssen einen Anteil ihres Einkommens als Beiträge einzahlen. Einen annähernd gleich hohen Anteil zahlen die Arbeitgebenden für ihre Angestellten. Angehörige bestimmter Bevölkerungsgruppen, wie Beamte, Kinder und Asylsuchende, erhalten solidarische **Versorgungsleistungen** aus Steuermitteln.

Wie viel Sozialstaat ist gerecht?

Die Auffassungen der Bevölkerung und der Parteien über die Ausgestaltung der sozialen Komponente der Marktwirtschaft unterscheiden sich teils erheblich. Im Kern geht es um die Frage, wie mit der **sozialen Ungleichheit**, die durch die marktgesteuerte Ordnung entsteht, umgegangen werden soll. Ist individueller Wohlstand das Ergebnis eigener Anstrengung und deshalb verdient? Ist Armut die Folge fehlender Leistung und deshalb selbst verschuldet? Wenn für sozialen Ausgleich gesorgt wird, wer hat dann noch Lust, sich selbst um Leistung zu bemühen? Wenn jede Unterstützungsleistung erst beantragt und Bedürftigkeit nachgewiesen werden muss, ist das dann noch ein menschenwürdiges Verfahren? Wie viel Entscheidungsfreiheit und Eigenverantwortung soll den Bürgerinnen und Bürgern abverlangt und zugetraut werden? Deshalb muss das Ausmaß der sozialen Sicherung immer wieder neu ausgehandelt werden.

A In Deutschland wird für jedes Kind Kindergeld aus Steuermitteln gezahlt. Erkläre, warum dies eine solidarische Leistung ist, und beschreibe, wie ein subsidiäres Verfahren aussehen könnte.

B Leon (18) möchte nach dem Schulabschluss erstmal seine Ruhe haben. Beurteile, ob er Anspruch auf Bürgergeld haben sollte.

Die fünf Säulen der Sozialen Sicherung

M1 *Das bieten die Pflichtversicherungen in Deutschland*

1 Vergleiche die Risiken, die durch die fünf Pflichtversicherungen abgedeckt werden (M1).

2 **a)** Recherchiere die aktuellen Beitragssätze für Arbeitnehmer/-innen bei der Arbeitslosen-, Kranken-, Pflege- und Rentenversicherung.

b) Berechne die Summe der Arbeitnehmerbeiträge bei einem Bruttogehalt von 3200 € monatlich.

3 Ermittle, warum die sozialen Pflichtversicherungen gemeinsam durch Arbeitgeber/-innen und Arbeitnehmer/-innen finanziert werden und die Unfallversicherung allein durch die Arbeitgeber/-innen finanziert wird. Welche Vorstellung von den Tarifparteien liegt zugrunde?

4 Analysiere, welche Folgen es für Bürgerinnen und Bürger haben könnte, wenn es diese Pflichtversicherungen nicht gäbe. Think-Pair-Share

5 Erörtert, inwiefern mit den Pflichtversicherungen soziale Gerechtigkeit hergestellt wird. Fishbowl

Höhe der Transferzahlungen

M2 *Unterschiedliche Auffassungen von sozialer Gerechtigkeit*

Mira F.: Die Bürgergeld-Sätze sind doch viel zu niedrig, um ein angemessenes Leben führen zu können. Die Menschen müssten viel mehr bekommen!

Rico M.: Bürgergeld-Empfänger/-innen stehen unter starkem Druck. Sie können sich doch gar keine Gedanken über ihre Zukunft machen.

Jana P.: Wenn die Bürgergeld-Empfänger/-innen zu viel Geld bekommen, wollen sie sich doch gar keine Arbeit suchen. Und das bezahlen wir dann alle!

Hassan E.: Keiner darf zu viel oder sogar unberechtigt Geld bekommen. Der Empfang von Bürgergeld muss streng kontrolliert werden.

6 Diskutiert, inwiefern das Bürgergeld der Zielgröße „Gerechte Einkommensverteilung" des Magischen Vielecks entspricht. Marktplatz

7 **a)** Fasse die Argumente aus M2 zusammen.

b) Analysiere die Risiken (zu) niedriger und (zu) hoher Transferzahlungen.

c) Nimm zu den Argumenten in M2 Stellung. Erörtert, was ihr als gerecht empfindet. Fishbowl

Abb. 1 *Belastung der Natur durch die Industrie*

Die Grenzen des Marktsystems

Durch den **Marktmechanismus** werden die Produktionsfaktoren Sachkapital, Arbeit, Natur und Wissen optimal eingesetzt, weil nur die von den Konsument/-innen auch wirklich gewünschten Produkte und Dienstleistungen entstehen. Jedoch hat der Marktmechanismus manchmal unerwünschte Nebeneffekte (**Marktversagen**).

Marktversagen bei der Verteilung des Wohlstands

Auch menschliche Arbeitskraft wird als Gut gehandelt. Manche Arbeitnehmenden können für ihr Angebot an Arbeitskraft kein Einkommen erzielen, das ihren Lebensunterhalt sichert. Sie können aber nicht einfach ihr Angebot an Arbeitskraft reduzieren und warten, bis die Löhne steigen. Diese sozial unerwünschten Verteilungswirkungen einer marktwirtschaftlichen Ordnung werden durch sozialstaatliche Maßnahmen ausgeglichen (siehe Seite 220).

Marktversagen bei öffentlichen Gütern

Zu bestimmten Gütern, wie Straßen und Wegen, Kinderbetreuung, Kultur und Bildung sollen Bürger/-innen Zugang haben, ohne die marktmäßig erforderlichen Preise zu zahlen. Deshalb stellt der Staat diese bereit und trägt die Kosten hierfür (siehe Seite 220).

Marktversagen beim Umweltschutz

Die Produktionsfaktoren werden optimal genutzt, wenn die Preise der Güter deren gesamte individuelle und gesellschaftliche Kosten widerspiegeln. Vor allem die Natur wird meist zum Nulltarif oder zu geringen Preisen in Anspruch genommen. Eine Fabrik entnimmt einem Fluss Frischwasser und leitet schadstoffbelastetes Abwasser zurück. Die Kosten für die Aufbereitung des Wassers muss die Allgemeinheit tragen, da sie in den Verkaufspreis nicht einkalkuliert wurden. Dies wird als Marktversagen infolge **negativer externer Effekte** bezeichnet.

Staatliche Korrekturen

Umweltschutz wird als Ziel der Wirtschaftspolitik verfolgt, indem die externen Kosten internalisiert werden. Die Folgekosten der Nutzung der Natur sollen den Produzenten und Konsumenten in Rechnung gestellt werden. Staatliche Maßnahmen wie die Ökosteuer oder die CO_2-Abgabe dienen diesem Zweck. Für die Unternehmen sind diese Steuern und Abgaben ein internalisierter Teil ihrer Produktionskosten.

A **Fasse zusammen, was externe Kosten sind.**

B **Stelle die Wirkung einer Ökosteuer für Wasser im Marktmodell dar.**

Externe Kosten von Lebensmitteln

M1 *Ein Preisexperiment beim Discounter, Artikel vom Norddeutschen Rundfunk*

Eigentlich können sich Amelie Michalke von der Universität Greifswald und Tobias Gaugler von der Technischen Hochschule Nürnberg freuen: Nicht jedes wissenschaftliche Projekt in Deutschland erfährt so viel Aufmerksamkeit wie die sogenannten „wahren Kosten" beim Discounter Penny.
Neun Lebensmittel von insgesamt über 3000 Artikeln im Sortiment des Discounters Penny waren Anfang August verteuert worden: vier Bio- und fünf konventionell hergestellte Produkte. Die Wissenschaftler berechneten dafür die sogenannten „wahren Kosten", also auch Auswirkungen der Produktion, die normalerweise nicht von den Kunden an der Kasse beglichen werden. Hierbei wurden Bereiche wie Umwelt, Wasser, Boden und Gesundheit berücksichtigt.
Die Konsequenz war eine zum Teil deutliche Anhebung der Preise für Mozzarella oder Joghurt und ein veganes Schnitzel. Käsescheiben verteuerten sich infolgedessen um bis zu 88 Prozent, während sich die Kosten für Wiener Würstchen nahezu verdoppelten. Bei ökologisch erzeugten Lebensmitteln fiel die Teuerung nicht ganz so dramatisch aus.
Die Ergebnisse sollen als Grundlage dafür dienen, „dass diese externen Kosten erst gar nicht entstehen, dass wir gar nicht erst zahlen müssen, sondern dass das Ernährungssystem ganzheitlich nachhaltiger gestaltet wird", erklärt Wirtschaftsingenieurin Michalke von der Uni Greifswald. Grundsätzlich – und das geriet bei der hitzigen Diskussion über Penny, Discounter und den umkämpften Lebensmittelmarkt etwas aus dem Blick – entstehen Folgekosten der Produktion immer. Sie werden eben nur nicht an der Kasse gezahlt, sondern sind ausgelagert.
Diese „wirklichen Kosten" umfassen Auswirkungen wie Klimawandel, Fettleibigkeit, Kinderarbeit und Plastikverschmutzung, die letztendlich von der Gesellschaft oder den Steuerzahlern getragen werden. Hätten die Wissenschaftler ein paar Faktoren mehr berücksichtigt, wären einige Preissteigerungen wohl noch deutlich stärker gewesen. Das Verständnis der wahren Kosten von Lebensmitteln ist von großer Bedeutung, um Risiken zu steuern, Innovationen zu fördern und Umwelt- sowie soziale Kosten in der gesamten Lieferkette zu reduzieren.

1 Fasse in eigenen Worten zusammen, worum es bei dem Preisexperiment in M1 ging.
2 Zähle Beispiele auf, wie bei der Lebensmittelherstellung Wasser und Boden in Anspruch genommen werden.
3 Begründe, warum Produkte, die die „wahren Kosten" enthalten, gekauft würden bzw. nicht gekauft würden.
4 Diskutiert, ob der Staat auch bei Lebensmitteln mit einer Steuer die Internalisierung der Kosten erzwingen sollte. Fishbowl

Fast Fashion – versteckte Kosten bei Bekleidung

M2 *Karikatur zur Bekleidungsbranche*

5 Arbeite heraus, welche externen Kosten bei Bekleidung nicht im Preis enthalten sind (M2).
6 Recherchiere im Internet zum Projekt „Grüner Knopf". Diskutiert, inwieweit es eine Internalisierung externer Kosten ermöglicht.
Link: *Infos zum Grünen Knopf*

Markt und Staat als Wirtschafts-gestalter

Die marktwirtschaftliche Ordnung

Wirtschaftsordnungen unterscheiden sich in ihren Auffassungen zu staatlicher Steuerung, Eigentum, Unternehmenszielen und Preisbildung. Die Soziale Marktwirtschaft in Deutschland gewährt größtmögliche Freiheiten für alle Wirtschaftssubjekte. Privateigentum wird uneingeschränkt gewährt. Die Steuerung der wirtschaftlichen Prozesse erfolgt über Einzelinteressen und Märkte. In der Verantwortung des Staates liegen die Sicherung des Wettbewerbs, ein Rechts- und Bildungssystem sowie innere und äußere Sicherheit. Die soziale Komponente ergänzt die marktmäßige Ordnung um Maßnahmen des sozialen Ausgleichs und der sozialen Sicherheit.

Preisbildung im Marktsystem

Preise bilden sich durch das Zusammenwirken von Angebot und Nachfrage in einem Markt. Anbieter möchten den höchstmöglichen Preis für ihr Gut erzielen. Nachfrager möchten es so günstig wie möglich erwerben. Der Ausgleich dieser Interessenverschiedenheit erfolgt über den Preis. Mangelnde Nachfrage und ein übergroßes Angebot zwingt die Anbieter, ihre Preise zu senken. Eine hohe Nachfrage und ein knappes Angebot gestattet höhere Preise. Das Zusammenspiel der drei Größen wird idealtypisch im Preis-Mengen-Diagramm abgebildet.

Staatliche Wirtschaftspolitik

Bund und Länder sind verpflichtet, bei ihrer Wirtschaftspolitik die Ziele stetiges und angemessenes Wirtschaftswachstum, hoher Beschäftigungsstand, Stabilität des Preisniveaus, außenwirtschaftliches Gleichgewicht, gerechte Einkommensverteilung und Schutz der natürlichen Lebensgrundlagen möglichst gleichrangig zu verfolgen. Teilweise stehen diese Ziele in Konkurrenz zueinander, deshalb hat sich der Begriff „magisch“ eingebürgert.

Abb. 1 *Wirtschaftsordnung in Deutschland*

Zur Beurteilung der Zielerreichung dienen Indikatoren, wie das BIP für das Wirtschaftswachstum oder die Arbeitslosenquote für den Beschäftigungsstand.

Ausgestaltung des Sozialstaats

Der Sozialstaat wird durch Transferleistungen aus Steuermitteln und Leistungen aus Pflichtversicherungen verwirklicht. Dabei wird teils subsidiär, teils solidarisch vorgegangen. Vorstellungen von sozialer Gerechtigkeit können sehr unterschiedlich sein, weshalb das Ausmaß von sozialer Absicherung immer wieder neu ausgehandelt wird.

Die Grenzen des Marktsystems

Der Marktmechanismus funktioniert wirkungsvoll, wenn Angebot und Nachfrage maximal flexibel sind und die Preise alle mit der Produktion eines Gutes zusammenhängenden Kosten abbilden. Das gelingt aus unterschiedlichen Gründen auf dem Arbeitsmarkt, bei Infrastrukturgütern und bei der Nutzung der Natur weniger gut, was zu Marktversagen führt. Deshalb greift der Staat hier ein, indem er beispielsweise einen Mindestlohn für Arbeit festlegt, öffentliche Güter kostenfrei bereitstellt oder externe Kosten der Produktion über eine Steuer oder Abgabe internalisiert.

Wichtige Begriffe:
Angebot und Nachfrage, Beschäftigungsstand, Eigentum an Produktionsmitteln, externe Effekte, Inflation, Marktmodell, Preismechanismus, Solidarität, Sozialversicherung, Subsidiarität, Wachstum, Wettbewerb

Wirtschaftsordnung Marktwirtschaft

M1 *Aussagen über die Soziale Marktwirtschaft*

„Soziale Marktwirtschaft ist besser, weil ...

... der Markt allein, so notwendig und unverzichtbar er ist, als solcher keine Solidarität produziert." *Jean Claude Juncker, EU-Kommissionspräsident*

... sie den Wettbewerb als Weg zum Gemeinwohl sieht." *Randolf Rodenstock, Unternehmer*

1 Erläutere die Aussagen in M1.

2 Stellt euch einen Flohmarkt in der Schule vor.

a) Beschreibt an Beispielen, wie sich die Preise für die angebotenen Waren bilden.

b) Entwickelt ein Szenario für das Marktgeschehen, wenn die Schulleitung die Preise vorschreibt.

c) Übertragt das Beispiel auf einen Staat. Erläutert die Folgen einer zentralen Preisfestsetzung für Brot, Gastronomie und Pkw.

Marktmechanismus

M2 *Beschreibung des Marktmodells*

Das idealtypische Marktmodell bildet das Zusammenspiel von Preis und Güter- (1) auf einem freien Markt ab. Dabei werden (2) und (3) Menge in Relation zu einem sich verändernden (4) erfasst. Mit steigendem Preis drängen Anbieter mit der Hoffnung auf gute Umsätze auf den Markt. In diesem Falle ist daher zu erwarten, dass sich die (5) Menge eines Gutes (6). Ein (7) Preis führt umgekehrt zu einer Verringerung der angebotenen Menge. Bei steigendem Preis eines Gutes können weniger Konsumenten in Betracht ziehen, das Gut zu konsumieren. Die (8) Menge ist folglich gering. Sinkt der Preis jedoch, (9) die nachgefragte Menge nach einem Gut. In diesem Zusammenspiel gibt es einen Preis, bei dem angebotene und nachgefragte Menge exakt (10). Grafisch ist das der Schnittpunkt der beiden Kurven. Dieser Punkt wird als (11) bezeichnet.

M3 *Nicht alle Preisreaktionen sind gleich*

A

A: „Die Schulcafeteria hat ihre Preise erhöht!"

B: „Was? Da werden jetzt viele ..."

B

C: „Diese Schokoriegel kosten an der Tankstelle mehr als 2 €. "

D: „Wirklich? Da werden bestimmt viele ..."

3 Vervollständige in M2 mit den richtigen Begriffen (1-11).

4 **a)** Vervollständige die Antworten in M3 entsprechend dem Marktmechanismus.

b) Beurteile, ob diese realistisch sind, auch indem du die beiden Antworten vergleichst.

Magisches Viereck

5 **a)** Erläutere die vier Ziele der deutschen Wirtschaftspolitik. Beziehe dabei die jeweiligen Indikatoren ein.

b) Erläutere einen möglichen Zielkonflikt.

c) Nimm Stellung zu der Aussage: „Exportüberschüsse sichern Arbeitsplätze."

Sozialstaat

6 **a)** Nimm zur geplanten Beitragssteigerung bei der gesetzlichen Rentenversicherung Stellung aus der Sicht
a) eines jungen Arbeitnehmers, b) einer Arbeitgeberin und c) einer Rentnerin.

b) Begründe, wie hoch der Beitrag steigen soll.

Lösungen: *Lerncheck*

Kapitel 17

- *Wieso handeln Staaten miteinander?*
- *Was bedeutet internationale Arbeitsteilung?*
- *Welche Institutionen und Akteure gestalten die internationale Wirtschaft?*
- *Welche Rolle hat Deutschland im internationalen Wettbewerb?*
- *Welche Herausforderungen entstehen durch internationalen Handel?*

Internationale Wirtschafts-beziehungen

Abb. 1 *Die vernetzte Welt*

Internationale Arbeitsteilung

Globalisierung und Welthandel

Smartphones aus China, Kaffee aus Brasilien, Musik aus den USA – jeden Tag erreichen uns Güter aus allen Ländern der Welt. Der technische Fortschritt in Transport und Kommunikation wurde zum entscheidenden Antrieb des internationalen Handels, wie er für uns selbstverständlich ist. Die Wirtschaftswissenschaft untersucht, warum Außenhandel für Wohlstand sorgt. Allen Theorien liegt die Annahme zugrunde, dass die Produktionsfaktoren unterschiedlich verteilt sind. Diese natürlichen Produktionsvoraussetzungen (Faktorausstattung) zu verändern, ist nicht oder nur mit hohem Kostenaufwand möglich.

Außenhandelstheorien

Adam Smith ging in der **Theorie der absoluten Kostenvorteile** davon aus, dass sich jedes Land auf die Herstellung eines Produkts spezialisiert, das es durch bessere Faktorausstattung am günstigsten herstellen kann. Durch Handel kann jedes Land Güter erhalten, die es nur mit hohem Kostenaufwand herstellen kann. Warum sind auch Länder am Außenhandel beteiligt, die für kein Gut einen absoluten Kostenvorteil haben? David Ricardo beantwortet diese Frage mit der Theorie der komparativen Kostenvorteile: Wenn in einem Land bei der Herstellung eines Guts im Vergleich zu einem anderen Land geringere **Opportunitätskosten** anfallen, entsteht daraus ein vergleichsweiser (komparativer) Kostenvorteil.

Der Produktlebenszyklus

In diesem dynamischen Modell beschreibt Raymond Vernon den Lebensweg eines Produkts.
Die kostenintensive **Einführungsphase** eines Produkts findet in einem hochqualifizierten Industriestaat statt. Es wird von wenigen Unternehmen hergestellt. In der **Wachstumsphase** ist die Produktion zunehmend standardisiert und andere Unternehmen, auch im Ausland, beginnen, das Produkt zu kopieren. In der **Reifephase** wird die Produktion meist in Länder mit komparativen Kostenvorteilen, vor allem Lohnkosten, verlagert. In der **Rückgangsphase** stagniert die globale Nachfrage. Die Produktion findet in Niedriglohnländern statt und sinkt schließlich, bis das Produkt vom Markt genommen wird.

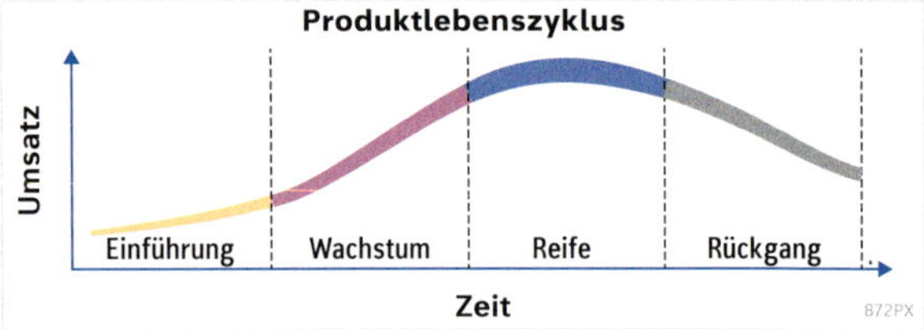

Abb. 2 *Der Produktlebenszyklus*

A Erkläre den Zusammenhang zwischen Außenhandel und Wohlstand. +

B Erläutere die Standortorientierung von Unternehmen in den vier Produktlebensphasen.

C Diskutiere damit verbundene Herausforderungen in den Kategorien Nachhaltigkeit und Menschenrechte.

Material

Außenhandelstheorien

M1 *Beispielrechnung für absolute Kostenvorteile*

Sowohl in Deutschland als auch in Belgien werden Pralinen hergestellt. Deutschland produziert in einer Stunde fünf Einheiten, Belgien hingegen zehn. Beide Länder produzieren ebenfalls Brot. Hier ist es andersherum: Deutschland produziert zehn Einheiten pro Stunde, Belgien nur fünf:

Einheiten pro h	Pralinen	Brote	Gesamt pro h
Belgien	10	5	15
Deutschland	5	10	15

In 30 Stunden können sie bei Eigenproduktion je drei Einheiten beider Güter herstellen, was insgesamt je sechs Einheiten beider Güter ergibt. Spezialisiert sich Belgien aber auf Pralinen und Deutschland auf Brot, können sie in derselben Zeit je sechs Einheiten, also zwölf Einheiten insgesamt, von beidem herstellen. Durch Handel steigt der Gesamtgewinn beider Länder.

M2 *Beispielrechnung für komparative Kostenvorteile*

In Deutschland werden pro Stunde 10 Reifen und 5 Kochtöpfe hergestellt, in Frankreich in derselben Zeit 4 Reifen und 4 Kochtöpfe. Deutschland hat bei beiden Produkten einen absoluten Kostenvorteil:

Einheiten pro h	Reifen	Kochtöpfe
Frankreich	4	4
Deutschland	10	5

Trotzdem lohnt sich ein Handel. Wenn Deutschland einen Kochtopf produziert, verzichtet es auf zwei Reifen. Frankreich verzichtet pro Kochtopf auf einen Reifen. Frankreich hat einen komparativen Kostenvorteil gegenüber Deutschland. Für die Produktion von Reifen dreht sich das Verhältnis um: Deutschland verzichtet für einen Reifen auf 0,5 Kochtöpfe, während Frankreich pro Reifen auf einen Kochtopf verzichtet. Der komparative Kostenvorteil für Reifen liegt bei Deutschland.

M3 *Außenhandel Deutschlands mit Ägypten*

M4 *Produkte im Produktlebenszyklus*

„Die Umsatzentwicklung unseres DVD-Players ist nicht mehr besonders erfolgreich: Jährlich verkaufen wir weniger."

„Bei der Markteinführung des Smartphones hätte ich nicht damit gerechnet, dass es so ein Renner wird – der Absatz steigt und steigt."

„Die Tablets waren unser erfolgreichstes Produkt. Zuletzt konnte der Umsatz nicht mehr gesteigert werden. In diesem Jahr ist er erstmals rückläufig."

„Die Smartwatch ist neu auf dem Markt, wird aber von den Kunden bereits sehr gut bewertet. Unser Marketing arbeitet daran, den Umsatz in Zukunft deutlich zu erhöhen."

1 Lisa braucht 30 Minuten zum Staubsaugen und 50 Minuten zum Einkaufen. Kai braucht 50 Minuten zum Staubsaugen und 40 Minuten zum Einkaufen. Errechne die Zeitersparnis, wenn sie die Arbeit teilen (M1).

2 Lisa braucht 60 Minuten zum Bügeln und 70 Minuten zum Kochen, bei Kai dauert Bügeln 120 Minuten und Kochen 90 Minuten. Prüfe, ob sich auch bei diesen Tätigkeiten Arbeitsteilung lohnt (M2).

3 Beschreibe den Außenhandel zwischen Deutschland und Ägypten (M3).

4 Stelle Hypothesen auf, welche unterschiedlichen Faktorausstattungen beider Länder zu Kostenvorteilen in der Produktion der gehandelten Güter führen. Recherchiere dazu im Internet (M3).

5 Ordne die Aussagen eines Technik-Herstellers den vier Phasen des Produktlebenszyklus zu (M4).

Abb. 1 *Deutschlands größter Containerhafen Hamburg*

Deutschland im Welthandel

Exportnation Deutschland

Deutschland gehört mit China und den USA zu den drei größten Exportnationen der Welt. Insbesondere im Maschinenbau, in der Automobil- und Chemieindustrie steht „Made in Germany" weltweit für hohe Qualitätsstandards. Die deutsche Zahlungsbilanz weist regelmäßig **Exportüberschüsse** auf. Der deutsche Warenexport lag nach Angaben des Statistischen Bundesamtes im Jahr 2024 bei 1.556 Mrd. € , der Warenimport lag bei 1.317 Mrd. €.

Wirtschaftsräume

Die größte Bedeutung für Deutschlands Außenhandel hat neben **bilateralen Handelsabkommen** mit China oder den USA die Einbettung in die **multilaterale Freihandelszone** der Europäischen Union. Weitere große **Freihandelsabkommen** der Welt sind das USMCA (United States-Mexico-Canada Agreement), der gemeinsame südamerikanische Markt MERCOSUR (Mercado Común del Sur) sowie die RCEP (Regional Comprehensive Economic Partnership) im asiatisch-pazifischen Raum.

Handelspolitik

In der Praxis unterscheidet man zwei Formen des Außenhandels: **Freihandel** bezeichnet eine Handelspolitik, die auf den Abbau von Handelshemmnissen zwischen Staaten zielt. Das entgegengesetzte Prinzip ist der **Protektionismus.** Dabei wird der **Binnenmarkt** eines Staates mit politischen und wirtschaftlichen Maßnahmen vom Weltmarkt abgeschottet, um die heimische Wirtschaft vor ausländischer Konkurrenz zu schützen. Als **tarifäre Handelshemmnisse** werden Zölle eingesetzt, die den Preis importierter Waren erhöhen. **Nicht-tarifäre Handelshemmnisse** erschweren ausländischen Anbietern den Zugang zum inländischen Markt, z. B. durch Mengenquoten oder Auflagen wie Umweltstandards.

Zahlungsbilanz

Wie stark eine Volkswirtschaft in den Weltmarkt eingebunden ist, lässt sich an der **Zahlungsbilanz** ablesen. Sie fasst alle wirtschaftlichen Transaktionen zwischen In- und Ausland innerhalb eines bestimmten Zeitraums zusammen. Ein Baustein ist die **Leistungsbilanz**, die den Waren- und Dienstleistungsverkehr betrachtet. Der zweite Baustein ist die **Kapitalbilanz**, die den Zahlungsverkehr erfasst, wozu z. B. Investitionen, Aktien oder Kredite zählen. Für eine ausgeglichene Zahlungsbilanz können protektionistische Maßnahmen notwendig sein.

A Erläutere, warum Deutschland als „Exportnation" bezeichnet wird.

B Stelle die Instrumente der Handelspolitik in einem Schaubild dar.

C Erkläre, warum die Zahlungsbilanz Einfluss auf wirtschaftspolitische Entscheidungen hat.

Wirtschaftsräume

M1 *Anteil der Freihandelszonen am weltweiten BIP*

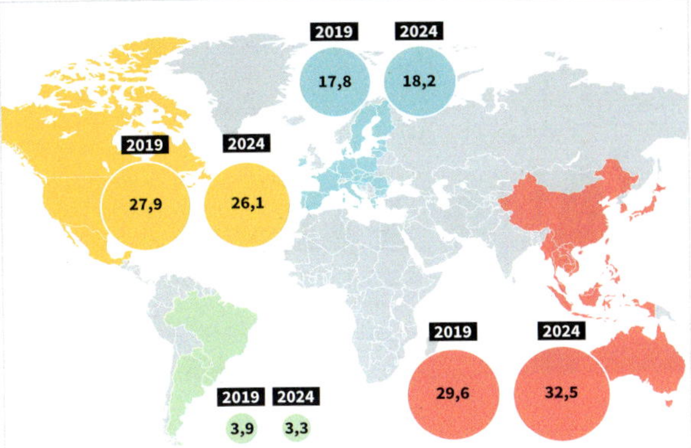

- RCEP
- USMCA
- EU
- MERCOSUR

Quelle: IWF, Karte vom IWD Köln

M2 *Deutschland im Welthandel*

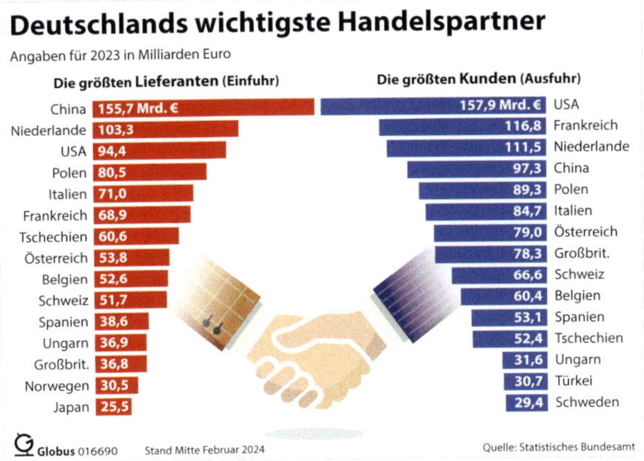

1 Prüfe, aus welchen dieser Staaten Güter kommen, die du in deinem Alltag konsumierst (M1).

2 Erläutere, wie sich dein Leben verändern würde, wenn keine ausländischen Produkte und Dienstleistungen mehr auf dem Markt verfügbar wären. Berücksichtige auch den Bereich Kommunikation. Marktplatz

3 **a)** Fasse zentrale Aussagen der Statistik M2 zusammen.
b) Vergleiche das Handelsvolumen mit den Ländern innerhalb und außerhalb der EU.

Handelspolitik

M3 *„America first"-Politik, Zeitungsartikel*

Biden setzt auf „America first" [...]

US-Präsident Joe Biden setzt im Wahlkampf auf Steuervorteile für die US-Industrie sowie auf US-Lieferketten [...]

US-Präsident Joe Biden setzt [...] auf noch mehr Begünstigung für die heimische Industrie. „[...] Wir werden dafür sorgen, dass die Lieferkette für Amerika in Amerika beginnt", sagte Biden [...]. So kündigte er an, dass Baumaterialien für vom Bund geförderte Infrastrukturprojekte [...] nach dem Prinzip „Made in America" in den USA hergestellt werden müssten. „Unter meiner Aufsicht werden amerikanische Straßen, Brücken und Autobahnen mit amerikanischen Produkten gebaut", sagte Biden. [...] Das Gesetz sieht vor, viele Subventionen und Steuergutschriften daran zu knüpfen, dass Unternehmen US-Produkte verwenden oder selbst in den USA produzieren. In Europa befürchtet man Nachteile für heimische Unternehmen. [...] In der Vergangenheit hatte der republikanische Ex-Präsident Donald Trump mit seiner Parole „America first" [...] auf die Bevorzugung von in den USA hergestellten Produkten und die Stützung heimischer Industrien gesetzt.

4 Benenne die in M3 beschriebenen wirtschaftspolitischen Maßnahmen mit den passenden Fachbegriffen.

5 Begründe, warum Europa „Nachteile für heimische Unternehmen" befürchtet (M3). Partnervortrag

Abb. 1 *Hauptsitz der WTO im Centre William Rappard in Genf (Schweiz)*

Gestaltung des Welthandels

Gestaltungsaufgaben

Der Welthandel birgt neben wachsendem Wohlstand auch das Risiko unerwünschter Effekte. Nationale **Krisen** können sich global ausweiten: Der Zusammenbruch der US-Immobilienbranche führte 2008 zu einer weltweiten Finanzkrise. Lokale Kriegsgeschehen wie der Ukraine-Krieg beeinflussen die Weltwirtschaft durch Rohstoffknappheit. Die Währungsstabilität von Staaten kann durch **Wechselkursschwankungen** negativ beeinflusst werden und Inflation beschleunigen. Staaten müssen gute Bedingungen für **Arbeitsmigration** schaffen. Hohe Produktivität, lange Transportwege und große Mobilität verursachen **Umweltbelastungen**. Unterschiedliche Arbeitsbedingungen in den Ländern der Welt verstärken **soziale Ungerechtigkeit**. Zur Bewältigung der globalen Aufgaben sind ein internationaler Rahmen von verbindlichen Gesetzen und entsprechende Institutionen zur Durchsetzung im Sinne einer **Global Governance** notwendig. Die Entscheidungsprozesse zwischen den Nationalregierungen gestalten sich oft langwierig und enden selten mit konstruktiven Lösungen.

Institutionen und Akteure des Welthandels

Die **Weltbank** will Armut verringern und Entwicklungsländer an den Welthandel anbinden. Der **I**nternationale **W**ährungs**f**onds **IWF** soll die Stabilität des internationalen Finanzsystems stärken, indem er staatliche Währungspolitik fördert und in Krisenzeiten Kredite an Staaten ausgibt. Die Welthandelsorganisation **WTO** mit 164 Mitgliedstaaten (2024) strebt den Ausbau des weltweiten Freihandels durch Abschaffung von Handelshemmnissen an. Die internationale Arbeitsorganisation **ILO** arbeitet an globalen Arbeits- und Sozialstandards. Die Organisation für wirtschaftliche Zusammenarbeit und Entwicklung **OECD** ist ein Zusammenschluss von Industrienationen, der durch Informationsaustausch und Zusammenarbeit Wohlstand und Wirtschaftswachstum fördern möchte. Neben diesen zwischenstaatlichen Organisationen agieren Nicht-Regierungsorganisationen **NGO**s, die sich auf gesellschaftspolitische Herausforderungen des Welthandels wie Umweltschutz oder Menschenrechte spezialisiert haben. Auch internationale Unternehmen beeinflussen als Global Player die Weltpolitik.

A Erstelle eine Mindmap zu den Gestaltungsaufgaben des Welthandels.

B Gestaltet Steckbriefe zu den fünf Institutionen.

C Nimm Stellung zum Zitat des ehemaligen WTO-Chefs Pascal Lamy: „Wir haben globale Probleme und lokale Regierungen“.

Akteure im Welthandel

M1 *Nichtregierungsorganisationen (NGO)*

M2 *Ökonomieprofessor Ralph Ossa über die WTO, Zeitungsartikel*

Die WTO am Scheideweg

„Bis vor Kurzem waren sich alle mehr oder weniger einig darüber, dass wirtschaftliche Verflechtung eine gute Sache ist. Sie ist wichtig für Wohlstand und Sicherheit [...] Doch dann kam die Finanzkrise, die Corona-Pandemie und der Krieg in der Ukraine. Diese Krisen haben den Eindruck entstehen lassen, dass wir zu viel Globalisierung ausgesetzt sind [...]. Daraus folgerten viele Menschen, dass es ohne Globalisierung besser gelaufen wäre. Doch diese Schlussfolgerung ist falsch. Wir sind nur dank des Handels einigermaßen gut durch die Pandemie gekommen. Es kam zu einem Boom, weil sich die Leute plötzlich ihr Homeoffice einrichteten. Für die Herstellung und Verteilung der Impfstoffe brauchte es globale Lieferketten. Der Handel war also eine Quelle der Resilienz."

1 Erstellt in Gruppen Kurzvorträge zu den Nichtregierungsorganisationen und ihren Zielen (M1).

2 Informiert euch mittels einer Internetrecherche über das Streitschlichtungsverfahren der WTO. Link: *Streitschlichtungsverfahren (engl.)*

3 Diskutiert, ob die WTO als Institution einer Global Governance bezeichnet werden kann (M2). Bienenkorb

M3 *„Fair Play für alle": Das Lieferkettengesetz, Bundesministerium für Arbeit und Soziales*

„Fairplay gilt für alle – im Fußball genauso wie in der Arbeitswelt. Das Lieferkettensorgfaltspflichtengesetz, kurz Lieferkettengesetz, regelt die unternehmerische Verantwortung für die Einhaltung von Menschenrechten in globalen Lieferketten. Hierzu gehört beispielsweise der Schutz vor Kinderarbeit, das Recht auf faire Löhne und der Schutz der Umwelt. [...]. Von einer fairen Globalisierung profitieren die Menschen in den Lieferketten, Unternehmen und auch die Konsumenten. Seit dem 1. Januar 2024 gilt das Lieferkettengesetz für Unternehmen mit mindestens 1.000 Beschäftigten."

M4 *Sorgfaltspflichten im Lieferkettengesetz*

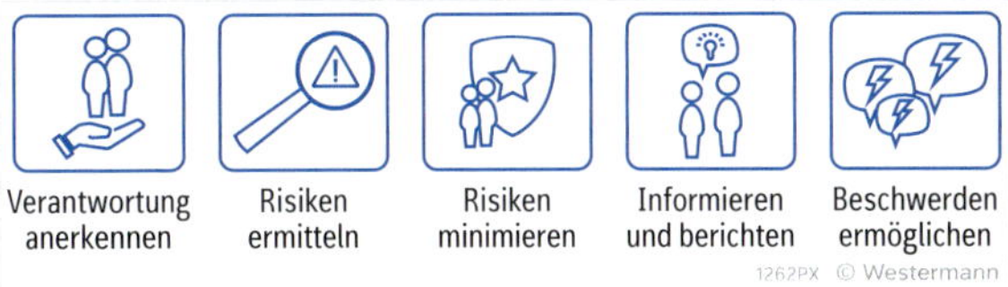

4 Erläutere die Argumentation des WTO-Chefs und Ökonomieprofessors Ralph Ossa in M3.

5 Stelle Anspruch und Umsetzbarkeit des EU-Lieferkettengesetzes gegenüber (M3-M4).

6 Diskutiert, welche Interessenvertreter oder Organisationen das „Ja zum Lieferkettengesetz" am Regierungsgebäude präsentiert haben könnten (M3). Fishbowl

Internationale Wirtschaftsbeziehungen

Internationale Arbeitsteilung

Die unterschiedliche Faktorausstattung der Länder führt zu Spezialisierung, da jedes Land vorrangig Produkte herstellt, für die es die besten und günstigsten Produktionsbedingungen hat. Diese unterschiedlichen Güter werden zwischen den Staaten gehandelt.

Außenhandelstheorien

Adam Smith und David Ricardo stellten in ihren Theorien der absoluten und komparativen Kostenvorteile fest, dass der aus der Spezialisierung entstehende Handel zum Austausch von Gütern zu erhöhter Produktivität und damit zu wachsendem Wohlstand führt. Raymond Vernon beschreibt im Produktlebenszyklus die unterschiedlichen Phasen der Herstellung eines Produkts, während der sich die Standortorientierung von Unternehmen ins Ausland verlagert, um von günstigeren Produktionsbedingungen und einem vergrößerten Absatzmarkt zu profitieren.

Deutschlands Rolle im Welthandel

Aufgrund einer regelmäßig positiven Zahlungsbilanz (Exportüberschuss) gilt Deutschland als Exportnation. Das Siegel „Made in Germany" gilt auf der ganzen Welt als Qualitätsmerkmal, insbesondere in den Bereichen Maschinenbau, Automobilproduktion und Chemie.

Handelspolitik

Deutschland ist in die multilaterale Freihandelszone der Europäischen Union eingebunden, innerhalb derer sich seine wichtigsten Handelspartner befinden. Währungsunion und Zollfreiheit sind treibende Kräfte für den Handel. Weltweit gibt es auf den verschiedenen Kontinenten große Freihandelszonen. Staaten, die ihre Wirtschaft vor ausländischer Konkurrenz schützen wollen, können protektionistische Maßnahmen in Form von tarifären (z. B. Zöllen) oder nicht-tarifären Handelshemmnissen (z. B. Quoten) einführen.

Akteure des Welthandels

Für Regeln und Gesetze im Welthandel sind einige halbstaatliche Institutionen zuständig. Die WTO strebt Transparenz und den Abbau von Handelshemmnissen an und kann im Streitschlichtungsverfahren zwischen Staaten vermitteln. Der IWF arbeitet an einer stabilen Währungspolitik und kann Kredite an Staaten ausgeben. Die ILO will Arbeitsbedingungen in den Staaten verbessern. Soziale Ungerechtigkeit ist das Arbeitsfeld der Weltbank, die Entwicklungsländer stärker an den Welthandel anbinden will. Daneben beeinflussen zahlreiche gesellschaftlich und ökologisch orientierte NGOs und wirtschaftliche Global Player den Welthandel.

Gestaltungsaufgaben

Der Welthandel hat durch die Umweltbelastungen von Produktion und Logistik negativen Einfluss auf den Klimawandel. Ungleiche Standards hinsichtlich der Arbeitsbedingungen und Einhaltung der Menschenrechte sind ein zentrales Problem sozialer Ungerechtigkeiten weltweit. Weiterhin können Wechselkursschwankungen, lokale Krisen und Kriegsgeschehen durch die engen wirtschaftlichen Verflechtungen die wirtschaftliche Stabilität anderer Staaten beeinträchtigen. Für die Gestaltung dieser Herausforderungen muss ein Rahmen von Gesetzen und Institutionen im Sinne einer Global Governance aufgebaut werden.

Wichtige Begriffe

Arbeitsmigration, Arbeitsteilung, Europäische Union, Faktorausstattung, Freihandel, bilaterale und multilaterale Freihandelsabkommen, Freihandelszone, Globalisierung, Global Governance, Global Player, tarifäre und nicht-tarifäre Handelshemmnisse, Handelspolitik, Import und Export, IWF, ILO, absolute und komparative Kostenvorteile, Kriegsgeschehen, NGOs, OECD, Produktlebenszyklus, Protektionismus, Spezialisierung, soziale Ungerechtigkeit, Standortorientierung, Umweltschäden, Verbraucherschutz, Wechselkursschwankungen, Weltbank, WTO, Zahlungsbilanz

Handelshemmnisse

M1 *Vom Warnzeichen zum Qualitätssiegel, Bayerischer Rundfunk*

Als Geburtsstunde von „Made in Germany“ gilt der 23. August 1887. Produkte aus Deutschland mussten fortan den Schriftzug „Made in Germany“ tragen. Auslöser für das Gesetz waren die Konkurrenzsorgen der Messerhersteller in Sheffield. Die Originale waren von hoher Qualität, aus Gussstahl und oft handgearbeitet. Die nachgemachten Messer aus Deutschland waren hingegen Massenware aus ungehärtetem Gusseisen. Die britische Regierung war zum Handeln gezwungen. Deutsche Waren wurden nicht mit Zöllen verteuert, sondern mit einem Schriftzug stigmatisiert: „Made in Germany“ sollte eine Warnung sein. Der Plan, deutsche Produkte per Herkunftshinweis aus dem Markt zu drängen, war ein kompletter Misserfolg. Denn Ende des 19. Jahrhunderts holten die deutschen Produzenten bei der Qualität ihrer Produkte dramatisch auf. „Made in Germany" war nun ein Hinweis auf gute Qualität. Dies war einer der Gründe, warum die deutsche Wirtschaft Ende des 19. und Anfang des 20. Jahrhunderts explosionsartig wuchs.

1 **Beschreibe die handelspolitischen Maßnahmen der britischen Regierung mit Fachbegriffen.**

2 **Stelle anhand von M1 die Entwicklung des Siegels „Made in Germany“ dar.**

Gestaltungsaufgaben des Welthandels

M2 *Gute Aussichten für die Weltwirtschaft*

Der IWF stellt ein globales Wachstum von 3,2 Prozent im Jahr [2024] in Aussicht. Die Welt sei trotz düsterer Vorhersagen von einer Rezession verschont geblieben, betont Pierre-Olivier Gourinchas, Chefvolkswirt des IWF, spricht aber auch von bleibenden Problemen. Ein Hauptziel müsse bleiben, die Inflation dauerhaft zu senken. Beim Klimaschutz braucht es bessere internationale Zusammenarbeit: „Den CO_2-Ausstoß zu senken ist mit Wachstum vereinbar“, betont Gourinchas. Das Problem einer alternden Bevölkerung in den meisten Industrieländern betonte IWF-Chefin Kristalina Georgiewa. Um den Teil der arbeitenden Bevölkerung hoch und eine Volkswirtschaft robust zu halten, brauche es unter anderem Einwanderung. Wie können die beiden oft schwerfälligen Institutionen IWF und Weltbank reformiert werden? Wie wird verhindert, dass die ärmsten Länder der Welt immer weiter abgehängt werden? Mit Blick auf die Covid-Pandemie und die Kriege in der Ukraine und in Nahost sagte Georgiewa: „Wir leben weiter in einer Welt, in der wir das Unerwartete erwarten müssen.“

M3 *Tür zu!*

3 **Beschreibe die Situation des Welthandels (M2).**

4 **Stelle die Probleme des Welthandels und mögliche Lösungsansätze gegenüber (M2).**

5 **Nimm Stellung zu den Gestaltungsaufgaben des Welthandels in der Karikatur M3.**

Lösungen: *Lerncheck*

Kapitel 18

- *Welche Folgen hat globale Konkurrenz?*
- *Welche Angebote gelten als Zukunftstechnologien?*
- *Wie funktioniert Steuerungs- und Regelungstechnik?*
- *Welchen Stellenwert hat Forschung und Entwicklung?*

Technischer Wandel im internationalen Wettbewerb

Abb. 1 *Ständiger Innovationsdruck ist eine Folge internationaler Konkurrenz.*

Standortfaktoren und Konkurrenz

Standortfaktoren

Im internationalen Wettbewerb sind Standortfaktoren von großer Bedeutung. Es gibt harte Standortfaktoren, wozu die Infrastruktur, der Arbeitsmarkt, die Anbindung an Absatzmärkte, Energiekosten und die Höhe von Steuern und Abgaben zählen. Insbesondere in einem aufeinander abgestimmten Wirtschaftsraum, wie der EU, spielen die harten Standortfaktoren eine große Rolle. Sie sorgen zwischen den EU-Staaten für Wettbewerb. Daneben gibt es die weichen Standortfaktoren. Darunter versteht man das Wirtschaftsklima in der Region, die Kontakte zu anderen Unternehmen in der Branche, Innovationen durch Forschung und die Interessenvertretung durch Wirtschaftsverbände.

Internationale Konkurrenz

In den meisten Branchen konkurrieren heute Unternehmen global miteinander. Damit sind einerseits positive Effekte wie größere Produktvielfalt, günstigere Preise für die Verbraucher/-innen und größerer Wohlstand in den Industrienationen verbunden. Um dem Preisdruck standzuhalten produzieren auf der anderen Seite internationale Unternehmen oft in Ländern, in denen die Gesetzgebung die Menschenrechtsverletzungen und Umweltschäden toleriert.

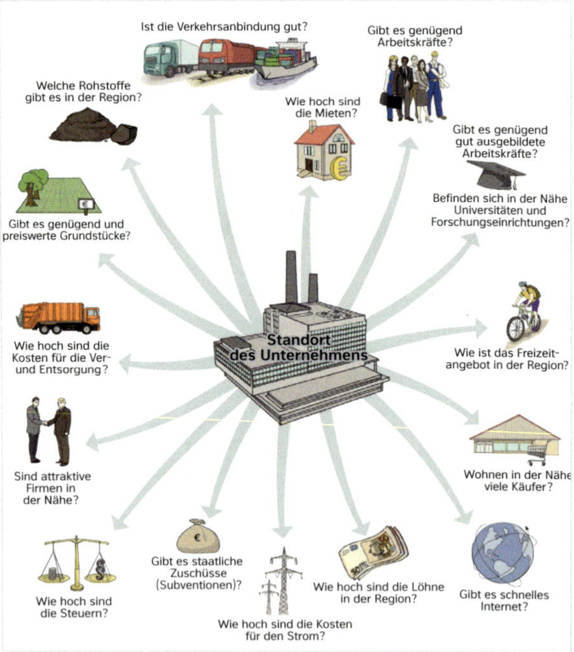

Abb. 2 *Standortfaktoren für Unternehmen*

A Liste für ein Unternehmen in deiner Region die harten und die weichen Standortfaktoren auf.

B Nimm zu den Effekten der internationalen Konkurrenz Stellung.

C Erkläre den Begriff Wirtschaftsklima.

Material

Internationale Konkurrenz in Zukunftssektoren

M1 *Deutschlands Herausforderungen im internationalen Wettbewerb, IDW Positionspapier*

Das exportorientierte deutsche Wirtschaftsmodell könnte im aktuellen Jahrzehnt von verschiedenen Seiten unter Druck geraten. Deutschland ist eine offene Volkswirtschaft und unter stärker als andere vom internationalen Handel abhängig.
Wachstumsstarke Segmente des internationalen Handels sind nicht mehr die klassischen Güter wie Autos oder Maschinen, in denen Deutschland ausgeprägte Wettbewerbsvorteile hat, sondern Dienstleistungen, und diese vor allem in ihrer digitalen Form. [...] Die am schnellsten wachsenden Segmente sind dabei IT-Services, gefolgt von Dienstleistungen, die auf intellektuellem Eigentum basieren, also zum Beispiel Lizenzgebühren für Urheberrechte, Patente oder auch für Streaming-Dienste. [...] Allerdings liegt die Wettbewerbsposition Deutschlands in diesen Bereichen sehr weit hinter den Vorzeigeindustrien wie den Automobilsektor und den Maschinenbau zurück.
Die Bedeutung des Technologie-Sektors für die Wertschöpfung steigt. Hier scheinen Deutschland und Europa derzeit abgeschlagen zu sein. Nicht nur, dass unter den global führenden Digitalfirmen kaum europäische zu finden sind, auch die europäischen Forschungs- und Entwicklungsausgaben, die die künftige Wettbewerbsfähigkeit im Digitalbereich prägen, liegen weit zurück. Laut der Europäischen Investitionsbank sind die EU-Länder für 12 % der F&E-Investitionen im Tech-Bereich verantwortlich, die USA für 52 %, ein Zeichen für eine vergleichsweise geringe Spezialisierung auf den Technologie-Sektor. Dadurch liegt Deutschland in den Rankings der allgemeinen Wettbewerbsfähigkeit zwar relativ weit vorne, in Rankings zur digitalen Wettbewerbsfähigkeit aber meistens bestenfalls im Mittelfeld.
Der vorherige Punkt hat auch mit der nächsten Herausforderung zu tun, die die Digitalisierung mit sich bringt. Es geht nicht nur um digitale Wettbewerbsfähigkeit, also die Fähigkeit, digitale Innovationen zu entwickeln, sondern auch um die Verbreitung und Anwendung der digitalen Technologien in der gesamten Wirtschaft, genauso wie in der öffentlichen Verwaltung und der Bildung. Digitale Infrastruktur ist hierfür die Grundlage.

1 **Beschreibe, was die Veränderungen in der Weltwirtschaft für Deutschlands Wettbewerbsfähigkeit bedeuten.**

2 **Entwickelt in Gruppen Ideen, welche Faktoren die Wettbewerbsfähigkeit Deutschlands erhöhen oder senken können.** Think-Pair-Share

Unternehmen tragen Verantwortung

M2 *Unternehmen: VAUDE Sport GmbH & Co. KG*

Das Unternehmen mit seinen 500 Mitarbeiter/-innen ist nach eigenen Angaben Europas nachhaltigster Outdoor-Ausrüster. Um diesen Anspruch zu erfüllen, setzt VAUDE auf ein zeitloses Design seiner Produkte, sie sollen aus nachhaltigen Materialien gefertigt sein, lange halten und gut zu reparieren sein. Auch bei den Zulieferern achtet das Unternehmen auf eine umweltfreundliche Produktion und faire Arbeitsbedingungen. Es steigert nach und nach seinen Anteil an Produkten, die strenge, unternehmenseigene Kriterien erfüllen müssen. Der Firmenstandort Tettnang-Obereisenbach (Baden-Württemberg) ist klimaneutral und auch die Mitarbeiterzufriedenheit ist hier sehr hoch.

3 **Ermittelt, wodurch sich die unternehmerische Verantwortung von VAUDE zeigt. Recherchiert auf der Internetseite des Unternehmens.**

4 **Recherchiert weitere Beispiele für Unternehmen, die durch die Erfüllung ihrer unternehmerischen Verantwortung besonders hervorstechen.**

Link: *Beispiele für Unternehmen zur Aufgabe 4*

Abb. 1 *Auf der Suche nach neuen wissenschaftlichen Erkenntnissen!*

Forschung und Entwicklung

Forschung

Ohne Forschung gibt es keinen Fortschritt. Deshalb ist es von großem gesellschaftlichen Interesse, dass an neuen Technologien und Produktionsweisen geforscht wird. Forschung findet in der Regel an Hochschulen, Forschungsinstituten und in Forschungsabteilungen großer Unternehmen statt. Manchmal gibt es auch Kooperationen zwischen Unternehmen und Hochschulen, wobei Unternehmen die Forschungsarbeit an den Hochschulen finanzieren und dafür die exklusiven Rechte an den Ergebnissen erhalten. Forschung ist immer mit dem Risiko behaftet, dass Geld investiert wird und keine marktfähigen Ergebnisse bzw. Produkte entstehen. Der Fachbegriff hierfür ist **Grundlagenforschung**, die auf Wissen zielt, dass für Anwendungen genutzt werden kann.

Entwicklung

Fast jedes große Unternehmen hat eine oder mehrere **Entwicklungsabteilungen**, die bestehende Produkte und Technologien verbessern oder ganz neue entwickeln. Basis für die Entwicklung sind meist Ergebnisse aus der Forschung. Dabei werden die Ideen und Ergebnisse auf ihre Umsetzbarkeit im Produktportfolio und die entstehenden Kosten hin geprüft. Entwicklungsabteilungen erstellen dazu Konzepte, führen technische Berechnungen durch, konstruieren und fertigen Prototypen an. Hier konnte die Digitalisierung die Prozesse in den letzten Jahren stark beschleunigen und die Kosten senken. Im Gegensatz zur Forschung ist in der Entwicklung die Wahrscheinlichkeit höher, dass aus dem investierten Geld Produkte entwickelt werden können, die Umsätze und damit Gewinne erzielen. Durch den globalen Wettbewerb ist es wichtiger als jemals zuvor, Entwicklungsarbeit zu betreiben, um das eigene Angebot auf dem aktuellen Stand zu halten. Gleichzeitig können durch die globale Konkurrenz und Zusammenarbeit schneller Fortschritte erzielt werden.

A **Stelle die Kennzeichen von Forschung und Entwicklung einander gegenüber.**

B **Erkläre, warum Forschung und Entwicklung bei weltweitem Wettbewerb wichtig sind.**

C **Recherchiere ein aktuelles Forschungsvorhaben in Mecklenburg-Vorpommern.** Partnervortrag

Material

Investitionen in Forschung und Entwicklung

M1 *Ausgaben im europäischen Vergleich*

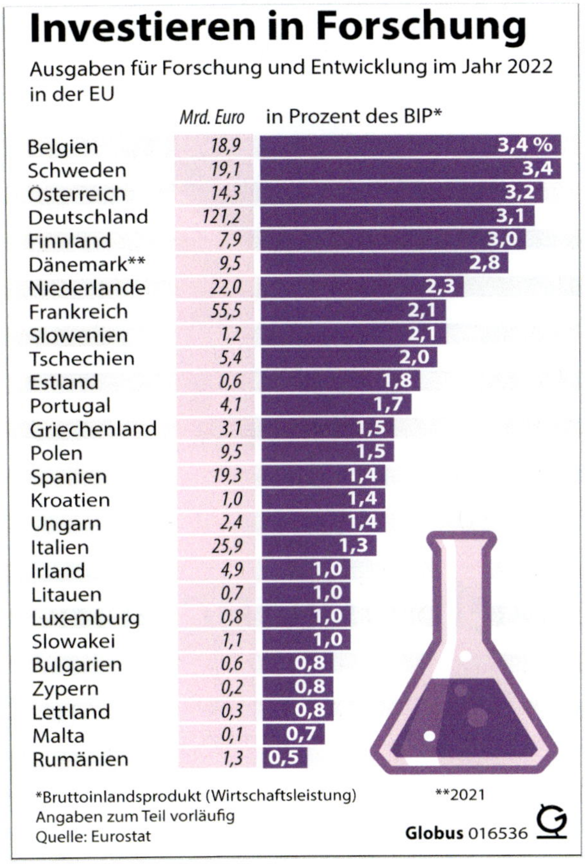

M2 *Auzug aus den Feldern der deutschen Forschung bis 2035*

Moderne Technologien für eine wettbewerbsfähige und klimaneutrale Industrie, die Sicherstellung sauberer Energiegewinnung und -versorgung sowie nachhaltige Mobilität

1 Beschreibe anhand der Grafik M1, welche Bedeutung der Forschung und Entwicklung in Deutschland beigemessen wird.

2 Nenne Beispiele von Forschungsvorhaben und Entwicklungen für das Forschungsfeld in M2.

3 Recherchiere weitere Felder der deutschen Forschung bis 2035.

Praxisbeispiele aus der Forschung

M3 *Forschung in Mecklenburg-Vorpommern, Auszug Unternehmens-Website*

Dem One-Health-Ansatz entsprechend, wonach die Gesundheit von Menschen, Tieren und Umwelt als ein untrennbares Ganzes zu betrachten ist, vereint das Helmholtz-Institut für One Health (HIOH) eine Vielzahl wissenschaftlicher Disziplinen und Forschungsschwerpunkte unter einem Dach.

Globalisierung, Klimawandel, erhöhte menschliche Mobilität, intensivierte Nutztierhaltung sowie zunehmende Verstädterung und Verlust natürlicher Lebensräume sind die Hauptursachen für den Ausbruch und die rasche Ausbreitung von Infektionen. Krankheitserreger verbreiten sich global, überwinden Artgrenzen und entwickeln häufig Multiresistenzen. Ein globales Problem stellen zudem fehlende Therapeutika und Impfstoffe dar. Wie die Corona-Pandemie auf dramatische Weise gezeigt hat, ist unser Verständnis von Ursprung und Übertragung solcher Infektionen noch immer begrenzt. Das HIOH widmet sich gezielt dieser Wissenslücke und schafft damit die Voraussetzung für wirksame Maßnahmen zur Pandemievorsorge und -prävention. Wir untersuchen gezielt die Schnittstellen zwischen der Gesundheit von Mensch, Tier und Umwelt durch longitudinale und umfassende Probenahmen und Datenerhebungen und analysieren sie in Bezug auf neu auftretende Infektionen/Mikroorganismen und Resistenzen. Ziel des HIOHs und seine Partner ist es, wichtige Beiträge zu einer verbesserten „Pandemic Preparedness" und einer effektiveren Bekämpfung von antimikrobiellen Resistenzen im Rahmen des One Health Ansatzes zu leisten.

4 Beschreibe die Forschungsschwerpunkte des HIOH (M3).

5 Erkläre, wie die Forschung des HIOH für die Entwicklung genutzt werden kann. Placemat

6 Erläutere, warum die Forschung des HIOH wichtig ist. Partnervortrag

7 Stelle ein aktuelles Forschungsvorhaben in M-V vor. Link: *Forschungsvorhaben in M-V*

Abb. 1 *Regelung eines Elektroherds*

Steuerungs- und Regelungstechnik

Steuerungstechnik

Steuerungen begegnen uns an vielen Stellen in unserem Alltag. Alle Steuerungen messen eine physikalische Größe wie die Temperatur, den CO_2-Gehalt der Luft oder die Sonneneinstrahlung. Sie vergleichen diese Werte mit einem vorgegebenen Wert. Wenn diese voneinander abweichen, wird eine technische Reaktion ausgelöst.
Ein Beispiel ist ein Rauchwarnmelder, der über einen optischen Sensor Rauchpartikel in der Luft wahrnimmt. Überschreiten diese den eingestellten Wert wird eine akustische Warnung ausgegeben, die Menschen vor der Gefahr warnen soll. Ob der Brand dadurch bemerkt oder bekämpft wird, prüft das System hingegen nicht. Darin liegt das unterscheidende Merkmal zur Regelungstechnik.

Regelungstechnik

Auch Regelungen begegnen uns im Alltag zum Beispiel bei Heizkörpern. Hier stellt man eine bestimmte Temperatur ein (Sollwert). Im Thermostat wird diese Temperatur nun mit der Umgebungstemperatur (Istwert) abgeglichen. Entsprechend wird das Ventil des Heizkörpers geöffnet oder geschlossen. Das Ventil erfüllt aber auch die Funktion des Vergleichers und gleicht ständig Ist- und Sollwert miteinander ab und regelt bei Bedarf die Wasserzufuhr automatisch entsprechend nach.

Abb. 2 *Rauchwarnmelder*

A Beschreibe den Unterschied zwischen Steuerung und Regelung.

B Nenne weitere Beispiele für Steuerungen und Regelungen.

C Beschreibe ein Beispiel für eine Regelung detaillierter.

Bewässerungssteuerung im Gewächshaus

M1 *Querschnitt durch ein Gewächshaus*

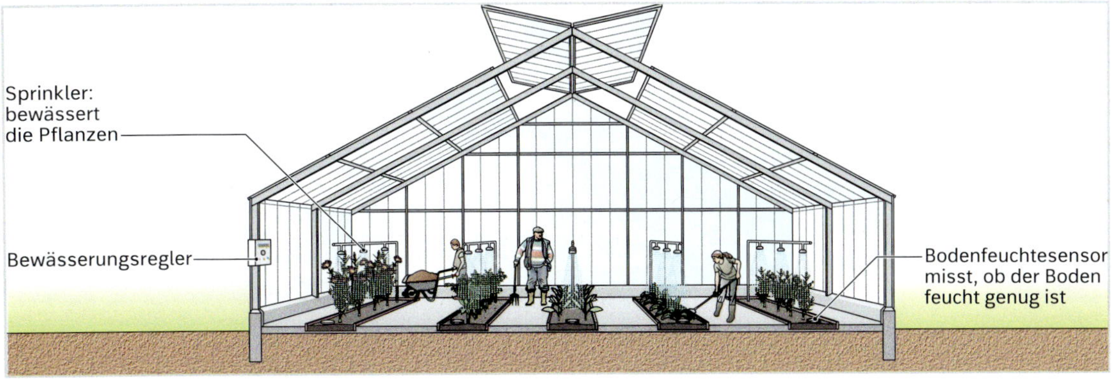

M2 *Allgemeines Blockschaltbild einer Steuerung*

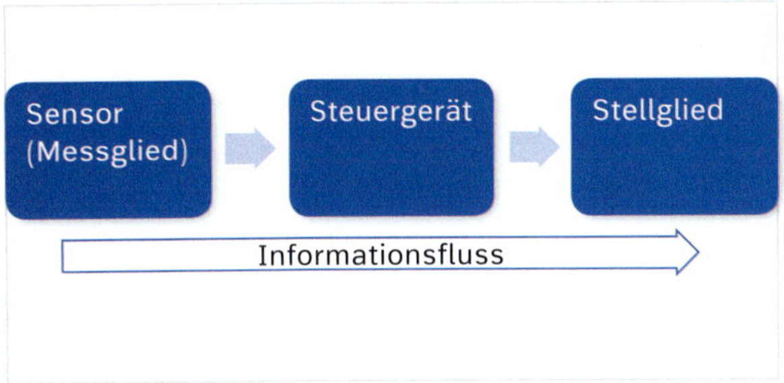

M3 *Allgemeines Blockschaltbild einer Regelung*

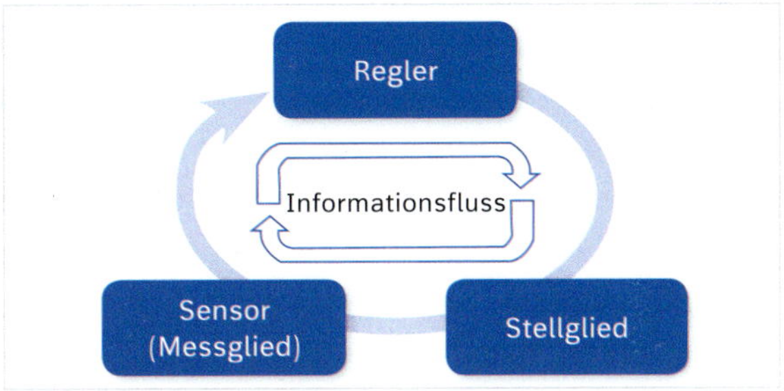

M4 *Eine alltägliche Regelung*

Im Alltag findet man Steuerungs- und Regelungstechnik in verschiedensten Situationen. Ein Beispiel für eine Regelungstechnik ist die WC-Spülung. Diese besteht aus mehreren Teilen (siehe Abbildung). Beim Betätigen der Spültaste wird das Wasser über das Ablaufventil in die Toilettenschüssel gegeben. Durch den Schwimmer erkennt das Füllventil, dass der Wasserstand niedrig ist und öffnet sich, bis die eingestellte Wasserfüllmenge wieder erreicht ist.

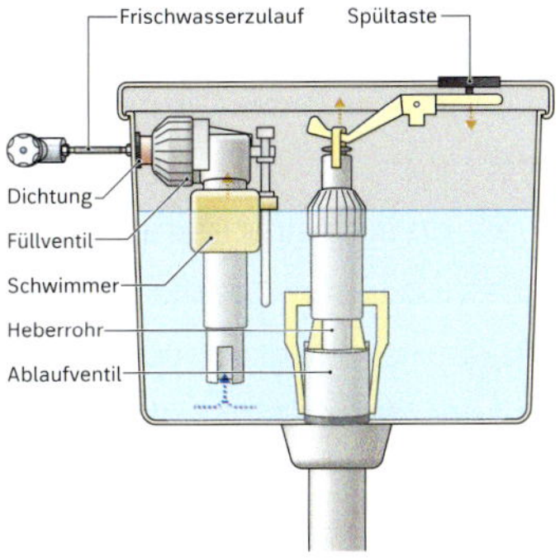

1 Beschreibe den Aufbau der Bewässerungssteuerung im Gewächshaus (M1).

2 Stelle den Aufbau der Bewässerungssteuerung mithilfe von (M2) als Blockschaltbild dar.

3 Beschreibe den Aufbau eines WC-Spülkastens (M4).

4 Stelle den Aufbau des WC-Spülkastens unter Zuhilfenahme von (M3) als Blockschaltbild dar.

5 **a)** Vergleiche beide Blockschaltbilder (M3 und M4) und erkläre, worin der Unterschied zwischen einer Schaltung und einer Regelung besteht.

b) Diskutiert, ob man aus der Steuerung des Gewächshauses eine Regelung machen könnte.

Abb. 1 *Automatische Abfüllanlage bei einem Getränkehersteller*

Steuerung und Regelung in der Praxis

Steuerung und Regelung in der Industrie

In der industriellen Produktion finden automatische Regelungen und Steuerungen weit verbreitet Einsatz. Sie helfen, Abläufe effizient, schnell und fehlerfrei durchzuführen. Vor allem da, wo eindeutige Parameter gemessen werden können, die eine bestimmte Reaktion zur Folge haben, werden Steuerungen und Regelungen eingesetzt. Beispiele finden sich in der Lebensmittelindustrie, in der Getränkeflaschen gereinigt und befüllt werden sollen. Die Anlage muss erfassen können, ob sich eine leere Flasche unter dem Zulauf befindet. Zudem muss die Anlage regeln können, wie groß das Fassungsvermögen der Flasche ist, um die passende Menge Flüssigkeit einzufüllen. Anschließend muss die befüllte Flasche entfernt und durch eine leere ersetzt werden.

Die technische Dokumentation

Damit so eine Anlage korrekt bedient und betrieben werden kann, bedarf es einer technischen Dokumentation. Diese beinhaltet alle Dokumente und Informationen, die eine technische Anlage beschreiben. Sie erklärt die Funktionsweise und die Verwendung der technischen Anlage. Zum Teil dient die technische Dokumentation der Nutzung durch die Kundschaft und Dienstleister, damit das Produkt bestimmungsgemäß und sicher verwendet wird: Betriebsanleitung, Bedienungsanleitung, Wartungsanleitung, Transportanleitung, Konformitätserklärung, Sicherheit, Montageanleitung, Demontage und Entsorgung. Dies wird **externe technische Dokumentation** genannt.
Zusätzlich gibt es die **interne technische Dokumentation**, die nur für das Unternehmen selbst bestimmt ist, wie Informationen über den technischen Aufbau der Maschine oder Prüfberichte, die gesetzliche Anforderungen sind.
Technische Dokumentationen müssen sprachlich präzise und leicht verständlich formuliert sein. Zudem müssen die Informationen korrekt sein, da sonst der herstellende Betrieb im Schadensfall haftbar gemacht werden kann.

A Nenne Voraussetzungen dafür, dass Steuerungs- und Regelungstechniken eingesetzt werden.

B Beschreibe die Merkmale einer technischen Dokumentation.

C Erkläre den Unterschied zwischen der internen und der externen technischen Dokumentation.

Technische Dokumentation einer automatischen Anlage

M1 *Grafische Darstellung eines industriellen Leerbehälter-Inspektors*

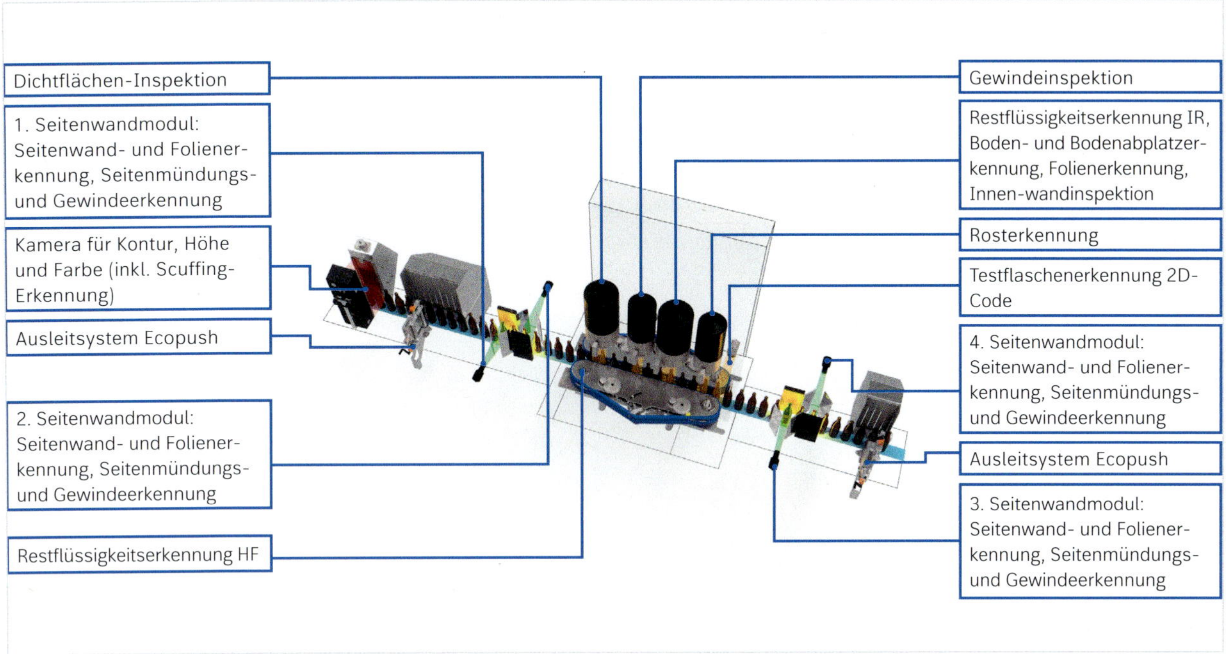

M2 *Wie werden Leerbehälter geprüft?*

Bevor leere Flaschen befüllt werden, müssen sie kontrolliert werden. Eine spezielle Maschine (siehe M1) übernimmt genau diese Aufgabe – vollautomatisch und genau.

Erkennung der Flaschenart: Im ersten Schritt erkennt die Maschine, ob es sich um die richtige Flasche handelt. Nur wenn die Größe, das Material und die Form stimmen wird die Flasche weitergeleitet. Falsche Flaschen werden aussortiert.

Oberfläche und Form prüfen: Die Außenseiten der Flaschen werden auf Abnutzungen, Kratzer oder Verformungen überprüft. Ebenso wird das Gewinde der Flasche kontrolliert.

Kontrolle von Innenraum und Flaschenboden: Der Innenraum der Flasche wird mithilfe von Licht und Sensoren auf Flüssigkeitsreste kontrolliert. Ebenso wird der Flaschenboden auf Beschädigungen geprüft.

Aussortierung von fehlerhaften Flaschen: Fehlerhafte Flaschen werden automatisch aussortiert. Nur Flaschen, die keine Mängel aufweisen dürfen weiter. So kann garantiert werden, dass die Getränke sauber und ohne Verunreinigungen abgefüllt werden können.

1 Beschreibe die grafische Darstellung des Leerbehälter-Inspektors (M1).

2 Erkläre auf Basis der Abbildung und der Beschreibung (M2), wie die Leerflaschen in der Getränkeabfüllanlage ermittelt werden.

3 Recherchiere die Funktionsweise eines industriellen Leerbehälter-Inspektors im Internet und stelle fest, wo Steuerungs- und Regelungssysteme zur Anwendung kommen.

Abb. 1 *Ein 3D-Drucker stellt Micro-Elektronik her.*

3D-Druck als Wettbewerbsvorteil

3D-Druck

Produktionsstraßen für verschiedene, nur selten benutzte Bauteile umzubauen, ist aufwendig und teuer. Die 3D-Drucktechnik bietet hier neue Möglichkeiten, da der Umbau hierbei entfällt. Der Drucker muss nur mit den entsprechenden Daten und dem Material, aus dem das Bauteil hergestellt werden soll, bestückt werden.

Farbwünsche und individuelle Abmessungen sind möglich. Es muss keine teure Lagerhaltung erfolgen, sofern auf die passenden Druckdaten jederzeit zugegriffen werden kann. Der 3D-Druck eröffnet neue Möglichkeiten in der Just-in-Time-Produktion, denn Bauteile können direkt nach Nachfrage produziert und anschließend verbaut oder ausgeliefert werden.

Außerdem hat das herstellende Unternehmen weniger Materialverluste, da nicht gebohrt und gefräst werden muss, wie in der klassischen Herstellung (**subtraktive Fertigung**). Das Material wird Schicht für Schicht aufgetragen (**additive Fertigung**).

Das Einsatzspektrum ist sehr breit gefächert und reicht von Bauteilen für Flugzeuge, Schiffe und Autos über Medizintechnik und Brillen bis hin zu Prothesen.

Zukunft des 3D-Drucks

Aktuell werden vor allem Bauteile aus Kunststoff in 3D-Druckern gefertigt, die Verarbeitung von Metall ist aktuell noch sehr aufwendig, teuer und langsam. Es wird aber intensiv an Metalldruckverfahren geforscht und auch Verfahren entwickelt, bei denen verschiedene Materialien gemischt werden können.

Weltweit agierende Industrieunternehmen

Industrieunternehmen betreiben heute oft Produktionsstätten rund um den Globus verteilt. Die Logistik und Lagerhaltung für ein solches Netzwerk ist sehr komplex und kostenintensiv. Durch den Einsatz von 3D-Drucktechnik können hierbei Kosten gesenkt werden. Da kein Material abgetragen wird, sinken zudem die Kosten für nicht nutzbare Materialüberschüsse und das Gewicht der gefertigten Bauteile.

A Nenne Vorteile des 3D-Drucks für die Industrie.

B Beschreibe den Unterschied zwischen klassischer Herstellung und 3D-Druck.

C Erläutere die Möglichkeiten für weltweit tätige Industrieunternehmen an einem Beispiel.

Produkte mit dem 3D-Drucker herstellen

M1 *Alltagsgegenstände, die mit einem 3D-Drucker hergestellt werden können*

A *Salatschüssel*

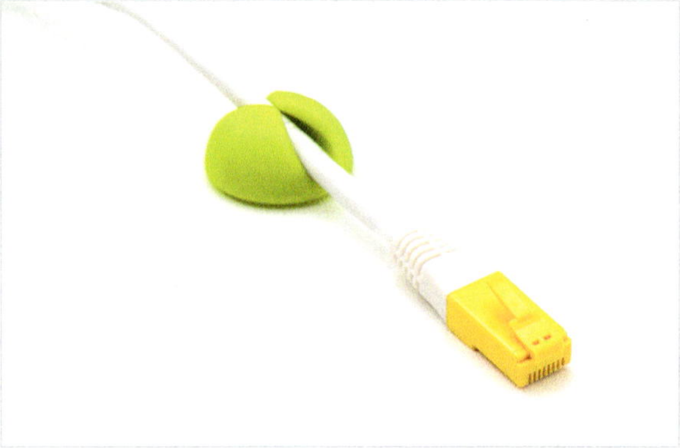

B *Kabelclip*

C *Seifenschale*

D *Smartphonehüllen*

M2 *Mirko Meboldt, Professor für Produktentwicklung und Konstruktion an der ETH Zürich, über das Potenzial der additiven Fertigung*

Das Besondere an der Technologie ist, dass man zwischen virtueller und realer Welt fast nahtlos wechseln kann und werkzeuglos fertigt. Seit gut 20 Jahren ist die additive Fertigung als „Rapid Prototyping" aus der Produktentwicklung nicht mehr wegzudenken. Heute ermöglicht die Technologie komplett durchdigitalisierte Fertigungsrouten, an deren Ende Serienprodukte stehen, die nur durch 3D-Druck realisiert werden können. Vom Nutzen dieser Produkte, nicht von der Technologie selbst, hängt der industrielle Erfolg additiver Fertigung letztlich ab.

1 **a)** Wähle einen Alltagsgegenstand aus, den ihr mit dem 3D-Drucker herstellen möchtet. Du kannst dich, wenn du möchtest, an M1 orientieren.

b) Erstelle einen Entwurf des Gegenstands mithilfe von 3D-Software.

c) Plane, welches Material du in welcher Menge einsetzen musst.

d) Stelle deinen Entwurf mithilfe eines 3D-Druckers her.

2 Beschreibe, welches Potenzial Mirko Meboldt in der additiven Fertigung sieht (M2).

Abb. 1 *CNC-Fräse in der Industrie*

Effizienz durch digitale Vernetzung

CAM

In der industriellen Produktion ist Präzision entscheidend. Maschinen bestehen meist aus einer Vielzahl von Bauteilen, die exakt zusammenpassen müssen. Um dies zu gewährleisten, nutzen Industriebetriebe das **Computer-Aided-Manufacturing** (CAM). Die Werkzeugmaschinen werden mit tausendstel millimetergenauen Daten aus einer CAD-Software (siehe Seite 278) versorgt. Präziser als Menschen es können, fertigen die Maschinen die Teile in großer Stückzahl mithilfe der Daten an. Facharbeiter prüfen die Ergebnisse der Maschine und sind für die Qualitätskontrolle der Bauteile verantwortlich. Durch die Automatisierung der Produktion kann die Effizienz gesteigert werden. Außerdem können konstruktionstechnische Verbesserungen und Änderungen direkt umgesetzt werden, sobald die CAD entsprechend angepasst wird.

CNC

Viele Werkzeugmaschinen, wie zum Beispiel Fräsen, werden per Computer gesteuert. Diese Produktionswerkzeuge werden auch als **Computer-Numerical Controlled Maschinen** (CNC-Maschinen) bezeichnet. Die Pläne auf dem Computer werden in Koordinaten umgesetzt, die die Maschine verstehen kann und anhand derer sie das Bauteil aus dem Werkstück fräst. Entsprechend handelt es sich hierbei um ein subtraktives Fertigungsverfahren.

Durch dieses Verfahren ist es möglich, eine große Stückzahl von Bauteilen nach exakt gleichen Vorgaben ohne Abweichungen zu fertigen. Fehlproduktionen, die nicht passen, können damit vermieden und die Kosten hierfür eingespart werden. Die Maschinen müssen nicht dauerhaft von Menschen überwacht werden, was die Personalkosten senkt. Selbst die Qualitätskontrolle kann mittlerweile in den Fertigungsprozess integriert werden.

A Beschreibe, warum CAM in der industriellen Produktion eingesetzt wird.

B Erkläre die Funktion einer CNC-Werkzeugmaschine (Abb. 1).

C Beschreibe die betriebswirtschaftlichen Auswirkungen des Einsatzes von CNC-Werkzeugmaschinen.

Industrie 4.0

M1 *Was ist Industrie 4.0? Artikel des Bundesministeriums für Wirtschaft und Klimaschutz*

Industrie 4.0 bezeichnet die intelligente Vernetzung von Maschinen und Abläufen in der Industrie mithilfe von Informations- und Kommunikationstechnologie. Für Unternehmen gibt es viele Möglichkeiten, intelligente Vernetzung zu nutzen:

Flexible Produktion: In der Herstellung eines Produkts sind viele Unternehmen involviert, die Schritt für Schritt zur Entstehung eines Produkts beitragen. Digital vernetzt können diese Schritte präziser abgestimmt und die Auslastung der Maschinen besser geplant werden.

Wandelbare Fabrik: Produktionsstraßen sind in Zukunft in Modulen aufgebaut. Sie lassen sich schnell für eine Aufgaben zusammenbauen. Produktivität und Wirtschaftlichkeit werden verbessert, individualisierte Produkte können in kleiner Stückzahl zu bezahlbaren Preisen hergestellt werden.

Kundenzentrierte Lösungen: Die Kundschaft kann selbst Produkte nach ihren Wünschen mitgestalten – beispielsweise können Elemente von Turnschuhen selbst designt und auf die individuelle Fußform angepasst werden. Gleichzeitig können smarte Produkte, die schon im Einsatz sind, Daten an den Produzenten senden. Mit den Nutzungsdaten kann der Produzent seine Produkte verbessern.

Optimierte Logistik: Algorithmen berechnen ideale Lieferwege, Maschinen melden selbstständig, wenn sie neues Material benötigen – die smarte Vernetzung ermöglicht einen optimalen Warenfluss.

Einsatz von Daten: Daten zum Ablauf der Produktion und zum Zustand eines Produkts werden zusammengeführt und ausgewertet. Die Datenanalyse gibt Hinweise, wie ein Produkt effizienter hergestellt werden kann. Sie ist die Grundlage für neue Geschäftsmodelle und Services. Z. B. können Fahrstuhlhersteller ihrer Kundschaft „vorausschauende Wartung" anbieten: Sensoren senden kontinuierlich Daten über ihren Zustand. Teile können bei Abnutzung ersetzt werden, bevor es zum Ausfall des Fahrstuhls kommt.

Ressourcenschonende Kreislaufwirtschaft: Produkte werden datengestützt über ihren vollständigen Lebenszyklus betrachtet. Schon im Design wird festgelegt, in welcher Form die Materialien wiederverwertet werden können.

M2 *Interview mit Melissa Kühn, ehemalige Referentin Nachhaltigkeit Bitkom e.V.*

Frau Kühn, Industrie 4.0, grüne IT und Nachhaltigkeit passen gut zusammen. Ist es also ein Selbstläufer?

Die Mehrheit deutscher Industrieunternehmen ist überzeugt, dass Industrie 4.0 die Produktion effizienter macht und für mehr Nachhaltigkeit sorgt. Der Digitalisierung kommt hier eine Schlüsselrolle zu: Sensoren und smarte Maschinen können den Energiebedarf auf ein Minimum reduzieren, 3D-Druck verringert den Materialeinsatz und intelligente Logistik verkürzt Transportwege. Wichtig ist aber auch, die Digitalisierung selbst möglichst klimaschonend zu gestalten. Der Energiemix muss schnell und konsequent in Richtung regenerativer Energiequellen vorangetrieben werden. Darüber hinaus muss die Energieeffizienz der Rechenzentren weiter gesteigert werden. Deren Strombedarf betrug im Jahr 2020 mehr als zwölf Milliarden Kilowattstunden pro Jahr – das ist in etwa so viel wie Berlin jährlich verbraucht. Dabei entsteht Wärme, die auch für die Fernwärmeversorgung genutzt werden könnte.

1 Beschreibe, die Möglichkeiten der Industrie 4.0 (M1).
2 Beurteile, ob es Entwicklungen der Industrie 4.0 gibt, die du kritisch siehst.
3 Erkläre, unter welchen Bedingungen Digitale Vernetzung zum Umweltschutz beiträgt (M2).

Kompakt

Technischer Wandel im internationalen Wettbewerb

Standortfaktoren und Konkurrenz

Unternehmen achten auf viele Standortfaktoren, die sich in harte und weiche Standortfaktoren gliedern lassen. Welchen Faktoren die größte Bedeutung zukommt, hängt von den Anforderungen des Unternehmens ab. Die globale Konkurrenzsituation führt einerseits zu einem hohen Innovationsdruck, andererseits bringt sie auch schneller Lösungen hervor, da viele Unternehmen gleichzeitig an neuen Ideen arbeiten.

Forschung und Entwicklung

Um Fortschritt zu erzielen, muss Grundlagenforschung betrieben werden. Diese findet meist an Hochschulen oder in der Forschungsabteilungen großer Unternehmen statt. Forschungsprojekte werden zum Teil auch durch staatliche Zuschüsse finanziert. Auf Basis der Forschungsergebnisse entwickeln Unternehmen neue Produke und Dienstleistungen.

Steuerungs- und Regelungstechnik

Steuerungen messen einen physikalischen Wert und gleichen diesen mit einer Vorgabe ab. Bei einer Abweichung lösen sie eine technische Reaktion aus. Regelungen vergleichen auch nach dem Messen einer Abweichung die Werte weiter miteinander und passen ihre Reaktion an. Beide Systeme kann man in einem Blockschaltbild darstellen, um deren Funktion nachzuvollziehen.

Abb. 1 *Autobahnanbindung als harter Standortfaktor*

Steuerungs- und Regelungstechnik in der Praxis

In der Industrie kommen Steuerungen und Regelungen zum Einsatz. Sobald ein eindeutiger Parameter zu messen ist, der einen bestimmte Reaktion erfordert, ist der Einsatz dieser Technik effizient.

3D-Druck als Wettbewerbsvorteil

Für individuelle und für selten benutzte Bauteile eine Produktionsstraße in der Industrie umzubauen, ist aufwändig und teuer. In diesen Fällen ist 3D-Druck ein Wettbewerbsvorteil, da ohne Umbau viele verschiedene Formen und Materialien eingesetzt werden können. Außerdem kann durch die additive Fertigung Material eingespart werden. Die Technik wird inzwischen in vielen Branchen eingesetzt, in denen es auf das Gewicht der Bauteile ankommt. Auch globale Produktionsketten können durch die Technik vereinfacht werden, da eine teure Lagerhaltung und Logistik entfällt, da die Bauteile an dem Ort, wo sie gebraucht werden, hergestellt werden können.

Effizienz durch digitale Vernetzung

Computer-Aided-Manufacturing ist in der Industrie weit verbreitet und ermöglicht exakte Abmessungen bei Bauteilen, die auf den Bruchteil eines Millimeters zusammen passen müssen. Verbesserungen und Änderungen der Abmessungen können direkt in den Daten, die die CNC-Maschinen steuern, berücksichtigt werden. In der Massenproduktion ermöglichen die CNC-Maschinen exakte Abmessungen über die gesamte Charge hinweg.

Wichtige Begriffe
additive Fertigung, Blockschaltbild, CAM, CNC-Maschine, Entwicklungsabteilungen, (Grundlagen-)forschung, Innovationsdruck, Steuerung, Regelung

Standortfaktoren und Konkurrenz

M1 *Harte und weiche Standortfaktoren*

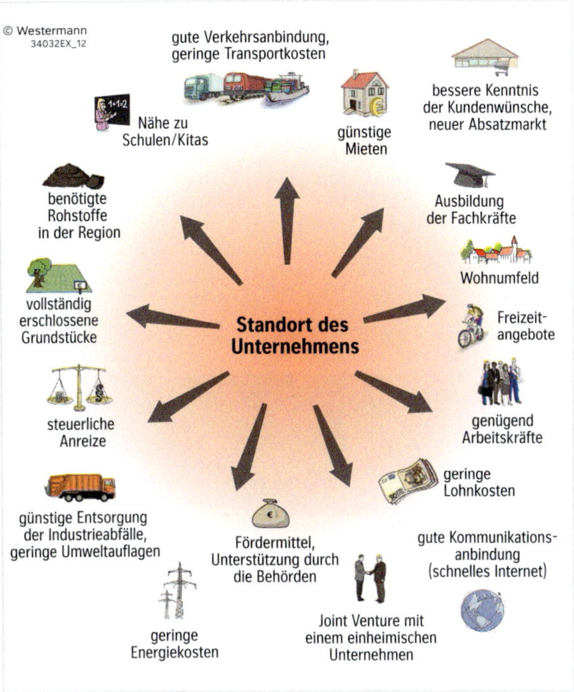

1 **a)** Beschreibe harte und weiche Standortfaktoren (M1) an einem Beispielunternehmen.
b) Begründe, warum die Standortfaktoren für die von dir gewählten Unternehmen von großer Bedeutung sind.

2 Beurteile Vor- und Nachteile internationale Konkurrenz im Hinblick auf den Wohlstand einer Gesellschaft.

Forschung und Entwicklung

3 Beschreibe, was man unter Grundlagenforschung versteht.

4 Erkläre den Unterschied zwischen Forschung und Entwicklung.

5 Erkläre die Auswirkungen von internationalem Wettbewerb auf Forschung und Entwicklung.

Steuerungs- und Regelungstechnik in der Praxis

6 Beschreibe eine Steuerung anhand eines Beispiels.

7 Beschreibe eine Regelung anhand eines Beispiels.

8 Vergleiche Steuerung und Regelung miteinander und erkläre den Unterschied in Bezug auf den Informationsfluss.

3D-Druck als Wettbewerbsvorteil

M2 *3D-Druck in der Produktion*

9 Vergleiche den Unterschied zwischen subtraktiver und additiver Fertigung und beschreibe den Vorteil der additiven Fertigung.

10 Erkläre, was man unter „Just-in-Time-Produktion" versteht.

Effizienz durch digitale Vernetzung

11 Erkläre, wieso Computer-Aided-Manufacturing (CAM) und Computer-Numerical-Controlled Maschinen (CNC) die industrielle Produktion steigern können.

12 Erkläre anhand eines Beispiels, was man unter Industrie 4.0 versteht.

Lösungen: *Lerncheck*

Unternehmen und Märkte

Kapitel 19

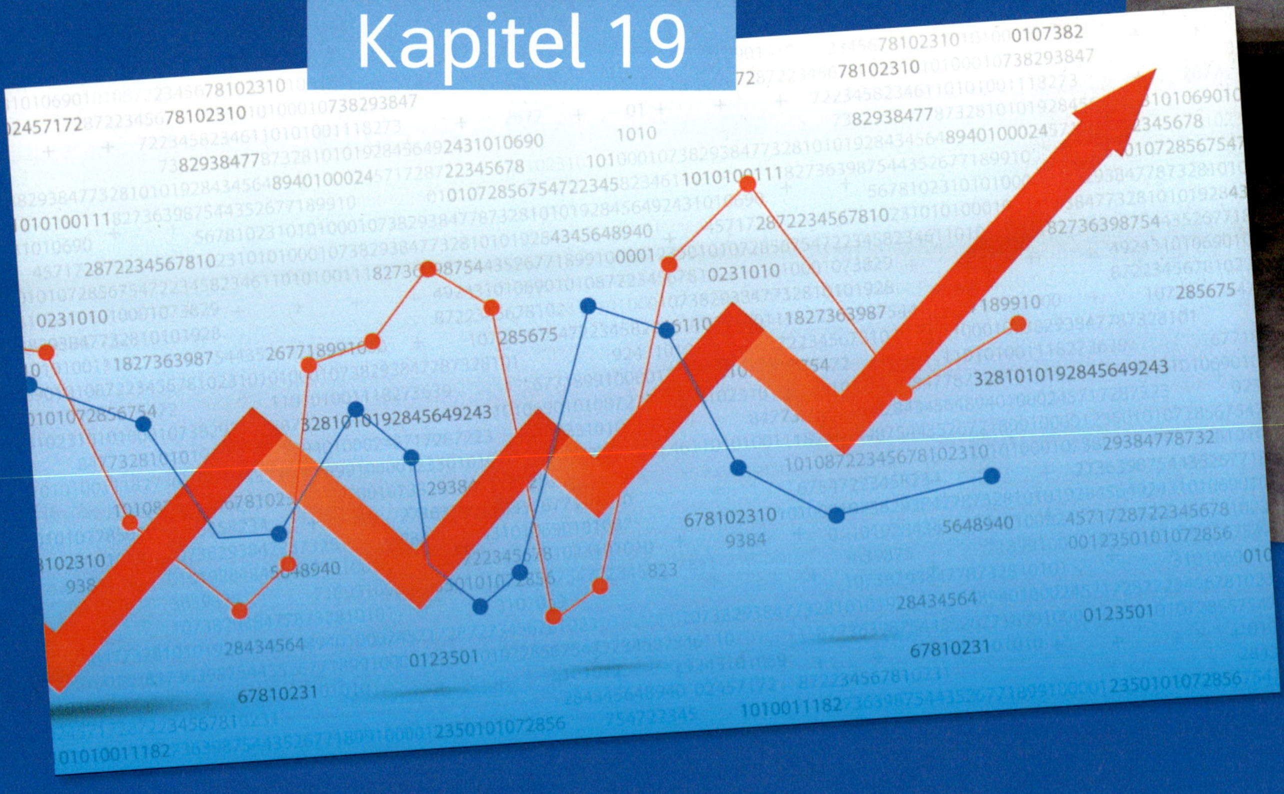

- *Welche Rechtsformen gibt es für Unternehmen?*
- *Was sind die Produktionsfaktoren in Unternehmen?*
- *Welche Mitbestimmungsrechte haben Arbeitnehmer/-innen?*
- *Wie sind Unternehmen strukturiert?*
- *Wie bestimmen sich auf dem Markt Preise?*
- *Welchen Einfluss hat die Konjunktur auf Unternehmen?*
- *Was sind zukünftige Entwicklungsfelder der Wirtschaft?*

Abb. 1 *In einem Unternehmen müssen Entscheidungen getroffen werden.*

Rechtsformen im Überblick

Die Bedeutung der Rechtsform

Die Rechtsform bildet den gesetzlichen Rahmen für das Unternehmen. Von der Rechtsform hängt viel ab: Sie entscheidet darüber, wer die Gründungskosten übernimmt, wie die Gewinne verteilt werden, wie die Finanzierung geplant ist, wie hoch die Steuerbelastung sein wird und wer, im Falle eines Verlustes, wie und in welcher Höhe haftet.
Deshalb kommt dieser Wahl große Bedeutung zu. Der Unternehmer oder die Unternehmerin kann zwischen verschiedenen Rechtsformen wählen, die alle ihre Vor- und Nachteile haben.

Die Einzelunternehmung

Die in Deutschland am häufigsten gewählte Rechtsform ist die der Einzelunternehmung. Sie eignet sich am besten für Kleinstbetriebe, da sie einfach zu gründen und zu verwalten ist.

Vorteile sind z. B., dass man kein Mindestkapital braucht, man minimale Gründungskosten und die **alleinige Entscheidungsgewalt** hat.
Ein Nachteil ist allerdings, dass im Falle eines Verlustes mit dem **Privatvermögen** gehaftet werden muss.

Die Gesellschaftsunternehmen

Man kann sich aber auch für eine Rechtsform der Gesellschaftsunternehmen entscheiden. Dazu gehören Personengesellschaften, Genossenschaften und Kapitalgesellschaften. Bei diesen Rechtsformen sind die Gründungshürden höher, die Entscheidungsgewalt ist zwischen mehreren Gesellschaftern aufgeteilt und entsprechend verteilt sich auch das Risiko auf mehrere Personen.
Die Rechtsform entscheidet hier auch darüber, ob das Unternehmen dem **Bürgerlichen Recht** (BGB) oder dem **Handelsrecht** (HGB) unterliegt. Im Vergleich zur Einzelunternehmung kann die Gesellschaft losgelöst von den Gesellschaftern als **juristische Person** auftreten, was den Erwerb von Eigentum, die Klage vor Gericht oder Abführung von Steuern ermöglicht.

A Nenne Faktoren, die die Rechtsform beeinflussen.

B Erkläre, worüber die Wahl der Rechtsform entscheidet.

C Begründe, warum die in Deutschland am häufigsten gewählte Rechtsform die Einzelunternehmung ist.

Rechtsformen von Unternehmen

M1 *Jana muss sich für eine Rechtsform entscheiden.*

Ich bin Jana. Demnächst möchte ich mich mit meiner Ferienhausvermittlung selbstständig machen. Ich habe 10 Ferienhausbesitzer gefunden, deren Immobilien ich über meine Webseite anbieten werde. Ich verwalte die Buchungen, beantworte die Rückfragen der Gäste, beauftrage Reinigungskräfte und empfange die Gäste bei Ankunft und Abreise. Zunächst werde ich den Betrieb alleine betreiben und schauen wie es sich entwickelt.

M2 *Faktoren, die die Rechtsform eines Unternehmens beeinflussen*

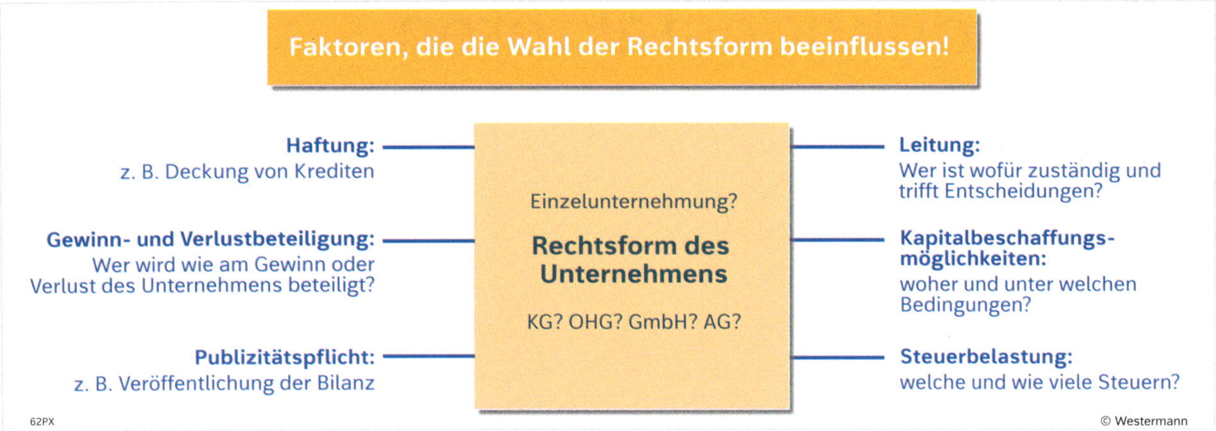

M3 *Personen- und Kapitalgesellschaften*

Personen- und Kapitalgesellschaften unterscheiden sich vor allem bei der Haftung der Gesellschafter/-innen. Wenn ein Unternehmen zahlungsunfähig wird, muss jemand für die Schulden aufkommen. Bei der Personengesellschaft haften die Gesellschafter/-innen persönlich, also auch mit ihrem Privatvermögen. Es kann verlangt werden, dass das private Auto oder Haus verkauft werden muss, um die Schulden zu begleichen. Kapitalgesellschaften haften ausschließlich mit dem Gesellschaftsvermögen und nicht mit ihrem Privatvermögen.

1 Entwickelt einen Dialog mit Jana, in dem ihr sie hinsichtlich der Rechtsform für ihr Unternehmen beratet (M1).

2 Recherchiert die Antworten auf die Fragen (M2) für eine Rechtsform eurer Wahl und präsentiert anschließend in Form einer digitalen Präsentation (siehe S. 306) oder eines Plakats (siehe S. 301). Galeriegang

3 Erkläre den Unterschied zwischen einer Personen- und einer Kapitalgesellschaft (M3).

Abb. 1 *Produktionsfaktoren zur Herstellung einer Pizza*

Die Produktionsfaktoren

Produktionsfaktoren im Wirtschaftsalltag

Damit Unternehmen, wie z. B. eine Pizzeria, am Wirtschaftsgeschehen teilnehmen können, müssen die notwendigen Produktionsfaktoren vorliegen. In der Volkswirtschaftslehre (VWL) betrachtet man die gesamte Wirtschaft, also z. B. alle Unternehmen in einem Land. In der Betriebswirtschaftslehre (BWL) betrachtet man die einzelnen Unternehmen, also z. B. eine Pizzeria oder ein Kino. Beide Schulen unterscheiden jeweils vier Produktionsfaktoren.

Volkswirtschaftliche Produktionsfaktoren

Eine Pizzeria zum Beispiel benötigt zunächst den Faktor **Boden**, also einen Verkaufsraum mit Küche sowie natürliche Ressourcen wie Mehl und Hefe. Außerdem müssen Pizzabäckerinnen und -bäcker die Pizzen herstellen, diesen Faktor nennt man **Arbeit**. Zudem werden Geld und Maschinen benötigt wie z. B. ein Pizzaofen und ein Kühlschrank, die unter dem Faktor **Kapital** zusammengefasst werden. Zudem muss **Wissen** erworben werden, um Pizzen herzustellen und das Geschäft wirtschaftlich betreiben zu können.

Betriebswirtschaftliche Produktionsfaktoren

Die Tätigkeit der Bäckerinnen und Bäcker in einer Pizzeria wird als **Arbeitskraft** bezeichnet. Hinzu kommt der Faktor **Betriebsmittel,** also die Gebrauchsgüter für den Betrieb wie Ofen, Kühlschrank und Teller in der Pizzeria. Des Weiteren kommen **Werkstoffe** hinzu wie Mehl, Hefe, Wasser oder Strom, die bei der Herstellung von Pizzen verbraucht werden. Werkstoffe werden für die Produktion verbraucht, während Betriebsmittel länger genutzt werden. Der vierte Faktor ist auch hier das nötige **Wissen** über die Zusammensetzung des Teigs, über Hygienevorschriften, über die Wirtschaftlichkeit in der Gastronomie usw.

A Stelle die Produktionsfaktoren in der VWL und der BWL in einer Tabelle gegenüber.

B Beschreibe Unterschiede zwischen den Kategorien der beiden Wirtschaftswissenschaften.

C Ordne die Produktionsfaktoren in einem anderen Unternehmen zu, das du kennst.

Produktionsfaktoren in Unternehmen

M1 *Menschen berichten über Produktionsfaktoren in ihren Unternehmen.*

Olaf

Wir haben einen neuen Kran in unserer Werft eingebaut, der schwerere Lasten tragen kann. Jetzt müssen wir lernen, damit umzugehen.

Ich bin Ingenieur und plane mit meinen Kolleginnen und Kollegen einen neuen Windpark, da es an der Ostseeküste gute Windbedingungen gibt.

Max

Auf Rügen ist es schwierig, ein Grundstück für den Bau eines Ferienhauses zu finden. Oft muss ich Interessentinnen und Interessenten absagen.

Lisa

Die Milch der Nordwestmecklenburgmolkerei ist so beliebt, dass wir dringend mehr Milch brauchen, um die Nachfrage zu bedienen.

Renate

Svetlana

Ich leite ein Café in Stralsund, heute muss ich früher anfangen, da wir eine Reisegruppe aus Potsdam zum Frühstück erwarten.

Ich brauche auf der Baustelle dringend neuen Beton, damit wir die Stahlbetondecke der ersten Etage des Mehrfamilienhauses in Dargetzow gießen können, aber der Betonmischer steht im Stau.

Lin

Fabian

Mein Traktor wird heute Tag und Nacht im Einsatz sein, denn wir müssen die Heuernte von den Feldern einholen, bevor es anfängt zu regnen.

1 Ordne der Aussage jeder Person den richtigen Produktionsfaktor zu (M1).

2 Wähle eine der Aufgaben aus:

I a) Beschreibe anhand eines Beispiels aus dem Material M1 die anderen Produktionsfaktoren des Unternehmens, in dem die Beschäftigten arbeiten.

II b) Erläutere anhand eines eigenen Beispiels die vier Produktionsfaktoren eines Unternehmens.

III c) Stelle für ein eigenes Beispiel die Produktionsfaktoren nach dem volkswirtschaftlichen und nach dem betriebswirtschaftlichen Ansatz gegenüber.

Abb. 1 *Arbeitnehmerinnen und Arbeitnehmer streiken für mehr Gehalt.*

Betriebliche Mitbestimmung

Das Betriebsverfassungsgesetz

Das Betriebsverfassungsgesetz regelt die Arbeitsbeziehungen. Es zielt darauf ab, eine vertrauensvolle, partnerschaftliche Zusammenarbeit zwischen Unternehmen und Beschäftigten zu fördern.

Film: *Einfach erklärt: Betriebsverfassung*

Der Betriebsrat

Der Betriebsrat wird aus den Reihen der Belegschaft gewählt und setzt sich für dessen Belange ein. Ein Betriebsrat kann in Betrieben mit mindestens fünf wahlberechtigten Beschäftigten eingerichtet werden. Der Betriebsrat setzt sich dafür ein, dass die Gesetze und Verträge zum Schutz der Arbeitnehmerinnen und Arbeitnehmer eingehalten werden. Während seiner Amtszeit hat der gewählte Betriebsrat verschiedene Rechte.

Eines davon ist das **Informationsrecht**, bei dem die Geschäftsführung des Unternehmens den Betriebsrat über wichtige Entscheidungen informieren muss.

Außerdem hat der Betriebsrat das **Mitwirkungsrecht,** bei dem er die Geschäftsführung beraten oder angehört werden kann. Die endgültige Entscheidung liegt jedoch bei der Geschäftsführung.

Zuletzt gibt es noch das **Mitbestimmungsrecht**, das greift, wenn der Betriebsrat und die Geschäftsführung gemeinsam Entscheidungen treffen. Dies betrifft soziale Angelegenheiten wie Arbeits- und Pausenzeiten, Urlaubs- und Überstundenregelungen usw.

Film: *Einfach erklärt: Mitbestimmung im Betrieb*

Tarifverträge

In vielen Unternehmen ist das Gehalt der Angestellten nicht freie Verhandlungssache, sondern richtet sich nach einem Tarifvertrag. Darin ist festgelegt, welche Tätigkeit wie hoch entlohnt wird, wie Erfahrung beim Gehalt berücksichtigt wird oder wie viele Stunden pro Woche gearbeitet wird. Tarifverträge gelten für eine bestimmte Zeit, nach der **Gewerkschaft** und Arbeitgeber wieder miteinander verhandeln. Die Verhandlungen finden ohne staatliche Einflüsse statt, was als **Tarifautonomie** bezeichnet wird.

A Erläutere die Rolle des Betriebsverfassungsgesetzes.

B Stelle die Rechte des Betriebsrates in einer Mindmap dar.

C Beschreibe, was Tarifverträge kennzeichnet.

Betriebliche Mitbestimmung

M1 *Fallbeispiele in der Firma CCS*

Fall 1: Ruth (62 Jahre)

Ich bin nun schon seit 40 Jahren bei CCS. In den ersten 35 Jahren war ich in Vollzeit beschäftigt. Seit fünf Jahren arbeite ich in Teilzeit, 24 Stunden pro Woche, im Büro. Mit dem Fahrrad dauert es gerade mal drei Minuten zur Arbeit.
Wenn der Produktionsstandort verlagert wird, muss ich künftig mit dem Auto zur Arbeit fahren. Das ist nicht nur teurer, sondern belastet auch die Umwelt. Es gibt natürlich die Möglichkeit, näher an den neuen Standort zu ziehen. Doch, ehrlich gesagt, hänge ich sehr an meinem Haus, meinem Garten und meiner geliebten Nachbarschaft.
Ich hoffe wirklich sehr, dass der Betriebsrat in der Lage sein wird, die Verlagerung zu verhindern.

Fall 2: Andreas (43 Jahre)

Nun, ich bin schon fast mein halbes Leben bei CCS. Wir haben zwei schulpflichtige Kinder. Also sind meine Frau und ich darauf angewiesen, in den Schulferien Urlaub zu nehmen. Wir fahren jedes Jahr zwei Wochen an die Ostsee, um dort zu campen.
Diese Urlaubssperre passt uns so überhaupt nicht. Was sollen wir machen? Die Ferien sind nun einmal die einzige Zeit, in der wir als Familie miteinander Zeit im Urlaub verbringen und wegfahren können. Ich erwarte vom Betriebsrat, dass er sich für uns einsetzt und diese Urlaubssperre kippt. Zumindest muss es eine Ausnahmeregelung für all diejenigen unter uns geben, die Kinder haben.

Fall 3: Svetlana (32 Jahre)

Ich habe meinen Mann noch bei unserer alten Firma kennengelernt. Vor etwa vier Jahren haben wir dann beide den Schritt zu CCS gewagt. Der Hauptgrund dafür war, dass es hier keine Nachtschichten gibt. Wir haben zu Hause eine 5-jährige Tochter und eigentlich hatten wir auch schon überlegt, ein zweites Kind zu bekommen. Wenn wir beide Nachtschicht arbeiten müssten, können wir unsere Familienplanung vergessen. Es ist schon mit einem Kind und ohne Nachtschicht schwierig, alles auf die Reihe zu bekommen.
Die Geschäfte von CCS laufen doch super. Also frage ich mich, warum diese Neuausrichtung überhaupt notwendig ist. Ich finde, der Betriebsrat sollte unbedingt verhindern, dass eine Nachtschicht eingeführt wird.

1 Erläutere, weshalb die Einbindung des Betriebsrats in den drei Fällen wichtig ist (M1).

2 **a)** Übertrage die folgende Tabelle und fülle sie aus.

	Ruth	Andreas	Svetlana
Anliegen	??	??	??
Argumente	??	??	??

b) Wertet das Material aus. Stellt die Anliegen der drei Betriebsangehörigen gegenüber dem Betriebsrat und die Argumente der Geschäftsleitung gegen die Anliegen dar.

3 Ordnet die Rechte des Betriebsrates den Anliegen der Betriebsangehörigen zu: Mitwirkungsrecht, Informationsrecht und Mitbestimmungsrecht.

4 Führt eine Versammlung in Form eines Rollenspiels durch und diskutiert die drei Fälle. Arbeitet mögliche Kompromisse heraus.

Abb. 1 *Ein Pizzabäcker bei der Arbeit*

Strukturen von Unternehmen

Die drei betrieblichen Funktionsbereiche

Jedes Unternehmen muss **Beschaffung**, **Produktion** und **Absatz** betreiben, um seine Ziele zu erreichen, beispielsweise um Produkte herzustellen oder Dienstleistungen anzubieten.

Diese drei Funktionsbereiche sind miteinander verknüpft und bauen aufeinander auf (siehe Seite 38).

Film: *Beschaffung*

Film: *Die Bedeutung von Qualität und Innovation*

Betriebliche Organisation

Damit in einem Unternehmen alles reibungslos funktioniert, muss die Arbeit organisiert werden. Man unterscheidet bei der Organisation zwischen der **Aufbau-** und der **Ablauforganisation**. Die Aufbauorganisation regelt, wer welche Aufgaben hat und vergeben darf. Jede Mitarbeiterin und jeder Mitarbeiter muss wissen, was sie oder er tun muss und darf. Die Ablauforganisation regelt wie, wann und warum etwas getan wird.

Film: *Organisation – wozu?*

Personalplanung

Jedes Unternehmen ist auf Mitarbeitende angewiesen, die Aufgaben in den drei Funktionsbereichen übernehmen. Dazu planen Unternehmen, wie viel Personal sie für welche Aufgaben brauchen. Um neue Mitarbeitende zu gewinnen, haben Unternehmen zwei Möglichkeiten. Sie können **Stellen ausschreiben** und **aktiv nach Mitarbeitenden suchen** oder junge Menschen ausbilden, damit diese im Anschluss an die **Berufsausbildung** die entsprechenden Aufgaben übernehmen. Auch außerhalb des Einstellungsprozesses hat die Personalplanung Aufgaben, zum Beispiel Fortbildungen für die Mitarbeitenden organisieren, damit diese neue berufliche Anforderungen erfüllen.

A Beschreibe, was unter Beschaffung, Produktion und Absatz verstanden wird. Bienenkorb

B Arbeite die Kennzeichen von Aufbau- und Ablauforganisation in Betrieben heraus.

C Zähle die Aufgaben der Personalplanung auf.

Entscheidungen bei der betrieblichen Grundaufgabe „Absatz"

M1 *Welche Entscheidungen muss ein Unternehmen treffen, wenn es den Absatz planen möchte?*

Wie viel sind die Kundinnen und Kunden bereit, für Bio-Dinkel-Schoko-Kekse zu bezahlen?

Wie sollen die Bio-Dinkel-Schoko-Kekse heißen? Gibt es einen guten, eingängigen Namen?

Valerie Fischer möchte ein neues Produkt mit ihrer Keksfabrik absetzen.

Wer könnte sich für Bio-Dinkel-Schoko-Kekse interessieren? Wer ist unsere Zielgruppe?

Ist es für die Kundinnen und Kunden wichtig, dass es sich um ein Bio-Produkt handelt? Oder wäre es wichtiger, wenn wir garantieren könnten, dass unser Produkt klimaneutral hergestellt wurde? Oder wollen sie vor allem ein gesundes Produkt?

Wie können wir die Bio-Dinkel-Schoko-Kekse am besten bewerben? In unserem Geschäft? Im Internet? In der örtlichen Zeitung? In sozialen Netzwerken?

Wollen wir die Bio-Dinkel-Schoko-Kekse nur regional anbieten? Oder in ganz Deutschland? Oder sogar international?

1 Benenne die Entscheidungen, die Unternehmen mit Blick auf den Absatz treffen müssen (M1).

2 **a)** Formuliere Entscheidungsfragen, wie in M1, für den betrieblichen Funktionsbereich Beschaffung einer Pizzeria.

b) Beantworte die Entscheidungsfragen aus Aufgabe 2a für das Beispiel einer Pizzeria.

Lerntempoduett

3 Stell dir vor, du gründest eine Pizzeria. Nenne, welche Arbeitskräfte du für den Betrieb brauchst.

Abb. 1 *Angebot und Nachfrage auf dem Wochenmarkt*

Akteure auf dem Markt

Angebot und Nachfrage

Mit dem Begriff **Markt** verbinden die meisten Menschen Orte, an denen man etwas kaufen kann: einen Supermarkt, einen Elektronikmarkt oder auch Märkte im Internet. Auf Märkten kommen Anbieterinnen und Anbieter mit Käuferinnen und Käufern zusammen. So treffen auf dem Wochenmarkt Händlerinnen und Händler auf Kundinnen und Kunden, die Lebensmittel kaufen möchten.

Die Menschen, die einen Bedarf haben, haben Vorstellungen davon, wie viel sie für ein bestimmtes Produkt bezahlen möchten. Liegt der Preis über ihren Vorstellungen, wählen sie, wenn möglich, ein anderes Produkt. Sind etwa Erbsen zu teuer, kaufen sie stattdessen Bohnen. Manche Güter sind also austauschbar. Auch Anbieterinnen und Anbieter haben Vorstellungen, wie viel Geld sie für ein Produkt haben möchten. Dabei spielen vor allem ihre Kosten eine Rolle.

Auf dem Wochenmarkt bieten mehrere Händlerinnen und Händler Kartoffeln, Fleisch, Fisch, Obst und Brot an. Auf dem Wochenmarkt gibt es also mehrere Märkte: einen Markt für Kartoffeln, einen für Fleisch usw.

Preisbildung auf Märkten

Produkte kosten unterschiedlich viel. Frau Harms hat heute Erdbeeren gekauft. Die 500 g-Schale hat 4,50 € gekostet. Für das gleiche Geld hätte sie auch ein Kilogramm Äpfel bekommen. Es stellt sich also die Frage: Wie kommt der Preis eines Produkts zustande?

Die Preise für ein bestimmtes Gut sind nicht immer gleich, also **variabel**. Im Winter kosten die Erdbeeren, die Frau Harms gekauft hat, nicht mehr 4,50 €, sondern 6,00 €. Für ein Kilogramm Äpfel zahlt sie hingegen nur noch 2,50 €.

Preise verändern sich also abhängig von Angebot und Nachfrage: Wenn viele Menschen eine Ware nachfragen, wird der Preis steigen. Wenn nur wenige Menschen eine Ware haben möchten, wird der Preis sinken. So bilden sich Preise auf Märkten.

Film: *Angebot und Nachfrage*

A **Beschreibe, welche Vorgänge es auf Wochenmärkten gibt.**

B **Erläutere, warum die Preise für Güter variabel sind.**

Substituierbare und komplementäre Güter

M1 *Zwei Güter – austauschbar oder sich ergänzend?*

A *Butter*

B *Margarine*

M2 *Warum die Butter so teuer ist wie nie zuvor, Artikel Nordeutscher Rundfunk*

Die Butterpreise haben ein Rekordniveau erreicht: Ein 250-Gramm-Päckchen Butter kostet 2024 in Supermärkten und Discountern ab 2,39 Euro. Hans Jürgen Seufferlein vom Verband Milcherzeuger Bayerns erklärt einen der Gründe: ein niedrigerer Fettgehalt in der Milch. Grundsätzlich schwanke der Fettgehalt in der Milch je nach Saison. Je weniger Fett die Milch hat, desto mehr Milch wird für die gleiche Menge an Butter benötigt, und die Preise steigen. Aber nicht nur die Qualität beeinflusst den Preis sondern auch Angebot und Nachfrage - und sogar weltpolitische Ereignisse. Das sind alles Faktoren, die für die sogenannte Butter- und Käsebörse wichtig sind. Eine Kommission aus Vertretern von Verkäufern und Einkäufern handelt jeden Mittwoch eine Preisspanne aus. Innerhalb dieser wird die Butter von der Molkerei an den Großhandel verkauft. Ein weiterer Grund für die gestiegenen Preise ist der Rückgang der Produktion. Viele Betriebe hätten die Milchviehhaltung aufgegeben. Die Zahl der Milchkühe und Milchviehbetriebe in Deutschland ist seit Jahren rückläufig.

1 Erläutere, ob es sich bei M1 um substituierbare oder komplementäre Güter handelt.

2 Erkläre, wie sich der Preis von Butter bildet. Welche Faktoren können den Preis steigen oder sinken lassen (M2)?

3 **a)** Recherchiere Beispiele für schlecht substituierbare Güter.
b) Bilde Hypothesen, was eine Preissteigerung bei diesen Gütern kurz- und langfristig bewirken kann. Think-Pair-Share

Angebot und Nachfrage auf dem Markt

M3 *Klara hat einen Tipp.*

Klara

Ich kaufe Winterschuhe immer am Ende des Winters. Dann kosten sie oft nur noch die Hälfte.

4 Beschreibe, welchen Effekt bei der Bildung von Preisen Klara sich zunutze macht.

5 Entwickle weitere Beispiele, bei denen Angebot und Nachfrage Einfluss auf den Preis haben. Begründe deine Beispiele. Bienenkorb

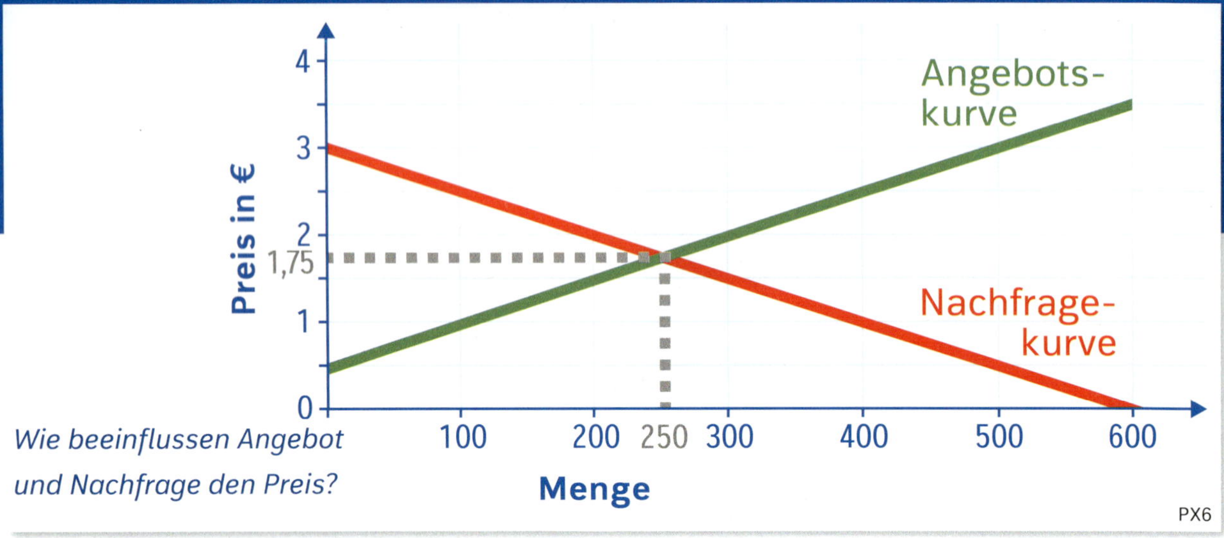

Abb. 1 *Das Marktmodell mit Gleichgewichtspreis*

Das Marktmodell

Annahmen bei der Preisbildung

Das Marktmodell soll den komplexen Prozess der Preisbildung in der Realität vereinfacht darstellen. Das Modell nimmt an, dass die Konsumenten als **Nachfrager** ein **Gut** möglichst günstig kaufen wollen und die Unternehmen als **Anbieter** möglichst teuer verkaufen wollen. Außerdem haben auf dem Markt alle Produkte die gleiche Qualität. Des weiteren spielen persönliche, räumliche und zeitliche Gründe bei der Wahl des Angebots keine Rolle. Das Modell stellt den Zusammenhang zwischen dem Preis und der angebotetenen und nachgefragten Menge dar.

Die Nachfrage im Marktmodell

Je teurer ein Gut ist, desto weniger Menschen werden es kaufen. Ein Beispiel: Kostet eine Pizza 14,00 €, verkauft die Pizzeria an einem Tag vielleicht nur 200 Pizzen. Kostet die Pizza nur 10,00 €, kann die Pizzeria 800 Stück verkaufen. Zeichnet man diesen Zusammenhang von Preis und nachgefragter Menge des Guts in eine Grafik ein, dann ergibt sich die Nachfragekurve. Die Nachfragekurve zeigt einen wichtigen wirtschaftlichen Zusammenhang: das **Nachfragegesetz: Je höher der Preis, desto geringer die Nachfrage.**

Das Angebot im Marktmodell

Die Angebotsmenge orientiert sich an der **Preiserwartung** der Anbietenden. Kann eine Pizza beispielsweise für 10,00 € verkauft werden, bietet die Pizzeria 200 Stück an. Können Anbietende für eine Pizza 14,00 € bekommen, liegt die angebotene Menge bei 800 Stück. Zeichnet man diesen Zusammenhang von Preis und angebotener Menge des Produkts in eine Grafik ein, dann ergibt sich die Angebotskurve. Die Angebotskurve zeigt einen weiteren wichtigen wirtschaftlichen Zusammenhang: **Je höher die Preiserwartung, desto größer das Angebot.**

Der Gleichgewichtspreis

Die Angebots- und die Nachfragekurve schneiden sich in einem Punkt. Diesen Punkt bezeichnet man als Gleichgewichtspreis. Dabei handelt es sich um einen Idealzustand, in dem die Interessen der Anbieter und Nachfrager ausgeglichen sind.

A Fasse die Annahmen des Marktmodells zusammen.

B Beschreibe das Zusammenspiel von Angebot, Nachfrage und Preis im Marktmodell.

Angebot und Nachfrage auf dem Markt

M1 *Ein Schuhverkäufer und die Besitzerin eines Ladens für vegane Wraps berichten*

Jonas

Der letzte Sommer war sehr kalt und regnerisch. In meinem Schuhgeschäft habe ich deshalb so viele Gummistiefel verkauft wie noch nie. Mein Lager war fast leer und ich musste neue Ware bestellen! Dafür wurden meine Sommersandalen zum Ladenhüter – niemand wollte sie haben. Deshalb habe ich den Preis für die Sommerschuhe gesenkt und konnte so doch noch ein paar verkaufen.

Nachdem vor einigen Wochen eine Influencerin in meinem Wrap-Laden essen war und mich im Internet erwähnt hat, standen die Leute bei mir Schlange. Alle wollten bei mir essen, ich habe 500 Wraps am Tag verkauft! Als ich meine Preise aber leicht erhöht habe, kamen nur noch wenige Menschen in meinen Laden – es gingen täglich nur noch 100 Wraps über die Theke.

Linnéa

M2 *Das Angebot von Pizzen*

Preis für eine Pizza	**angebotene Menge Pizzen (Stück)**
7,50 €	0
10,00 €	200
12,00 €	500
14,00 €	800

1 Lies die Aussagen von Jonas und Linnéa in M1.
a) Beschreibe, wie die Veränderung der Preise die Nachfrage nach den Waren beeinflusst hat.
b) Beschreibe, welche Faktoren außer dem Preis die Nachfrage beeinflussen.

2 Beschreibe den dargestellten Zusammenhang von Preis und angebotener Menge in M2.

3 **a)** Zeichne für die Preise und Mengen in M2 eine Angebotskurve.
b) Erläutere den Verlauf der Angebotskurve.

Die Marktwirklichkeit

M3 *Aussagen zum Marktgeschehen*

Vadim: Wie teuer der Pullover in verschiedenen Läden ist? Keine Ahnung!

Kilian: In meinem Dorf gibt es nur einen Anbieter, der Brot verkauft.

Nina: Ich esse immer die Schokolade einer bestimmten Marke, weil da viel mehr Nüsse drin sind.

Christelle: Ich kaufe beim Fleischer Meyer ein, da der direkt um die Ecke ist.

4 Vergleiche die Aussagen in M3 mit den Annahmen des Marktmodells.

5 Nimm zu folgender Aussage Stellung: Das Marktmodell bildet nur einen Teil der Wirklichkeit ab. Es ist deswegen auch nicht brauchbar. Fishbowl

Abb. 1 *Die Banken sind wichtige Akteure in der Wirtschaft.*

Der erweiterte Wirtschaftskreislauf

Erweiterung des Modells

Im Modell des erweiterten Wirtschaftskreislaufs kommen zu den privaten Haushalten und den Unternehmen noch die Banken (oder allgemein die Kreditinstitute) und der Staat hinzu.

Rolle der Banken

Die Privathaushalte geben meist nicht ihr ganzes Einkommen für den Konsum aus. Die Menschen sparen auch und legen Geld bei den Banken an. Die **Spareinlagen** der Privathaushalte können die Banken z. B. als **Kredite** an die Unternehmen weitergeben. Diese ermöglichen den Unternehmen Investitionen. Auch Privathaushalte können größere Anschaffungen mit einem Bankkredit finanzieren.

Rolle des Staates

Sowohl die privaten Haushalte als auch die Unternehmen zahlen Steuern an den Staat. Ein Teil des Einkommens der privaten Haushalte geht als Steuer direkt an den Staat. **Direkte Steuern** werden also unmittelbar bei den Steuerpflichtigen erhoben. Das sind z. B. Lohn- oder Einkommensteuer, Hundesteuer, Kfz-Steuer oder Erbschaftsteuer.

Indirekte Steuern sind Steuern, die im Kaufpreis von Waren oder Dienstleistungen enthalten sind. Der Käufer zahlt sie beim Kauf mit, aber der Verkäufer gibt sie an den Staat weiter. Beispiele sind die Umsatzsteuer, die Tabaksteuer, die Mineralölsteuer oder die Stromsteuer.

Staatliche Transferleistungen/Zuschüsse

Der Staat lässt die Steuergelder zum Teil als Transferleistungen wie Kindergeld oder als Gehälter der Beamten wieder an die privaten Haushalte zurückfließen.
Der Staat leistet auch Zuschüsse an die Unternehmen, z. B. in Form von Subventionen. Das sind zum Beispiel Förderungsgelder zur Unternehmensgründung oder Darlehen mit günstigen Bedingungen.

A Nenne die vier Akteure des erweiterten Wirtschaftskreislaufs.

B Beschreibe die Rolle der Banken und des Staates.

C Nenne Beispiele für direkte und indirekte Steuern.

D Erkläre die Begriffe „Transferleistungen“ und „Subventionen“. Bienenkorb

Material

Der erweiterte Wirtschaftskreislauf

M1 *Modell des erweiterten Wirtschaftskreislaufs*

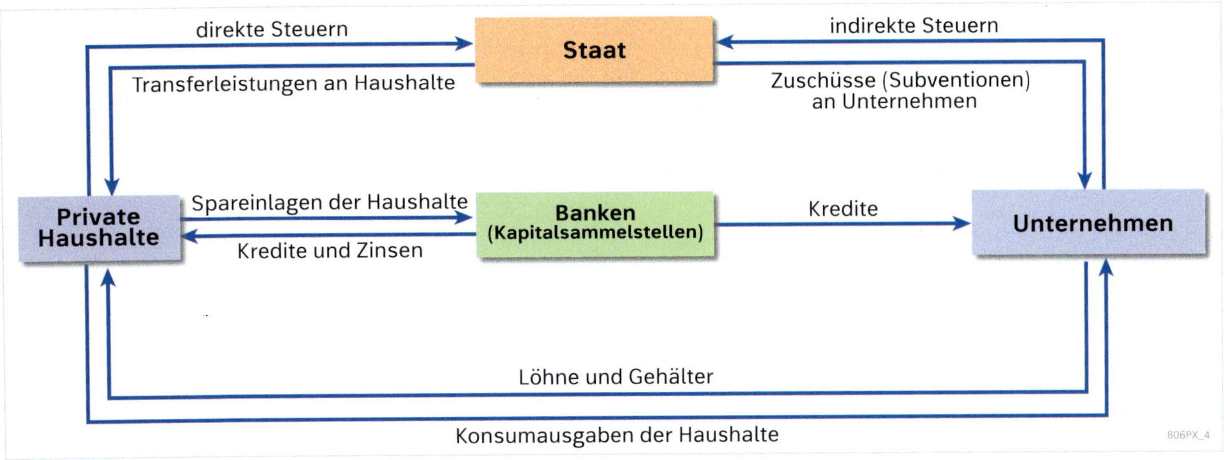

M2 *Philip und Lea diskutieren*

Philip: Ich verstehe das mit den privaten Haushalten nicht. Was bedeutet das denn, Lea?

Lea: Du und deine Eltern und deine Geschwister, also alle, mit denen man zusammenlebt, nennt man in der Sprache der Wirtschaft private Haushalte.

Philip: Ah, o.k. Und wie ist das mit den Unternehmen?

Lea: Unternehmen stellen Produkte her, z. B. Fahrräder oder Eiscreme. Oder sie bieten Dienstleistungen an, wie z. B. eine Fahrrad-Reparaturwerkstatt oder der Verkauf von Eiscreme in einer Eisdiele. Die Menschen, die in Unternehmen arbeiten, nennt man Arbeitnehmerinnen oder Arbeitnehmer.

Philip: Nun wird mir das alles klar! Die Menschen, die in Unternehmen arbeiten, bekommen dafür Lohn oder Gehalt. Dieses Geld geben sie dann für den Kauf von Produkten und für Dienstleistungen aus.

Lea: Genau! Sie müssen jedoch von ihrem Lohn oder Gehalt auch Steuern an den Staat zahlen.

Philip: Und welche Rolle spielen die Banken dabei?

1 Ergänze die fehlenden Begriffe mithilfe von M1: Die privaten Haushalte bezahlen (1) an den Staat, die dieser in Form von (2) wieder an die privaten Haushalte zurückgibt. Die Unternehmen zahlen an den Staat (3). Der Staat gibt (4) an Unternehmen. Die Banken bekommen (5) von den privaten Haushalten. Sie geben diese als (6) an die Unternehmen und private Haushalte weiter.

2 Führe den Dialog (M2) weiter. Verwende dafür die folgenden Begriffe: Sparen – Urlaub – neues Auto – Sparkonto – Bank – Kredit – Investitionen – Unternehmen – neue Maschinen – neue Technologie.

3 Wähle eine der Aufgaben aus:

I **a)** Erkläre, warum die Banken im Wirtschaftskreislauf eine wichtige Rolle spielen. +

II **b)** Familie Schmidt bezahlt im Kino mit einem 50-€-Schein. Beschreibe den Weg dieses Geldscheins. Könnte es sein, dass genau dieser Schein irgendwann wieder bei Familie Schmidt landet?

III **c)** Analysiere die Auswirkungen auf die Akteure im erweiterten Wirtschaftskreislauf, wenn
... der Staat die Einkommensteuer erhöht.
... die Energiekosten (Öl, Gas, Strom) steigen.

Abb. 1 *Die wirtschaftliche Entwicklung kennt beide Richtungen: nach oben und nach unten.*

Die Konjunktur

Was versteht man unter Konjunktur?

Als Konjunktur bezeichnet man den Zustand einer Volkswirtschaft. Diese entwickelt sich oft in Wellen:

- **Aufschwung:** Die Wirtschaft läuft gut. Die Unternehmen machen Gewinn: Mehr Menschen finden Arbeit.
- **Hochkonjunktur (Boom):** Der Aufschwung ist auf seinem Höhepunkt. Alles scheint rund zu laufen.
- **Abschwung (Rezession):** Das Wachstum hat seinen Höhepunkt überschritten und nimmt ab. Die Nachfrage nach Gütern sinkt. Mehr Menschen verlieren ihren Job.
- **Tiefstand (Depression):** Die Wirtschaft gerät in eine Krise. Unternehmen haben Schwierigkeiten. Die Zahl der Arbeitslosen steigt stark an.

Ursachen von Konjunkturschwankungen

Wie lange die einzelnen **Konjunkturphasen** anhalten, hängt von vielen Faktoren ab. Gerade weil unsere (Wirtschafts-)Welt global vernetzt ist, können einzelne Entwicklungen und Prozesse an verschiedenen Orten vielfältige Auswirkungen auf andere Länder haben. Zu den Auslösern konjunktureller Veränderungen zählen z. B. politische Entscheidungen (z. B. Handelsabkommen, Grenzschließungen), Kriege, Pandemien oder technologische Innovationen, die für starkes Wachstum sorgen.

Auswirkungen von Konjunkturschwankungen

Konjunkturelle Entwicklungen haben Einfluss auf alle Akteure und ihre Handlungsmöglichkeiten in einer Volkswirtschaft. Die privaten Haushalte sind nicht in gleicher Weise betroffen. Im Krisenfall können Reiche mit einer Rezession oder Depression besser umgehen als ärmere Bevölkerungsgruppen, die in große Schwierigkeiten geraten.

Einfluss des Staats auf die Konjunkturentwicklung

Der Staat hat zwei hauptsächliche Ziele:

- Er will die Wirtschaft möglichst stabil halten und starke Einbrüche der Konjunktur verhindern.
- Langfristig versucht er, die Rahmenbedingungen für wirtschaftliches Wachstum zu schaffen.

Wenn es jedoch zu einer Krisensituation kommt, greift der Staat in der Regel stärker in die Wirtschaft ein. Er erhöht seine Ausgaben und beauftragt Unternehmen, z. B. Straßen zu bauen und Schulen zu sanieren.

A **Erkläre, warum die wirtschaftliche Entwicklung schwankt.**

B **Überlege, warum nicht immer Hochkonjunktur sein kann.**

C **Nenne Beispiele für den Einfluss des Staats.**

Material

Die Entwicklung der Konjunktur

M1 *Konjunkturphasen*

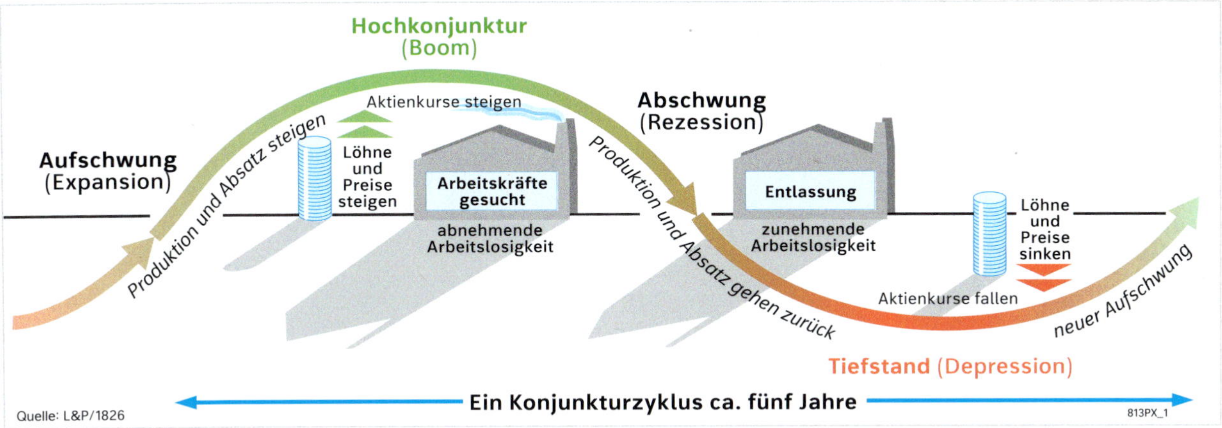

M2 *Konjunkturprognosen*

Um den Konjunkturverlauf vorauszusagen muss eine Menge an Daten gesammelt, verglichen und ausgewertet werden. Das Statistische Bundesamt verwendet für die Konjunkturprognose u. a. die folgenden Indikatoren.

Auftragslage der Unternehmen | Private Konsumausgaben | Bruttoinlandsprodukt

Verbraucherpreise | Baugenehmigungen (Anzahl) | Offene Arbeitsstellen

Erwerbstätige (Zahl) | Außenhandelsbilanz (Import/Export) | Arbeitslosenquote

Einzelhandelsumsätze | Erzeugerpreise (z. B. Landwirtschaft, Industrie)

1 Erläutere mithilfe der Grafik M1, was man allgemein unter Konjunkturschwankungen versteht.

2 Beschreibe die Kennzeichen der vier Konjunkturphasen in der Grafik M1.

3 Wähle eine der Aufgaben aus:

a) Suche dir drei der genannten Indikatoren aus (M2). Analysiere, welche Aussagen sich anhand ihrer Zu- bzw. Abnahme im Hinblick auf die Gesamtkonjunktur treffen lassen. Tausche dich anschließend mit deiner Partnerin/deinem Partner aus. Stühletausch

b) Suche dir sechs der genannten Indikatoren aus (M2). Analysiere, welche Aussagen sich anhand ihrer Zu- bzw. Abnahme im Hinblick auf die Gesamtkonjunktur treffen lassen. Tausche dich anschließend mit deiner Partnerin/deinem Partner aus. Stühletausch

4 Nimm Stellung zu folgender Aussage: „Je mehr Daten und Indikatoren gesammelt werden, desto ungenauer wird wegen der unübersichtlichen Vielzahl an Informationen die Konjunkturprognose."

5 Erkläre, weshalb konjunkturelle Voraussagen für eine Volkswirtschaft in einer global vernetzten Wirtschaftswelt schwierig sind.

Abb. 1 *Produkte kommen aus der ganzen Welt.*

Internationaler Handel

Gründe für internationalen Handel

Nicht nur eure Kleidung hat eine sehr lange Reise hinter sich, bis sie im deutschen Einzelhandel landet, sondern viele andere Güter des täglichen Lebens ebenfalls. Zum Beispiel Schokolade: Kakaobäume gibt es aufgrund des Klimas in Europa nicht. Sie gedeihen am besten in Äquatornähe, wo es heiß ist und oft regnet.

Dies ist der erste wichtige Grund für weltweiten Handel: **Rohstoffe** sind auf der Welt ungleich verteilt. Es gibt Länder mit verschiedenen Bodenschätzen, die in aller Welt begehrt sind, weil sie für die Herstellung von anderen Produkten gebraucht werden. Die Menschen benötigen diese Rohstoffe und Produkte aber für den Alltag (z. B. Erdöl) oder wollen sie gerne haben (z. B. Avocados). Es gibt Güter, die aus Rohstoffen hergestellt werden, die in Deutschland nicht gewonnen oder hergestellt werden können. Deshalb muss Deutschland diese Güter aus dem Ausland einführen.

Der zweite wichtige Grund: Viele Güter des Alltags sind so günstig, weil Unternehmen dort produzieren, wo es für sie am günstigsten ist. Wie günstig etwas produziert werden kann, hängt davon ab, wie ein Land mit den vier **Produktionsfaktoren** Arbeit, Boden, Kapital und Wissen ausgestattet ist:

- In einem Land, das über viel und damit billigen Boden verfügt, werden Produkte hergestellt, die in der Produktion viel Boden verbrauchen. **Beispiel**: Rindfleisch in Argentinien.
- In einem Land, das über viele und häufig billige Arbeitskräfte verfügt, werden Produkte hergestellt, für die viele Arbeitskräfte gebraucht werden. **Beispiel**: Textilien in China.
- Ein Land, das über viele und hoch entwickelte Maschinen verfügt, produziert Produkte, für die vielen Maschinen gebraucht werden. **Beispiel**: Autos in Deutschland.
- Ein Land, das über qualitativ hochwertige Bildungsangebote verfügt, kann günstig komplexe Technologien hervorbringen. **Beispiel:** IT-Lösungen in den USA.

Film: *Welthandel*

A **Nenne Güter, die in Deutschland wegen fehlender Rohstoffe nicht produziert werden können.**

B **Erläutere, warum nicht alle Güter dort produziert werden, wo sie produziert werden können.**

C **Erstelle eine Übersicht, wo Produkte, die du verwendest, hergestellt wurden.** Galeriegang

Warum handeln Unternehmen international?

M1 *Gründe, um Waren zu importieren oder zu exportieren*

M2 *Der lange Weg eines Smartphones in unsere Läden*

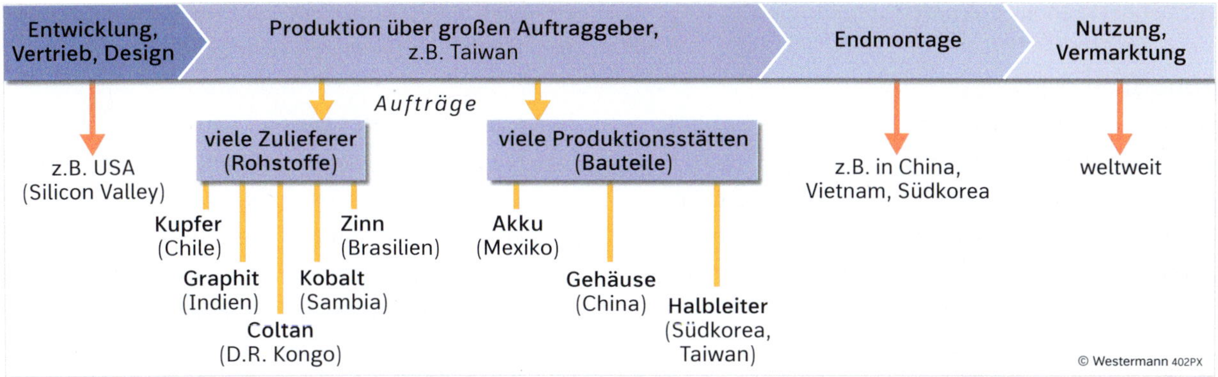

1 Ordne die Fotos in M1 den vier Produktionsfaktoren zu.

2 Wähle eine der Aufgaben aus:

I **a)** Beschreibe die Grafik M2 und ordne die Handelsströme den Gründen für internationalen Handel zu.

II **b)** Begründe anhand der Handelsströme und der Übersicht in M2, warum ein Smartphone nur in globaler Arbeitsteilung und Spezialisierung entstehen kann. Bienenkorb

3 Recherchiere den Weg deines Sneakers oder deiner Jeans.

4 Diskutiert den Satz „Nicht Länder, sondern Unternehmen handeln weltweit!“ Fishbowl

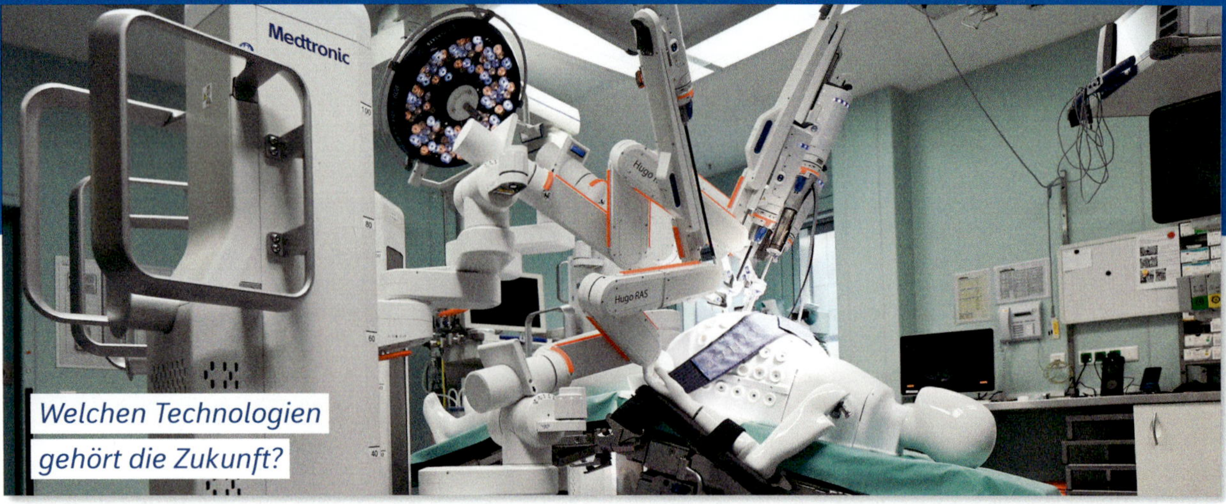

Abb. 1 *OP-Roboter im Uniklinikum Dresden*

Wirtschaft im digitalen Wandel

Technologiewandel

Im Moment erleben wir große Veränderungen in der Wirtschaft, weil viele alte Technologien durch neuere ersetzt werden. Gleichzeitig entstehen dadurch neue Berufe und neue Geschäftsfelder. Die Felder, die in den nächsten Jahrzehnten immer wichtiger werden bezeichnet man als **Zukunftstechnologien**.

Robotik

Ein Feld der Zukunftstechnologien ist die **Robotik**. Roboter sollen zukünftig gefährliche oder anstrengende Tätigkeiten übernehmen, zum Beispiel das Entschärfen von Bomben oder Tische im Restaurant abräumen. Auch einfache, sich wiederholende Arbeiten sollen von Robotern erledigt werden. In vielen Fabriken finden sich heute schon Roboter, die in der Produktion eingesetzt werden.

Nanotechnologie

Hier geht es um winzig kleine Teilchen, die kleiner als 100 Nanometer sind. Sie werden bereits für besondere Oberflächen und in Computerchips verwendet. Umstritten ist die Auswirkung auf den menschlichen Körper, weil die Teilchen sogar ins Gehirn gelangen können.

Medizintechnologie

OP-Roboter kommen heute schon in der Medizin zum Einsatz, damit Ärzte sicherer und genauer operieren können. So sind heutzutage durch den Einsatz dieser Technologie nur noch kleine Schnitte nötig, was wiederum weniger Risiko für die Patientinnen und Patienten bedeutet. Außerdem versprechen immer bessere Prothesen Lebensqualität für Betroffene.

Erneuerbare Energie

Damit unser Handeln und die Wirtschaft nachhaltiger werden, ist Energie aus erneuerbaren Quellen wie Sonne, Wind oder Wasser besonders wichtig. Man spricht hier auch von einer Schlüsseltechnologie, weil erneuerbare Energien eine Grundlage schaffen, in Zukunft umweltfreundlicher zu leben. Auch deswegen müssen Gewinnung und Speicherung von erneuerbaren Energien verbessert und ausgebaut werden.

A **Nenne die im Text genannten Zukunftstechnologien und beschreibe kurz, warum sie für die Zukunft wichtig sind.**

B **Begründe, warum Energie aus nachhaltigen Quellen als Schlüsseltechnologie gilt.**
Think-Pair-Share

Zukunftstechnologie in der Schule

M1 *Digitale Schule: Fit für die Zukunft?!*

Die Digitalisierung schreitet unaufhörlich voran. [...] Auch auf dem Schulcampus Röbel wird daran gearbeitet, die Schule auf den neuesten digitalen Stand zu bringen. Hat die Digitalisierung nur positive Auswirkungen oder gibt es auch eine Kehrseite der Medaille? [...]

Kurz nach sieben am Stadtrand von Röbel an der Müritz: Die 15-jährige Anne-Lene wird von ihrer Mutter geweckt, [...] während sie sich noch den Schlaf aus den Augen reibt, tastet die rechte Hand schon nach dem Smartphone auf dem Nachttisch. [...] Anne-Lenes Lieblingsfächer sind Physik und Sport - nicht nur wegen der Inhalte, auch weil die Lehrer cool sind und fortschrittlich arbeiten. An einer speziellen digitalen Tafel mit Videofunktion zeigt der Lehrer, wie ein Relais funktioniert, wie ein Motor aufgebaut ist und welche Effekte Magnete aufeinander haben. [...]

Arne Schumann lehrt seit diesem Schuljahr Sport und Geschichte und findet, dass man moderne Medien im Unterricht nur dann einsetzen sollte, wenn es auch wirklich Sinn ergibt: [...] „Man muss die Möglichkeiten nutzen, die ein Computer zu bieten hat. Die technische Spielerei darf nicht in den Vordergrund geraten." [...]

Schumanns Kollege Christian Leonhardt, ebenfalls Sportlehrer, engagiert sich für die Nutzung moderner Medien im Unterricht. Dieser Entwicklung dürfe man sich nicht verschließen: „[...] Was ich daran eher kritisch finde, ist, dass man damit auch viel Schindluder treiben kann. Zum Beispiel mit Cybermobbing, Ausgrenzung oder auch Verbreitung von Fakenews [...]."

Eine Umfrage des NDR unter Schülern verschiedener Klassenstufen ergab: [...] In einer achten Klasse stimmten von 19 Schülerinnen und Schülern 15 für eine stärkere Digitalisierung. In einer neunten Klasse waren nur zwei von 20 Jugendlichen zufrieden mit der digitalen Ausstattung. [...] Die Schülerinnen und Schüler sprachen sich etwa dafür aus, Bücher durch Tablets zu ersetzen. Für viele Befragte spielte auch das Image der Schule nach außen eine Rolle. Manche wünschten sich, dass sie für Recherchen im Unterricht künftig auch das Handy benutzen dürfen.

Für Anne-Lene und ihre Klassenkameraden geht es in sechs Unterrichtsstunden einmal quer durch alle Wissensbereiche. [...] Anne-Lene und die Mitschüler haben heute Gleichungen auseinander genommen, den Wortschatz um neue Vokabeln erweitert, mit dem Philosophie-Lehrer über Cybermobbing und moderne Medien diskutiert und gelernt, welche Einflussfaktoren auf das Wetter wirken. [...]

Auf die Frage, was ihr der digitale Wandel in der Schule bringt, sagt sie: „Nach der Schule möchte ich Architektur studieren. Wer am Reißbrett Häuser entwerfen und die Entwürfe später digitalisieren will, braucht vor allem die Fächer Mathe, Physik und Kunst - und natürlich einen selbstverständlichen Umgang mit Computertechnik und speziellen Programmen. Deshalb ist es wichtig, dass wir in der Schule jetzt schon lernen, mit digitalen Medien umzugehen."

1 Wähle eine der Aufgaben aus (M1):

- **I a)** Beschreibe die Argumente Anne-Lenes für mehr Digitalisierung an Schulen.
- **II b)** Stelle die Chancen und Risiken von Digitalisierung an Schulen gegenüber. +
- **III c)** Erläutere, warum Digitalisierung an Schulen für deine Generation wichtig ist.

2 Erstellt Poster auf dem ihr eure Wünsche für Digitalisierung an eurer Schule festhaltet.

Unternehmen und Märkte

Rechtsformen im Überblick

Unternehmensgründer/-innen müssen sich entscheiden, ob sie eine Einzelunternehmung oder ein Gesellschaftsunternehmen gründen. **Für Gesellschaftsunternehmen gibt es verschiedene Rechtsformen: Personengesellschaften, Genossenschaften und Kapitalgesellschaften.**

Die Produktionsfaktoren

Für die erfolgreiche Arbeit von Unternehmen müssen zudem die Produktionsfaktoren Boden, Arbeit und Kapital vorliegen. Für die Produktion oder die Dienstleistung müssen grundlegend die drei Funktionsbereiche: Beschaffung, Produktion und Absatz durch die Unternehmen erfüllt werden.

Betriebliche Mitbestimmung

Die Arbeitsbeziehungen in Unternehmen werden durch das Betriebsverfassungsgesetz geregelt, welches die Bildung eines Betriebsrats ermöglicht. Der Betriebsrat hat verschiedene Rechte in betrieblichen Belangen wie Informations-, Mitwirkungs- und Mitbestimmungsrecht. In vielen Branchen gelten zudem Tarifverträge, die die Arbeitsbedingungen und Entlohnung regeln.

Strukturen von Unternehmen

Neben den drei Funktionsbereichen Beschaffung, Produktion und Absatz gehören auch die Aufbau- und die Ablauforganisationen zu den strukturierenden Elementen eines Unternehmens. Die Aufbauorganisation regelt die Verteilung der Aufgaben u. wer diese Aufgaben vergibt. Die Ablauforganisation regelt wie, wann u. warum etwas im Unternehmen getan wird.

Akteure auf dem Markt/Marktmodell

Auf Märkten treffen Anbieter/-innen und Käufer/-innen aufeinander. Auf Basis des Angebots an Waren und Dienstleistungen und der Nachfrage danach bestimmt sich der Preis. Das Marktgeschehen lässt sich in vereinfachter Form im Marktmodell mithilfe einer Angebots- und Nachfragekurve abbilden. Der Schnittpunkt beider Kurven wird als Gleichgewichtspreis bezeichnet, indem die Interessen der Anbieter und Nachfrager ausgeglichen sind. Hierbei handelt es sich aber um einen Idealzustand.

Der erweiterte Wirtschaftskreislauf

Das Modell des einfachen Wirtschaftskreislaufs wird im erweiterten Wirtschaftskreislauf um die Kreditinstitute) und den Staat erweitert. Die Banken übernehmen vor allem die Rolle als Kreditgeber, während der Staat durch direkte und indirekte Steuern, Transferleistungen und Subventionen finanziert.

Die Konjunktur

Diese Akteure zusammen bilden die Volkswirtschaft, deren wellenartige Entwicklung als Konjunktur bezeichnet wird. Man unterscheidet zwischen vier Phasen der Wellen: Aufschwung, Hochkonjunktur (Boom), Abschwung und Tiefstand (Rezession).

Internationaler Handel

In der heutigen Wirtschaft stehen die Volkswirtschaften miteinander im globalen Austausch. Sie treiben Handel miteinander, da Rohstoffe und Produktionsfaktoren ungleich auf der Welt verteilt sind. Die Produktion findet meist am günstigsten Ort statt.

Wirtschaft im Wandel

Die Wirtschaft verändert sich rasant. Vermutlich werden in den kommenden Jahrzehnten unter anderem die Robotik, Nanotechnologie, Medizintechnologie und die erneuerbaren Energien relevant sein.

Wichtige Begriffe
Aufbauorganisation, Betriebsrat, Einzelunternehmung, Funktionsbereiche, Gesellschaftsunternehmen, Handel (internationaler), Konjunkturphasen, Märkte, Preisbildung, Produktionsfaktoren, Tarifvertrag, Wirtschaftskreislauf (erweiterter), Zukunftstechnologien

Rechtsformen

M1 *Eine Rechtsform entscheidet über …*

Geschäftsidee
Steuerbelastung
Haftung
Geschäftspartner/-innen
Startkapital
Büroausstattung

1 Notiere die Begriffe aus M1, die nicht in die Reihe passen.

2 Nenne zwei Aspekte, worüber die Rechtsform entscheidet.

Die betrieblichen Grundaufgaben

M2 *Betrieblicher Leistungsprozess*

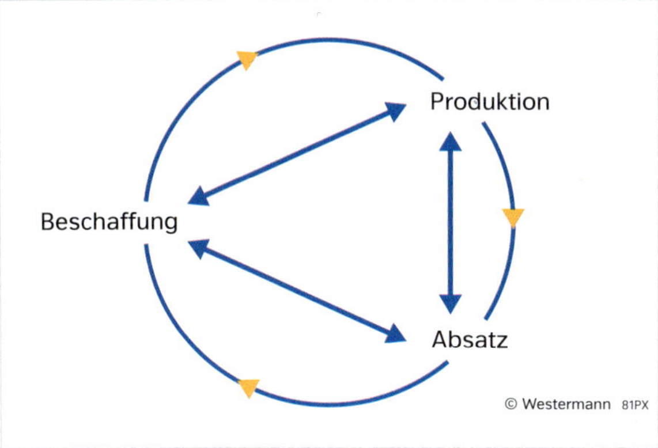

3 **a)** Erläutere den betrieblichen Leistungsprozess anhand eines Produktionsbetriebs.
b) Erläutere den betrieblichen Leistungs-prozess am Beispiel eines Dienstleisters.

4 Erkläre die Begriffe Aufbau- und Ablauforganisation.

Betriebliche Mitbestimmung

5 Nenne die wesentlichen Ziele betrieblicher Mitbestimmung.

Preisbildung am Markt

M3 *Angebots- und Nachfragekurve*

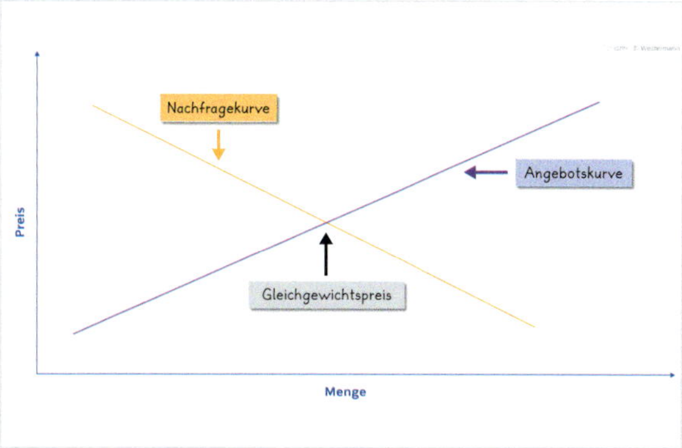

6 **a)** Beschreibe, wie sich Angebot und Nachfrage in Abhängigkeit vom Preis am Markt entwickeln und fasse das Modell der Preisbildung zusammen.
b) Erkläre die Entwicklung von Angebot und Nachfrage am Markt mithilfe eines Beispiels deiner Wahl und skizziere Angebots- und Nachfragekurve.

Wirtschaftskreislauf und Handel

M4 *Teilnehmende am Wirtschaftskreislauf*

Private Haushalte

Unternehmen

7 Ergänze die Darstellung (M4) zum erweiterten Wirtschaftskreislauf.

Konjunktur

8 Erkläre, warum arme Privathaushalte von Krisen härter getroffen werden als reiche.

Kapitel 20

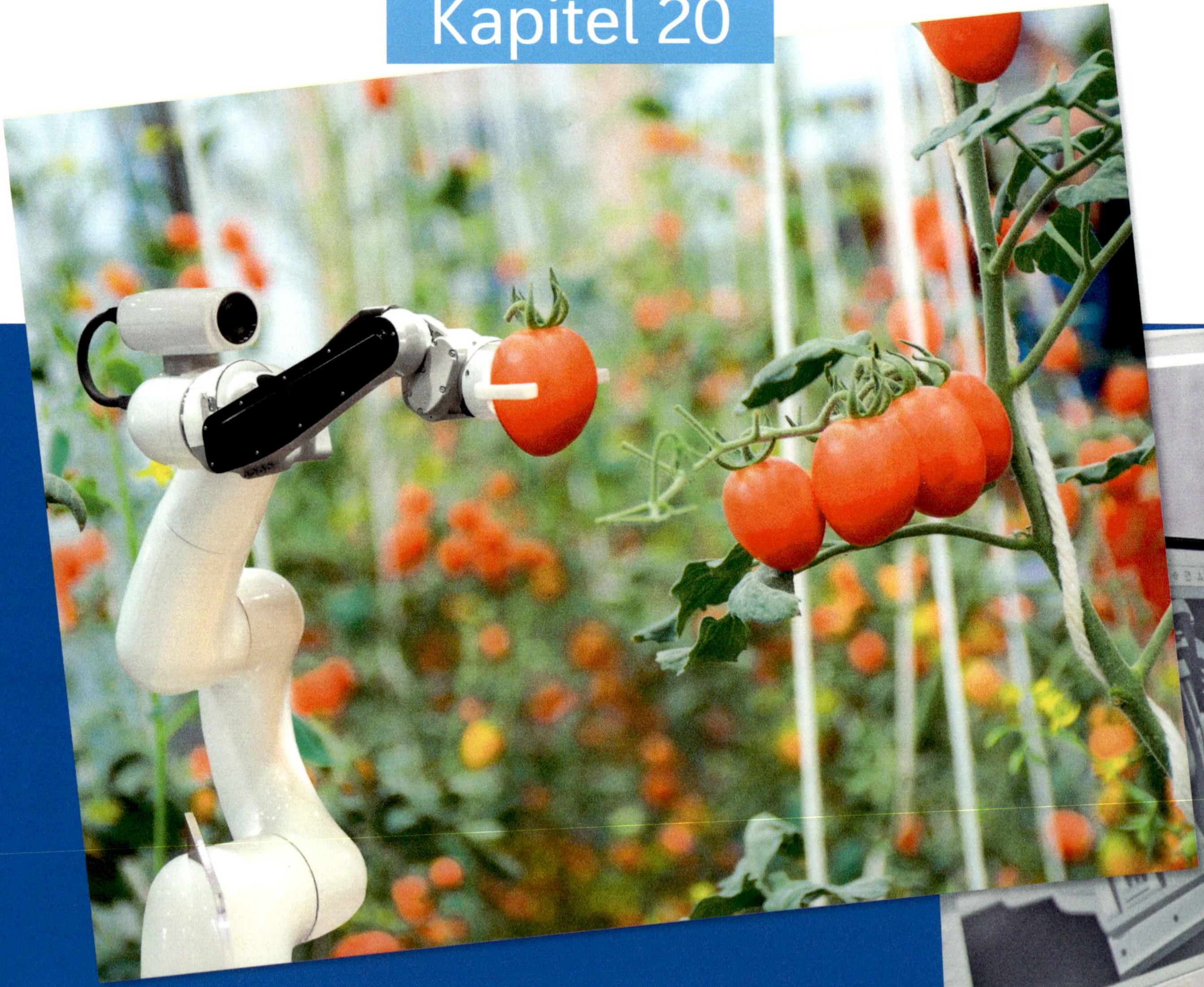

- *Wie unterstützt Technik im Alltag und im Beruf?*
- *Wie wird eine Produktidee als 3D-Modell dargestellt?*
- *Warum ist Entwicklungsarbeit Teamarbeit?*
- *Was bedeutet Innovation?*
- *Wie funktioniert Problemlösung in der Entwicklungsarbeit?*

Effizienzsteigerung durch technische Lösungen

Abb. 1 *Zwei Ingenieure am Computer*

Computergestütztes Konstruieren

CAD

CAD steht für „Computer-Aided-Design". Das computergestützte Konstruieren und Designen ermöglicht es dir, Produktdesigner/-innen, Ingenieur/-innen, Architekt/-innen und vielen weiteren Fachleuten, präzise Zeichnungen und Modelle von Objekten am Computer zu erstellen.

Mit einer sogenannten CAD-Software können komplexe Entwürfe und technische Zeichnungen effizienter und präziser als mit herkömmlichen manuellen Methoden erstellt werden. In der Vergangenheit wurden Entwürfe oder Zeichnungen oft mit Bleistift und Papier oder mit zeitaufwändigen technischen Zeicheninstrumenten erstellt. Die CAD-Technologie hat diesen Prozess revolutioniert und bietet viele Vorteile.

Vorteile von CAD

1. **Präzision**: CAD-Software ermöglicht eine hohe Genauigkeit und Messbarkeit bei der Erstellung von Entwürfen und Modellen.
2. **Effizienz**: CAD vereinfacht den Konstruktionsprozess, wodurch Entwürfe schneller und somit kostengünstiger erstellt und geändert werden können.
3. **Flexibilität**: Änderungen und Optimierungen können leicht vorgenommen werden, ohne das gesamte Design von Grund auf neu erstellen zu müssen.
4. **Visualisierung**: CAD ermöglicht es, Entwürfe in 2D und 3D zu visualisieren, was eine bessere Vorstellung des endgültigen Produkts bietet.
5. **Kollaboration**: CAD-Dateien können einfach zwischen mehreren Personen geteilt und unabhängig voneinander bearbeitet werden.
6. **Simulation und Analyse**: In einigen fortschrittlichen CAD-Programmen können beispielsweise physikalische Eigenschaften und Simulationen generiert werden. So können vorab am Computer Simulationstests durchgeführt werden. Früher wurden oftmals teure Prototypen erstellt. Mittlerweile kann man durch CAD-Software erhebliche Material- und Personalkosten einsparen.

CAD-Software

In der realen Welt werden CAD-Softwares global genutzt und sind aus vielen Bereichen nicht mehr wegzudenken: Maschinenbau, Architektur, Automobilindustrie, Luft- und Raumfahrt, Elektronik, Produktdesign, usw. Damit Schülerinnen und Schüler nicht erst später in der Berufswelt mit einer CAD-Software in Berührung zu kommen, ist es sinnvoll, dieses Knowhow bereits in der Schule zu vermitteln.

TinkerCAD

TinkerCAD ist eine benutzerfreundliche, webbasierte CAD-Software. Es handelt sich dabei um ein kostenloses Online-Tool für 3D-Modellierung und Design, das sich besonders an Anfängerinnen und Anfänger im praxisorientierten und realitätsnahen Unterricht richtet. Mithilfe von Tinker-CAD können Benutzerinnen und Benutzer 3D-Modelle und Entwürfe erstellen, ohne irgendwelche Vorkenntnisse in der CAD-Modellierung zu haben.

Die Software verwendet einen intuitiven und visuellen Ansatz für die Modellierung und ermöglicht es den Benutzerinnen und Benutzern, durch das Zusammenfügen einfacher geometrischer Formen komplexe Objekte zu erstellen. TinkerCAD bietet eine Vielzahl von Funktionen und Werkzeugen. So können beispielsweise Bohrungen oder Gruppierungen erzeugt werden.

Funktionen in TinkerCAD

1. **Grundformen**: Benutzerinnen und Benutzer können grundlegende geometrische Formen verwenden, wie beispielsweise Würfel, Kugeln, Zylinder, Kegel.

2. **Transformationen**: Objekte können verschoben, gedreht und skaliert werden, um die gewünschte Form zu erhalten.

3. **Gruppierung und Zerlegung/Bohrung**: Mehrere Formen können miteinander gruppiert oder auch auseinandergenommen werden. So können aus einzelnen Formen komplexe Modelle erstellt werden.

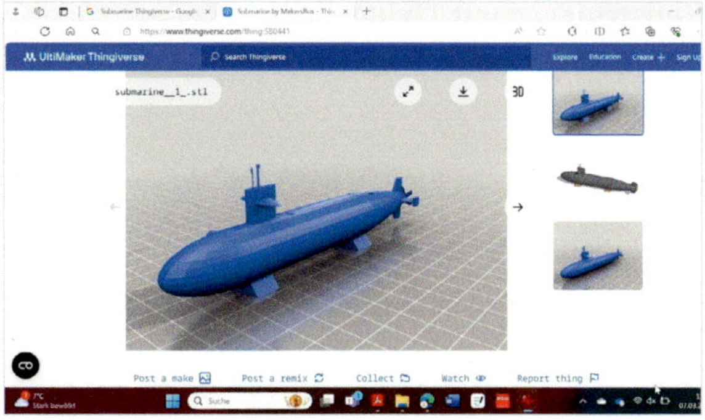

Abb. 2 *Anwendung im Modellbau*

Abb. 3 *Anwendung im Technikunterricht*

TinkerCAD ist hauptsächlich für Schülerinnen und Schüler konzipiert, um ein angstfreies Erlernen der Software zu gewährleisten. Neben der reinen Bedienung bzw. Bearbeitung erlernst du das Abspeichern von LogIn-Daten, das Abspeichern von Dateien, das räumliche Vorstellungsvermögen und anderes mehr.

A Beschreibe zwei kleine Alltagsprodukte, die mithilfe eines CAD-Programms konstruiert werden können.

B Erstelle eine Liste von Vorteilen der CAD-Technologie.

Konstruieren mit Tinker-CAD

M1 *Arbeitsschritte: Gruppieren und bohren*

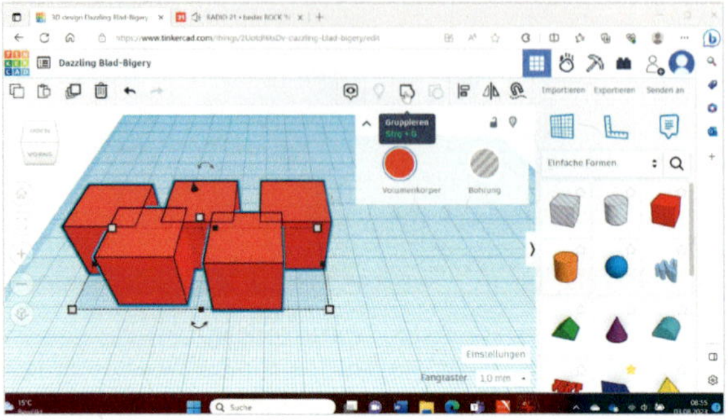

A *Gruppieren*

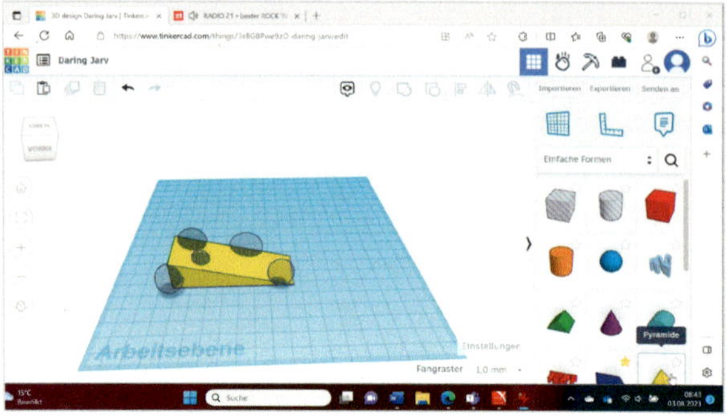

B *Bohren*

Beispiel: einen Käsekeil konstruieren

M2 *Käsekeil*

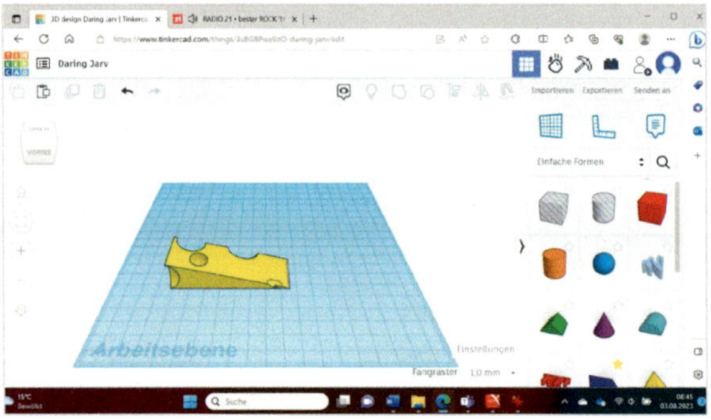

A *Käsekeil*

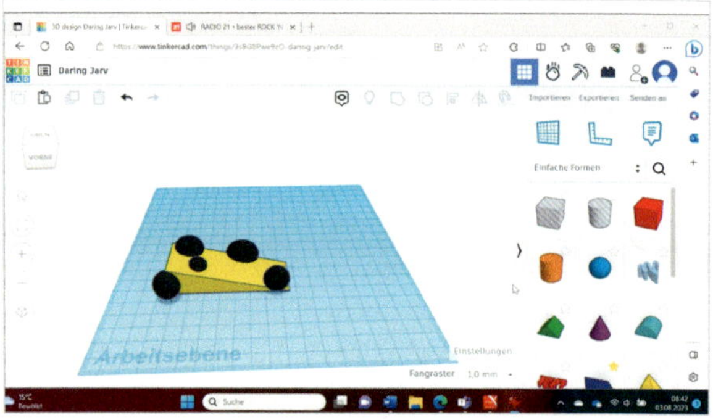

B *Käsekeil: Platzierung der Bohrung*

Das könnt ihr konstruieren

M3 *Schlüsselanhänger*

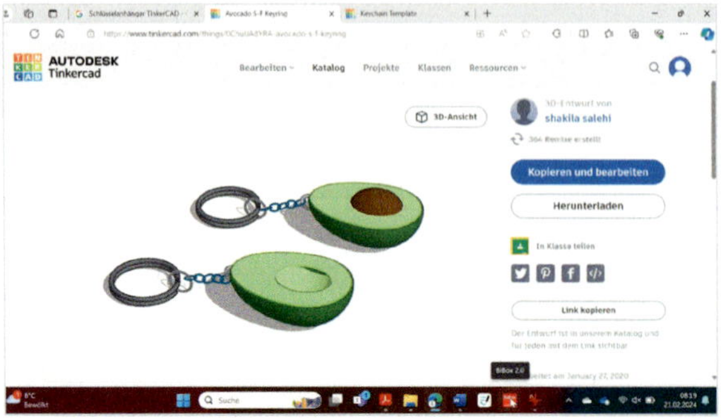

1 Richte dir einen TinkerCAD-Account ein und übe die beiden grundlegenden und wichtigsten Funktionen „Gruppieren" und „Zerlegen/ Bohrung" (M1).

2 Konstruiere einen Türkeil in Form eines Käsestücks (M2).

3 Konstruiere einen Einkaufschip.

4 Konstruiere dein „Wunschzimmer" und richte es mit Möbelstücken deiner Wahl ein.

5 Konstruiere einen individuellen Schlüsselanhänger (M3).

Das könnt ihr konstruieren

M4 *Handyhalter*

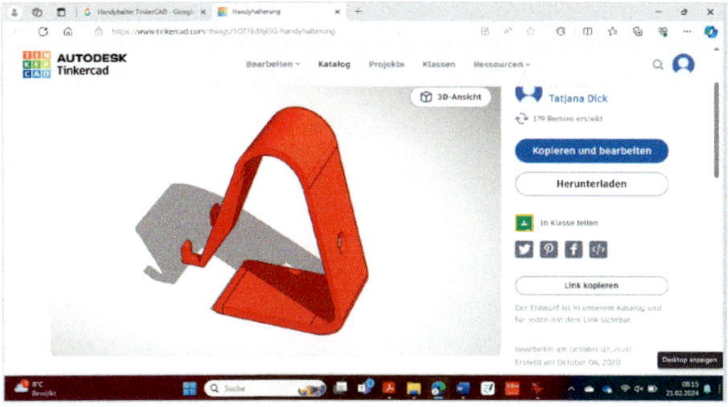

M5 *Wunschhaus*

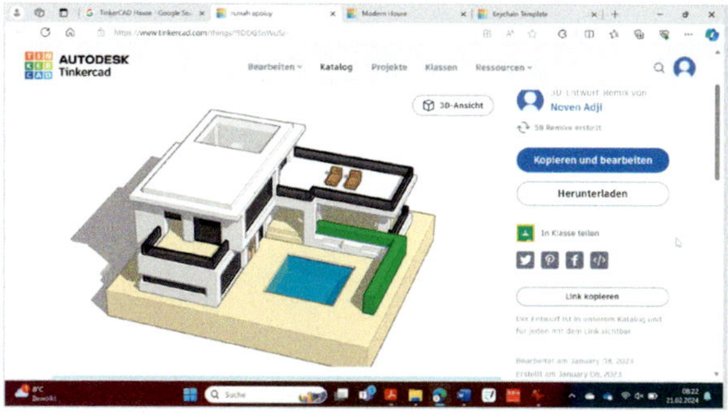

6 Konstruiere einen Handyhalter (M4).

7 Konstruiere dein Wunschhaus (M5).

8 Recherchiere nach weiteren Einsatzgebieten der CAD-Technologie.

Berufe, in denen mit CAD gearbeitet wird

M6 *Bauzeichner/-innen*

https://web.arbeitsagentur.de/berufenet

Bauzeichner/-innen erstellen Zeichnungen und bautechnische Unterlagen für Häuser, Brücken, Straßen und andere Bauwerke. Dazu arbeiten sie in der Regel am Computer mit CAD-Programmen. Nach den Entwurfsskizzen oder Anweisungen von Architekten und Architektinnen sowie Bauingenieuren und -ingenieurinnen fertigen sie Grundrisse, Bau- und Ausführungszeichnungen, Bauansichten und Detailzeichnungen. [...]

Neben der zeichnerischen Arbeit stellen sie fachspezifische Berechnungen an. So ermitteln sie z. B. den Bedarf an Baustoffen, erstellen Stücklisten und fertigen Aufmaße. Sie beobachten Planungs- und Bauprozesse der Bauvorhaben und sorgen dafür, dass die erforderlichen Unterlagen, Be- und Abrechnungen jeweils rechtzeitig zur Verfügung stehen. Außerdem verwalten Bauzeichner/-innen die unterschiedlichen Zeichnungsversionen zu einem Projekt und sichern die Daten.

M7 *Technische Systemplaner/-innen*

https://web.arbeitsagentur.de/berufenet

Technische Systemplaner/-innen der Fachrichtung Stahl- und Metallbautechnik erstellen technische Zeichnungen vorwiegend im Büro am Computer mithilfe von CAD-Programmen, seltener auch am Reißbrett. Sie arbeiten eigenständig, bei großen Projekten auch im Team mit Konstrukteuren und Konstrukteurinnen, Ingenieuren und Ingenieurinnen oder Fachkräften aus der Fertigung.

Beim Erstellen technischer Zeichnungen und Pläne benötigen sie zeichnerisches Talent, räumliches Vorstellungsvermögen und technisches Verständnis. Sie arbeiten äußerst präzise und sorgfältig und beachten vielfältige Vorschriften wie Norm- und Tabellenbücher, da sich selbst kleine Abweichungen von der Norm auf die Sicherheit oder Statik eines Objektes auswirken können. Rechnerische Fähigkeiten sind z. B. bei der Berechnung von Schweißkonstruktionen gefragt.

9 Informiere dich zu den Berufen in M6 und M7 und erstelle jeweils einen Berufssteckbrief.

Link: *Berufenet;* Vorlage: *Berufssteckbrief*

Abb. 1 *Ein Mädchen arbeitet am Laptop.*

Das EVA-Prinzip

Das sogenannte EVA-Prinzip steht für „Eingabe", „Verarbeitung" und „Ausgabe". Es beschreibt ein grundlegendes Konzept in der Informatik, das zwangsläufig auch in vielen anderen Bereichen angewendet wird. Primär bezieht es sich auf den Ablauf von Informationen bzw. Daten in einem System.

Eingabe/Input

In diesem Schritt kannst du Daten oder Informationen in das System eingegeben. Das können beispielsweise Benutzereingaben, Sensordaten oder andere Informationen sein.

Verarbeitung/Processing

Nachdem die Eingaben erhalten wurden, erfolgt die Verarbeitung der Daten. Hier findet die eigentliche Berechnung, Analyse bzw. Manipulation der Daten statt. Die Verarbeitung kann durch Algorithmen, Programme oder Hardwarekomponenten realisiert werden.

Ausgabe/Output

Im Anschluss an die Verarbeitung werden die Ergebnisse oder Daten aus dem System ausgegeben. Dies können zum Beispiel Antworten auf Fragen, berechnete Werte oder erstellte Berichte sein.

Beispiel: 3D-Druck

Ein Beispiel aus der Technik ist der 3D-Druck. Das Ergebnis des Druckvorgangs ist die physische Ausgabe aus dem 3D-Drucker, die das vom Benutzer angeforderte Modell darstellt. Zusammenfassend zeigt dieses Beispiel, wie das EVA-Prinzip in der Technik und Informatik angewendet wird: Der Benutzer bzw. die Benutzerin gibt eine Eingabe ein (Druckauftrag), der Computer verarbeitet diese Eingabe (Druckvorgang) und die Ausgabe ist das gedruckte Modell.

A **Erkläre die drei Schritte des EVA-Prinzips.**

B **Beschreibe, in welchen Bereichen das EVA-Prinzip eingesetzt werden kann.**

Das EVA-Prinzip erkennen

M1 *Verschiedene technische Systeme*

A

B

C

D

M2 *Rund um den Computer*

A *Kopfhörer*

B *Controller*

C *Maus*

D *Drucker*

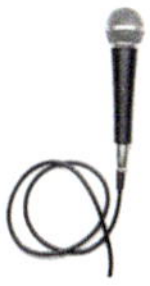
E *Mikrofon*

F *Lautsprecher*

G *Bildschirm*

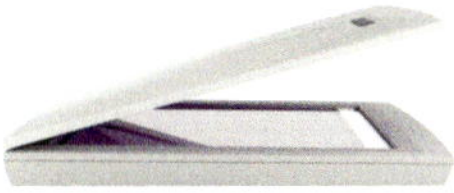
H *Scanner*

I *Beamer*

J *Tastatur*

1 Beschreibe das EVA-Prinzip in M1
   a) bei der 3D-Druck-Technologie (Abb. A).
   b) beim Senken und Heben der Schranke (Abb. B).
   c) beim Aufleuchten der einzelnen Ampelfarben (Abb. C).
   d) bei dem Ventilator (Abb. D).

2 Ordne den Geräten in M2 die Begriffe Ein- oder Ausgabegerät zu. Begründe.

3 Überlege dir weitere Beispiele für Eingabegeräte und Ausgabegeräte.

4 Beschreibe das EVA-Prinzip: Du suchst am Tablet mit der Karten-App einen Ort.

5 Erkläre am Beispiel eines Headsets, dass die Zuordnung in Ein- und Ausgabegerät nicht immer eindeutig ist.
   Bienenkorb

Abb. 1 *Ein Ingenieur überprüft den 3D-Druck.*

3D-Druck im Technikunterricht

Mit einer CAD-Software (Computer-Aided-Design) können Modelle konstruiert werden. Diese können mithilfe der 3D-Druck-Technologie gedruckt werden. Der 3D-Druck, auch bekannt als additive Fertigung, ist eine moderne Fertigungstechnologie, bei der dreidimensionale Objekte Schicht für Schicht direkt aus digitalen 3D-Modellen erstellt werden. Im Gegensatz zu traditionellen Fertigungsmethoden, bei denen Material entfernt oder umgeformt werden, indem sie beispielsweise aus einem Rohling geschnitzt oder geformt werden, erfolgt der 3D-Druck durch Hinzufügen (additiv) von Materialien.
Der 3D-Druckprozess beginnt mit der Erstellung eines digitalen 3D-Modells des gewünschten Objekts. Dieses Modell kann mithilfe von 3D-CAD-Software erstellt werden. Es gibt auch browserbasierte CAD-Software für den Technikunterricht.

Der eigentliche 3D-Druck erfolgt in mehreren Schichten, die aufeinander aufgetragen werden, bis das endgültige Objekt fertiggestellt ist. Das geschmolzene Material, das sogenannte Filament (Kunststoff), wird durch eine Düse ausgestoßen (extrudiert) und Schicht für Schicht aufeinander aufgebracht.

Der 3D-Druck bietet vielerlei Vorteile und revolutioniert u. a. die weltweite Produktherstellung. Die Technologie wird in den verschiedensten Branchen eingesetzt: Industrie, Gesundheitswesen, Luft- und Raumfahrt, Automobilbau, Architektur, Bildung usw.

A Überlege, welche Vorteile ein 3D-Drucker für deinen Alltag hätte. Berücksichtige dabei beispielsweise deine Hobbys oder anfallende Reparaturen.

Programmierung des Arduino-Steuersystems

M1 *Arduino im Technikunterricht*

Arduino wird in einer Vielzahl von Anwendungen eingesetzt, von einfachen DIY-Projekten (Do it yourself), wie LED-blinkenden Mustern, bis hin zu komplexeren Projekten, wie Robotern, Smart-Home-Systemen, Messinstrumenten, usw. Die Software ermöglicht es, elektronische Projekte zu entwerfen, zu bauen und anschließend zu testen.

Die Arduino-Plattform besteht aus sogenannten Arduino-Boards, der Arduino-Software sowie den Arduino-Bibliotheken.

Die Arduino-Boards sind kleine, programmierbare Mikrocontroller-Platinen, die eine Vielzahl von Ein- und Ausgangspins haben. Diese Pins können mit den verschiedensten elektronischen Komponenten wie Sensoren, Aktuatoren, LEDs, Motoren, usw. verbunden werden.

Die Arduino-Software (IDE) ist eine grafische Entwicklungsumgebung, die es den Benutzer/-innen ermöglicht, den Code für ihre Arduino-Projekte zu schreiben, zusammenzufassen (kompilieren) und auf die Arduino-Boards hochzuladen. Die IDE enthält eine einfache Programmiersprache, die auf C++ basiert, sowie eine umfangreiche Bibliothek von vorgefertigten Funktionen, die die Interaktion mit den Hardwarekomponenten erleichtern.

Die Arduino-Plattform bietet eine Vielzahl von Bibliotheken, die vorgefertigte Codebausteine für bestimmte Aufgaben, wie die Steuerung von Motoren, die Kommunikation über verschiedene Schnittstellen (beispielsweise Bluetooth, WiFi), das Auslesen von Sensordaten usw. enthalten.

1 **Erstelle den Arduino-Schaltkreis mit den benötigten Komponenten (M1).**

2 **Programmiere die Schaltung mit dem dargestellten Code und simuliere die Schaltung (M1).**

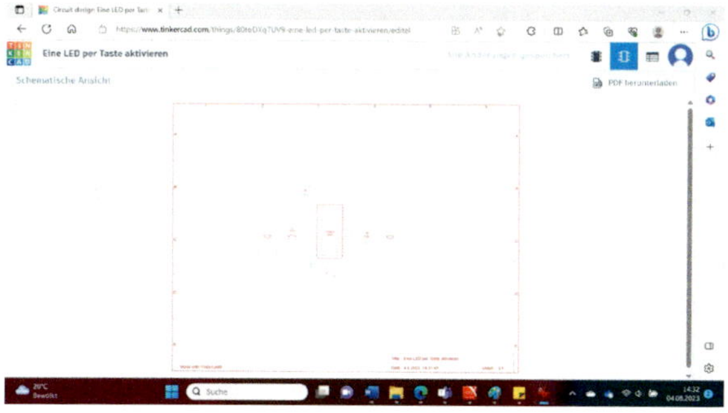

A *Schaltkreis*

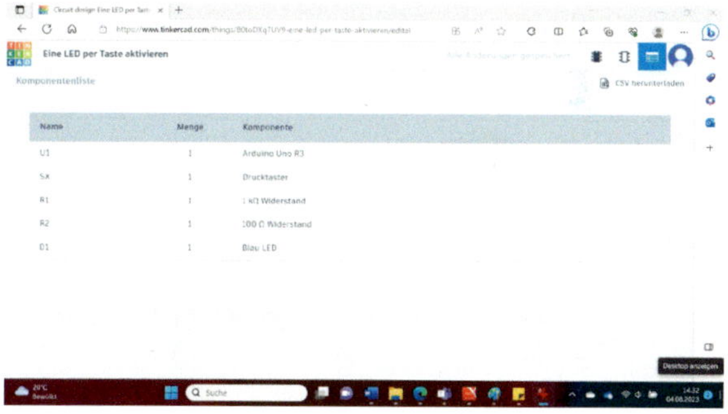

B *Komponentenliste*

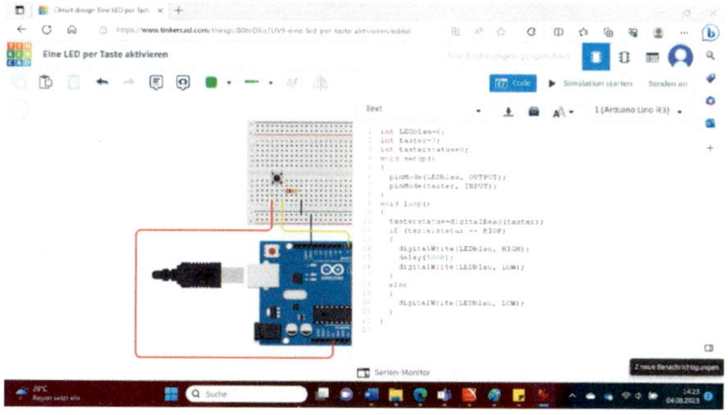

C *Code für LED-Aktivierung*

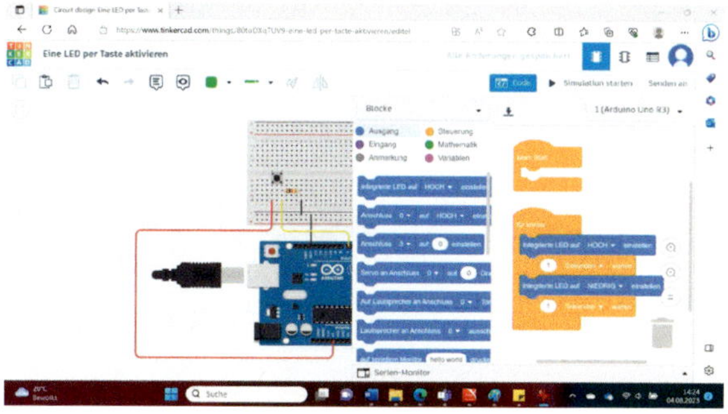

D *Blöcke*

Methode

Eine Nutzwertanalyse durchführen

Die Qual der Wahl

Entscheidungen muss jeder von uns täglich treffen. Immer dann, wenn wir mehrere Optionen und Alternativen haben, kann die Entscheidung ziemlich schwierig sein. Die sogenannte Nutzwertanalyse hilft uns dabei, die für uns persönlich beste Entscheidung zu treffen. Die Nutzwertanalyse nimmt deine Auswahl an Optionen genauer unter die Lupe. Jede Option wird dabei anhand von Kriterien und Punkten miteinander verglichen.

Ben und Mia wollen gemeinsam in den Urlaub fahren. Sie können sich nicht so richtig entscheiden, wohin.

Abb. 2 *Surfen in Frankreich (Option B)*

Abb. 3 *Partyurlaub auf Mallorca (Option C)*

Durchführung

Schritt 1: Eine kleine Auswahl von Optionen treffen, die anschließend näher betrachtet werden sollen

Ben und Mia haben sich auf drei Urlaubsziele geeinigt, die nun zur Auswahl stehen. Zu diesen Zielen sammeln sie nun weitere Informationen.

Abb. 1 *Roadtrip durch Italien nach Rom (Option A)*

Schritt 2: Vergleichskriterien festlegen

Wichtige Entscheidungskriterien sind für Ben und Mia die Anreisedauer, die Hotelkosten und die Freizeitgestaltung wie Wassersport oder Fahrradtouren.

Schritt 3: Punktevergabe klären und Informationen sammeln

Jetzt überlegen Ben und Mia, wie viele Punkte sie für die Kriterien vergeben. Was ihnen besonders wichtig ist, bekommt drei Punkte: *Anreisedauer unter 5 h/niedrige Kosten/viele Freizeitangebote.* Was für sie noch o. k. wäre, bekommt zwei Punkte: *Anreisedauer 5–8 h/mittlere Kosten/einige Freizeitangebote.* Was dagegen spricht, bekommt nur einen Punkt: *Anreisedauer über 8 h/hohe Kosten/wenig Freizeitangebote.* Insgesamt könnten ihre Urlaubsziele also maximal neun Punkte erreichen.

Die Nutzwertanalyse

M1 *Ben und Mia haben alles, was sie brauchen, für ihre Nutzwertanalyse gesammelt. Sie tragen nun alle Informationen über ihre Urlaubsziele in einer Tabelle zusammen.*

Nutzwertanalyse zur Urlaubsentscheidung

	Italien (Option A)	Frankreich (Option B)	Mallorca (Option C)
Anreisedauer	12 h / 1 Punkt	8 h / 2 Punkte	2 h / 3 Punkte
Hotelkosten	250 € / 2 Punkte	250 € / 2 Punkte	300 € / 1 Punkt
Freizeitgestaltung	++ / 2 Punkte	+++ / 3 Punkte	++ / 3 Punkte
Gesamt	5 Punkte	**7 Punkte**	6 Punkte

M2 *Ben und Mia ermitteln den Sieger der Nutzwertanalyse*

Ben und Mia haben die Punkte anhand ihrer Kriterien vergeben und addiert. Der Surfurlaub in Frankreich passt mit sieben Punkten am besten zu ihren Vorstellungen. Sie können ihren Urlaub buchen.

1 Schließt euch zu dritt oder zu viert in Gruppen zusammen. Führt eine eigene Nutzwertanalyse zu einem Produkt eurer Wahl mithilfe der Checkliste M3 durch.
Beispiel: Untersucht drei bis vier Smartphones von unterschiedlichen Herstellern (M4).

M3 *Checkliste: Schritte der Nutzwertanalyse*

1. Eine kleine Auswahl von Optionen treffen, die anschließend näher betrachtet werden sollen
2. Kriterien festlegen, anhand derer die Optionen miteinander verglichen werden
3. Punktevergabe klären und Informationen sammeln

Wenn alle Informationen vorliegen, werden sie in einer Tabelle geordnet und mit Punkten bewertet. Das Angebot mit den meisten Punkten gewinnt.

M4 *Auswahl an Smartphones*

Smartphones verschiedener Hersteller unterscheiden sich in vielen Punkten: Preis, Ausstattung, Akkulaufzeit, Ersatzteilversogung, Software-Updates

Abb. 1 *VR-Brille im Unterricht*

Forschung und Entwicklung

Technik im Wandel

Der Alltag in unserer Gesellschaft ist von umfangreichen technischen Neuerungen geprägt. Erfindungen wie das Auto oder der Fernseher brauchten in der Vergangenheit viele Jahre, um sich in der Bevölkerung durchzusetzen. Heute ist es schwer, in diesem beschleunigten Wandel nicht den Anschluss zu verlieren. Das erste massentaugliche Smartphone kam vor etwa fünfzehn Jahren auf den Markt. Bis heute lösen fast jährlich neue Modelle ihre Vorgänger ab. Ein Leben ohne Smartphone und viele andere technische Bereicherungen ist heutzutage kaum vorstellbar.

Der technische Fortschritt ermöglicht es dabei zum einen, die Qualität bestehender Produkte zu verbessern sowie die Herstellung neuer Produkte zu innovieren. Zum anderen werden Produktionsprozesse systematisch verbessert, um diese beispielsweise ressourcenorientierter und umweltschonender zu gestalten, also mit den in der Natur vorkommenden Beständen wie z. B. Holz sparsamer umzugehen und Umweltverschmutzungen zu vermeiden.

innovieren: erneuern, erfinden
Ressourcen: natürlich vorkommender Bestand

Entwicklungsarbeit ist Teamarbeit

In den letzten Jahrzehnten sind die meisten technischen Systeme immer komplexer und innovativer geworden. Deshalb sind die Anforderungen an neue Produkte oft so anspruchsvoll, dass ein Ingenieur alleine diese nicht mehr entwickeln kann und daher die Zusammenarbeit vieler Experten gefordert ist. In jedem Smartphone, Auto, Haushaltstechnik oder Windenergieanlage wirken beispielsweise Bestandteile aus dem Maschinenbau, der Verfahrenstechnik, der Bautechnik und der Elektrotechnik zusammen. Diese Bestandteile werden von intelligenten Assistenzsystemen gesteuert. Aufgrund dieser Vielfalt arbeiten in den Entwicklungsabteilungen der Unternehmen Ingenieure, Techniker, Informatiker, Wissenschaftler und viele weitere Berufsgruppen Hand in Hand zusammen. Gemeinsam bündeln sie ihr Wissen, um innovative und fortschrittliche Lösungen zu finden.

A Nenne Bereiche, die sich durch den technischen Wandel verbessert haben oder erleichtert wurden und ordne passende Situationen aus deinem Alltag zu.

B Begründe, warum für die Entwicklung von neuen Produkten Teamarbeit notwendig ist.

Neueste Innovationen

M1 *Erfindungen, die den Alltag erleichtern*

Was bedeutet Innovation?

Innovieren lässt sich vom lateinischen Wort innovare ableiten, welches für Neuerung oder Erneuerung steht. Unter einer Innovation versteht man also eine neue Erfindung oder Idee.
Im wirtschaftlichen Sinne stehen außerdem die Gewinne im Vordergrund, die mit der Innovation erzielt werden, also das erwirtschaftete Geld.

M2 *Unterstützung durch Roboter am Arbeitsplatz*

Cobots

Unter einem Cobot versteht man einen kollaborativen Roboter, der im Team mit einem oder mehreren Mitarbeiter/-innen zusammenarbeitet. Dabei kann er einzelne Aufgaben abnehmen oder Arbeiten vorbereiten. Besonders bei gefährlichen Tätigkeiten, wie dem Bearbeiten von scharfen oder spitzen Werkstücken sowie beim Be- und Entladen von Maschinen, spielen sie eine große Rolle.

kollaborativ: zusammenarbeitend, gemeinsam

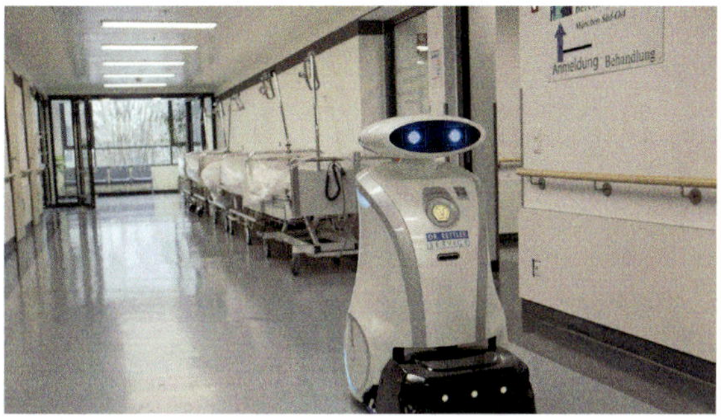

1 Wähle eine der Aufgaben aus (M1):

I **a)** Das Kraftfahrzeug ist eine der größten Innovationen der Vergangenheit. Begründe, warum es eine für den Alltag gewinnbringende Erfindung ist und wie unser Leben ohne diese Innovation aussehen würde.

II **b)** Suche dir eine andere Innovation, ein Produkt aus der Werbung oder aus deinem Alltag, und vergleiche es mit anderen Produkten seiner Produktgruppe. Warum ist es besser als andere oder schlechter oder ist es einzigartig in seinem Anwendungsbereich?

III **c)** Finde eine Innovation der vergangenen Jahre wie den Computer, das Smartphone, den Elektroantrieb oder das Antibiotikum. Begründe, warum dieses Produkt eine große Erfindung für den Alltag der Menschen ist. Sammle Ideen, vergleiche es mit ähnlichen Produkten seiner Produktart und schreibe einen Bericht über das Produkt.

2 Kannst du dir vorstellen, dir einen Arbeitsplatz mit einem Roboter zu teilen? Begründe deine Haltung (M2). Marktplatz

3 In einem Roboter steckt viel Forschung, Innovation, Entwicklung und Technik. Suche Berufe, die an diesem Entwicklungs- und Instandhaltungsprozess beteiligt sind.

4 Gibt es Unternehmen in Deutschland, die solche Roboter fertigen und programmieren? Recherchiere dazu im Internet.

Material

Material

M3 *Erfindungen für mehr Nachhaltigkeit*

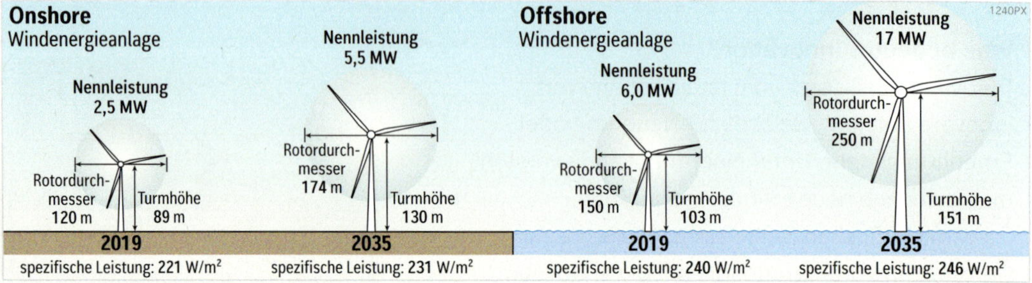

Mecklenburg-Vorpommers Landschaft ist nicht nur durch viel Natur und landwirtschaftliche Flächen geprägt, sondern auch durch die Nutzung erneuerbarer Energien in Form von Biogas-, Photovoltaik- und Windenergieanlagen (WEA). Besonders wichtig ist die Windenergie, weil es durch die Küstennähe oft windig ist. Durch den Klimawandel ist die Windenergie immer wichtiger geworden. Es gibt viele neue Erfindungen in diesem Bereich, wie immer höhere und größere Windenergieanlagen an Land und auf dem Meer.

M4 *Wirkungsgrad von Windenergieanlagen*

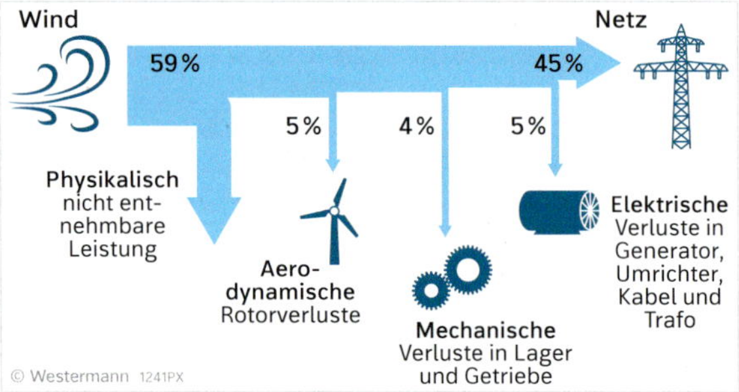

M6 *Innenansicht einer Windenergieanlage*

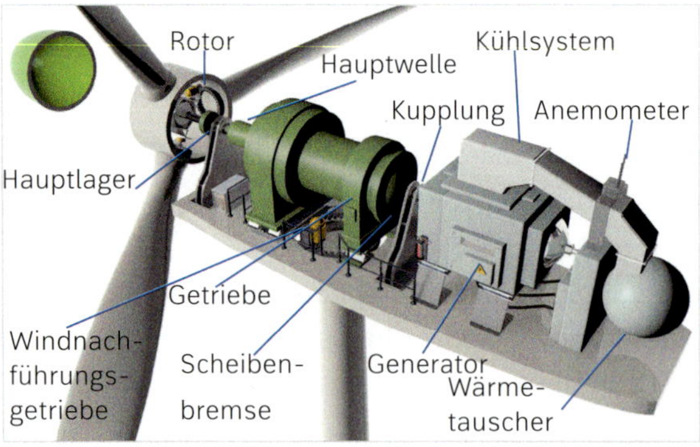

M5 *Aufbau einer Windenergieanlage (WEA)*

Eine Windenergieanlage wandelt die kinetische Energie der strömenden Luft in elektrische Energie um. Als erstes erfolgt eine Energieumwandlung am Rotor. Dabei wird die kinetische Energie des Windes in eine weitere kinetische Energie in Form der rotierenden Rotorwelle umgewandelt. Die Rotorwelle dreht sich sehr langsam. Der Generator hingegen, der die kinetische Energie in elektrische Energie wandelt, benötigt eine hohe Drehzahl. Dafür ist zwischen der Rotorwelle und dem Generator ein Getriebe eingebaut, um die Drehzahl und das Drehmoment anzupassen.
Die Energie des Windes kann nicht zu 100 % in elektrische Energie umgewandelt werden. Es ist physikalisch nicht möglich, mehr als 59 % der im Wind vorhanden Energie zu entnehmen. Weiterhin kommt noch eine Reihe an Verlusten in Form von aerodynamischen, mechanischen und elektrischen Verlusten dazu. Eine der stetigen Entwicklungsaufgaben bei Windenergieanlagen ist die Minimierung der Verluste, um eine höhere Effizienz zu erreichen.

5 Beschreibe die Vorteile der neuen Windkraftanlagen im Vergleich zu ihren Vorgängern (M3).
6 Begründe, warum nicht die gesamte Energie des Windes in elektrische Energie umgewandelt werden kann (M4, M5)?
7 Recherchiere die Begriffe aerodynamischen, mechanischen und elektrischen Verluste bei WEAs (M6).
8 Diskutiert in Gruppen Vor- und Nachteile der Nutzung erneuerbarer Energien. Notiert eure Ergebnisse.

Produktentwicklung

M6 *Lebenszyklen in der Wirtschaft*

Lebenszyklen beschreiben die verschiedenen Phasen, die ein Produkt, eine Technologie oder eine Branche von der Markteinführung über die Marktreife bis zur Marktausscheidung durchläuft. Sie sind ein wichtiges Konzept im Marketing, der Betriebswirtschaft und der Produktplanung. Sie unterstützen Strategien und Maßnahmen für eine innovative und zukunftsfähige Unternehmensplanung zu finden. Diese Zyklen helfen Unternehmen dabei zu verstehen, wann sie neue Produkte entwickeln, alte Produkte verbessern oder sich auf neue Technologien einstellen müssen.

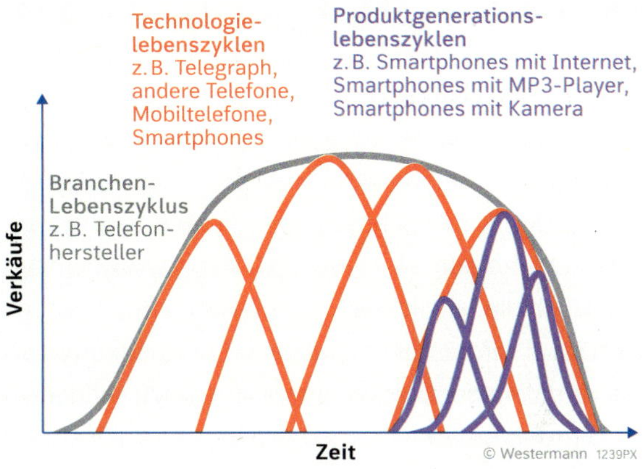

M7 *Iterativer Problemlösungsprozess*

Wenn ein neues Produkt hergestellt werden soll, bekommt die Entwicklungsabteilung eine Aufgabe, für die sie eine Lösung finden soll. Die Entwickler gehen dabei Schritt für Schritt vor. Das große Problem wird in kleinere, klar strukturierte Schritte aufgeteilt. Diese Schritte nennt man Problemlösungsphasen. In diesen Phasen wird das Problem zunächst genau untersucht, um die Herausforderungen zu verstehen. Anschließend wird nach verschiedenen Lösungen gesucht, diese bewertet und schließlich die beste Lösung ausgewählt. Die Lösungsfindung ist wiederholend als Kreislauf angelegt und kann durch Kreativmethoden wie z. B. Brainstorming unterstützt werden. Die Lösungsauswahl kann beispielsweise durch eine Nutzwertanalyse erleichtert werden.

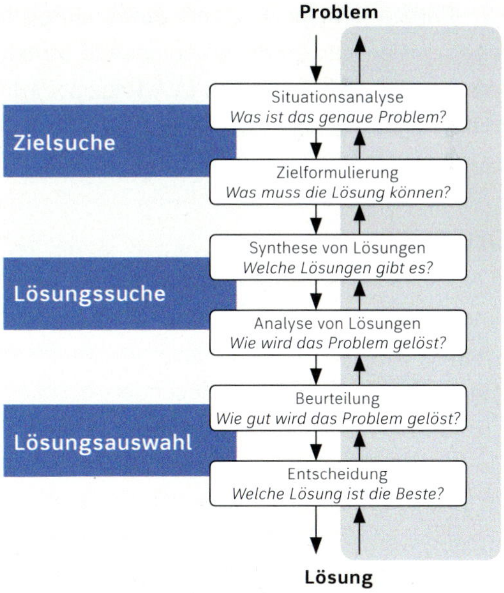

9 Stell dir vor du arbeitest im Entwicklungsteam eines Smartphoneherstellers und sollst die Firmenleitung beraten, welches neue Smartphone ihr entwickeln müsst, um Marktführer zu bleiben:

a) Diskutiert, was euer neues Telefon können muss, um sich von den aktuellen Smartphones innovativ zu unterscheiden.

b) Diskutiert, in welcher Phase des Lebenszyklus sich die Smartphones derzeit befinden und welche Auswirkungen das auf eure Strategie hat (M6).

10 Erläutere, was eine systematische Vorgehensweise bei der Problemlösung bedeutet (M7).

11 Erkläre, warum ein wiederholendes Vorgehen im Problemlösungsprozess wichtig ist (M7).

Effizienzsteigerung durch technische Lösungen

CAD-Konstruktion

Mit Computer-Aided-Design-Software werden dreidimensionale originalgetreue Modelle von Objekten erstellt und im Anschluss eine digitale technische Zeichnung abgeleitet. Einige CAD-Programme bieten zusätzlich die Möglichkeit, Simulationen durchzuführen. Dabei wird unter Vorgabe von Randbedingungen das Verhalten der Objekte untersucht. Dazu zählt auch die Simulation von Mikrocontrollern, um vor deren Verwendung die richtige Programmierung der Schaltung bzw. Steuerung zu prüfen.

Das EVA-Prinzip

Das EVA-Prinzip steht für „Eingabe, Verarbeitung und Ausgabe" und beschreibt die grundlegende Struktur von Informationssystemen. Das EVA-Prinzip wird in verschiedenen Bereichen angewendet, besonders in der Informatik und Datenverarbeitung.

3D-Druck

Der 3D-Druck ist eine Fertigungstechnologie, bei der dreidimensionale Objekte Schicht für Schicht aufgebaut werden. Dazu werden Materialien wie Kunststoffe, Metall oder Keramik genutzt. Besonders bei Kunststoffen können verschieden Verfahren eingesetzt werden. So kann der Kunststoff als langer Faden/Filament in einer beheizten Düse aufgeschmolzen und aufgetragen werden oder flüssig- bzw. pulverförmig mit einem Laser ausgehärtet werden. Metall oder Keramik werden oft pulverförmig mit einem Laser ausgehärtet.

Abb. 1 *3D-gedruckte Metallbrücke in Amsterdam*

Technischer Fortschritt und Innovation

Der technische Fortschritt verändert fortlaufend unseren Alltag, indem er die Qualität bestehender Produkte verbessert oder neue Erfindungen hervorbringt. Innovation bedeutet, neue Ideen zu entwickeln und diese in die Praxis umzusetzen. Diese Ideen können Produkte, Dienstleistungen oder Prozesse verbessern oder etwas völlig Neues schaffen. Innovation ist wichtig, weil sie hilft, alte und neue Herausforderungen zu meistern. Sie treibt den technischen Fortschritt voran, indem sie uns neue Technologien und Produkte hervorbringt.
Auch in der Wirtschaft ist Innovation entscheidend, um wettbewerbsfähig zu bleiben. Innovationen sichern den wirtschaftlichen Erfolg von Unternehmen.

Produktentwicklung

Produktentwicklung umfasst alle Phasen, um ein neues Produkt zu planen, zu entwerfen und herzustellen. Dabei wird zuerst überlegt, welches Problem das Produkt lösen soll und für wen es gedacht ist. Es wird systematisch vorgegangen, also Schritt für Schritt, um sicherzustellen, dass das Produkt gut funktioniert und die Bedürfnisse der Kundschaft erfüllt werden. Bei einem planlosen Vorgehen könnten wichtige Dinge übersehen werden und das Produkt könnte am Ende nicht gut sein. Durch eine klare Struktur werden Fehler frühzeitig entdeckt, Fehler korrigiert und Zeit und Kosten gespart. Am Ende entsteht so ein Produkt, das erfolgreich auf den Markt gebracht werden kann.

Wichtige Begriffe
CAD-Konstruktion, Eingabe-Ausgabe-Verarbeitung (EVA), Erfindungen, Fertigungstechnologie, Innovation, iterativer Problemlöseprozess, Produktentwicklung, Schicht für Schicht, Simulation, systematische Vorgehensweise, wettbewerbsfähig

Lerncheck

Computergestütztes Konstruieren

1 Erkläre, welche Rolle CAD-Software in der digitalen Welt und in deinem Alltag spielt.

2 Erläutere, was unter Simulationen in CAD-Programmen verstanden wird.

3 Erkläre, was in einer CAD-Software unter Grundformen verstanden wird.

4 Bewerte, welche Vorteile dein Wissen zur Programmierung von Mikrocontrollern für deine berufliche Zukunft haben kann.

3D-Druck

5 Beschreibe Einsatzgebiete der 3D-Druck-Technologie und wie du dein Wissen zum 3D-Druck in deinem Alltag einsetzen kannst.

6 Zähle mindestens drei Materialien auf die beim 3D-Druck zum Einsatz kommen.

Windenergieanlage

M1 *Querschnitt durch eine Windenergieanlage*

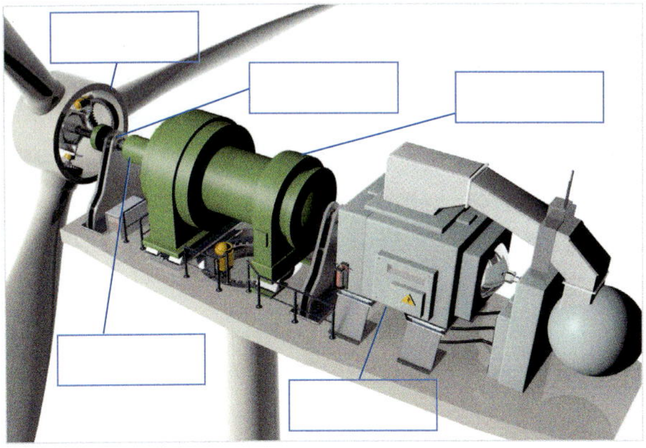

7 Benenne die fünf Hauptbestandteile des Antriebstrangs einer Windenenergieanlage (M1).

8 Beschreibe, wie aus Wind elektrische Energie gewonnen wird.

9 Erkläre, wofür der Rotor benötigt wird.

10 Erläutere die Aufgabe eines Getriebes und warum dieses in einer Windenergieanlage gebraucht wird.

EVA-Prinzip

11 Bewerte, welche Vorteile dein Wissen zum EVA-Prinzip (Eingabe-Ausgabe-Verarbeitung) für deine berufliche Zukunft haben kann.

Innovation

12 Erläutere, was unter dem Begriff Innovation verstanden wird.

13 Erkläre den Zusammenhang zwischen technischem Fortschritt und Innovation.

14 Begründe, warum für eine wirtschaftliche Wettbewerbsfähigkeit Innovationen notwendig sind.

Produktentwicklung

M2 *Problemlöseprozess*

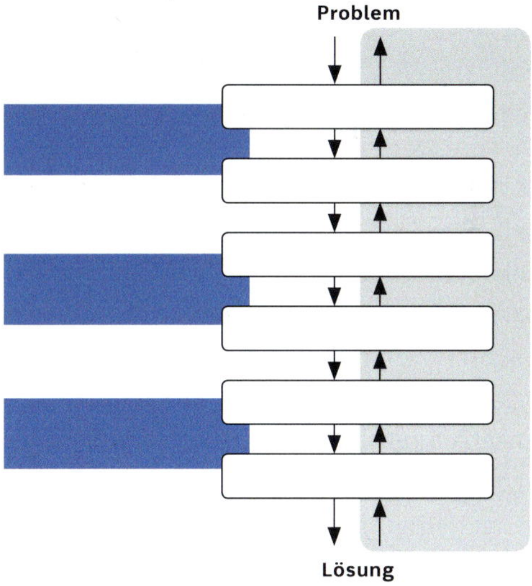

15 Erläutere, was unter dem Begriff Produktentwicklung verstanden wird.

16 Erkläre, welche Vorteile es hat, wenn bei der Produktentwicklung systematisch vorgegangen wird.

17 Übertrage das Schema in M2 in dein Heft und ergänze folgende Inhalte: Hauptphasen (blaue Rahmen), Teilaufgaben/Leitfragen (weiße Rahmen).

Lösungen: *Lerncheck*

Kapitel 2: Warum arbeiten und wirtschaften wir?

Seite 33

3 Denke daran, welche zwei Ströme betroffen sind, wenn jemand etwas kauft.

8 Überlege, welche wirtschaftlichen Tätigkeiten nicht in dem Modell abgebildet werden.

Kapitel 4: Güter werden vermarktet

Seite 67

3

- Attention: Welche Elemente der Werbung erregen die Aufmerksamkeit des Kunden? Welche Rolle spielt die Farbgestaltung für die Wirkung der Werbung?
- Interest: Erkläre die verwendeten Metaphern im Werbespruch („die Neue", „rot werden", „erster Auftritt").
- Desire: Wie erzeugt die Werbung beim Kunden den Wunsch, das Produkt zu besitzen oder auszuprobieren?
- Action: Welches Element der Werbung soll zum Kauf anregen?

Seite 68

A Verwende zur Darstellung der drei verschiedenen Möglichkeiten der Gewinnverwendung ein Baumdiagramm.

B Beispiele für Investitionen: Personalfortbildung, Anschaffung neuer Geräte, Anmietung eines Ladengeschäfts, Kooperation mit einem Versandunternehmen, Schaffung einer neuen Marketing-Abteilung, Erweiterung der Lagerfläche, ...

Kapitel 6: Ich brauche eine Wohnung

Seite 89

2 https://movinga.com/de/de/hub/nebenkosten-abrechnung/

Seite 90

7 Bedenke, welche Termine für dich bei der Wohnungssuche wichtig sind. Denke daran, wie viele Räume du brauchst. Was ist, wenn du dein Haustier mitbringen möchtest.

Kapitel 7 Wohnräume bauen

Seite 96/97

A Ein Flussdiagramm veranschaulicht mithilfe von Pfeilen einen bestimmten, modellhaften Ablauf. Überlege also genau, in welcher Reihenfolge die im Text beschriebenen Schritte ausgeführt werden. Orientiere dich dabei auch an den Absätzen, den Überschriften und den fett gedruckten Begriffen.

6 Am Flussdiagramm, das du in Aufgabe A zum Verfassertext erstellt hast, hilft dir zu erkennen, welche Auswirkungen es auf die restlichen Arbeitsschritte hat, wenn sich die Heizungsarbeiten beim Innenausbau verzögern.

Seite 99

3 Nutze die PDF der Flurkarten und markiere farbig, welche Angaben in beiden Flurkarten zu finden sind und somit Gemeinsamkeiten bestehen. Informationen, die du nur in einer der beiden Karten findest, kannst du andersfarbig und somit als Unterschied kennzeichnen und benennen. Achte auch auf die ausgewiesene Nutzung bestimmter Flächen.

4 Auf der Homepage des Landkreises Vorpommern-Rügen wird formuliert: „Das Liegenschaftskataster ist ein öffentlich-rechtliches Verzeichnis, in dem alle Flurstücke und liegenschaftsrechtlich bedeutsamen Gebäude des Landes nachgewiesen und die Ergebnisse der Bodenschätzung dargestellt werden. Es dient damit der Eigentumssicherung an Immobilen." Begründe mithilfe dieser Erläuterung, inwiefern das Liegenschaftskataster (die Flurkarte) wichtig für die Eigentumssicherung ist.

Seite 94/95

1 Überlege, in welchen Regionen die beiden betreffenden Gebäude stehen und welchen unterschiedlichen Wetterbedingungen sie dort ausgesetzt sein könnten. Daraus lässt sich die wesentliche Funktion der Fassadengestaltung ableiten.

Seite 109

3 Erstelle eine Tabelle, in der die Zeilen die

aufeinanderfolgenden Tätigkeiten sind. Benenne in der ersten Spalte die Tätigkeit, erkläre sie kurz in Spalte zwei und trage das Werkzeug in Spalte drei. Nicht jede Tätigkeit benötigt Werkzeug. Beginne damit, zu überlegen, wo die Dichtung am Wasserhahn sitzt und was du in welcher Reihenfolge (Tätigkeiten) auseinander bauen musst, um an die Dichtung zu kommen. Überlege nun, was du alles benötigst, um die einzelnen Tätigkeiten durchführen zu können.

6 Erstelle einen Grundriss deines Klassenzimmers. Trage dort die Längen und Breiten der Wände ein. Berechne nun mit der Formel für den Flächeninhalt die Flächen der Seitenwände und der Decke. Ziehe nun von der Gesamtfläche die großen Flächen ab, die nicht gemalert werden sollen, z. B. die Fensterflächen, und du erhält die zu malernde Fläche. Bestimme nun mit dem angebenden Verbrauch von 2l/10m², wieviel Farbe du benötigst.

Seite 110

B Überlege erst, was „Kampf gegen Klimawandel“ bedeutet und wie wir durch Verbesserungsmaßnahmen an Gebäuden helfen können, den Energieverbrauch und den umweltschädlichen CO_2-Ausstoß zu senken.

Seite 111

2 **c)** Überlege, was es für die Abkühlung der Innentemperatur eines Raumes bedeutet, wenn durch ein dreifach verglastes Fenster der Energieverlust stark gesenkt wird.

Kapitel 8: Wohnräume kaufen und erhalten

Seite 119

1 Wenn man die Veränderung zwischen zwei Prozentzahlen beschreibt, muss man den Begriff „Prozentpunkte“ verwenden.

2 p. a. bedeutet „per annum“, also pro Jahr

4 **c)** Stelle zunächst Überlegungen an, welche (z. B. 3) Formen von Ungleichheit man nennen könnte.

Seite 121

1 **c)** Ein Darlehensnehmer, der für einen langen Zeitraum einen hohen Zinssatz akzeptiert, rechnet damit, dass die Zinsen in nächster Zeit noch steigen werden.

2 Als Gesamttilgung bezeichnet man die Zinszahlung plus die Tilgung.

Seite 122/123

B Sehr oft verlaufen neben Häusern öffentliche Gehwege.

3 Auf dieses Ergebnis müsstest du kommen: 3920 Euro

Kapitel 10: Haushalten mit Geld und Einkommen

Seite 145

6 Berücksichtige hier sowohl den Online-Handel als auch den Handel vor Ort.

Seite 149

4 Überlege, welche Verhandlungen Tim und Familie Behrends in den angegebenen Fällen führen müssten, falls es kein Geld gäbe.

Seite 151

3 Wie hat man während der Pandemie bezahlt und konsumiert? Kannst du gebührenfrei Bargeld am Automaten verfügen? Welche Art von Uhr tragen mittlerweile viele Menschen am Handgelenk?

Seite 153

2 Es gibt vier Einkommensquellen für private Haushalte: Einkommen aus nichtselbstständiger Arbeit, Einkommen aus selbstständiger Arbeit, Einkommen aus Vermögen/Besitz und Einkommen aus staatlicher Unterstützung.

Seite 155

2 Denke hier auch an Freizeitaktivitäten, notwendige Versicherungen und wie viel Marita monatlich sparen sollte.

Kapitel 11: Bewusster Verbrauch

Seite 161

4 Denke nicht nur an Lebensmittel, sondern auch an Bekleidung, Elektronik und deine Freizeitaktivitäten.

Kapitel 12: Ressourcen effizient nutzen durch Haushaltstechnik

Seite 172/173

C Überlege, welche Tätigkeiten im Haushalt noch stärker durch eigenständig arbeitende Geräte, wie z. B. Saugroboter, unterstützt werden könnte. Du kannst auch überlegen, ob es Tätigkeiten oder Geräte gibt, die in einem Gerät zusammengefasst werden können oder Tätigkeiten im Haushalt, die durch die zunehmende technische Entwicklung erst in Zukunft relevant werden.

3 Die Nutzwertanalyse ist eine Methode, mit der ihr verschiedene Alternativen miteinander vergleichen könnt. Schreibt die vorgegebenen Kriterien in die Zeilen einer Tabelle und die Alternativen in die Spalten. Überlegt anhand eurer Rechercheergebnisse, wie gut eine Alternative die Kriterien erfüllt, und vergebt bei jeder Alternative für jedes Kriterium einen Punktwert (1 = schlecht, 2 = mittel, 3 = gut) und schreibt ihn in das entsprechende Feld. Nun müsst ihr noch pro Alternative alle Punktwerte einer Spalte zusammenrechnen.

Seite 176/177

B Schaue dir M1 auf Seite 169 genau an und überlege, welcher Stoff durch den Staubsauger fließt, welche Form von Energie verwendet wird und wodurch der Staubsauger ein- und ausgeschaltet wird.

2 c) Erstelle eine Tabelle und liste für jedes der zwei Modelle die verwendeten Bauteile auf. Überlege, welche Energieform verwendet wird und wie die Information für das Starten und Beenden der Drehbewegung ist.

Seite 178

C Lese den Text noch mal genau und überlege, wo du etwas findest, indem Bewegung durch folgende Übertragungen erzeugt werden: Ein Bauteil drückt, zieht oder schiebt an einem anderen Bauteil. Oder ein Bauteil bewegt ein anderes Bauteil, indem es daran reibt.

3 Sehe dir die Gleichung für das Übersetzungsverhältnis aus M5 genau an und überlege mithilfe von M2, was die einzelnen Werte der Gleichung bedeuten.

Kapitel 13: Kommunikationstechnologie

Seite 186/187

B Schaue dir die fünf Schritte der Informationskette an und überlege „Wer – Wann – Was" macht.

3 Informationsaustausch findet nicht nur in der digitalen Welt statt, sondern bei jeder Art von Kommunikation. Überlege, wann und wo du überall kommunizierst und welche Störungen dabei auftreten können.

Seite 188/189

6 Gliedere deine Ausführungen nach den betrieblichen Grundfunktionen; Planung – Beschaffung – Produktion – Absatz.

9 Mögliche Beurteilungskriterien wären: Nutzungsdauer in Minuten oder Stunden pro Tag, Nutzungshäufigkeit pro Woche, verwendetes Endgerät

11 b) Berücksichtigte bei deiner Beurteilung die große Importabhängigkeit von Vor- oder Fertigprodukten aus den erwähnten Staaten (z.B. 74 % aller deutschen Unternehmen importieren aus den USA und 62 % aller Unternehmen importieren aus China 5G-Technologie).

Kapitel 14: Wahlthema: Mobilität

Seite 193/194

A Das kann zum Beispiel eine berufstätige Mutter in Neubrandenburg sein.

B Das kann zum Beispiel ein Geschirrspüler sein, der dann im Elektrofachmarkt angeboten wird.

1 Beschreibe dafür zunächst die beiden Grafiken einzeln.

3 Du kannst auch einbeziehen, was das Gegenteil von DOD wäre.

Seite 196

5 a) Die Antwort findet sich im 1. Absatz.

6 a) Nimm an, dass ein Flug von Rostock-Laage nach Antalya 300,00 € kostet und dass das Flugzeug sehr viel Flugbenzin (Kerosin) verbrennt.

7 Dazu müssen einzelne der bunten Abschnitte in den Balken zusammengenommen werden.

Kapitel 16: Markt und Staat als Wirtschaftsgestalter

Seite 215

1 Beachte, dass du in ein Koordinatensystem zwei Graphen zeichnen musst, einer für die angebotene und einen für die nachgefragte Menge.

3 Denke genau nach: Es geht nicht einfach um die Differenz. Du kannst dir vorsagen: „Wenn 400 Personen ein Ticket kaufen möchten und 20 angeboten werden, dann werden ?? tatsächlich verkauft."

4 **a)** Es ist jeder Fall einmal vertreten: Das Angebot steigt stark, das Angebot sinkt stark, die Nachfrage steigt stark und die Nachfrage sinkt stark.

c) Im Modell ergibt sich eine Verschiebung der Nachfrage- oder Angebotskurve nach rechts oder nach links. Erkläre jetzt noch, warum das so ist.

Seite 216

C Ein Indikator für Armut ist die Höhe des Einkommens.

Seite 217

2 **a)** Beziehe in deine Überlegungen ein, dass es in der Bevölkerung unterschiedliche Altersgruppen gibt.

Seite 218

4 **a)** Ein möglicher Anfang: Importe ausländischer Pkw → Konkurrenz für deutsche Autobauer → usw.

4 **b)** Zur Beantwortung kannst du die Geld- und Güterströme des Wirtschaftskreislaufs einbeziehen.

5 **a)** Es ist nicht so, dass die in den Schlagzeilen beschrieben Maßnahmen direkt die Ziele verwirklichen sollen. Subventionen machen z. B. Unternehmen wettbewerbsfähiger und bewahren sie vor dem Konkurs. Die Unternehmen wiederum beschäftigen viele Mitarbeiter und verkaufen ihre Produkte auch gerne ins Ausland. So wirkt sich die Maßnahme auf Ziele des Magischen Vierecks aus.

5 **b) und c)** Zur Einschätzung von Komplementarität und Konkurrenz musst du wiederum auf denkbare Maßnahmen zurückgreifen, die der Zielerreichung dienen sollen.

Seite 220/221

A Es spielt keine Rolle, ob die Eltern ein hohes Einkommen oder den Mindestlohn haben. Für jedes Kind werden monatlich 255,00 € an die Eltern gezahlt (Stand 2025).

1 Du kannst nach Risiken, die ziemlich sicher jeden treffen, und nach solchen, die nur manche treffen, unterscheiden.

2 Du kannst großzügig runden: ALV 1,5 %, KV 7 %, PV 1,5 % RV 10 %.

3 Tarifparteien sind die Arbeitgeber und die Arbeitnehmer, die unabhängig vom Staat die Arbeitsbedingungen und Löhne aushandeln.

6 und 7 Bürgergeld erhalten in Deutschland Personen, die nicht aus eigener Kraft für ihren Lebensunterhalt sorgen können, die nicht erwerbstätig sein können. Es ist ein mittlerer dreistelliger Betrag. Zusätzlich wird die Wohnungsmiete übernommen. Solche staatlichen Unterstützungen nennt man auch Transferzahlungen.

Seite 223

5 Überlege, was man für die Herstellung von Kleidung braucht: Rohmaterialien vom Feld, von Tieren, aus Kunststoff, Webstühle, Strickmaschinen, Farben, für Leder Gerbstoffe, Mottenschutz und die jeweils beteiligten Arbeitskräfte.

Kapitel 17: Internationale Wirtschaftsbeziehungen

Seite 228/229

A Formuliere „Wenn..., dann..."-Sätze, um den Zusammenhang zwischen Außenhandel und Wohlstand zu erklären. Beispiel: Wenn die Herstellung eines Guts in einem Land kostenintensiv ist und viele Ressourcen verbraucht, dann kann ein Unternehmen es durch Arbeitsteilung in einem anderen Land kostengünstiger und ressourcenschonender herstellen.

1/2 Erstelle zur Lösung der beiden Aufgaben Tabellen, in denen du die aufgewendete Zeit pro Tätigkeit genau gegenüberstellst und so die Zeitersparnis erkennen kannst. Die Tabelle funktioniert für beide Aufgaben, wenn du die entsprechenden Zeiten und Tätigkeiten einfügst.

Seite 230/231

4 Suche zentrale Schlüsselbegriffe zum Thema „Handelshemmnisse", die im Text genannt werden. Überprüfe anhand des Verfassertextes auf S. 230, ob diese sich den tarifären oder nicht-tarifären Handelshemmnissen zuordnen lassen.

Seite 233

3 Stelle zunächst heraus, wieso Ralph Ossa davon spricht, dass die Menschen „zu viel" Globalisierung befürchten. Erläutere anschließend, wie er diese Behauptung am Beispiel der Corona-Krise widerlegt. ***Begriffserläuterung:*** Als „Resilienz" wird eine besonders ausgeprägte Belastbarkeit bezeichnet.

Kapitel 19: Unternehmen und Märkte

Seite 256

1 Ordne aus betriebswirtschaftlicher und aus volkswirtschaftlicher Perspektive zu.

Seite 256

3 Lies noch mal den Text auf der Seite 258 im Abschnitt „Betriebsrat" durch.

Seite 263

4 Lies noch einmal aufmerksam den Verfassertext auf Seite 262 durch, insbesondere den Abschnitt zur „Preisbildung auf Märkten".

Seite 265

5 Erstelle eine Tabelle in der du die Aussage und die ihr widersprechende Annahme gegenüberstellst.

Seite 267

3 **a)** Denke daran, wofür du, deine Eltern, deine Freundinnen/Freunde oder Verwandten Banken brauchen.

Seite 273

1 **b)** Digitalisierung ist ein wichtiges Thema für Schulen im 21. Jahrhundert. Sie bietet einige Chancen .... Die Schülerinnen und Schüler werden für ... vorbereitet. Der richtige Umgang mit Internet und sozialen Medien ist entscheidend, um zu verhindern ...

Kapitel 20: Effizienzsteigerung durch technische Lösungen

Seite 279

A Beschreibe die Form, Größe und die Funktion.

Seite 281

8 Recherchiere, welche Produkte an einem Computer entstehen bzw. welche Berufe mit CAD-Software arbeiten.

Seite 283

5 Überlege was ein Headset von einem reinen Kopfhörer bzw. Mikrofon unterscheidet.

Seite 288

B Überlege, welche Berufe für die Entwicklung neuer Produkte benötigt werden.

Seite 290

8 Berücksichtigt bei der Diskussion Argumente wie Schadstoffemission, Flächennutzung, Verfügbarkeit von Wind und Sonne.

Seite 291

9 **b)** Eine erfolgreiche Strategie bedeutet, dass sich ein Produkt nicht nur von den heutigen Wettbewerbsprodukten positive unterscheidet, sondern auch realisierbare Ideen vorhanden sind, um sich auch in Zukunft einen technologischen Vorsprung hat, um Marktführer zu bleiben. Sozusagen das „Produkt von morgen".

Stühletausch

Vergleich und Vorstellung von Ideen, Materialien, Ergebnissen, gemeinsame Auswertung

1. Jede Person löst die gestellte Aufgabe und legt das Ergebnisblatt auf den Stuhl.
2. Jede Person sucht sich einen anderen Stuhl und liest das dort ausgelegte Ergebnis. Dann notiert er/sie eine Rückmeldung.
3. Jede/jeder geht auf den Platz zurück und prüft die Rückmeldung zu seiner/ihrer Lösung.
4. Gemeinsam wird in der Klasse ein auswertendes Gespräch geführt.

Fishbowl

Diskussionsform eines Themas in einer Kleingruppe, während eine Großgruppe zuhört und sich beteiligen kann

1. Die Arbeitsgruppe setzt sich in einen inneren Stuhlkreis und diskutiert ein Thema/Problem. Ein Stuhl bleibt für einen Gast frei.
2. Die übrigen Schüler/-innen sitzen in einem äußeren Stuhlkreis und hören zu. Die Gruppe im Innenkreis stellt ihre Arbeitsergebnisse vor.
3. Die Zuhörer/-innen im Außenkreis können sich am Gespräch beteiligen. Wer mitdiskutieren möchte, setzt sich als Gast auf den freien Stuhl bei der Arbeitsgruppe und äußert seinen Beitrag. Danach verlässt er den Innenkreis und setzt sich wiederauf seinen ursprünglichen Platz.
4. Andere, die nicht mehr mitdiskutieren möchten, können aussteigen und sich ebenfalls in den Außenkreis setzen. Zum Abschluss erfolgt eine Reflexion des Gesagten.

Placemat

Zusammenführen von individuellen Gedanken, um zu einem Gruppenprodukt zu kommen

1. Ein Blatt wird entsprechend der Anzahl an Diskutierenden in gleich große Felder aufgeteilt. In der Mitte bleibt ein Feld für die Ergebnisse frei. Jede/jeder schreibt seine Ergebnisse in ein Außenfeld.
2. Die Ergebnisse werden in der Gruppe besprochen.
3. In der Mitte wird anschließend das übereinstimmende Arbeitsergebnis notiert.
4. Die Gruppe stellt ihre Ergebnisse vor.

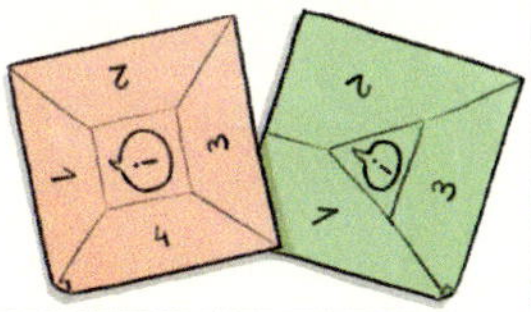

Marktplatz

Austausch von Informationen und Meinungen

1. Geht im Raum umher, bis ihr ein Signal von der Lehrkraft bekommt.
2. Bleibt stehen und besprecht mit der Person, die euch am nächsten steht, eure Aufgabe. Beim nächsten Signal geht ihr weiter.
3. Wenn erneut das Signal erklingt, bleibt ihr wieder stehen und sprecht mit einer Person.

Bienenkorb

Austausch von Informationen

1. Findet euch mit euren Sitznachbarinnen und -nachbarn zu zweit oder zu mehreren zusammen.
2. Tauscht euch zur jeweiligen Fragestellung aus: Sammelt Ideen und Lösungsvorschläge oder vergleicht vorhandene Ergebnisse.
3. Sprecht anschließend in der Klasse.

Think-Pair-Share

Kooperatives Lernen in einem 3-Schritt-System, Austausch von Ideen und Gedanken

1. **Nachdenken**: Denkt in Einzelarbeit über die Aufgabe nach, löst sie und macht euch Notizen.
2. **Austauschen**: Stellt euch zu zweit eure Lösungen gegenseitig vor, lernt die andere Lösung kennen.
3. Stellt eurem Partner/eurer Partnerin Fragen, tauscht euch aus und notiert ein gemeinsames Ergebnis.
4. **Vorstellen**: Stellt die gemeinsame Lösung in der Klasse vor, lernt weitere Lösungen kennen und vergleicht sie wieder mit der eigenen Lösung.

Lerntempoduett (Bushaltestelle)

Lernen in individuellem Tempo mit kooperativem Austausch

1. Bearbeitet die Aufgabe zunächst in Einzelarbeit.
2. Wer fertig ist, steht auf und wartet auf die nächste Person, die fertig ist.
3. Beide vergleichen ihre Ergebnisse. Sie sind nun ein Expertenpaar.
4. Eine Wiederholung dieses Ablaufs mit weiteren Aufgabenstellungen ist möglich.

Zur Durchführung des Lerntempoduetts kann ein fester Treffpunkt im Klassenraum vereinbart und mit einem Schild als Bushaltestelle markiert werden.

Partnervortrag

Vergleich und Vorstellung von Ideen, Materialien, Ergebnissen

1. Lest die Aufgabenstellung. Arbeitet in Einzelarbeit einen Vortrag aus.
2. Setzt euch mit eurem Partner/eurer Partnerin zusammen und einigt euch, wer zuerst spricht und wer zuerst zuhört.
3. Der Zuhörer/die Zuhörerin hört aufmerksam zu und wiederholt dann, was der Sprecher/die Sprecherin erzählt hat. Wer spricht, achtet darauf, ob der Vortrag vollständig und richtig wiedergegeben wird.
4. Danach wechselt ihr die Rollen.

Galeriegang

Präsentation von Gruppenergebnissen

1. Bildet möglichst gleich große Gruppen.
2. Jede Gruppe bearbeitet ein anderes Thema.
3. Anschließend werden die Gruppen neu zusammengesetzt: Aus jeder alten Gruppe wechselt ein Experte/eine Expertin in eine neue Gruppe.
4. Die Gruppen wandern von Station zu Station. Dort präsentiert der jeweilige Experte/die Expertin die Arbeitsergebnisse und beantwortet Fragen.

Ein Plakat gestalten

Auf einem Plakat könnt ihr vielen Menschen Informationen präsentieren. Damit ein Plakat seine Wirkung nicht verfehlt, solltet ihr einige Punkte beachten:

1. Schritt: Inhalte erarbeiten

- Recherchiert zu eurem Thema, zum Beispiel im Internet, in der Schul- und Stadtbibliothek, bei staatlichen Stellen und gemeinnützigen Organisationen.
- Formuliert eigene Texte, gebt dabei die verwendeten Quellen von Fremdtexten oder Webseiten an.
- Wählt passende Bilder, Grafiken, Schaubilder oder erstellt eigene. Notiert auch hier die Quellen.

2. Schritt: Plakat planen

- Stellt die Informationen für das Plakat zusammen.
- Formuliert eine klare und prägnante Überschrift, die auf das Thema hinweist.
- Macht eine Skizze zur Aufteilung des Plakats. Plant dabei die Blickrichtung bei der Betrachtung mit ein und lenkt sie durch eine klare Aufteilung.

3. Schritt: Plakat gestalten

- Achtet auf einheitliche Schriftbilder und Schriftgrößen. Denkt daran, dass man alles aus einer Entfernung von zwei, drei Metern gut lesen kann.
- Ihr könnt durch Nummerierungen, Kästen oder Symbole eine Struktur schaffen.
- Verseht unterschiedliche Teilthemen mit Teilüberschriften.
- Ergänzend könnt ihr üben, euer Plakat den möglichen Betrachtern kurz vorzustellen.

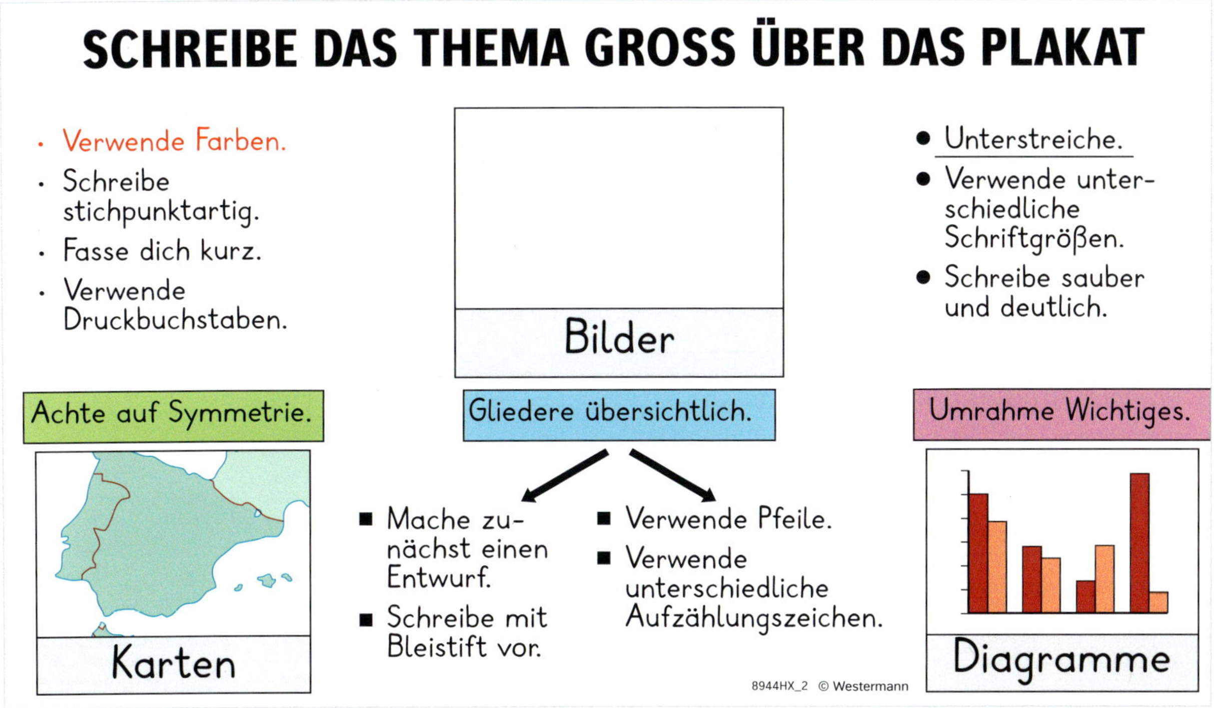

Eine Mindmap erstellen

Eine Mindmap ist eine „Gedanken-Landkarte". Darin werden die Beziehungen zwischen unterschiedlichen Gedanken bzw. Begriffen durch Verbindungslinien grafisch veranschaulicht. So kannst du deine Ideen zu einem Thema übersichtlich darstellen.
Die Mindmap eignet sich auch, wenn du dir schwierige Texte erschließen willst, wenn du ein Referat vorbereitest oder wenn du für eine Prüfung lernst. Sie hilft dir dabei, das Gelesene zu strukturieren und so besser zu verstehen.

1. Schritt: Mindmap beginnen

- Nimm ein großes Blatt Papier, am besten ein weißes bzw. helles Blatt in mindestens DIN-A4-Größe und im Querformat.
- Schreibe das Thema deiner Mindmap in einen Kreis oder ein Oval in die Mitte des Blattes.

2. Schritt: Unterthemen anlegen

- Ausgehend von deinem Thema legst du die Unterthemen an. Für jedes Unterthema ziehst du eine Linie, die von der Mitte wegführt. An das Ende jeder Linie schreibst du ein Unterthema.
- Achte darauf, dass sich die Unterthemen übersichtlich um dein Thema herum anordnen.
- Damit es noch übersichtlicher wird, kannst du für die einzelnen Unterthemen verschiedene Farben nehmen.
- Verwende eindeutige Stichwörter und schreibe deutlich.

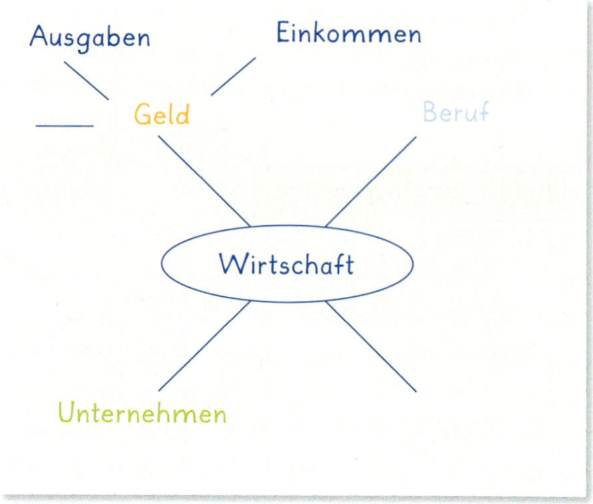

3. Schritt: Mindmap weiter verzweigen

- Wenn dir etwas einfällt, das zu einem der Unterthemen gehört, so ziehst du ausgehend von dem Unterthema wieder eine Linie. An das Ende der Linie schreibst du das entsprechende Stichwort usw.
- Die bereits von dir notierten Stichwörter und die Verbindungen zwischen ihnen werden dich zu immer neuen Ideen führen. Deine Mindmap verzweigt sich so immer weiter.

Eine Karikatur analysieren

Eine Karikatur ist eine überzeichnete Darstellung von Personen oder gesellschaftlichen Zuständen. Oft haben Karikaturen einen politischen Hintergrund. Der Zeichner (Karikaturist) möchte die Menschen auf ein gesellschaftliches Problem hinweisen. Eine Karikatur drückt also immer eine Meinung aus. Um diese zu erkennen, musst du ganz genau hinsehen, denn die Botschaft ist meist in der Zeichnung „versteckt".
Oft sind Karikaturen auch bewusst provokativ gezeichnet. Dadurch möchte der Karikaturist erreichen, dass die Betrachter über das Problem nachdenken und über die Aussage hinter der Karikatur diskutieren. Wenn du eine Karikatur analysieren möchtest, kannst du nach diesen drei Schritten vorgehen.

1. Schritt: Karikatur genau beschreiben

- Denke zunächst über deine spontanen Eindrücke nach. Was fällt dir besonders auf? Welche Gefühle hast du, wenn du die Karikatur betrachtest?
- Nenne die Karikaturistin oder den Karikaturisten sowie, falls erkennbar, Erscheinungsort und -datum. Beschreibe dann genau, was du auf dem Bild siehst. Achte zum Beispiel auf Gegenstände, Personen, Farben, Symbole und Perspektive. Gehe nur auf sichtbare Merkmale ein. Stelle also keine Vermutungen an und bringe noch nicht deine Meinung dazu ein.
- Lies auch die Texte zu der Karikatur genau, also Sprech- oder Gedankenblasen, Beschriftungen, vielleicht einen Titel oder eine Bildunterschrift.

2. Schritt: Karikatur interpretieren

- Arbeite heraus, welche Bedeutung die einzelnen Merkmale haben und welches Problem damit aufgezeigt werden soll.
- Halte fest, was die Karikaturistin oder der Karikaturist mit der Zeichnung aussagen möchte.

3. Schritt: Karikatur beurteilen

- Beurteile, ob die Darstellung der Karikatur in deinen Augen gelungen ist. Bringt sie das Problem deutlich zum Ausdruck?
- Nimm Stellung zu der Aussage der Karikatur: Teilst du die dargestellte Meinung oder würdest du es anders sehen? Begründe deine Ansicht.

Variante
Nachdem ihr zunächst kurz allein über eure spontanen Eindrücke zur Karikatur nachgedacht habt, könnt ihr sie auch gemeinsam an der Tafel analysieren.
Tipp
Versucht doch einmal, selbst eine Karikatur über ein politisches Problem zu zeichnen. Stellt die Zeichnung eurer Klasse vor.

Statistiken, Schaubilder und Grafiken auswerten

Wofür wir Schaubilder brauchen

Schaubilder helfen uns, viele Zahlen zusammenzufassen. Zahlen sind wichtig, um Gegebenheiten oder Entwicklungen zu veranschaulichen. Schaubilder vereinfachen vieles.

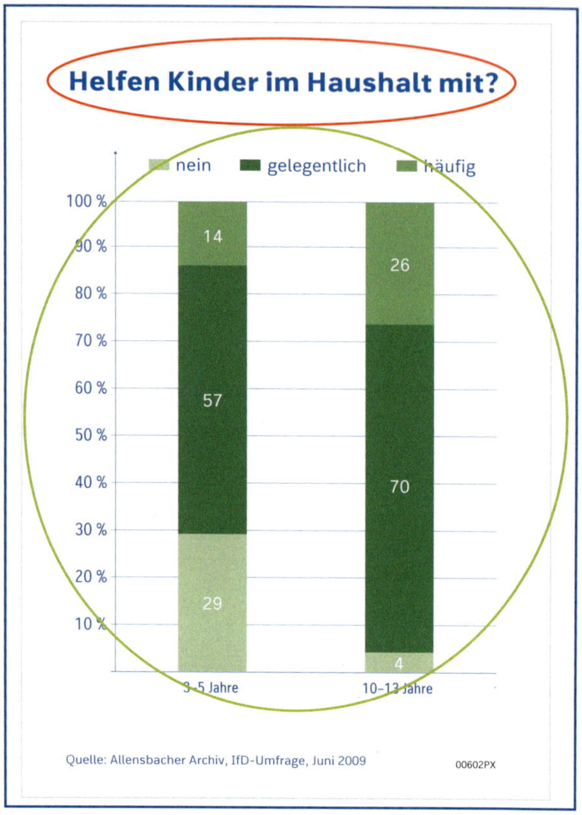

Schritt 1: Thema benennen

Was in dem Schaubild dargestellt wird, steht meistens in der **Überschrift**. Weitere Informationen stehen unter oder neben dem Bild. Schreibe das Thema in eigenen Worten auf.

Schritt 1: Thema benennen
- In diesem Schaubild geht es darum, ...
- Die Grafik wurde ... veröffentlicht ...

Schritt 2: Beschreiben

- Was kannst du genau sehen? Beschreibe die Säulen.
- Welche Zahlen werden genannt?
- Gibt es Unterschiede?
- Was fällt direkt auf?
- Welche Entwicklungen lassen sich ableiten?

Schreibe auf, was du siehst.

Schritt 2: Beschreiben
- Eltern wurden befragt, ob ...
- In dem Diagramm sieht man zwei Säulen, die ...
- Die Zahlen zeigen Prozentangaben zu ...
- Nur 4 % der 10- bis 13-jährigen Kinder helfen nie im Haushalt mit. Im Gegensatz zu den 3- bis 5-jährigen Kindern, da sind es ...
- Es wird verglichen ...
- Es ist deutlich zu erkennen, dass Kinder von 10 bis 13 Jahren ...
- Insgesamt kann man sagen, dass 10- bis 13-jährige Kinder ...

Schritt 3: Auswerten

- Was sagt das Schaubild aus?
- Kann man hohe oder niedrige Werte erklären?
- Welche Ursachen gibt es für Entwicklungen?
- Was kann man aus dem Schaubild ableiten?
- Wie kann man die Informationen zusammenfassen?

Fasse die gesammelten Informationen aus Schritt 2 nochmal zusammen.

Schritt 3: Auswerten
- Wie verändert sich das Verhalten der Kinder?
- Wodurch ist eine Veränderung eingetreten?
- Kann man alle Informationen zusammenfassen?

Eine Internetrecherche durchführen

Das Internet hält eine Fülle von Informationen bereit, die du jetzt für die Schule und später auch für den Beruf nutzen kannst. Manche Schulbücher geben passende Internetseiten für eine Recherche an, ansonsten verwendest du eine Suchmaschine. Im Folgenden lernst du, wie du dabei am besten vorgehst und was es zu beachten gilt.

1. Schritt: Thema eingrenzen

- Überlege dir genau, wonach du suchen möchtest.
- Notiere dir kurze und treffende Schlagwörter.

2. Schritt: Suchmaschine nutzen

- Wähle eine Suchmaschine und gib zunächst ein zentrales Suchwort ein. Verschaffe dir einen ersten Überblick über das Thema.
- Ist die Zahl der Suchergebnisse sehr groß und unübersichtlich, kombiniere mehrere deiner notierten Schlagwörter miteinander. Dies verringert die Zahl der Suchergebnisse.
- Nicht alle angezeigten Inhalte sind leicht verständlich. Dann kann es helfen, wenn du den Zusatz „leicht verständlich" oder „einfach erklärt" in das Feld der Suchmaschine eingibst. Meist werden dann einfachere Ergebnisse angezeigt.

3. Schritt: Suchergebnisse auswerten

- Gehe kritisch mit den Informationen um. Da jeder Informationen, Bilder und Videos veröffentlichen kann, musst du die Quellen überprüfen (z. B. Verfasser/-in, Impressum). Sichte daher auch immer mehrere Seiten zu einem Thema und vergleiche die Inhalte miteinander. Einige Beispiele für verlässliche Quellen sind:
  - staatliche Stellen (*www.bundesregierung.de*, *www.bzkj.de*, *www.bpb.de*),
  - Einrichtungen eines Bundeslandes (*www.niedersachsen.de*),
  - Behörden (*www.arbeitsagentur.de*),
  - Zeitungen (*www.haz.net, www.nwzonline.de*),
  - von der EU geförderte Initiativen (*www.klicksafe.de*).
- Bei Beiträgen von Privatpersonen in sozialen Netzwerken oder auf privaten Websites ist Vorsicht geboten. Auch Websites mit sehr viel Werbung sind meist unseriös.
- Überprüfe, von wann die Informationen sind. Gerade bei Daten ist die Aktualität wichtig.
- Speichere hilfreiche Links oder Inhalte direkt in ein Dokument oder in einen Ordner. Beschränke dich dabei auf ein bis zwei Quellen zu einem Unterthema.
- Denke daran, zu den einzelnen Texten oder Bildern die URL (Internetadresse) mit einem Rechtsklick zu kopieren und anzugeben.

4. Schritt: Informationen aufbereiten

- Fasse die recherchierten Informationen mit eigenen Worten zusammen. Schreibe nicht einfach ab.
- Du kannst deine Ergebnisse in Form eines Referates, einer digitalen Präsentation oder eines Plakats präsentieren.

Suchmaschinen für Kinder

www.fragfinn.de
www.hanisauland.de
www.helleskoepfchen.de

Eine digitale Präsentation erstellen

In der Schule und im Berufsleben

Die digitale Präsentation ist mittlerweile die gängigste Präsentationsform im deutschen Schulalltag. Sie wird im Unterricht genutzt, um Expertenwissen mit der ganzen Klasse zu teilen. Dabei können sowohl Lehrkräfte als auch Schülerinnen und Schüler damit arbeiten. Die digitale Präsentation wird auch immer öfter bei Abschlussprüfungen am Ende der Schulzeit genutzt.

Auch im späteren Berufsleben eines Erwachsenen ist die digitale Präsentation nicht mehr wegzudenken, wenn es darum geht, Vorgesetzten, Geschäftskund/-innen oder Kolleg/-innen am eigenen Wissen möglichst gut verständlich teilhaben zu lassen. Der oder die Vortragende kann Erklärungen gut durch Bilder und kurze Informationen visualisieren und so verständlicher gestalten.

Abb. 1 *Arbeit am Computer*

Thema auswählen

Überlege dir ein Thema für deine Präsentation. Worum soll es gehen, welche Inhalte gehören dazu und was könnte interessant sein? Du überlegst, wie du die Inhalte am besten sortieren kannst und erstellst daraus eine Gliederung.

Informationen beschaffen

Du kannst im Internet nach Informationen suchen, in Fachbüchern, Zeitschriften, oder auch jemanden fragen. Schreibe immer auf, wo du die Informationen gefunden hast. Deine Ergebnisse hältst du schriftlich fest. Suche auch nach Bildern, die die Inhalte veranschaulichen. Deine Gliederung kannst du jederzeit anpassen.

Präsentation gestalten

Sortiere die Informationen, die du gefunden hast. Wähle aus, was du den Zuhörerinnen und Zuhörern präsentieren möchtest. Schreibe nicht alles auf die Seiten der digitalen Präsentation, sondern nur die wichtigsten Stichpunkte. Wähle dazu geeignete Bilder aus, damit die Seiten anschaulich werden.

Präsentation üben

Bei deiner Präsentation liest du nicht den Text von den Seiten ab, sondern sprichst frei. Schreibe dir Stichworte auf Karteikarten, damit du nichts vergisst. Merke dir, wann du die nächste Seite aufrufen musst. Überlege dir auch, welche Nachfragen kommen könnten. Übe die Präsentation, bis du dich sicher fühlst.

Präsentation halten

Stelle das Thema und deine Gliederung kurz vor. Dann haben die Zuhörerinnen und Zuhörer einen Überblick. Sprich laut, deutlich und mit Betonung. Mache auch Pausen, damit alle deinem Vortrag folgen können. Am Ende deiner Präsentation können Nachfragen gestellt werden.

Film: *Einfach erklärt: Urheberrecht*
Arbeitsblatt: *Die Grundlagen von digitalen Präsentationen*
Arbeitsblatt: *Bilder im Internet suchen*

visualisieren: veranschaulichen

Anhang | Digital+
WES-117442-A01

Einen Podcast aufnehmen

Ein Podcast ist eine Hördatei, die ihr aufnehmen könnt. Ihr braucht dazu ein Aufnahmegerät (Handy, Tablet oder Diktiergerät).

Vorbereitung

- Erstellt ein Skript, in dem steht, was ihr sagen wollt. Ihr könnt auch mit verteilten Rollen sprechen.
- Übt, den Text vorzulesen. Sprecht langsam, laut und deutlich. Macht Pausen zwischen den Sätzen.

Durchführung

- Achtet darauf, dass es keine störenden Hintergrundgeräusche gibt, z. B. von Schmuck und Kleidung.
- Haltet das Skript bereit und startet die Aufnahme.
- Sprecht direkt ins Mikrofon.
- Wenn ihr euch versprecht: macht eine kurze Pause und wiederholt dann den Satz.
- Beendet die Aufnahme und speichert sie.

Nachbereitung

Eure Aufnahme könnt ihr mit einem sog. Schnittprogramm nachbearbeiten. Damit könnt ihr z. B. Versprecher herausschneiden.

Link: *Wie man einen Podcast macht*
Arbeitsblatt: *Audios aufnehmen*

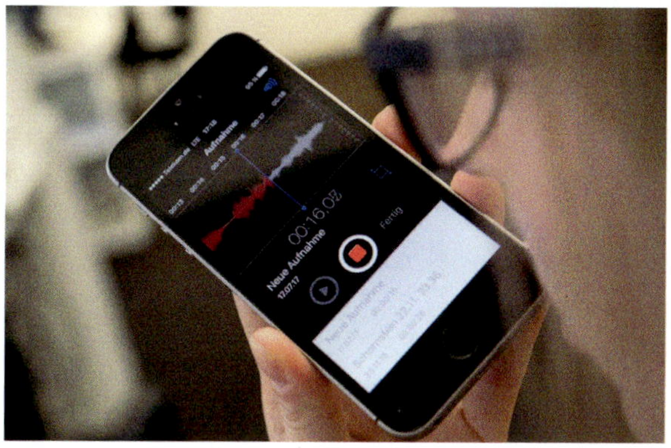

Ein Erklärvideo erstellen

Ein Erklärvideo ist ein kurzes Video zu einem Thema.

Vorbereitung

- Zunächst legt ihr ein genaues Thema fest.
- Im **Drehbuch** beschreibt ihr, wie die einzelnen Szenen aussehen, wer was macht und sagt.
- Daraus könnt ihr ein **Storyboard** machen. Das ist eine Art Bildergeschichte, damit jeder sich das Video vorstellen kann. Jede Szene wird durch ein Bild beschrieben.
- Stellt die Materialien zusammen, die ihr benötigt. Das können z. B. Fotos und Gegenstände sein.

Durchführung

- Das Video nehmt ihr mit einer Kamera auf, z. B. dem eines Handys. Das montiert ihr auf ein Stativ, damit es ruhig steht.
- Sprecht langsam, laut und deutlich.
- Vermeidet störende Hintergrundgeräusche von Schmuck und Kleidung.
- Probt zunächst einige Male vor der Aufnahme.

Nachbereitung

Eure Aufnahme könnt ihr mit einem sog. Schnittprogramm nachbearbeiten. Damit könnt ihr z. B. Versprecher und Szenen, die nicht so gut gelungen sind, herausschneiden.

Ideen zur Umsetzung

- Personen spielen eine Szene.
- Fotos werden gezeigt und beschrieben oder kommentiert.
- Mit Gegenständen und Spielfiguren werden Szenen gespielt.
- Illustrationen und Pfeile werden ins Bild geschoben und erklärt (Legetechnik).

Kapitel 3: Güter werden entwickelt und realisiert

41 M2: M.S. Nordwolle GmbH, Teplitz, k.A.: Nachhaltige Outdoor-Bekleidung made in Mecklenburg-Vorpommern (verändert) Über uns: https://nordwolle.com/ueber-uns (Zugriff: 06.11.2024)

Kapitel 4: Güter werden vermarktet

63 M3: k.A., Futurium Berlin, Stiftung Deutscher Nachhaltigkeitspreis e.V.: Das Futurium in Berlin [...], Düsseldorf: https://www.nachhaltigkeitspreis.de/architektur/preistraeger-architektur/2018/nominierte-dgnb-preis-2019/futurium-berlin (Zugriff: 06.11.2024)

69 M3: Norddeutscher Rundfunk, Hamburg: Stralsund: Neue Arbeitsplätze auf Gelände der Volkswerft, Volkswerft Stralsund (verändert), 04.07.2024: https://www.ndr.de/nachrichten/mecklenburg-vorpommern/vorpommern/Stralsund-Neue-Arbeitsplaetze-auf-Gelaende-der-Volkswerft,mvregiogreifswald374.html (Zugriff: 06.11.2024)

71 M2: Swantje Schemmerling: Transparenz bei Social-Media Werbung [...] (verändert), Heftige Strafe: Reality TV Star missachtet Kennzeichnungspflicht auf Social Media, OnlineMarketing.de GmbH, Hamburg, 21.6.24: https://onlinemarketing.de/social-media-marketing/reality-tv-star-missachtet-kennzeichnungspflicht-social-media (Zugriff: 06.11.2024)

71 M3: Lazar Backovic, Martin-W. Buchenau, Barbara Gillmann: Der heimliche Boom der deutschen Wirtschaft, Handelsblatt, Düsseldorf, 19.12.2023: https://www.handelsblatt.com/politik/deutschland/investitionen-der-heimliche-boom-der-deutschen-wirtschaft/100002629.html (Zugriff: 06.11.2024)

Kapitel 6: Ich brauche eine Wohnung

89 M2: Bundesministerium für Wohnen, Stadtentwicklung und Bauwesen, Berlin: Der Mietspiegel definiert vom Bundesministerium für Wohnen, Stadtentwicklung und Bauwesen (verändert): https://www.bmwsb.bund.de/Webs/BMWSB/DE/themen/stadt-wohnen/wohnungswirtschaft/fakten-wohnungsmarkt/mietspiegel/mietspiegel-node.html (Zugriff: 06.11.2024)

91 M5: Weronika Golletz: Angespannter Wohnungsmarkt in Mecklenburg-Vorpommern (verändert), Katapult MV, Greifswald, 17.06.2021: https://katapult-mv.de/artikel/wohnungsmarkt-in-mecklenburg-vorpommern/ (Zugriff: 06.11.2024)

Kapitel 7: Wohnräume bauen

97 Auszug aus Bebauungsplan B65 „Wohngebiet östlich der Hochschulallee“ der Hansestadt Stralsund [...], Bebauungsplan Nr. 65 Wohngebiet östlich der Hochschulallee, Begründung, Juli 2018, Hansestadt Stralsund, Juli 2018; https://bauleitplaene-mv.de/download/Begr%C3%BCndung%20B%2065-679165.pdf; (Zugriff: 06.11.2024)

101 M2: *Barrierefreiheit im OZEANEUM Stralsund* deutsches-Meeresmuseum.de

Kapitel 14: Wahlthema Mobilität

195 M3: time:matters GmbH, Neu-Isenburg: Was bedeutet DOD? :https://www.time-matters.com/de/glossar-notfall-logistik/dod-delivery-on-demand/#:~:text=Definition%3A%20Was%20ist%20Delivery%20On,werden%2C%20wenn%20sie%20ben%C3%B6tigt%20werden. (Zugriff: 04.12.2024)

196 M4: Mobilitätsatlas 2019, VCD und Heinrich Böll Stiftung, Berlin: FALSCHE ABRECHNUNG – ZAHLEN SOLLEN DIE ANDEREN, Aus dem Mobilitätsatlas 2019 des VCD November 2019, S. 30-31: https://www.vcd.org/themen/klimafreundliche-mobilitaet/mobilitaets-atlas (Zugriff: 04.12.2024)

197 M6: Julia von Esmarch: Aussagen von Kundinnen „Ja!“ zur Regionalvermarktung – Statements von Erzeuger*innen und Verbraucher*innen, Nachhaltiger Konsum, Bundeszentrum für Ernährung, Bonn, 11.06.2024: https://www.bzfe.de/nachhaltiger-konsum/orientierung-beim-einkauf/regional-einkaufen/ (Zugriff: 04.12.2024)

197 M6: Kirsten Lange: Aussagen von Kundinnen „Ja!“ zur Regionalvermarktung – Statements von Erzeuger*innen und Verbraucher*innen, Nachhaltiger Konsum, Bundeszentrum für Ernährung, Bonn, 11.06.2024: https://www.bzfe.de/nachhaltiger-konsum/orientierung-beim-einkauf/regional-einkaufen/ (Zugriff: 04.12.2024)

Kapitel 16: Markt und Staat als Wirtschaftsgestalter

219 M1 (1): Süddeutsche Zeitung online, SZ/Reuters: Lohngefälle in Deutschland sinkt durch höheren Mindestlohn, 29.4.2024: https://www.sueddeutsche.de/wirtschaft/lohn-iw-mindestlohn-1.6736921 (Zugriff: 03.12.2024)

219 M1 (2): Julian Sadeghi: Rund 15 Prozent der Arbeitnehmer sind Niedriglohnempfänger, 12.09.2024, ZEIT Online, Hamburg: https://www.zeit.de/arbeit/2024-09/niedriglohn-arbeitnehmer-gehalt-ost-deutschland (Zugriff: 03.12.2024)

219 M1 (3): Spiegel, Hamburg, .k.A.: Bei 14 Euro Mindestlohn rechnet jeder fünfte Betrieb mit Abbau von Arbeitsplätzen, 21.10.2024: https://www.spiegel.de/wirtschaft/unternehmen/mindestlohn-iab-warnt-vor-job-abbau-bei-14-euro-mindestlohn-a-6a1ba462-4d1a-4420-92b3-e2b5cd858ee7 (Zugriff: 03.12.2024)

219 M1 (4): Marcel Fratzscher: 15 Euro pro Stunde – und der Niedriglohnsektor wäre passé, 24.05.2024, ZEIT Online, Hamburg: https://www.zeit.de/wirtschaft/2024-05/erhoehung-mindestlohn-beschaeftigung-armut-marcel-fratzscher (Zugriff: 04.12.2024)

223 M1: Alexander Dallums: Ein Preisexperiment beim Discounter (verändert), 10.08.2023, Norddeutscher Rundfunk, Hamburg,: https://www.tagesschau.de/wirtschaft/verbraucher/penny-discounter-preise-einkaufsaktion-100.html (Zugriff: 29.11.2024)

Kapitel 17: Internationale Wirtschaftsbeziehungen

231 M3: k.A., Manager Magazin, Hamburg: „America first-Politik [...], Biden setzt auf „America first" und droht Peking, 08.02.2023: https://www.manager-magazin.de/politik/protektionismus-us-praesident-joe-biden-setzt-wie-donald-trump-auf-america-first-a-1a721697-671b-4380-aca2-eee05cce594b (Zugriff: 04.12.2024)

233 M2: Johannes Ritter, Frankfurter Allgemeine Zeitung: Ökonomieprofessor Ralph Ossa über die WTO [...], Die WTO steht am Scheideweg, Frankfurt, 01.09.2023, Nr. 203, S. 18: https://www.econ.uzh.ch/de/news/insights_department_2023/faz_ralph_ossa.html (Zugriff: 04.12.2024)

233 M3: k.A., Bundesministerium für Arbeit und Soziales: „Fair Play für alle": Das Lieferkettengesetz [...], Gesetz über die unternehmerischen Sorgfaltspflichten in Lieferketten, Berlin: https://www.bmas.de/DE/Service/Gesetze-und-Gesetzesvorhaben/Gesetz-Unternehmerische-Sorgfaltspflichten-Lieferketten/gesetz-unternehmerische-sorgfaltspflichten-lieferketten.html (Zugriff: 04.12.2024)

235 M1: k.A., Bayerischer Rundfunk: Vom Warnzeichen zum Qualitätssiegel, München, 10.8.2023: https://www.ardalpha.de/wissen/geschichte/kulturgeschichte/made-in-germany-wie-aus-einem-warnzeichen-ein-qualitaetssiegel-wurde-100.html (Zugriff: 04.12.2024)

Kapitel 18: Technischer Wandel im internationalen Wettbewerb

239 M1: k.A., IDW Positionspapier, Wettbewerbsfähigkeit Deutschlands nach Corona, Institut der Wirtschaftsprüfer in Deutschland e.V.Deutschlands Herausforderungen im internationalen Wettbewerb (verändert): Die kommenden Herausforderungen, Düsseldorf, 27.01.2022, S. 6-7

241 M3: k.A., Helmholtz-Zentrum für Infektionsforschung GmbH (HZI): Forschung in Mecklenburg-Vorpommern (verändert), Interdisziplinär für One Health, Braunschweig: https://www.helmholtz-hioh.de/de/ueber-uns/ (Zugriff: 19.11.2024)

247 M2: k.A., Siemens: Mirko Meboldt, Professor für Produktentwicklung und Konstruktion an der ETH Zürich über das Potential der additiven Fertigung, „Die Zukunft ist 3D Additive Fertigung bei Siemens", München: https://www.siemens.com/de/de/unternehmen/stories/forschung-technologien/additivefertigung/additive-fertigung.html (Zugriff: 14.11.2024)

249 M1: k.A., Bundesministerium für Wirtschaft und Klimaschutz Bundesministerium für Wirtschaft und Klimaschutz, Berlin: „Was ist Industrie 4.0?" (verändert): https://www.plattform-i40.de/IP/Navigation/DE/Industrie40/WasIndustrie40/was-ist-industrie-40.html (Zugriff: 07.11.2024)

249 M2: Bundesministerium für Wirtschaft und Energie: Melissa Kühn, Referentin Nachhaltigkeit Bitkom e.V. über Nachhaltigkeit durch Digitalisierung, Impulspapier der Taskforce Nachhaltigkeit, Nachhaltige Produktion: Mit Industrie 4.0 die Ökologische Transformation aktiv gestalten, Berlin, 2020, S. 13: https://www.plattform-i40.de/IP/Redaktion/DE/Downloads/Publikation/Nachhaltige-Produktion.pdf?__blob=publicationFile&v=1 (Zugriff: 19.11.2024)

Kapitel 19: Unternehmen und Märkte

263 M2: Anke Heinhaus: Warum Butter so teuer ist wie nie zuvor (verändert), Norddeutscher Rundfunk, Hamburg, 17.10.2024: https://www.tagesschau.de/wirtschaft/verbraucher/butterpreise-104.html (Zugriff: 04.12.2024)

273 M1: k.A., Norddeutscher Rundfunk: Digitale Schule: Fit für die Zukunft?! [...],Hamburg, 28.01.2018: https://www.ndr.de/radiomv/Digitale-Schule-Fit-fuer-die-Zukunft,newcomerroebel102.html (Zugriff: 04.12.2024)

Kapitel 20: Effizienzsteigerung durch technische Lösungen

281 M6: k.A., Bundesagentur für Arbeit Bauzeichner/-innen [...]: Bauzeichner/-in, Nürnberg, 04.12.2024: https://web.arbeitsagentur.de/berufenet/beruf/13741 (Zugriff: 05.12.2024)

281 M7: k.A., Bundesagentur für Arbeit: Technische Systemplaner/-innen [...], Technische/r Systemplaner/in - Stahl- und Metallbautechnik, Nürnberg, 04.12.2024: https://web.arbeitsagentur.de/berufenet/beruf/90575 (Zugriff: 05.12.2024)

|akg-images GmbH, Berlin: 12.1. |Alamy Stock Photo, Abingdon/Oxfordshire: Bildagentur-online/Joko 116.1; Shironosov, Dmitriy 57.2. |Alamy Stock Photo (RMB), Abingdon/Oxfordshire: Andia 286.1; Cavan Images 271.1; Folio Images 153.2; Hero Images Inc. 57.1; imageBROKER 7.1, 226.1; Panther Media GmbH 235.1; Purestock 207.2. |Amnesty International, Berlin: 233.1. |Arpack Polska Sp. z o. o., Slubice: 112.1. |Atelier tigercolor Tom Menzel, Scharbeutz/Klingberg: 44.1, 47.1, 47.2, 48.3, 49.2, 50.1, 50.2, 51.1, 51.2, 104.3, 107.1, 107.2, 107.3, 107.4, 109.1, 109.2, 109.3, 110.2, 111.1, 113.1, 113.2, 114.1, 115.6, 125.1, 125.2, 127.1, 127.2, 177.1, 177.2, 193.1, 193.2, 193.3, 243.1, 243.2. |AUDI AG, Ingolstadt: 284.1. |Baaske Cartoons, Müllheim: Mester, Gerhard 235.2, 303.1; Plaßmann, Thomas 217.5. |Bauknecht Hausgeräte GmbH, Stuttgart: 176.1. |Berger, Karl, Wien: 217.4. |Bionade GmbH, Ostheim/Rhön: 67.1. |Bundesministerium für Wohnen, Stadtentwicklung und Bauwesen, Referat L I 5 - Öffentlichkeitsarbeit, Berlin: Quelle: BMWSB 123.1. |Deutsches Komitee für UNICEF e.V., Köln: 233.4. |Deutsches Zentrum für Luft- und Raumfahrt e. V. (DLR), Köln: DFD-WIS, DLR 6.2, 191.1. |Di Gaspare, Michele (Bild und Technik Agentur für technische Grafik und Visualisierung), Bergheim: 46.1, 46.2, 46.3, 46.4, 46.5, 46.6, 47.3, 47.4, 47.5, 48.1, 48.2, 48.4. |Diaz, Danae, Stuttgart: 9.1, 15.3, 16.1, 30.1, 124.1, 125.3, 126.1, 172.1, 183.1, 187.1, 192.1, 213.1, 213.2, 213.3, 213.4, 213.5, 299.1, 299.2, 299.3, 299.4, 299.5, 300.1, 300.2, 300.3, 300.4, 301.1, 313.1, 313.2, 313.3, 313.4. |Domke, Franz-Josef, Wunstorf: 35.1, 35.3. |Drescher, Heinrich, Münster: 17.1. |Eling, Stefan, Köln: Hanisauland.de, bpb 214.1. |fotolia.com, New York: Adler, Klaus-Peter 52.3; Alterfalter 45.1, 271.4; artofchris73 53.6; Bernd Leitner 74.1; blende11.photo 156.1; blende40 55.5; bluedesign 82.1; Boehmer, Oliver 305.1; contrastwerkstatt 132.2, 263.3; contrastwerkstatt - stock.adobe.com 133.1; Dierks, Janina 153.4; drubig-photo 220.1; Eisenhans 159.1; foto ARts 71.1; fotodo 199.1; Helix 84.4; Ingo Bartussek 110.3; Jag_cz 256.1; K. Heidemann 271.2; Kneschke, Robert 66.1; Kurhan 15.1; Maxim_Kazmin 287.2; Olson, Tyler 74.4; Patryssia 263.2; picture-avenue.de 58.1; Racle Fotodesign 207.1; Robert Kneschke 162.2; SimpLine 63.1; ss7 283.13; stockphoto-graf 183.2; Schwier, Christian 273.1; Tierney 70.1; Trueffelpix 10.1, 22.2; vschlichting 271.3; WavebreakMediaMicro 265.1; Webgalerist 55.4; XtravaganT 5.1, 130.1; Zauberhut 283.6. |Future Mindset 2050 GmbH, Gehrden: 45.3. |Getty Images (RF), München: FatCamera 180.1. |Goessel, Hannes von, Erding: 45.2, 45.4. |Greenpeace e.V., Hamburg: 233.2. |Holtfreter-Glienke, Amelie (HOGLI), Berlin: 217.2. |Human Rights Watch, Berlin: 233.5. |HüttenWerke, Klaus Kühner, Hamburg: 32.1, 33.1, 264.1, 275.1, 275.2. |Imago, Berlin: Eckel, Jochen 162.1. |Imago Creative, Berlin: Depositphotos 290.2, 293.1; imagebroker 86.1; imageBROKER/HelmutxMeyerxzurxCapellen 171.1; imageBROKER/Werner Dieterich 101.4. |Imago Editorial, Berlin: Koehler, Jens 69.1; Schöning 209.1. |ImmoScout24, Berlin: 129.1. |Initiative Lieferkettengesetz, Berlin: Wagner, Paul Lovis 233.7. |ISO-Elektrodenfabrik AG, Menziken: 53.5. |iStockphoto.com, Calgary: Aguus 247.1; Aldo Murillo 84.2; Alisa Rodnova 247.4; alvarez 188.4; AndreyPopov 277.1; aprott 63.4; AscentXmedia 160.1; AzmanL 4.2, Baloncici 5.4, 170.1; BBeale 104.2; Belyaev, Dmitry 282.1; blackCAT 197.1; blackred 185.1; Burrell, Michael 55.8; Chaosamran_Studio 3.3, 37.1; Coprid 247.2; Customdesigner 188.2; djedzura 122.1; Dontstop 38.1; Drazen_ 36.1; Feverpitched 22.1; FG Trade Latin 39.3; filadendron 144.1; fizkes 166.1; FluxFactory 52.2; gorodenkoff 188.3, 236.1, 288.1; herraez 83.2; Horz, Christian 152.1; imaginima 63.3; JoergSabel 101.5; JulieanneBirch 12.2; Kanawa_Studio 39.2; KangeStudio 100.1; Lex20 104.1; M_a_y_a 83.1; Maica 28.4; Matveev_Aleksandr Titel; Meinzahn 211.3; milorad kravic 197.2; mocker_bat 211.2; monkeybusinessimages Titel, 153.5, 279.2; NicoElNino 188.5, 188.6; omgimages 134.2, 135.2; openyourap 161.2; paleka19 55.3; pastorscott 145.1; Patrunjel, Florin 178.1; pidjoe 7.2, 237.1; pixelfit 186.1, 188.1; Prashant Zl 283.14; Rhodes, Janet 153.3; RossHelen 81.1; Rudenko, Mikhail 246.1; rusm 55.10; SDI Productions 218.1; shapecharge 261.1; shironosov 135.1; simonkr 262.1; Sokor, Lydia 98.1, 115.5; SolStock 73.1; sorapol1150 248.1; Srinusen, Rattana 60.1; stockfour 29.3; Synenko, Artur 283.10; Sytnyk, Oleksandr 289.1; Tas3 292.1; Tina Rencelj 247.3; tunart/ Getty 271.6; urbazon 52.4; vav63 54.1, 54.2; Vlad Dmytrenko 118.1; Yildirim, Kemal 132.1; Zerbor 146.1; Zhuravleva, Yliya 106.1; zoranm 39.1. |iwd-Informationsdienst des Instituts der deutschen Wirtschaft Köln, Köln: © 2020, IW Medien · iwd 231.1. |Karto-Grafik Heidolph, Dachau: 174.2. |Kartographie Michael Hermes, Hardegsen Hevensen: 105.1, 211.1, 212.2, 215.1, 216.1, 216.2, 228.2, 267.1, 290.1. |Krones AG, Neutraubling: 245.1. |Kühn, Melissa, Hamburg: 249.1. |Kurth–Haus, Pirna: 98.2. |laif, Köln: UPI/B. Greenblatt 231.2. |Landesamt für innere Verwaltung Mecklenburg-Vorpommern - Amt für Geoinformation, Vermessungs- und Katasterwesen, Schwerin: © GeoBasis-DE/M-V 2024 99.1, 99.2. |Langner & Partner Werbeagentur GmbH, Hemmingen: 45.5, 45.6, 45.7, 45.8, 45.9, 45.10, 45.11, 269.1. |Lindner, Anna K., Cremlingen/Weddel: 27.1, 35.2. |Magnin, Alexandre, Nelson: 223.1. |mauritius images GmbH, Mittenwald: Otto, Werner 23.1; SZ Photo Creative/Peljak, Florian 289.2. |mauritius images GmbH (RF), Mittenwald: Westend61 / zerocreatives 74.5. |Mengel, Uta, Seelze: 55.9. |Mithoff, Stephanie, Egestorf: 212.1. |Oesterreichische Nationalbank OeNB, Wien: 151.1. |PantherMedia GmbH (panthermedia.net), München: Goodluz 78.1; tonodiaz 12.3. |Picture-Alliance GmbH, Frankfurt a.M.: akg-ima-

Operator	Das wird von dir verlangt	Beispiel	So könntest du beginnen
Analysiere/ Werte ... aus	Du untersuchst Materialien (z. B. Texte, Grafiken, Karikaturen) wie ein Detektiv und wertest sie nach bestimmten Kriterien/ Schritten aus.	Analysiere die Karikatur.	– Der Titel der Karikatur von ... lautet ... – Es geht um/Thema ist ... – Zu sehen ist ...
Arbeite ... heraus/ Ermittle	Du gibst aus Materialien bestimmte Sachverhalte wieder, die nicht direkt genannt sind, und stellst Zusammenhänge her.	Ermittle aus dem Text die größten Unterschiede.	– Im Text werden folgende Merkmale genannt ... – Daraus ergibt sich ...
Begründe	Du stützt Aussagen (z. B. eine Behauptung, eine Position) durch Argumente, die du durch nachvollziehbare Beispiele/Beweise belegst.	Begründe deine Meinung.	– Ich finde ..., weil ... – Es gibt mehrere Gründe, weshalb ...
Beschreibe/ Stelle ... dar	Du gibst die wichtigsten Informationen aus einem Material in eigenen Worten und ganzen Sätzen wieder. Dabei nutzt du die Fachsprache. Eventuell wird dir auch eine grafische Form der Darstellung vorgegeben, z. B. eine Tabelle.	Beschreibe, was auf den Bildern zu sehen ist.	– Die Bilder zeigen/ich sehe ... – Aus den Bildern geht hervor, dass ...
Beurteile	Du prüfst Aussagen, Vorschläge oder Maßnahmen und begründest, ob diese sachlich richtig, logisch bzw. sinnvoll sind (Sachurteil).	Beurteile, ob die Aufteilung gerecht ist.	Der Aufteilung ist meiner Meinung nach nicht gerecht, weil ...
Bewerte/ Nimm Stellung	Du stellst deine Meinung zu Aussagen, Vorschlägen oder Maßnahmen dar und begründest sie mit Argumenten (Werturteil).	Nimm Stellung zu den beiden Aussagen.	– Meiner Meinung nach ... – Nach meiner Ansicht ..., weil ...
Diskutiert	Du tauschst dich mit anderen zu einem Thema aus und begründest deine Meinung mit Argumenten.	Diskutiert die Vorteile und die Nachteile von Siegeln.	– Ich denke, dass ..., weil ... – Aus dem Grund ...
Entwickle	Du machst dir eigene Gedanken zu einem Thema und ziehst daraus begründet Schlussfolgerungen, z. B. einen Lösungsvorschlag zu einem Problem.	Entwickle einen möglichen Tageskostplan.	– Wichtig für ... ist, ... – Beachtet werden sollte ..., denn ...
Erkläre	Du verdeutlichst Sachverhalte mithilfe deines Fachwissens. Zeige Zusammenhänge auf und begründe sie (z. B. Ursachen, Folgen, Regeln).	Erkläre den Begriff Nachhaltigkeit.	– Nachhaltigkeit bedeutet ... – Dies zeigt sich zum einen durch ... Zum anderen ...
Erläutere	Wie bei „erkläre" verdeutlichst du Sachverhalte mithilfe deines Fachwissens. Zusätzlich veranschaulichst du sie mit Beispielen.	Erläutere die DGE-Regel.	– Die Regel bedeutet, dass ... – Damit ist gemeint ...
Erstelle	Du fertigst anhand der gelesenen Informationen eine Zeichnung/ein Schaubild an. Achte dabei auf die Verwendung von Fachbegriffen.	Erstelle einen Steckbrief zu deinem Lieblingsessen.	Name: Bild: Zutaten: ...
Gestalte	Du stellst ein Produkt her, z. B. ein Plakat, einen Steckbrief oder etwas anderes. Hier darfst du kreativ sein. Nutze aber dabei dein Fachwissen.	Gestalte ein Plakat zu einem Beruf.	siehe auch S. 177
Gib ... wieder/ (Be-)Nenne/ Zähle auf	Du gibst Informationen aus einem Material kurz und treffend wieder.	Nenne fünf Aufgaben im Haushalt.	Kochen, staubsaugen, putzen, Wäsche waschen, Rasen mähen, einkaufen
Ordne ... zu/ Ordne ... ein	Du stellst einen Zusammenhang zwischen Sachverhalten mithilfe erläuternder Hinweise her.	Ordne jedem Begriff die passende Erklärung zu.	Die Erklärung A gehört zum Begriff ...
(Über-)Prüfe Untersuche	Du untersuchst die Richtigkeit von bestimmten Sachverhalten, Aussagen, Vorschlägen mithilfe deines vorhandenen Wissens.	Überprüfe, welche Aussage richtig ist.	– Aussage 1 ist falsch, weil ... – Aussage 2 ist richtig, weil ...
Vergleiche	Du stellst zwei oder mehr Materialien oder eure Arbeitsergebnisse unter bestimmten Gesichtspunkten gegenüber. Arbeite dabei Gemeinsamkeiten/Unterschiede heraus.	Vergleiche die beiden Bilder und ermittle die Unterschiede.	– Im Bild 1 ist zu sehen ... – Bild 2 stellt dar ... – Im Vergleich fällt auf ...